MACROECONOMICS
China Version
(Second Edition)

宏观经济学
中国版（第二版）

苏剑 ◎ 编著

北京大学出版社
PEKING UNIVERSITY PRESS

图书在版编目(CIP)数据

宏观经济学：中国版/苏剑编著. —2 版. —北京：北京大学出版社，2021.9
ISBN 978-7-301-32434-9

Ⅰ. ①宏… Ⅱ. ①苏… Ⅲ. ①宏观经济学—高等学校—教材 Ⅳ. ①F015

中国版本图书馆 CIP 数据核字(2021)第 176811 号

书　　　名	宏观经济学（中国版）（第二版） HONGGUAN JINGJIXUE（ZHONGGUO BAN）（DI-ER BAN）
著作责任者	苏　剑　编著
责 任 编 辑	兰　慧
标 准 书 号	ISBN 978-7-301-32434-9
出 版 发 行	北京大学出版社
地　　　址	北京市海淀区成府路 205 号　100871
网　　　址	http://www.pup.cn
微信公众号	北京大学经管书苑（pupembook）
电 子 邮 箱	编辑部 em@pup.cn　总编室 zpup@pup.cn
电　　　话	邮购部 010-62752015　发行部 010-62750672　编辑部 010-62752926
印 刷 者	天津中印联印务有限公司
经 销 者	新华书店 787 毫米×1092 毫米　16 开本　21 印张　472 千字 2010 年 3 月第 1 版 2021 年 9 月第 2 版　2025 年 1 月第 3 次印刷
定　　　价	59.00 元

未经许可，不得以任何方式复制或抄袭本书之部分或全部内容。
版权所有，侵权必究
举报电话：010-62752024　电子邮箱：fd@pup.cn
图书如有印装质量问题，请与出版部联系，电话：010-62756370

前　言

一、西方宏观经济学与中国经济

最近40年来，西方经济学在中国逐步普及，在中国的宏观调控和微观经济管理中起到了很大的作用。可以说，西方宏观经济学是中国目前宏观调控的理论基础。然而，西方宏观经济学是以西方发达国家尤其是美国的经济实践为基础的，而中国经济与西方国家有着显著的不同。这种不同至少体现在以下几个方面：

第一，发展阶段不同。中国目前仍属于上中等收入国家，2019年人均国内生产总值（GDP）刚刚达到1万美元，面临"中等收入陷阱"难题。如何跨越"中等收入陷阱"是现在中国经济面临的重要挑战。

第二，中国处于从计划经济向市场经济转轨的过程中。与西方成熟的市场经济相比，中国在市场完备程度、企业制度、人们对市场经济的理解和适应程度、政府对市场经济的调控手段等方面都有很大的差距，而计划经济时期的一些特征在这一转轨过程中依然存在并发挥作用。

第三，中国与西方国家具有大不相同的制度特征。中国是社会主义国家，实行的是社会主义市场经济，坚持的是中国共产党领导下的多党合作制。而西方发达国家实行的往往是多党制。在这些大的框架下，具体的各种制度都有着非常大的差别。比如，国有经济在中国国民经济中具有举足轻重的地位，而西方发达国家虽然也存在国有经济，但占比较小。这些制度差异导致中国经济与西方发达经济不一样的宏观经济特征。再如，美国每四年一次的大选明显地影响着美国的宏观经济形势和宏观经济政策，而中国就不存在这样的现象。

第四，中国的人口和劳动力形势也已经发生并依然在发生重大的变化。劳动力减少、人口老龄化、人口峰值的到来等，都将对中国的宏观经济运行产生重大影响。

中国经济与西方发达经济的差异意味着西方宏观经济学的许多理论未必完全适合中国的经济实际，甚至中国面临的许多问题西方发达国家以前根本没遇到过。而中国改革开放四十多年来经济的快速发展，也的确对西方经济学提出了严峻的挑战。因此，要理解中国的宏观经济、应对中国面临的诸多宏观经济问题，就需要一门紧密联系中国经济实际的宏观经济学。本书希望在这方面做一点尝试。但很显然，本书做得还很不够，充其量只是带有中国特色的西方宏观经济学而已。所以，我在书名中加上"中国版"三个字。这一方面表示本书的努力方向，另一方面表明本书只是一个初步的尝试，距离目标还很遥远。而且,要实现目标,不是一本书就能做到的,也不是一个人就能做到的,还需要许许多多关心中国经济的经济学家进行长期、大量的研究工作。

二、本书的特色

本书是中级宏观经济学教材,适合普通高等学校经管类专业的本科生使用。在编写本书的过程中,根据教育部《高等学校课程思政建设指导纲要》等文件精神,我力求把思政教育和专业知识有机融为一体,以坚持正确导向、强化价值引领,旨在提供一本符合新时代人才培养需要的教材。

本书还有以下特色:

第一,体系完整,逻辑思路清晰。本书以总供求分析法统领全书,从总需求到总供给再到二者的微观基础依次展开,由简入繁、由浅入深。

第二,现实性强,紧密结合经济实际尤其是中国经济实际。宏观经济学是应用性很强的学科,因此不能只讲理论而不考虑经济实际。在本书中,我加强了宏观经济学与中国经济现实的结合,考虑经济增长方式的转换、中国宏观调控体系的特点等宏观经济学教材一般不考虑的问题。

第三,有较大创新。创新之一是,本书基于总供求模型提出一个包括需求管理、供给管理和市场环境管理的"三维"宏观调控体系。市场经济无非包括需求侧、供给侧和市场环境三个方面,因此宏观经济政策体系也应从这三个方面着手,包括需求管理政策、供给管理政策和市场环境管理政策三大类。但现在的西方宏观经济学中只有凯恩斯主义需求管理政策。在宏观经济学已经发展到总供求模型的情况下,宏观经济政策体系依然依据希克斯-汉森模型(IS-LM模型),只关注需求管理政策,这说明了宏观经济政策理论体系严重滞后于宏观经济理论本身的发展,也反映了人们对供给管理政策和市场环境管理政策在调节短期波动方面的认识严重不足,本书试图在总供求模型的基础上建立宏观经济政策体系。而在最近七十多年尤其是改革开放四十多年来的中国经济实践中,供给管理政策和市场环境管理政策起到了非常大的作用,也为研究它们提供了大量良好的素材。目前西方流行的宏观经济学教材对二者的重视不够,但迟早会重新发现二者的优点及其存在价值。实际上,中国和美国特朗普时期采用的宏观调控政策体系就是这样一个"三维"政策体系。

创新之二是,就经济的高质量发展提出了自己的观点和政策体系。中国共产党第二十次全国代表大会上的报告中指出"高质量发展是全面建设社会主义现代化国家的首要任务";在宏观调控方面,"要坚持以推动高质量发展为主题"。对经济发展质量的重视是中国宏观调控的重要特色之一,是中国经济健康持续发展的保证。凯恩斯主义需求管理政策本身的缺点之一是对需求的质量考虑不足,甚至可以说只考虑需求的数量而不考虑需求的质量;实际上,凯恩斯主义需求管理政策就是通过降低需求的质量来扩大需求的数量,从而导致劣质需求的出现,埋下金融危机、经济危机的隐患。本书提出了以扩大优质需求为目的的创新支持政策，并讨论了这一政策与凯恩斯主义需求管理政策各自的优缺点和组合方式。

创新之三是，关于新凯恩斯主义学派及其价格刚性理论，本书清晰、完整地说明了它的来龙去脉，简单、明了地介绍了这个头绪繁多、模型各异的流派。新凯恩斯主义经济学是目前宏观经济学领域内的主要流派之一，其主要任务之一是解析价格刚性存在的原因，为此，新凯恩斯主义经济学家从劳动力市场、商品市场等不同角度论述了这一问题，提出了许多模型和设想，但显得比较繁杂。本书的特色在于为论述这一流派找到了一条合适的逻辑主线。

第四，数学推导少。本书尽量避免微积分等比较复杂的数学工具，适合数学背景相对薄弱或对数学推导不感兴趣的读者学习使用。

三、致谢

第一，我要感谢我的导师胡代光教授、林毅夫教授和 Gary Jefferson（谢千里）教授。他们严谨的治学态度、渊博的学识、敏锐的洞察力、对经济现实的良好把握都给予我很大的启迪。胡代光教授是我读硕士研究生期间的导师，是他把我引入了经济学的大门。林毅夫教授对中国经济的深入研究，尤其是他在研究中对国情（即要素禀赋结构）的强调，以及在经济研究方面的言传身教，对我的研究方向的选择和研究能力的培养都起到了关键作用。作为一个美国人，Gary Jefferson 教授对中国经济的热情、对经济研究的热衷、对经济研究方法的娴熟掌握以及跟我长期的合作研究也使我受益匪浅。

第二，我要感谢我的同事和朋友们。与他们的合作研究或者讨论使我对宏观经济现象有了越来越深入的理解，对中国宏观经济问题的接触越来越多，认识也越来越深化。尤其是参与刘伟教授主持的研究课题（如教育部重大课题攻关项目"中国市场经济发展研究""中国货币政策体系和传导机制研究"）和几个地方政府委托的课题，与课题组成员的交流以及到各地的实地考察，都使我对中国的经济现实有了进一步的了解；我在与刘伟教授共同撰写几篇论文的过程中，也与他就中国的许多经济问题进行了比较深入的探讨，这些也对我写作本书很有帮助，我们合写的一些文章的观点和内容也被收入本书。近年来，我们还共同主编了两个年度报告系列《中国经济增长报告》和《中国经济安全展望报告》，在编撰这两个年度报告的过程中，我也从众多撰写者那里获益不少。在我主持的"中国宏观经济运行"课题中，课题组发布了大量定期和不定期的关于中国宏观经济的预测、点评、专题报告，举办了月度论坛"中国经济与金融市场沙龙"以及其他专题论坛，也让我从课题组成员和各论坛发言人那里学到了很多东西。在此，我对所有这些人表示衷心的感谢。

第三，我要感谢我教过的学生们，他们提出的各种各样稀奇古怪的问题使得我对宏观经济学的理解一步步加深，视野越来越开阔，也使得我的教学内容越来越丰富、越来越深入，对教学难点和重点的把握越来越准确。

第四，我要感谢我的几个助教和助研黄若琰、刘斌、张林、武玲蔚、陈文、胡翠、余向荣、陈阳、崔峻僖、周圆等，他们为我讲授这门课搜集了很多素材，尤其是武玲蔚、崔峻僖和周圆对本书格式的编排、习题的编写、相关材料的查询做出了大量努力，在此表示感谢。

第五，我要感谢北京大学出版社的林君秀女士、郝小楠女士和兰慧女士。在本书的编写和出版过程中，她们给予了大力帮助，并对我数次推迟交稿给予了充分的理解和宽容。林君秀女士为本书的策划、立项做出了巨大贡献，并经常给予我鼓励和督促。在本书第一版的出版过程中，郝小楠女士为了尽快出版加班加点、尽心尽力，春节假期依然坚持工作，在此再次深表谢意。在第二版出版的过程中，兰慧女士付出了辛勤的努力，在此也表示感谢。

苏　剑

2021年4月4日

目 录

第一部分 宏观经济学导言

第一章 宏观经济学概览 ……………………………………………………（3）
  第一节 什么是宏观经济学 ……………………………………………（3）
  第二节 宏观经济学的起源 ……………………………………………（5）
  第三节 宏观经济学中常用的几个基本概念 ………………………（11）
  第四节 宏观经济学的任务 …………………………………………（13）
  专栏1.1 中国政府2016—2019年经济增长率目标
              为什么是6.5%左右？ ……………………………（18）
  第五节 宏观经济学的研究方法 ……………………………………（19）
  第六节 本书的结构 …………………………………………………（20）
  基本概念 ………………………………………………………………（20）
  本章小结 ………………………………………………………………（20）
  练习与思考 ……………………………………………………………（21）

第二章 宏观经济数据 …………………………………………………（23）
  第一节 产出与收入 …………………………………………………（24）
  专栏2.1 日本之外还有一个"日本"吗？ …………………………（29）
  第二节 价格指数 ……………………………………………………（36）
  专栏2.2 CPI与GDP平减指数为什么会差异较大？ ……………（37）
  第三节 资源利用情况 ………………………………………………（38）
  基本概念 ………………………………………………………………（43）
  本章小结 ………………………………………………………………（44）
  练习与思考 ……………………………………………………………（44）

第二部分 总需求分析

第三章 收入支出模型 (49)
第一节 总支出与总需求 (49)
第二节 消费函数与均衡 (50)
专栏3.1 现实中的储蓄和投资 (53)
第三节 乘数 (57)
第四节 政府支出与税收 (59)
第五节 财政政策初步 (64)
第六节 对外贸易 (68)
第七节 节俭的悖论 (69)
第八节 财政盈余 (70)
基本概念 (71)
本章小结 (72)
练习与思考 (72)

第四章 金融市场与总需求 (75)
第一节 商品市场和IS曲线 (75)
第二节 资产市场与LM曲线 (83)
第三节 商品市场和货币市场的同时均衡 (94)
第四节 凯恩斯的基本理论框架 (97)
基本概念 (99)
本章小结 (99)
练习与思考 (100)
附录：IS-LM模型的数学推导 (101)

第五章 凯恩斯主义需求管理政策 (103)
第一节 货币政策 (103)
第二节 财政政策 (121)
第三节 政策组合的选择 (128)
第四节 案例分析：全球金融危机下中美经济形势的差异与政策选择 (133)
基本概念 (138)
本章小结 (138)
练习与思考 (138)

第三部分 总供求分析

第六章 总供求分析 (143)
- 第一节 总需求曲线 (143)
- 第二节 长期总供给曲线 (148)
- 第三节 短期总供给曲线 (149)
- 第四节 需求冲击对均衡的影响 (153)
- 第五节 供给冲击 (158)
- 第六节 供给管理政策 (162)
- 专栏 6.1 历史上的需求管理与供给管理 (171)
- 基本概念 (172)
- 本章小结 (172)
- 练习与思考 (173)

第七章 宏观经济政策 (175)
- 第一节 现有的宏观调控体系的局限性 (175)
- 第二节 基于 AS-AD 模型的宏观经济政策体系：总体框架 (179)
- 第三节 市场环境管理政策 (181)
- 第四节 再谈需求管理政策 (189)
- 第五节 各种政策的组合方式 (196)
- 第六节 中国的宏观调控实践：以 2019 年为例 (197)
- 第七节 全球金融危机爆发后美国的宏观调控政策 (202)
- 基本概念 (214)
- 本章小结 (215)
- 练习与思考 (215)

第八章 经济增长 (216)
- 第一节 经济增长核算 (217)
- 第二节 资本积累 (219)
- 第三节 资本存量的黄金律水平 (224)
- 第四节 人口增长 (228)
- 第五节 技术进步 (230)
- 第六节 新增长理论 (232)
- 第七节 促进增长的政策 (233)
- 基本概念 (234)
- 本章小结 (235)
- 练习与思考 (235)

第四部分 国际经济联系

第九章 国际经济联系 (239)
- 第一节 国际收支 (239)
- 第二节 汇率与汇率制度 (244)
- 第三节 商品和要素的国际流动性 (245)
- 第四节 国际经济联系与总供求 (246)
- 第五节 国际经济联系与需求管理政策：蒙代尔-弗莱明模型 (248)
- 专栏9.1 内生货币 (250)
- 第六节 国际经济联系与供给管理政策 (253)
- 基本概念 (254)
- 本章小结 (255)
- 练习与思考 (255)

第五部分 宏观经济学的微观基础

第十章 消费、投资与货币需求 (259)
- 第一节 消费理论 (259)
- 第二节 投资理论 (261)
- 第三节 货币需求 (270)
- 基本概念 (280)
- 本章小结 (280)
- 练习与思考 (281)

第十一章 新古典宏观经济学 (283)
- 第一节 共识的崩溃 (283)
- 第二节 预期 (284)
- 第三节 新古典宏观经济学 (290)
- 第四节 真实经济周期学派 (295)
- 基本概念 (303)
- 本章小结 (303)
- 练习与思考 (304)

第十二章 新凯恩斯主义经济学 (305)
- 第一节 新凯恩斯主义经济学的由来 (305)

第二节　价格刚性的重要性 ……………………………………… (306)
第三节　原凯恩斯主义经济学的内在矛盾与不完全竞争的引入 …… (308)
第四节　边际成本黏性理论 ……………………………………… (310)
第五节　菜单成本理论 …………………………………………… (312)
第六节　从真实刚性到名义刚性 ………………………………… (316)
第七节　对新凯恩斯主义经济学的评价 ………………………… (318)
第八节　对现有的宏观经济学流派的总结和评价 ……………… (318)
基本概念 ……………………………………………………………… (321)
本章小结 ……………………………………………………………… (321)
练习与思考 …………………………………………………………… (321)

参考文献 ………………………………………………………………… (323)

第一部分
宏观经济学导言

本部分介绍宏观经济学的基础知识,包括两章:第一章介绍宏观经济学的基础知识,如宏观经济学的起源、研究对象等;第二章介绍宏观经济研究常用的经济指标。

第一章 宏观经济学概览

第一节 什么是宏观经济学

顾名思义,宏观经济学研究的是"宏观经济"的运行规律。但如何界定一个"宏观经济"单位?什么样的经济单位才算是一个宏观经济单位?假定有两个或者多个经济单位,如何认定它们属于同一个宏观经济单位?换句话说,是什么因素把两个宏观经济单位区分开?举例来说,北京和天津是两个经济单位,我们很容易就能认定二者属于同一个宏观经济单位;中国的北京和美国的纽约州也是两个经济单位,我们也很容易就能认定二者不属于同一个宏观经济单位。推广一下,在宏观经济学中,为什么把由50个州组成的美国看作一个宏观经济单位,而不是把每个州看作一个宏观经济单位?为什么不把中国和美国看作一个宏观经济单位,而要作为两个不同的宏观经济单位来对待?从地理位置上说,美国和加拿大相邻,为什么不把美国和加拿大看作一个宏观经济单位?

把两个宏观经济单位区分开的主要是政治因素,也就是国家的主权所辖范围,但在宏观经济学中,把两个宏观经济单位区分开的最根本的因素却是商品和要素的流动性。国际货币基金组织(IMF)对一个国家的"经济领土"做出如下定义:"一个国家的经济领土由政府管理的地理领土组成;在这个地理范围内,人员、商品和资本自由流通。"[①]从这个定义可以看出,人员、商品和资本能否自由流通是确定一个宏观经济单位的范围的主要标志,当然也是把两个宏观经济单位区分开的主要标志。北京和天津之所以被认为属于同一个宏观经济单位,就因为在北京和天津之间人员、商品、资本可以自由流动,一个天津人可以去北京工作,天津产的商品可以自由地卖到北京,天津人可以自由地到北京去投资、经商,当然北京的人员、商品、资本也可以自由流动到天津;但在北京和纽约之间就不行,一个北京人要去纽约工作,需要得到美国政府颁发的工作许可,一件北京商品要卖到纽约,得经过中美两国的海关,可能得付进口关税,甚至还得付出口关税,中国的资本要流到美国,还需要接受美国政府的监管,服从可能跟中国大不一样的法律。因此,北京和纽约就不能被看作属于同一个宏观经济单位。

综上所述,我们可以对"宏观经济单位"做如下定义:一个宏观经济单位指的是这样一个经济单位,在这个经济单位内部,商品、人员、资本以及其他生产要素能够自由流动,而且一旦超出这个经济单位的范围,商品和要素的流动就会受到人为施加的限制。进

[①] International Monetary Fund, *Monetary and Financial Statistics Manual*. Washington, D.C., International Monetary Fund, 2000, p.8.

而,宏观经济单位就是商品和要素能够在其中自由流动的规模最大的经济单位。比如,在北京市范围内,商品和要素能够自由流动,但北京市算不上一个宏观经济单位,因为在整个中国内地范围内商品和要素也能够自由流动,但中国内地显然比北京市规模更大,因此中国内地是一个宏观经济单位,而北京市不是一个宏观经济单位。这里所说的"自由流动",指的是商品或要素从一个经济单位移动到另一个经济单位时没有人为施加的限制和成本。① 任何商品和要素的流动都会有运输成本或者汇兑成本,这个本身很正常;但商品和要素在一个宏观经济单位内部流动时,不会有关税、工作许可等人为施加的限制和成本,而在两个宏观经济单位间流动时,就存在这种人为施加的限制和成本。因此,欧盟虽然由许多国家组成,却可以被看作一个宏观经济单位,因为在欧盟内部各国之间人员、商品、资本均可以自由流动,甚至一个外国人只要取得欧盟任何一个国家的签证,就可以去欧盟其他国家旅游。

宏观经济学的研究对象就是这样的宏观经济单位。只要一个经济单位能够对商品和要素在跨越自己的地理边界时的流动予以合法的限制,这个经济单位就可以被看作一个宏观经济单位。

与"宏观经济学"相对的是"微观经济学"。微观经济学的研究对象是构成一个经济单位最基本的经济单位,比如单个的消费者、单个的企业、单个的商品。微观经济学研究如下问题:为什么一个消费者早餐购买的是油条而不是面包?为什么一家企业生产电视机,而另一家企业生产热狗?为什么茅台酒的价格高于可乐的价格,而可乐的价格高于白开水的价格?为什么北京的房租高于西安的房租?为什么同样是生产粮食,中国农场大量使用劳动力,美国农场大量使用资本,而澳大利亚的农场却大量使用土地?为什么有的人每天工作十几个小时,而有的人每天只工作几个小时甚至不工作?等等。

与此相反,宏观经济学研究的是整个经济单位的结构、表现和行为。它把整个宏观经济单位作为一个经济单位来研究,主要考虑该经济单位的总量变量,比如总需求、总供给、总产量、总收入、总就业量、总价格水平等。宏观经济学研究的问题包括:为什么会出现通货膨胀和失业,如何消除它们?为什么有的国家穷,有的国家富?为什么中国在转轨的同时实现了高经济增长,而俄罗斯和其他一些国家出现了严重的经济衰退并经历过超速的通货膨胀和严重的失业?1997年的亚洲金融危机以及2008年的全球金融危机是如何爆发的?它们为什么严重影响了中国的出口和经济增长速度?中国是如何消除这种影响的?等等。

在宏观经济学研究中,一般把单个经济单位的行为看作是给定的,也不考虑特定市场上价格的决定;一般将整个宏观经济划分为三个市场,即商品市场、劳动力市场和资产市场。

在商品市场中交换的商品包括研究者考察的时期内生产的所有产品和服务,例如汽车、面包、电视机、电脑、足球、音乐演奏、经济学讲座、理发服务、运输服务等。我们将所

---

① 在现代,对商品和要素的流动性构成限制从而把两个宏观经济单位区分开的主要是人为的限制,比如关税、工作许可等;而在古代,对商品和要素的流动性构成限制从而把两个宏观经济单位区分开的主要是技术或自然条件的限制,比如交通技术,如果两个经济单位之间交通很困难,那么自然也就无法进行要素和商品的流通。我们研究的对象是现代经济,也就忽略了这些因素。

有这些产品和服务放在一个市场中研究,而不考虑这些产品和服务及其市场可能存在的差别。

同样,我们也将劳动力市场作为一个整体来对待,而不考虑不同质劳动力之间的差别,比如熟练劳动力和非熟练劳动力、医生和物理学家、工程师和技术工人之间的差别。

与此类似,我们也将所有资产作为一个整体,而忽略各种资产之间的差别,比如股票和债券、房屋和古玩之间的差别。

这种抽象有好处也有坏处。好处是,有助于我们理解这三个市场之间的相互关系和相互作用——在忽略了成千上万个单个市场的细枝末节之后,我们就可以集中考虑这几个关键市场了。坏处是,我们可能忽略了确实起重要作用的一些因素,从而使分析出现较大偏差。比如,住房抵押贷款是资产的一种,2008年爆发的美国金融危机就是由质量较低的住房抵押贷款出现问题所导致的。如果忽视了这种贷款与其他资产的差别,就无法理解美国金融危机是如何爆发的。

第二节 宏观经济学的起源

西方宏观经济学研究的是市场经济的运行规律及宏观调控。因此,经济运行的基本机制是市场经济,宏观调控只是对市场经济运行中的一些缺陷进行弥补和矫正而已。因此,要想理解宏观经济和宏观调控政策,我们首先要弄清市场经济是如何运行的以及市场经济完美运行需要的条件。

一、宏观经济运行的基本机制:市场机制

20世纪30年代之前,经济学并没有宏观、微观之分。那时的主流经济学是自亚当·斯密(Adam Smith)以来发展起来的古典经济学。古典经济学认为,在市场机制的自发调节下,自由竞争的资本主义经济不会出现生产过剩危机,也不会出现长期而且严重的失业现象。

首先考虑商品市场。在商品市场上,需求状况和供给状况会分别确定一个均衡价格和均衡数量,我们以图1-1为例来说明。在图1-1中,D表示需求曲线,S表示供给曲线,横轴为产品数量,纵轴为价格。由需求和供给决定的均衡价格与均衡数量分别为P_0和Q_0。一旦经济中存在生产过剩,就意味着实际价格高于均衡价格,此时追求利润最大化的许多生产者之间就会展开竞争,为了把自己的产品卖出去,生产者不得不降价。随着价格的降低,消费者的需求量逐渐上升,而生产者愿意供给的数量逐渐减少,结果是商品供求缺口越来越小,最终达到均衡状态,生产过剩的情况就会被自然消除。当经济出现供少于求的情况时,消费者之间就会为买到相对供给不足的商品而展开竞争,于是导致价格上升,最后也迫使商品生产达到均衡。因此,在古典经济学看来,以自由竞争和价格调整为特征的资本主义经济不会出现生产过剩危机,即使偶尔出现商品生产的失衡,那也是暂时的现象,程度也不会严重。

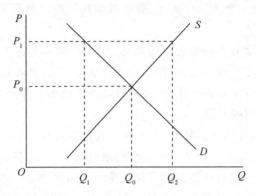

图 1-1　商品市场上的供给-需求

劳动力市场也一样。在劳动力市场上，厂商是需求者，而工人是供给者。与商品市场类似，工资（即劳动力价格）的调整会自动使得劳动力市场达到均衡，从而不会出现失业现象。同样，即使出现失业，也只是暂时的现象，工资的调整将会迅速使劳动力市场达到均衡。

这就是市场经济运行的基本机制。在古典经济学看来，市场机制成功解决了以下几个问题：

（一）分散决策的经济的自动运行

市场机制下资源的配置通过追求自身利益的无数市场参与者的独立、分散决策完成，每个家庭在自己的预算约束下决定劳动要素供给及消费量以最大化自己的福利，每个企业通过选择要素投入和产量以最大化利润。完美的市场机制下，价格总是灵活调整到市场出清状态，既没有供给过剩，也没有供给不足；既没有劳动力短缺，也没有失业，每个人的愿望均得到满足。因而完美的市场经济下，不需要政府的介入，市场机制本身就可以保证经济系统长期、有序地运行。

（二）协调私人利益和社会利益

完美的市场机制下，个人利益与公共利益完全一致，个人追求自身利益的行为会最大限度地促进公共利益。一方面，厂商为了所生产的产品能够被售出，会千方百计地开发新产品并提高产品质量以满足消费者的需要；另一方面，消费者作为生产要素的提供者，为了满足厂商对生产要素的要求，也会不断提高自己所拥有的生产要素的生产效率，例如通过教育与训练提高自己的劳动生产率。在市场经济中，每一个主体的行为都出于自利的目的，而这些自利行为的加总导致社会利益的最大化，这就是"看不见的手"原理。

（三）资源的有效利用

市场机制下，资源的有效利用体现在三个方面：

第一，资源会被配置到最能发挥自己效能的地方。市场经济下，各种资源能够自由流动，按照价格信号实现最优配置。市场交换的好处在于出价最高的人得到物品，因此商品总能被分配到对商品主观价值评价最高的一方，商品价值在交换过程中得到最大化。市场交换能保证商品被分配到最需要它的一方。

第二，市场交换提高了交易双方的福利，产生了生产者剩余和消费者剩余。西方经济学的基础是效用价值论，即主观价值论。不同的人对同一物品的价值判断往往不同，交换双方都用对自己边际效用较低的商品换到了对自己边际效用较高的商品，因此商品交换的同时提高了双方的福利。

第三，生产者赚取利润，需要跟其他生产者竞争。为了在市场竞争中处于优势地位，每个生产者都会想方设法地改进技术和管理，尽可能地降低成本，以最小的投入取得最大的产出，这就导致了资源节约。

（四）资源的充分利用

在完美的市场机制下，价格总是灵活调整到市场出清状态，即每个市场的需求都等于供给的状态。无论是商品市场还是生产要素市场，都是既没有供给过剩也没有供给不足。在劳动力市场上，最终会在一个各方都接受的工资水平下，家庭合意的劳动供给量恰好等于厂商合意的劳动需求量，因此既没有失业也没有劳动力短缺，实现了资源的充分利用，避免了资源闲置和浪费，尤其是避免了劳动力失业。

二、市场失灵

古典经济学为市场经济描绘了一幅美好的图景：在自由竞争和价格机制两大因素的作用下，经济能够自动运行，市场经济中不会出现持久性的、严重的经济危机和失业。自1776年亚当·斯密出版《国富论》直到20世纪20年代末，经过许多经济学家发展和完善的古典经济学似乎很好地描述及解释了市场经济的运行方式与表现。于是，古典经济学被广为接受。

然而，"大萧条"打破了市场经济的神话。"大萧条"1929年爆发，1933年到达谷底，随后经济开始复苏。以美国为例，1929—1933年，美国GDP下降了25%以上，而失业率最高时达到了25%。如此严重的经济危机和失业以及持续长达4年的时间，无论怎么都不能看作是"暂时的""轻微的"。

古典经济学无法解释"大萧条"的出现，当然也无法为解决"大萧条"提供可行的政策建议。然而，"大萧条"这个影响着每一个人的严峻的经济问题是无法回避的，总得有一个解决办法。于是，人们就需要一种新的、能够把经济从"大萧条"中挽救出来的理论。这个理论于1936年由英国经济学家约翰·梅纳德·凯恩斯（John Maynard Keynes）在《就业、利息与货币通论》（*The General Theory of Employment, Interest, and Money*）（以下简称《通论》）中提出，由此《通论》成为宏观经济学的开山之作。宏观经济学这门学科就这样诞生了。

宏观经济学之所以出现，就在于市场有失灵的时候。在西方市场经济国家，市场失灵有以下几种形式：

（一）价格无法灵活调整

市场机制的完美运行需要价格能够灵活调整以实现供求均衡。如果价格不能灵活调整呢？市场机制就失效了。凯恩斯主义经济学正是以"价格不能灵活调整"为基础形成的经济理论，没有这一条件，凯恩斯主义经济学就不成立。凯恩斯主义经济学把价格不能灵活调整的情况分为两种：一种是"价格刚性"，即价格完全不能调整的情况；另一种是"价格黏性"，即价格可以调整但调整不够充分的情况。在凯恩斯主义经济学家看来，这两种情况下，凯恩斯主义经济学都是成立的。

（二）不完全竞争

在完全竞争市场中，厂商和消费者都是价格的接受者，均衡的结果是市场价格等于边际成本。然而完全竞争市场并非现实中的常态，不完全竞争的情况在现实中比比皆是。有时，某种商品可能只有少数几个生产者，这是寡头市场的情形；或者某种商品只有唯一的卖家而且缺乏近似的替代品，这是垄断市场的情形。垄断厂商为了实现利润最大化，会选择边际收益（而不是价格）与边际成本相等时的产量，并以比竞争性市场下更高的价格出售较少的产品，这就降低了市场配置资源的效率。

（三）公共物品

在经济中，有些物品是公共物品，无法通过市场机制提供，这就需要政府介入。由于缺乏可排他性和竞争性，消费者在消费公共物品时常常会出现"搭便车"的现象，比如国防服务等。

"公地悲剧"是市场在配置公共资源时效率低下的另一个表现。该概念由加勒特·哈丁（Garrett Hardin）1968年在《科学》（Science）杂志的一篇文章中提出：在一个人人都可以自由利用的公共牧场上，每个理性的牧羊者都希望自己的收益最大化，虽然明知草场上羊的数量已经太多了，再增加的话，草场的质量就会下降，未来的可持续性难以保证。但由于草场退化的后果由大家共同承担，多放牧一只羊的收益却是自己的，因此希望收益最大化的牧羊者将会不顾草场的承受能力而增加自家羊的数量，牧场被过度使用，草场状况迅速恶化，最终这一生态系统将会崩溃。

（四）外部性

有效市场假设认为，市场主体或者交易双方的活动效果应仅限于两者之间，因此这些人获取了其生产或者交易的所有收益，也相应承担了所有成本。这一假设显然过于理想化了，有时经济主体的活动不仅使得自己和其他参与者的处境发生了变化，还影响了非参与者的利益。这一现象被称为外部性。

外部性在经济生活中的许多方面都有体现。如果一个钢铁厂位于河流上游，那么钢铁厂排放的污水将会导致下游的鱼苗死亡，从而影响渔场的经营。在这一过程中，钢铁厂没有承担其生产过程的所有成本，此即为"负外部性"。相应地也有"正外部性"这一概念。所谓正外部性，是指经济行为主体的活动使他人或社会受益，而受益者又无须花费代价，结果前者未能获取这些经济活动的所有收益，即经济活动的社会收益大于私人收益。比如教育活动不仅提高了学生的未来收入和生活水平，还提高了受教育者的文化和道德素质，从而改善了社会治安，同时也促进了技术的研发和扩散，因此所有公民都享受到了教育的正外部性。

外部性会影响市场机制对资源的最优配置，政府也需要采取措施予以矫正。

(五) 不完全信息

市场能够实现社会资源的有效配置,需要交易各方均拥有充分的信息。但是在现实经济里,市场信息往往是不充分的。这时,市场体系就不会有效率地运行。消费者可能不完全了解各种可选择商品的特性,生产者也可能无法完全掌握各种生产要素和技术的生产效率及成本。

所谓不对称信息(asymmetric information),是指在经济事件的参与者中,一部分人掌握的信息比其他人多,前者就可以利用信息上的优势获得经济上的更大利益。不对称信息主要表现为逆向选择和道德风险。

逆向选择(adverse selection)是指在买卖双方信息不对称的情况下,差的商品总是将好的商品驱逐出市场的现象。如果没有合适的机制解决信息不对称问题,市场可能无法存在。例如在二手车市场上,卖方对自己汽车的状况很清楚,而买方通常并不了解。潜在买主总是对车的质量有疑虑,认为二手车市场上低质量车的占比更大,因此不愿意付高于二手车均值的价格,导致高质量车无法以应得的价格在市场上成交,结果高质量车被逐出市场,低质量车充斥市场。一旦潜在买主知道这一点,就会进一步降低自己愿意支付的价格,结果剩下的车中质量较好的车又退出市场,车主不愿以低价卖出。于是,市场上车的质量进一步下降。这样一步步进行下去,最后这个市场将不再存在,出现了市场失灵。这个时候就需要一种机制解决信息不对称问题。

道德风险(moral hazard)是指当信息不对称时,一方无法观察到另一方所采取的行动,导致后者故意不采取谨慎行动的情况。例如在保险市场中,购买了汽车失窃保险的人可能不锁车或使用低质量的锁,这就提高了车辆被偷和被赔偿的概率,导致保险公司成本上升。在有道德风险的情况下,保险公司可能被迫提高保险费甚至干脆拒绝提供部分保险服务。于是,道德风险就降低了市场配置资源的效率。

三、转轨经济的市场机制存在的问题

上一节介绍了所有市场经济都可能存在的市场失灵。但在发展中国家尤其是转轨经济中,除了上述市场失灵,还存在其他一些影响市场机制运行的因素。

(一) 不完备的市场体系

市场机制能够正常运行的最基本条件是有市场。如果连市场都没有,市场机制当然就不存在,也就谈不上市场经济。要想让市场机制完美运行,各种商品、要素的市场都应该存在而且能够完美运行,不存在市场缺失的情况。但在一些发展中国家,往往可能只存在部分市场,另外一部分市场可能不存在;或者市场存在,但不完全、不完善。比如,直到现在,中国还缺乏农村宅基地市场以及农民住宅交易市场。

(二) 产权不清晰

产权清晰是交换的前提。如果产权不清晰,持有者就不能将相关物品用于交换,否则就会导致侵权或者产生交易纠纷。在发展中国家尤其是转轨经济体,经常出现产权不清晰的情况。比如在改革开放初期,中国的国有企业和集体企业往往被认为是存在产权不清晰的情况。

（三）产权保护不力

如果产权得不到保护，生产者就没有积极性生产，居民也就没有积极性储蓄，市场经济也就无法正常运行，经济自然就无法增长。因此，在市场经济中，产权保护制度是最重要的基础制度。

在一些发展中国家，由于各项制度不成熟，存在产权保护不力尤其是知识产权保护不力的情况，这就严重影响了市场经济的正常运行。

（四）价格管制

市场经济中，价格刚性是影响市场经济运行的因素之一。计划经济中，价格是被计划的内容之一，往往存在价格几十年不调整的情况，这是计划经济下特有的价格刚性，从而导致长期的供求失衡。计划经济中，价格刚性时的价格往往低于市场均衡价格，所以存在商品短缺。市场经济中，价格刚性时的价格往往高于均衡价格，因此出现的经济失衡问题是产能过剩。

在一些发展中国家，尤其是转轨中的发展中国家，往往存在比较严重的价格刚性。因此，价格改革就是其经济体制改革的核心内容之一。这种价格改革的取向就是放松价格管制，让价格机制充分发挥均衡供求的作用，恢复市场的功能。

（五）要素、商品不能自由流动

要素、商品的最优配置有赖于要素、商品在一个宏观经济单位内部跨行业、跨地区地自由流动。这种自由流动除了需要付出的运输成本，不应有任何其他的附加成本，但在发展中国家，这种商品、要素的自由流动可能不完美，比如中国户籍制度导致的劳动力流动障碍等。在要素、商品不能自由流动的情况下，它们可能无法被配置到其利用效率最高的方向，从而导致经济效率低下。

四、宏观经济学在不同国家的表现形式

由于市场失灵的存在，市场机制不能充分地运行，于是宏观经济运行中就出现"大萧条"这样的经济危机。就西方市场经济而言，凯恩斯主义认为"大萧条"以及经济波动出现的原因是价格刚性，也就是价格不能灵活调整。因此，凯恩斯主义经济学就是价格刚性下的宏观经济学，目前的宏观调控政策体系的基础就是凯恩斯主义经济学。当然，西方宏观经济学的其他流派并不承认西方市场经济中存在价格刚性，比如新古典宏观经济学派和真实经济周期学派，这些学派就是灵活价格背景下的宏观经济学。

除了价格刚性，西方市场经济中还存在不完全竞争、信息不对称、外部性、公共品失灵等。这些因素有的在宏观经济学中已有研究，比如不完全竞争被新凯恩斯主义经济学用来论证价格刚性与人理性行为的一致性，信息不对称被新古典宏观经济学用来论证宏观经济政策的动态不一致性等。外部性、公共品等在宏观经济研究中也有涉及，但宏观经济学中被考虑最多的还是价格刚性。

在转轨经济中，不仅存在西方市场经济本就存在的几种市场失灵，还存在转轨经济

特有的市场缺陷。所以,在研究转轨经济的宏观经济问题时,还得考虑这些市场缺陷,这就形成了转轨经济特有的宏观经济理论,转轨经济学就是宏观经济学一个很重要的分支。

第三节　宏观经济学中常用的几个基本概念

在宏观经济学中,我们会经常用到几个基本概念。这些概念很重要,对于我们理解宏观经济学和宏观经济问题很有帮助,这里予以简单介绍。

一、存量和流量

所谓"存量",衡量的是某个研究对象在一个特定时点的状态;而所谓"流量",衡量的是在一个特定时期内某个研究对象状态的变化。比如,今天下午3点整北京的气温为4摄氏度,这是个存量,昨天下午3点整到今天下午3点整,北京的气温上升了1摄氏度,这是个流量;一个病人在某一时刻的体温是39摄氏度,这是个存量,这个病人在随后的几个小时内体温下降了1摄氏度,这是个流量;你现在钱包里有100元钱,这是个存量,你今天一天共挣了100元钱,这是流量;你家现在有一套房子,这是个存量,你家今年盖了一套房子,这是个流量。

相应地,一个经济单位中的市场就可以分为"流量市场"和"存量市场",前者指的是就一定时期内新生产出来的产品进行交易的市场,后者指的是特定时点就某商品进行交易的市场。比如,住房市场就可以分为一定时期内新生产出来的住房市场即"流量住房市场"和特定时点的住房市场即"存量住房市场"。

二、内生变量和外生变量

在一个经济学模型中,有些变量的取值是由模型以外的因素决定的,不受模型中其他变量的影响,这些变量被称为"外生变量";而另外一些变量的取值取决于模型中的其他变量,这些变量被称为"内生变量"。比如,对某种产品的需求取决于消费者的收入水平和该产品的价格水平,这实际上就是关于该产品的需求的一个模型,这个模型包含三个变量:"对该产品的需求"、收入水平和价格水平。其中,"对该产品的需求"显然是内生变量,因为它取决于其他两个变量,收入水平和价格水平则是外生变量。

一个变量是外生变量还是内生变量取决于研究者对模型的设定。一个模型中的外生变量在另一个模型中可能是内生变量,反之亦然。比如,在上面关于对某产品的需求的例子中,我们只给出了收入水平和价格水平两个决定因素,如果我们再深入一步,问收入水平又是由什么因素决定的,收入水平也就成了内生变量。假定收入水平取决于消费者的工作时间,那么在这个模型中,工作时间决定收入水平,而收入水平与价格水平一起再决定对该产品的需求。因此,这个模型就有两个内生变量,即"对该产品的需求"和收入水平;也有两个外生变量,即工作时间和价格水平。

三、均衡与出清

在经济学中,我们经常听到"市场均衡"和"市场出清"两个词。这两个词之间有什么区别和联系呢?

"出清"指的是一种理想状态,在此状态下,一个市场中所有人的愿望都得到了满足,既没有商品过剩,也没有商品短缺,如图 1-2 所示。在图 1-2 中,S 是供给曲线,D 是需求曲线,按照定义,供给曲线和需求曲线上的点表明了相应价格水平下厂商或消费者愿意而且能够提供或购买的商品数量。比如说在价格水平为 P_1 时,消费者愿意购买的数量为 Y_1,厂商愿意供给的数量为 Y_2。如果实际交易的数量为 Y_1,就意味着在这一价格水平下消费者的愿望得到满足,但厂商的愿望没有得到满足,在这一价格水平下厂商愿意卖出去更多商品;如果实际交易量为 Y_2,就意味着在这一价格水平下厂商的愿望得到满足,但消费者的愿望没有得到满足,在这一价格水平下消费者不愿购买这么多商品;如果实际交易量介于 Y_1 和 Y_2 之间,就意味着在这一价格水平下厂商和消费者的愿望都没有得到满足。因此,在这一价格水平下,市场没有出清。当价格水平为 P_0 时,消费者愿意购买的数量和厂商愿意供给的数量均为 Y_0,双方的愿望都得到满足,经济中既没有商品过剩,也没有商品短缺,这时市场就出清了。因此,出清就是一种最佳状态,在其他条件不变的情况下,当市场未出清时,至少有一方希望调整;而当市场出清时,没有任何一方希望调整。

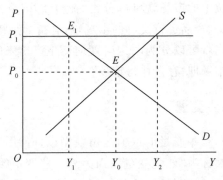

图 1-2 均衡与出清

"均衡"是一种稳定状态,在此状态下,尽管供求双方至少有一方的愿望没有得到满足,但在没有外力的作用下,市场也没有偏离这一状态的倾向。比如,在上一例子中,假定出于某种原因(比如政府管制等),价格水平被固定在 P_1,此时消费者愿意购买的数量为 Y_1,尽管厂商愿意供给的数量为 Y_2,但由于只能销售出 Y_1 这么多商品,厂商也就以销定产,只生产出 Y_1 这么多商品,此时厂商的实际产量等于消费者愿意购买的数量,而且由于价格不能调整,消费者的需求量也就不变,市场就在 E_1 处达到稳定状态,也就是一种均衡状态。此时的均衡数量为 Y_1,均衡价格为 P_1。在此均衡状态下,厂商的愿望没有得到满足。但是,如果价格恰被固定在 P_0,那么经济也就会在 E 处达到均衡,而同时市场也出清了。因此,出清是均衡的一种,是均衡的一个特例;出清一定意味着均衡,而均衡时市场未必出清。在经济学中,出清又被称作"瓦尔拉斯均衡";而市场未出清下的均衡又被称作"非瓦尔拉斯均衡"。

我们也可以按以下方法理解出清和均衡。我们可以把供给分为两种,即"意愿供给"和"实际供给"[①],意愿供给就是我们以前定义的那种供给,而实际供给指的是厂商实际生产的商品数量,不管是否合乎厂商的愿望;同样,我们也可以把需求分为两种,即"意愿需求"和"实际需求",意愿需求就是我们以前定义的那种需求,而实际需求指的是消费者实际购买的商品数量,不管是否合乎消费者的愿望。这样,出清可被定义为意愿供给等于意愿需求,而均衡可被定义为实际供给等于实际需求。

在微观经济学中,我们说的均衡一般就是出清,即瓦尔拉斯均衡。在宏观经济学中,经济在达到我们所说的均衡时未必出清,此时的均衡为非瓦尔拉斯均衡。由于出清是市场的理想状态,我们就希望通过某些方法使经济达到出清状态,这些方法就是宏观经济政策体系。宏观经济学研究的就是宏观经济的均衡是怎样决定的,以及如何使经济在达到均衡时恰好出清。

第四节 宏观经济学的任务

宏观经济学的任务主要是研究和解决以下几个问题[②]:

一、失业

失业是任何一个经济单位都会面临的问题。实际上,宏观经济学就是为了解决"大萧条"期间严重的失业问题而产生的。图1-3显示了中国、美国和日本三个国家1991—2018年失业率的变动情况。从图中可以看出,对于每个国家而言,失业率都是在不断变动的,美国的失业率最高时达到9.6%,最低时为3.9%;日本的失业率最高时为5.4%,最低时为2.1%;中国的城镇登记失业率最高时为4.3%,最低时为2.3%。另外,同一时期不同国家的失业率也不一样。比如,1992年美国的失业率高达7.5%,但日本的失业率仅为2.1%。[③] 因此,就失业而言,宏观经济学希望解决的问题主要有以下几个:一个国家的失业率取决于什么因素?一个国家的失业率为什么时高时低?为什么同一时期不同国家的失业率不一样?政府采取什么样的经济政策可以降低失业率?

---

① 注意,本书说到的"实际",对应英文的"actual",指的是实际观测到的或实际发生的数值。本书说到的"真实",对应英文的"real",即剔除价格影响后的变量或数值。在许多宏观经济学教材和论文中,"real"被翻译为"实际"。为了避免混乱,本书中凡是剔除价格因素之后的变量,均在前面加"真实"而不是"实际"二字,比如"真实GDP""真实工资"等,与"名义"变量相对。

本书说到的"实际"有时与"计划"相对,有时与"均衡"相对。比如我国在利用外资方面,有"合同利用外资金额"和"实际利用外资金额"的区分;在投资方面,有"计划投资"和"实际投资"的区分;在经济分析中,有"实际产出"与"均衡产出","实际价格"与"均衡价格"的区分;等等。

② 本课程实际上是"封闭系统的宏观经济学",因此不详细探讨与国际经济交往有关的问题。这类问题将在"开放系统的宏观经济学"或"国际金融"课程中讲授。

③ 由于中国的失业率数据为城镇登记失业率,与国外的统计口径差别很大,因此无法进行国际比较。

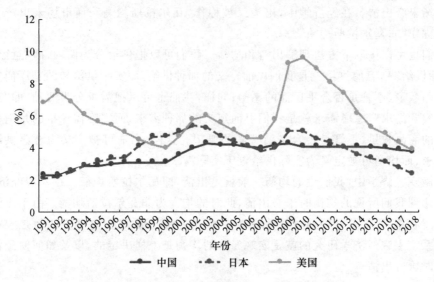

图1-3 1991—2018年中国、美国、日本的失业率

资料来源:中国数据来自各年度《中国统计年鉴》,为城镇登记失业率;国外数据来自 IMF, International Financial Statistics, March 2020。

二、通货膨胀和通货紧缩

通货膨胀是宏观经济学关心的另一个重要问题。图1-4显示了中国、美国和日本三个国家1991—2019年通货膨胀率的变动情况。从图中可以看出,对于每个国家而言,通货膨胀率都是在不断变动的,美国的通货膨胀率最高时达到4.2%,最低时为-0.4%;日本的通货膨胀率最高时为3.3%,最低时为-1.4%;中国的通货膨胀率最高时为24.1%,最低时为-1.4%。另外,同一时期不同国家的通货膨胀率也不一样。比如,1994年中国的通货膨胀率高达24.1%,但日本的通货膨胀率仅为0.7%,美国的通货膨胀率也仅为2.6%。因此,就通货膨胀而言,宏观经济学希望解决的问题主要有以下几个:一个国家的通货膨胀率取决于什么因素?一个国家的通货膨胀率为什么时高时低?为什么同一时期不同国家的通货膨胀率不一样?政府采取什么样的经济政策可以降低通货膨胀率?

近年来,通货紧缩问题也频频出现,日益受到人们的重视。所谓"通货紧缩",就是物价水平持续下降的情况。比如,日本1999—2005年的通货膨胀率都是负的;中国1998—1999年物价水平也连续两年下降。在通货紧缩时期,物价下降率虽然很小,但对经济的影响非常大,因为通货紧缩往往伴随着失业率的大幅上升和经济增长率的大幅下滑,而且一旦经济陷入通货紧缩,就很难从中走出来,政府也缺乏有效的政策手段把经济从通货紧缩中挽救出来。与人们对通货膨胀的关注一样,就通货紧缩而言,宏观经济学希望解决的问题主要有以下几个:经济为什么会陷入通货紧缩之中?如何把经济从通货紧缩中挽救出来?

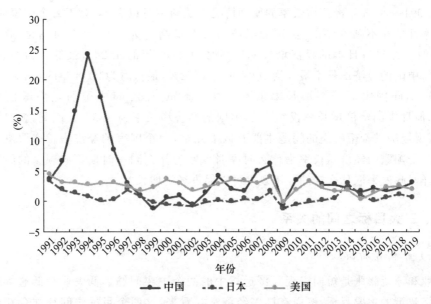

图 1-4 1991—2019 年中国、美国、日本的通货膨胀率(消费品价格指数的上涨率)

资料来源:中国数据来自各年度《中国统计年鉴》,国外数据系作者根据 IMF, International Financial Statistics, March 2020 提供的原始资料计算得到。

三、经济增长

经济增长是宏观经济学关心的另一个重要问题。图 1-5 显示了中国、美国和日本三

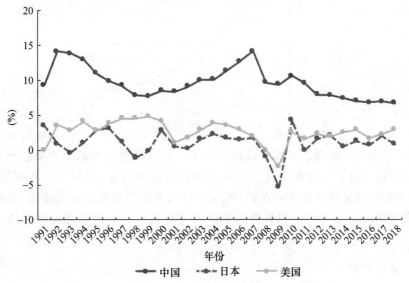

图 1-5 1991—2018 年中国、美国、日本的经济增长率

资料来源:中国数据来自各年度《中国统计年鉴》,国外数据来自 The World Bank, March 2020(网址:https://data.worldbank.org/indicator/NY.GDP.MKTP.KD.ZG? end = 2018&locations = US-JP&start=1961&view=chart,访问时间:2020 年 3 月 20 日)。

个国家 1991—2018 年经济增长率的变动情况。从图中可以看出,对于每个国家而言,经济增长率都是在不断变动的,美国的经济增长率最高时为 1999 年的 4.8%,最低时为 2009 年的 −2.5%;日本的经济增长率最高时为 2010 年的 4.2%,最低时为 2009 年的 −5.4%;中国的经济增长率最高为 2007 年的 14.2%,最低时为 2018 年的 6.7%。另外,同一时期不同国家的经济增长率也不一样。比如,1992 年中国的经济增长率高达 14.2%,但日本的经济增长率仅为 1%,美国的经济增长率为 3.3%。因此,就经济增长而言,宏观经济学希望解决的问题主要有以下几个:一个国家的经济增长率取决于什么因素?一个国家的经济增长率为什么时高时低?为什么同一时期不同国家的经济增长率不一样?政府采取什么样的经济政策可以促进经济增长?

四、三大目标之间的关系

(一)菲利普斯曲线

失业和通货膨胀是短期宏观经济运行中的两个主要问题。低失业和低通货膨胀是宏观经济政策的主要目标,然而在许多经济学家看来,这两个目标之间往往存在此消彼长的替代关系,对两者关系进行描述的曲线便是菲利普斯曲线。

如图 1-6 所示,图中横轴表示失业率,纵轴表示通货膨胀率,菲利普斯曲线自左上方向右下方倾斜,表明通货膨胀率越低,失业率越高;反之亦然。

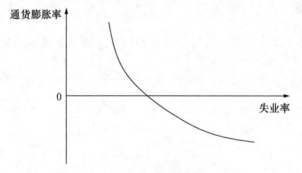

图 1-6 菲利普斯曲线

菲利普斯曲线为政府进行需求管理提供了一份可供选择的政策菜单。面对高失业率时,政府可以通过扩张性的财政政策和货币政策降低失业率,但会提高通货膨胀率。而在短期内要维持较低的通货膨胀率,就要以高失业率为代价。也就是说,在政策选择中,不要指望同时得到低失业和低通货膨胀。这是凯恩斯主义宏观经济学的一个重要观点。

(二)奥肯定律

奥肯定律是美国经济学家阿瑟·奥肯(Arthur Okun)1962 年提出的关于失业率与

经济增长率相互关系的法则。① 在 Okun(1962)中,奥肯将季度失业率的变动幅度对季度真实 GNP(real GNP)②的变动百分比进行了回归,得出如下关系:(1) 如果季度真实 GNP 保持不变,那么失业率在下个季度会上升 0.3 个百分点,这是由生产率的增长和劳动力增长导致的;(2) 季度真实 GNP 每上升 1 个百分点,季度失业率会下降 0.3 个百分点。

我们根据美国 1948—2018 年的年度数据以及奥肯使用的方法重新估计了失业率与经济增长率的关系。美国劳工部网站上只公布了部分年份按季度统计的失业率,样本有限,故我们选取了年度的失业率和真实 GDP 数据。我们运用这一年度数据进行 OLS 回归,结果显示:(1) 如果年度真实 GDP 保持不变,那么由于生产率和劳动力的增长,失业率会在下个年度上升 1.17 个百分点;(2) 真实 GDP 每上升 1 个百分点,失业率会下降 0.37 个百分点。这跟奥肯的结果基本一致。图 1-7 为用美国 1948—2018 年的数据绘出的散点图。

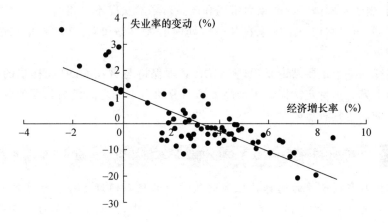

图 1-7　1948—2018 年美国真实 GDP 增长率与失业率之间的相关关系
资料来源:原始数据来自 U. S. Department of Labor, U. S. Department of Commerce,IMF,International Financial Statistics,March 2020。失业率数据来自 https://data.imf.org/regular.aspx? key=61545849,真实 GDP 数据来自 https://apps.bea.gov/iTable/iTable.cfm? reqid=19&step=2 #reqid=19&step=2&isuri=1&1921=survey,访问时间:2020 年 3 月 20 日。

奥肯定律用公式表示为:

$$\frac{Y-Y^*}{Y^*}=-\omega(u-u^*)$$

其中,Y 为真实 GDP,Y^* 为潜在 GDP,u 为实际失业率,u^* 为自然失业率,ω 反映失业率跟经济增长率之间的关系,这个参数的值在不同国家之间、同一国家不同时期之间是不一样的。假定 $\omega=2$,这意味着,如果初期 GDP 是潜在 GDP 的 100%,然后下降到潜在 GDP 的 98%,失业率就会上升 1 个百分点,例如由初期的 6% 上升到 7%。

---

① Okun, A. M., "Potential GNP: Its Measurement and Significance", *American Statistical Association*, *Proceedings of the Business and Economics Statistics Section*, 1962, pp. 98—104.
② 当时在研究宏观经济时,衡量其总产出的指标是 GNP。

2%的产出缺口的波动为什么没有导致相同比例的失业率变化?保罗·克鲁格曼(Paul Krugman)曾对其展开分析[①]:

第一,面对总需求的增加,企业为了扩大生产,可能增加每个工人的劳动时间,而不一定雇用更多工人;同样,如果总需求减少了,企业生产规模缩减,可能减少员工的工作时间而不是解雇员工。因此,对于员工工作时间的调整弱化了产出缺口波动对失业率的影响。

第二,愿意寻找工作的工人的数量受到工作机会供给的影响。例如,当总需求减少而导致工作岗位减少了10万时,计算出来的失业人数的上升幅度要小于10万,因为有些失业工人失去了信心,放弃了寻找工作,从而不被纳入失业人数的统计中。

第三,经济繁荣时期,劳动生产率会提高,因而当生产规模扩大时,劳动生产率的提高使得企业不一定会额外雇用很多工人,从而弱化产出波动对失业率的影响。

奥肯定律是对美国第二次世界大战后至20世纪60年代初期经济活动的经验描述和统计归纳,由于不同国家的劳动力市场和产品市场的状况不尽相同,因此不同国家的 ω 取值有所不同,可以利用一个国家在某一时期内的失业率和GDP增长率来估算该国同期的 ω 取值。

奥肯定律的一个重要结论是,真实GDP必须保持与潜在GDP同样快的增长,以防止失业率的上升。奥肯定律揭示了产品市场和劳动力市场之间极为重要的联系,对于宏观经济政策的制定具有重要意义。

专栏1.1　中国政府2016—2019年经济增长率目标为什么是6.5%左右?[②]

中国经济目标增长率的选择是经济政策讨论的核心问题之一。经济增长目标的确定需要同时考虑就业、通货膨胀两个方面的因素。其中,保就业考虑的是经济增长率的下限,也就是中国的经济增长率最低要达到什么水平才能保证充分就业。刘伟和苏剑(2014)[③]根据当时可得的数据进行了估算,认为在当时及此后一段时间中国只要有6.5%的经济增长率就可以保障充分就业了。

经济增长影响就业的渠道分为两个环节:首先是经济增长影响劳动力需求,其次是劳动力需求影响就业和工资。因此,经济增长对劳动力市场的最终影响包括就业增加和工资上涨两个方面。劳动力需求增加以后的最终结果究竟是就业增加的幅度大还是工资上涨的幅度大,取决于劳动力供给弹性。如果劳动力供给不变,那么劳动力需求的增加就完全被工资上涨消化;而如果劳动力供给严重过剩,那么工资就不会上涨,就业会大幅增加,此时经济增长对就业的拉动作用就很大。

首先,刘伟和苏剑(2014)测算出2010—2027年中国的人口结构,根据历史经验估算出我国每年的劳动力供给量及所需要的新增就业岗位。其次,他们根据历史数据估算了中国2000—2012年非农劳动力需求的增加量以及一个百分点的经济增长带来的劳动力

---

① 〔美〕保罗·克鲁格曼等著,付欢等译:《宏观经济学(第二版)》。北京:中国人民大学出版社2012年版。
② 2016年中国经济增速目标为6.5%—7%,2017年和2018年为6.5%,2019年为6%—6.5%。
③ 刘伟、苏剑:《从就业角度看中国经济目标增长率的确定》,《中国银行业》,2014年第9期,第20—26页。

需求的增加量。这一步的原理如下：劳动力需求的增加有两个结果，一是均衡就业量的增加，二是真实工资的增长。因此，劳动力需求的增长率就应该等于均衡就业量的增长率与真实工资的增长率之和。但是，工资增长有两个原因：一是劳动生产率的增长，二是劳动力需求的增加。因此在工资增长率中，剔除劳动生产率的增长之后，剩下的才是劳动力需求的贡献。

劳动力需求的增长率＝（真实工资的增长率－劳动生产率的增长率）＋
均衡就业量的增长率

根据这一方法，可以估算出2000—2012年每年劳动力需求的增长率，然后就可以计算出这段时间经济上升一个百分点带来的劳动力需求的增加量。

根据他们的计算结果，如果按照2010—2012年经济增长对劳动力需求的平均拉动作用，6.5%的经济增长可以使劳动力需求增加2 046万。假设政府在确定政策组合时，需要保证真实工资上涨率保持不变，也就是老百姓的生活水平正常提高，同时如果每年新增非农就业岗位保持在1 100万左右（包括农村转移劳动力以及非农经济部门之间的转移劳动力），6.5%的经济增长就足以吸收这些转移劳动力，同时还能保证工资上涨率基本保持稳定。如果政府愿意接受更低的工资上涨率，那么保证充分就业所需要的最低经济增长率可以更低，因为工资的调整可以起到均衡供求的作用。

第五节 宏观经济学的研究方法

宏观经济学的研究方法包括两个方面：一是总体分析框架，二是论证和表述方法。

宏观经济学的总体分析框架是总供求分析法。与单个产品市场上均衡价格和均衡产量的决定一样，总价格水平和总产出也取决于总需求和总供给的相互作用。与微观经济学一样，我们在此也要用到供给曲线和需求曲线。总需求曲线表示整个经济面临的总需求量与总价格水平之间的关系。一般而言，总需求量与总价格水平之间是负相关关系，反映在图形上，总需求曲线就是一条负斜率的曲线。总供给曲线一般是正斜率的，这与微观经济学中的供给曲线类似。但宏观经济学中既存在垂直的总供给曲线，也存在水平的总供给曲线。后面我们将看到，目前宏观经济学中各个学派的主要分歧，实际上在于对总供给曲线的斜率的认识不同。

宏观经济学的论证和表述方法大体可分为三种，即文字叙述法、图形说明法和数学推导法。三种方法各有优缺点。一般而言，文字叙述法比较自由灵活，可以很好地说明经济学理论及其背后的经济学直觉；但它的缺点也很明显，那就是在问题比较复杂的情况下，比如经济受到多种因素影响时，仅靠文字叙述往往难以说明经济的最终走向。图形说明法的优点是比较直观易懂，文字叙述法无法清楚说明的问题用图形可以很容易加以描述；但图形说明法的缺点是需要读者拥有一定的经济学专业知识，否则很难理解。数学推导法的优点是可以把所考虑的问题的各种前提假设和情形都逐一清楚地罗列出来,而且推导过程逻辑清晰严密,一般不会产生歧义。与数学推导法相比,文字叙述过程中会产生很多歧义,很容易让人误入歧途,纠缠不清。数学推导法的缺点是不仅要求读者具备相当深厚的经济学知识,还需要拥有相当强的数学背景。

第六节　本书的结构

本书共分十二章。第一章介绍宏观经济学的定义、任务、起源及分析方法,并介绍宏观经济学中经常用到的几个概念。第二章介绍宏观经济分析中常用的一些数据。第三章到第五章由浅入深、从简到繁地介绍总需求理论,并引入需求管理政策。第六章引入长期总供给曲线、短期总供给曲线以及总需求曲线,介绍总供求分析,最后引入供给管理政策。第七章根据第六章的总供求模型,进一步提出一个完整的宏观经济政策体系。第八章介绍经济增长理论。第九章引入国际经济联系,介绍与其相关的基本概念和基本原理,并说明引入国际经济联系对宏观经济政策及其效果的影响。第十章至第十二章介绍宏观经济学的微观基础。其中,第十章介绍总需求的微观基础,包括消费理论、投资理论、货币需求理论等;第十一章介绍灵活价格下总供给的微观基础,主要介绍目前宏观经济学中比较重要的两个流派——新古典宏观经济学派和真实经济周期学派的主要观点。第十二章介绍黏性价格下总供给的微观基础,主要介绍目前宏观经济学中的另一个重要流派——新凯恩斯主义学派的主要观点。总体而言,本书或者说本门宏观经济学课程,就是围绕总需求曲线、短期总供给曲线以及长期总供给曲线做文章。在本书中,第三章到第五章实际上是推导总需求曲线,第六章推导短期总供给曲线和长期总供给曲线,第七章运用这些曲线讨论宏观经济政策体系,第八章是经济增长理论,研究长期总供给曲线的移动,第九章研究国际经济联系对总供求的影响,第十章研究总需求曲线的微观基础,第十一章和第十二章研究短期总供给曲线的微观基础。

基本概念

存量　　　　　　　流量　　　　　　　均衡
出清　　　　　　　外生变量　　　　　内生变量
市场失灵　　　　　外部性　　　　　　信息不对称
失业　　　　　　　通货膨胀　　　　　经济增长
菲利普斯曲线　　　奥肯定律

本章小结

1. 经济学研究的主要问题是有限资源的配置问题。微观经济学研究的就是个人、家庭、企业以及单个产品的经济行为。宏观经济学研究的是宏观经济单位的经济行为。

2. 宏观经济学作为相对独立的研究范畴,诞生于20世纪30年代,是由英国经济学家约翰·梅纳德·凯恩斯提出的,其著作《就业、利息与货币通论》是宏观经济学领域的开山之作,为宏观经济分析奠定了最初的框架。

3. 宏观经济学研究的是整个经济单位的结构、表现和行为。它把整个宏观经济作为一个经济单位来研究,主要考虑该经济单位的总量变量,比如总需求、总供给、总产量、总收入、总就业量、总价格水平等的变动。在宏观经济研究中,我们一般把单个经济单位的行为看作是给定的,也不考虑特定市场上价格的决定。然而,这种抽象在特定时期会引发一些问题。

4. 宏观经济中存在大量的市场失灵,其中最重要的就是价格刚性,这是凯恩斯主义经济学的前提。

5. 宏观经济学的任务主要是研究和解决失业、通货膨胀与通货紧缩、经济增长等问题。

6. 宏观经济学的总体分析框架是总供求分析法。宏观经济学的论证和表述方法大体可分为三种,即文字叙述法、图形说明法和数学推导法。三种方法各有优缺点。

7. 需要掌握的宏观经济学的基本概念包括:存量与流量、内生变量与外生变量,特别是均衡与出清的区别和联系。宏观经济学研究的就是宏观经济的均衡是怎样决定的,以及如何使经济在达到均衡时恰好出清。

练习与思考

1. 你如何理解宏观经济学与微观经济学在研究范畴、研究方法、主要研究任务方面的差别?

2. 理解并且区分"存量"与"流量"的概念,从以下宏观经济指标中区分二者的不同:
(1) 某国一年的GDP。
(2) 某国年终的资本总额。
(3) 某国十年的投资量。
(4) 经济中某月底的货币数量。
(5) 经济中某月新增贷款的数量。

3. 理解内生变量与外生变量,在以下模型中进行区分:
(1) 在微观经济理论中,对某种产品的供给取决于厂商的成本以及产品的价格。试说出模型中的主要变量,并指出内生变量与外生变量。
(2) 在上面模型的基础上,我们进一步研究厂商成本的组成,进而认为厂商成本由雇佣工人的数量与使用资本的数量有关。请在这个拓展的模型中指出主要变量、内生变量与外生变量。

4. 理解均衡与出清。
(1) 虽然经济学家很少达成共识,但他们在房屋租赁的"价格上限"问题上保持了很高的一致性,认为政府对房屋租赁的最高价进行限制是不妥当的,基本理由是此时的高价将阻碍市场机制的调节作用。试分析:当政府进行这样的限制时,市场的结果是均衡还是出清?

（2）在上面问题的背景下，如果政府对于房屋租赁的价格并没有限制，而且市场能够正常运行，那么此时的状况可能达到的是均衡还是出清？

5. 用供给和需求模型解释苹果价格的下降会如何影响梨的价格和销售量，指出外生变量和内生变量。

6. 在古典经济学中，由于自由竞争和价格机制两大因素的作用，市场经济中不会出现持久性的、严重的经济危机和失业。根据所学知识，尝试简单解释1929年"大萧条"产生的原因。

7. 简述市场机制完美运行的条件，并举出现实中三个阻碍市场机制完美运行的例子。

8. 在发展中国家，宏观经济研究要考虑的问题与发达国家有哪些不同？

9. 市场失灵有哪几种形式？宏观经济学关注的市场失灵是什么？

10. 使用菲利普斯曲线和奥肯定律，谈谈你对宏观经济学研究的三大目标——失业、通货膨胀和通货紧缩与经济增长之间关系的理解。

11. 宏观经济学的几种论证方法有何不同？

12. 你对身边的哪些宏观经济学现象感兴趣？试着了解一下相关的研究，并且指出相应的表述方式与研究方法。

第二章　宏观经济数据

在考察某一对象时,首先要做的事情就是采用适当的方式刻画或描述它的状态及其变化。比如,若要向人介绍一座山的形状,就需要从不同的角度和位置加以说明。"横看成岭侧成峰,远近高低各不同"就是一个很好的例子。在物理学中,为了研究物体的运动规律,就需要对其在每一维度上的位置予以准确说明。从物体的位置出发,就引出了距离、速度、加速度、力等概念,这些概念之间的关系也就形成了一套完整的理论体系。这一理论体系就是人们对物体运动规律的认识。同样,要研究宏观经济,必须使用一些合理的指标来描述它。在宏观经济学中,我们从总产量、价格水平和资源利用情况三个方面描述宏观经济。

一、总产量

总产量说明的是一个经济单位总的规模。在描述一个经济单位的生产规模时,我们自然可以用数量指标。比如,对于一家企业的生产规模,我们可以用该企业在一定时期内生产出来的产品数量来表示,如1 000辆汽车、10 000台电视机、2 000吨小麦等。但这一方法只有在经济单位的产品种类较少时才能使用,如果一个经济单位的产品种类很多,用数量指标就很难清楚地表示该经济单位的生产规模或者生产规模随时间的变动情况。比如,我们希望了解一家企业生产规模的变动情况。该企业生产两种产品:电冰箱和电视机。假设该企业2019年和2020年的生产情况如下表所示。

	电冰箱(台)	电视机(台)
2019 年	1 000	1 200
2020 年	1 100	1 100

从表中可以看出,该企业的电视机产量下降了,电冰箱产量上升了。现在要问:2019—2020年,该企业的总生产规模是上升还是下降了? 实际上,我们无法判定。如果再要问:假定你认为该企业的总生产规模上升了,那么到底上升了多少? 实际上,这个问题我们更无法回答。对于一个只生产两种产品的企业来说,这样的问题都无法回答,对于一个生产成千上万种商品的国民经济单位来说就更无法回答了。实际上,如果使用数量指标说明一个国民经济单位的生产规模,就得把该经济单位所有产品的数量都罗列出来。而在成千上万个数据面前,人们甚至对于该经济单位的总规模都不清楚,更不用说总规模的变动了。

因此,在描述一个经济单位的总规模时,人们经常使用产值指标。产值指标实际上是一个产量指数,它把一个经济单位中成千上万种产品的产量指标汇总成一个单一的指标。无论一个经济单位有多大,其产品种类有多少,其生产规模都可用一个单一的产值指标来表示。这样,就用一个单一数字表示了一个经济单位的总生产规模,从而避免了用千万个数量指标表示经济总规模的那种尴尬情形。在上述例子中,如果电视机的价格是每台1500元,电冰箱的价格是每台1800元,那么我们可知该企业2019年的总规模是360万元,而2020年的总规模是363万元,同时可知该企业2019—2020年总规模上升了0.83%。

二、价格水平

但是,产值指标有一个问题。在构建产值指标时,产品价格起了关键作用。因此,产值的变动可能是由于实际产量的变动引起的,也可能是由于产品价格的变动引起的。我们希望了解的是一个经济单位的实际产量或实际规模。因此,若要用产值来表示经济的总规模,就应当剔除价格水平的变动对产值指标的影响。这就需要了解一个经济单位总体价格水平的变动。一个经济单位中有多少种产品,就至少有多少种价格。我们同样希望用一个单一指标表示整个经济单位的总体价格水平,这就是所谓的"价格指数"。

当然,价格指数不仅对于理解经济的真实产出有意义,也有助于理解居民户面临的各种生活用品的价格及其变化,还有助于理解企业的生产成本和利润的可能变化,是理解宏观经济运行的重要指标。

三、资源利用情况

在考察一个经济单位时,我们关心的第三个方面是该经济单位的资源是否得到了充分有效的利用。经济资源包括资本、土地、劳动力和企业家才能四大类。在这四大类资源中,劳动力的充分利用问题居于中心地位。实际上,现代宏观经济学就是在研究就业问题的过程中诞生的。凯恩斯1936年出版的《就业、利息与货币通论》被公认为现代宏观经济学的开山之作,从这部著作的名称就可以看出就业问题在书中的重要地位。

在以下三节中,我们分别介绍这三个方面的主要指标。同时,我们还将顺便介绍宏观经济学中经常用到的其他指标。

第一节 产出与收入

我们首先从国内生产总值(GDP)说起,它表示的是一个经济单位的总生产规模,是一个经济单位在生产商品和服务方面的基本衡量指标。它告诉我们的是一个经济单位在一定时期内的全部生产成果。

一、国内生产总值

（一）概念

国内生产总值(GDP)是一个国家在一定时期内(年、月或季度)生产出来的全部最终产品和服务的价值。它包括一个经济单位所生产的产品(如汽车、电话、面包等)的价值，也包括该经济单位所提供的服务(如运输、音乐演奏、经济学讲座等)的价值。所有这些产品和服务的价值均以市场价格计算，将所有最终产品和服务的市场价值加总就构成了GDP。

（二）计算GDP时的注意事项

1. 最终产品和增加值

从GDP的定义可知，它只考虑最终产品和服务。"最终产品和服务"是一个与"中间产品和服务"相对的概念。所谓的"中间产品和服务"，指的是被作为一种投入品来生产其他产品和服务，并被一次性消耗的那些产品和服务。比如，种子是生产小麦的中间产品，小麦是生产面粉的中间产品，而面粉又是生产面包的中间产品。又比如，橡胶是生产轮胎的中间产品，而轮胎又是生产汽车的中间产品。

"最终产品和服务"指的是被直接用于消费或投资的产品和服务。比如，午餐盒饭、汽车、机床、厂房设备、电视机、理发服务等都是最终产品和服务。严格地讲，投资品也是一种中间产品，它也是作为一种投入品来生产其他产品和服务的。我们把投资品与其他中间产品区别对待，是因为其他中间产品是被一次性转化到其他产品中去的，而投资品则是在较长时期内被逐渐转化到其他产品和服务中去的。例如，在生产汽车时，一个轮胎一次就被用掉了，而且如果一个轮胎被用于一辆汽车的生产，就不可能再被用于其他汽车的生产；而一台机床在生产过程中可能要用上几十年，它加工完一个产品后还可用来加工另一个产品。①

之所以采用最终产品和服务来计算经济的总产出，是为了避免重复计算。举例说明。假定一个经济单位只生产面包，其生产环节如表2-1所示。

表2-1 GDP与社会总产值　　　　　　　　　　　　　　　　（单位:元）

生产者	产品	产值	增加值
农户	小麦	3 000	3 000
面粉厂	面粉	5 000	2 000

---

① 之所以把投资品作为最终产品而非中间产品，主要是由于核算方面的困难。如果某种投入品被一次性消耗了，那么这种投入品的成本就是很清楚的，把这种成本从总产值中扣除就可得到净产出。但如果一种投入品是在较长时期内被逐渐消耗的，那么在本期生产中应计入多少成本就是个问题了。比如，一座房屋可以用上几十年甚至几百年，假定这座房屋被计入本期的成本为其寿命期间的平均成本，即用初始购买成本除以使用年限。那么，在本期生产中这种投入品的成本到底是多少？这取决于你确定的使用年限。假定这座房屋最初的购买价格是10万元。如果使用年限按5年算，本期应计入2万元；如果使用年限按20年算，则本期应计入5 000元；如果使用年限按100年算，则本期只应计入1 000元。显然，使用年限不同，应计入的成本差别很大。而在确定使用年限时，人们并不确知这座房屋的实际寿命将是多少，所以确定使用年限只会是一个大致的估计。因此，若把投资品也看作中间产品，其本期成本将是十分难以估算的。为简单起见，一般把投资品当最终产品对待。

（单位：元）（续表）

生产者	产品	产值	增加值
面包厂	面包	7 000	2 000
零售商	面包	10 000	3 000
	总价值	25 000	10 000

在该经济单位中，小麦是生产面粉的中间产品，面粉是面包厂生产面包的中间产品，而面包厂生产的面包是零售商的中间产品（注意，在经济学意义上，面包厂生产的面包与零售商销售的面包不是同样的产品，尽管物质形态一样，但零售商销售的面包中含有零售商提供的服务）。在该经济单位中，只有零售商销售的面包才是最终产品。因此，按照GDP的定义，该经济单位的GDP即为10 000元，即零售商销售的面包的价值。这个数字就描述了这个经济单位的总产出。这个经济单位虽然还生产了小麦、面粉等中间产品，但这些产品在生产最终产品（即零售商所销售的面包）中被消耗了，因此这个经济单位的最终生产成果只有零售商提供的面包，而这个经济单位中的消费者享用到的消费品也只有这么多面包。因此，这10 000元就是对这个经济单位的生产成果的一个准确的描述。

中国以前常用的数据是社会总产值，即将经济中所有经济单位的产值加总。这在表2-1中即为25 000元。这个数字虽然也能反映一个经济单位的生产情况，但其中含有大量的重复计算。例如，农户生产的小麦首先作为农业生产产值被计入社会总产值，然后作为原料成本被计入面粉厂的产值，在社会总产值中又被反映了一次；然后又作为面粉产值的一部分被计入面包厂的产值，从而在社会总产值中又被反映了一次。在这个经济单位的社会总产值中，小麦的产值实际上被反映了四次。

那么，为什么要避免重复计算呢？或者说，重复计算有什么不好呢？之所以要避免重复计算，是为了避免经济结构的不同对数据的影响。我们知道，在不同的经济单位中，生产同一种产品的技术和组织方式可能是不一样的。有的经济单位分工比较细，生产环节较多；而有的经济单位分工比较粗，生产环节就较少。因此，如果不剔除重复计算的话，即使两个经济单位生产相同数量的同质产品，所得出的衡量产出的数据也是不一样的：生产环节越多，重复计算也就越多，数字也就越大。仍以上述例子说明。假定在另一个经济单位中（见表2-2），面包厂直接将面包销售给消费者，而不是通过零售商销售给消费者。也就是说，两个经济单位的唯一区别是一个经济单位的生产环节多，而另一个经济单位的生产环节少，两个经济单位的其他情况完全相同。

表2-2　经济结构的影响　　　　　　　　　　　　　　　　（单位：元）

生产者	产品	经济单位1		经济单位2	
		产值	增加值	产值	增加值
农户	小麦	3 000	3 000	3 000	3 000
面粉厂	面粉	5 000	2 000	5 000	2 000
面包厂	面包	7 000	2 000	10 000	5 000
零售商	面包	10 000	3 000	—	—
	总价值	25 000	10 000	18 000	10 000

在上述两个经济单位中,经济的最终产品价值都是 10 000 元,但社会总产值却相差很大。显然,两个经济单位的生产成果是相同数量的面包,即消费者消费掉的面包数量完全相同,因此两个经济单位的总产出应当是一样的。用 GDP 来衡量总产出,可以做到这一点。但若用社会总产值来衡量,经济单位 1 的总产出要比经济单位 2 大将近 40%。因此,用 GDP 来衡量经济单位的总产出,可以避免经济结构的不同所造成的影响,从而便于比较不同经济单位的总产出。而社会总产值在不同经济单位之间是不可比的。

实际上,对于同一经济单位来说也存在这一问题。随着生产技术和经济制度以及其他外部环境的变化,任何经济单位的结构都是不断变化的,企业的破产、兼并经常发生。因此,如果不能避免重复计算的话,同一经济单位在不同时期的总产出同样是不可比的。

按照 GDP 的定义可知,把对所有最终产品的支出加总,所得即为 GDP。这种计算 GDP 的方法叫作"支出法"。然而,使用这种方法有一个困难,那就是最终产品和中间产品之间的区别有时很模糊。同一种产品,既可能是最终产品,也可能是中间产品。比如上例中面包厂生产的面包。如果面包厂把它直接卖给消费者,它就是最终产品;如果面包厂把它先卖给零售商,再由零售商卖给消费者,那么从面包厂出来的面包就是中间产品。又比如上例中的面粉。如果你买了面粉,用它包了饺子自己吃,那么这些面粉就是最终产品;但如果你把饺子卖给了别人,那么这些面粉就是中间产品。一般而言,批发商售出的商品应被看作中间产品。但在中国情况不一样,因为有许多批发商既批发又零售。在他们卖出的商品中,卖给零售商的部分是中间产品,而直接卖给消费者的部分是最终产品。

因此,在实践中,常用增加值来计算 GDP。所谓"增加值",就是在生产的每一阶段新创造出来的价值。从一个企业的总产值中减去原料成本,就构成该企业的增加值。表 2-1 和表 2-2 中给出了农户(在此假定农户生产小麦时的原料成本忽略不计)、面粉厂、面包厂和零售商的增加值。从这些数据中可以看出,将所有企业的增加值加总,所得数字正好等于最终产品的价值,即 GDP。因此,增加值表示一个特定企业对 GDP 的贡献,将一个经济单位中所有企业对 GDP 的贡献加总,同样可以得到 GDP。这种计算 GDP 的方法叫作"生产法"。

在实践中,计算 GDP 的另一种常用方法叫作"收入法"。增加值是一个企业新创造出来的价值,这些新创造出来的价值一部分最终被分配给了生产中所利用的生产要素,以工资、利息、租金、利润的形式到了居民户手中,一部分作为折旧补偿了资本损耗,还有一部分在生产和销售过程中以间接税①的形式成为政府收入。也就是说,一个企业的增加值就等于该企业的要素收入②加折旧再加上该企业缴纳的间接税。因此,将一个经济单位中所有企业的要素收入、折旧和间接税加总,也可以得到 GDP。这就是计算 GDP 的收入法。

从理论上说,用上述三种方法得到的 GDP 数值应当是相等的。但在实践中,由于各

---

① "间接税"指的是可以转嫁给别人的税收,比如按照企业增加值的一定比例征收的增值税,企业就可以把这些增值税加到价格中,转嫁给消费者;与此相对,"直接税"是不能转嫁的税收,如个人所得税和企业所得税。
② 此处的要素收入是税前收入。

统计环节存在一些疏漏和误差,实际得到的数值一般不会恰好一样。

总之,我们有如下理论恒等式:

GDP= 对国内最终产品的总支出　　（支出法）

　　= 所有企业的增加值之和　　　（生产法）

　　= 要素收入＋折旧＋间接税　　（收入法）

2. 当期产出

GDP 是当期生产出来的产品的价值,因此在 GDP 中不计入就已有商品进行的交易。例如,本期新建的房屋应计入 GDP,而旧房的买卖不计入;但在旧房买卖过程中涉及的经纪人佣金应计入,因为这是经纪人新创造的价值。经纪人把买卖双方联系起来,提供了一种当期服务。

3. 市场价格

GDP 是按各种产品和服务的市场价格计算的。如前所述,这主要是为了用一个单一的数字来总结整个经济单位的总产出。然而,以市场价格计算 GDP 面临一些问题。除了价格水平的变动会导致 GDP 数值变动,另外一个比较大的问题是有些产品和服务没有经过市场交换,因而是没有市场价格的。例如,家庭主妇的劳动,朋友之间的互相帮忙,自己住自己的房子,政府雇员的服务,等等。对这些产品和服务目前还没有很好的估价办法,通常采取一些变通办法。其中,有些产品和服务在计算 GDP 时被简单地忽略了,例如家庭主妇的劳动、朋友之间的互相帮忙等;而政府雇员的服务对 GDP 的贡献则用其工资来代表。

4. 存货的处理

假定一家汽车厂去年生产了 1 000 辆汽车,但今年才卖了出去。在计算 GDP 时怎么办呢?由于 GDP 考虑的是当期产出,因此这 1 000 辆汽车不应计入今年的 GDP,而应计入去年的 GDP。但如果去年汽车的价格是每辆 10 万元,而今年汽车的价格涨到了 15 万元,又怎么办呢?正确的做法是把这 1 000 辆汽车按去年价格计入去年的 GDP,而把增值部分计入今年的 GDP。也就是说,在这个例子中,应将 1 亿元计入去年的 GDP,而将 5 000 万元计入今年的 GDP。

（三）国内生产总值与国民生产总值

我们现在引入国民生产总值的概念。国民生产总值（GNP）指的是一个国家的生产要素所生产出来的全部最终产品和服务的价值。GDP 和 GNP 两个概念的区别在于如何界定一个"国家"或者"宏观经济"单位:是按"地"算还是按"人"算,即所谓"属地原则"还是"属人原则"。如果按"地"算一个宏观经济单位的总产出,就是 GDP,也就是这块经济领土上生产出来的所有产品和服务的价值总和;如果按"人"算,就是 GNP,也就是本国人所拥有的生产要素生产出来的所有产品和服务的价值总和。

从二者的定义可以看出,它们的唯一区别是,参与一国生产的要素中有一部分可能由外国人拥有。例如,中国目前有大量的外资企业,这些企业的部分或全部股份由外国人拥有;同时,也有许多外国人在中国工作;而中国在国外也有投资,也有劳务输出。因此,若用收入法来计算,GDP 等于参与一国生产的所有生产要素的总收入,而 GNP 则等于一国国民所拥有的生产要素的总收入。我们可以以如下公式来理解 GDP 和 GNP 之间的区别：

GNP ＝本国生产要素在国内的收入＋本国生产要素在国外的收入＋
　　　折旧＋间接税

GDP ＝本国生产要素在国内的收入＋外国生产要素在本国的收入＋
　　　折旧＋间接税

所以，

GNP－GDP＝本国生产要素在国外的收入－外国生产要素在本国的收入①

专栏 2.1　日本之外还有一个"日本"吗？

近年来，在中国学术界和民间有一个说法——虽然日本最近几十年经济增长很慢，但由于海外投资规模很大，因此近几十年日本在海外几乎再造了一个"日本"。那么，实际情况到底如何？我们在此做一个比较。②

日本的海外资产有多少？这个数据很难统计，但我们可以比较一下日本的 GDP 和 GNI(Gross National Income，国民总收入，即以前的 GNP)。图 2-1 和图 2-2 分别给出了 1960—2018 年日本的 GDP 和 GNI，以及日本的国外净收入占 GDP 的比重。可以看出，二者的差别很小。1976 年之前，日本的 GNI 与 GDP 之差（即国外净收入）多数情况下是负的，之后才转为正的。直到 2018 年，日本的国外净收入占 GDP 的比重最高也仅为 3.79%。因此，日本之外还有一个"日本"的说法完全是错误的。

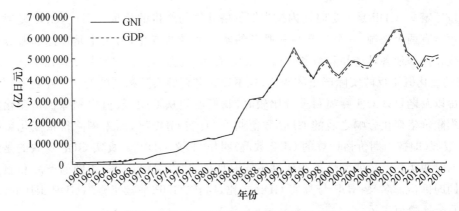

图 2-1　1960—2018 年日本的 GDP 和 GNI

换句话说，日本在海外投资，而海外也在日本投资，二者的投资差额不大，尽管总体来说日本在海外的投资可能更大（国外净收入更多并不意味着资产规模更大）。日本在海外有资产，但日本国内的资产也并非全是日本的。所以，日本在海外再造"日本"的同时，海外投资者也在日本攻城略地，最终二者几乎平分秋色，海外有"日本"，日本有"海外"。

---

① 这里假定两种情况下的折旧和间接税是一样的。
② 数据来源是世界银行。

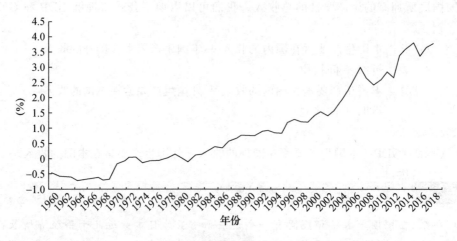

图 2-2　1960—2018 年日本的国外净收入占 GDP 的比重

（四）GDP 与国内生产净值

在生产过程中,总会出现资本的损耗。这种资本的损耗就是折旧。从 GDP 中减去折旧,就是国内生产净值(NDP)。因此,NDP 表示的是一国在一定时期内的净产出。

（五）名义 GDP 和真实 GDP

按照定义,GDP 是一定时期内按当期价格计算的产出的价值。因此,GDP 随时间的变化可能有两个来源:一个是产品和服务的实际产量的变化,另一个是产品和服务的价格的变化。即使各种产品和服务的产出未变,GDP 也会因价格水平的变化而变化。此时 GDP 的变化既不反映实际产出的变化,也不反映老百姓实际福利的变化。在对不同时期的产出以及老百姓的实际福利进行比较时,我们希望从 GDP 数值中剔除价格变化的影响。剔除价格变化影响之后的 GDP 数值叫作"真实 GDP"[①],而未剔除价格变化影响的 GDP 数值(即按当期价格计算的 GDP 数值)叫作"名义 GDP"。真实 GDP 反映的是经济在不同时期实物产量的变化。在计算不同时期的真实 GDP 时,对相同的产品和服务采用相同的价格。名义 GDP 与真实 GDP 之比,叫作"GDP 平减指数"(GDP deflator),一般以百分比数值表示。

在计算真实 GDP 时,首先需要确定一个基期,用基期的价格水平计算不同时期的 GDP,即得到各期的真实 GDP。举例说明如下:假定一个经济单位在 2019 年和 2020 年的产品数量和价格如表 2-3 所示。

---

① 在许多宏观经济学教材和论文中,把"真实 GDP"称作"实际 GDP"。不管怎么称呼,这个术语的英文对应词汇是"real GDP"。在英文中经常会遇到另一个词汇"actual GDP",指的是实际测量得到的 GDP 数值,一般用现价计算,也就是名义 GDP 的测量值,翻译成中文也是"实际 GDP"。为了避免混乱,本书中凡是剔除价格因素之后的变量,均在前面加"真实"二字,而不是"实际"二字,比如"真实 GDP""真实工资"等。本书中提到的"实际 GDP"指的是"actual GDP",与"潜在 GDP""均衡 GDP""计划 GDP"相对。

表 2-3　一个假想经济单位的产品数量和价格

产品	2019 年		2020 年	
	产品数量(千克)	价格(元/千克)	产品数量(千克)	价格(元/千克)
香蕉	10	2.0	15	3.0
苹果	8	1.5	10	2.0

不难算出 2019 年和 2020 年的名义 GDP 分别为 32 元和 65 元。若以 2019 年为基期，则两年的真实 GDP 分别为 32 元和 45 元，那么这两年的 GDP 平减指数分别为 100% 和 144%。当然，也可以把 2020 年作为基期。

（六）经济增长率

宏观经济学中一个很重要的概念是经济增长率，指的是真实 GDP 的增长率（以百分比表示）。也就是说，

$$本期的经济增长率 = \frac{本期真实 GDP - 上期真实 GDP}{上期真实 GDP} \times 100\%$$

历史上，在计算真实 GDP 时，基年一旦确定，一般保持 5 年或 10 年不变。但这种计算方法存在两个问题：

第一，基年选择不同，计算出来的同一年的经济增长率往往不一样。比如，在表 2-3 的例子中，如果取 2019 年为基年，经济增长率为 40.6%；而如果以 2020 年为基年，经济增长率则为 41.3%。这就导致一个后果——为了经济增长率的可比性，基年一换，就需要重新计算所涉及年份的经济增长率，意味着每隔几年这些经济增长率数据就要变一回。

第二，随着科技进步的加快，每年都有许多新产品出现，也有许多老产品被淘汰。如果固定某一年为基年，就意味着几年后，由于许多产品已经不存在而新产品可能又包括不进来，从而导致数据失真。

于是，所谓的"链式指数"就被构造出来了。具体方法是，每年都调整基年，而且用连续两年价格的平均值计算这两年的经济增长率。比如，用 2019 年和 2020 年两年价格的平均值分别计算这两年的真实 GDP，从而计算出 2020 年的经济增长率。每年的真实 GDP 增长率这样计算出来后，各年的这种增长率形成一个时间序列数据，根据这个数据就可以比较任意两个年份真实 GDP 的大小。这样就避免了上述两个问题的影响。

（七）GDP 指标的缺点

GDP 被用来衡量一个国家的总产出和总收入，同时在许多人的心目中，GDP 还衡量一个国家的总经济福利和社会福利。一般而言，GDP 的增加表明人们可以消费的产品数量的增加，因而意味着人们经济福利的增加。但 GDP 指标并非完美无缺。作为衡量总产出和总经济福利的一个指标，GDP 有如下缺点：

第一，GDP 指标本身对总产出只是一个很粗略的反映。首先，如前所述，有些产品和服务很难估价，因为它们不在市场上交易，例如家务劳动、政府服务、义务劳动、自己动手干的活等。其次，有些经济活动虽然经过市场交换，但无法统计，例如地下经济和黑市。

在地下经济和黑市中的交易本身并非总是非法的或对社会有害的,有些交易虽合法或对社会有利,但也因逃税或其他目的而被隐瞒。在许多国家,地下经济的规模相当大,例如美国地下经济的规模相当于 GDP 的 30%。[①] 在中国,目前存在大量的现金交易,这些交易中的相当一部分在国民收入账户中没有得到反映。最后,经济中可能存在严重的价格扭曲或实物分配现象,从而使得所得到的 GDP 数值不能反映经济的真实情况。例如,在中国,住房曾经是以实物配给的方式分配的,房租也相当低。

第二,GDP 指标没有反映产品的质量。例如,考虑计算机行业对 GDP 的贡献。二十几年前,一台当时流行的 386 电脑的价格曾经高达 2 万元以上;而到了 2019 年春天,一台配置相当好的电脑的价格也才 5 000 元左右,但运算速度和其他性能却比 386 电脑好许多倍。同样,其他产品也存在类似的问题,例如汽车的质量一直在改进,但 GDP 数值却很难对此予以反映。在有些情况下,产品质量不高的国家的 GDP 数值可能反而高于产品质量高的国家。例如,某国产品质量不高,可能需要经常维修,而维修服务的价值又构成 GDP 的一部分。

第三,GDP 指标不反映由技术进步所导致的产业结构变化对总经济福利的影响。例如,互联网的兴起引发了通信方式的巨大变化,以前必须通过普通邮政系统进行的通信联络,现在可以用简便、便宜、快捷的电子邮件进行。从中国寄往美国的一封航空平信曾经要花 7 元钱,一个星期以上才能到达,而通过电子邮件则几乎是免费的,所需时间也缩短至不到 1 秒钟。显然,使用电子邮件显著增加了我们的福利。然而,若用 GDP 来衡量,把通信方式从普通平信改为电子邮件,却使得从这次通信中可创造的 GDP 从 7 元钱降到几乎为 0。

第四,GDP 只计结果,不计生产过程的损失,也不考虑某些生产的目的,例如污染问题。污染降低了我们的福利,但在 GDP 中却未予考虑。甚至污染越严重,GDP 越高,因为为治理污染需要生产环保设备、配备环保人员、兴建环保工程,而这些都是计入 GDP 的。另外,计入 GDP 的一些活动可能只是利用资源去避免或防止"恶"的出现。例如,犯罪活动导致国家配备相当的警力和精良的装备与犯罪分子作斗争,而警察的服务和警察使用的装备都是计入 GDP 的,从而导致一个令人啼笑皆非的情况:一个国家的犯罪活动越猖獗,GDP 可能越高。

第五,用 GDP 来衡量经济福利,没有考虑闲暇对福利的影响。随着经济的发展和技术的进步,人们可以享受的闲暇越来越多,而随着收入的增加,人们对闲暇的需求也不断增加。如果一个人根据自己的偏好和预算约束选择每周少工作一个小时、多享受一个小时的闲暇,那么这种选择意味着这个人的福利增加了,否则他就不会做出这种选择。然而,假定这个人的工资水平未变,他的收入水平就会有所下降,按照收入法,这一行动将使 GDP 下降。因此,GDP 的变化此时没有正确反映总经济福利的真实变化。

综上所述,作为衡量总产出和总经济福利的一种指标,GDP 是很粗糙的,可能有很大的偏差。而在作为衡量总经济福利的指标时,问题更为突出,因为在福利评价中人们的主观因素影响很大。在主观因素起作用的情况下,我们难以进行福利的评价和加总。因

---

① Rudiger Dornbusch, Stamley Fischer, et al., *Macroeconomics*(6th edition). McGraw Hill, 1993, p.34.

此,有人反对将 GDP 作为衡量经济福利甚至社会福利的指标。

既然 GDP 作为衡量总产出、经济福利和社会福利的指标存在如此多的缺点,我们为什么还要用它呢?那是因为我们目前还没有更好的指标。也就是说,GDP 是我们目前所能得到的最好的指标,尽管我们对它并不十分满意。有人曾经试图构造一个更好的指标,但并未成功。

二、支出的构成

如前所述,GDP 是对本国最终产品和服务的支出,其可以分解为四个部分:(1) 居民户的消费支出;(2) 企业的投资支出;(3) 政府对商品和服务的购买;(4) 国外对本国产品和服务的购买,即出口。

(一) 消费支出

居民户的消费支出是本国居民户对最终产品和服务的支出。居民户购买的消费品可能是本国生产的,也可能是外国生产的。居民户对本国产品和服务的购买构成对本国产品和服务的需求,对外国产品的购买构成对外国产品和服务的需求。因此,居民户对本国产品和服务的需求为:

$$C_d = C - C_f \tag{2-1}$$

其中,C_d 表示居民户对本国产品和服务的消费支出,C 表示居民户的总消费支出,C_f 表示居民户对外国产品和服务的消费支出。

(二) 投资支出

在本书中,投资指的是实物资本存量的增加,而不包括对债券、股票等的购买。对于特定的个人或企业来说,购买股票和债券可能是投资行为;但对于整个经济来说,这些行为只不过是资产所有权的转换,并不构成对产品的需求,也没有导致总体生产性资本存量的增加。在实践中,投资包括企业修建厂房、购买机器设备和软件以及调整库存等。

与消费支出一样,企业购买的投资品既可以是本国产品,也可以是外国产品。企业对本国投资品的购买为:

$$IM_d = IM - IM_f \tag{2-2}$$

其中,IM 表示本国企业的总投资支出,IM_d 表示本国企业对本国投资品的支出,IM_f 表示本国企业对外国投资品的支出。

(三) 政府购买

政府购买包括国家的国防支出、基础设施建设、对政府雇员的工资支出、政府维持正常运行所需要的支出,以及基础科学研究和文化、教育等方面的支出。

与消费支出和投资支出一样,政府既可能购买本国的产品和服务,也可能购买外国的产品和服务。政府对本国产品和服务的支出为:

$$G_d = G - G_f \tag{2-3}$$

其中,G_d 表示政府对本国产品和服务的支出,G 表示政府对产品和服务的总支出,G_f 表示政府对外国产品和服务的支出。

（四）出口

出口就是外国居民或团体对本国产品和服务的购买。在本书中，出口用 X 表示。

在宏观经济学中，我们着重要考虑的是对本国产品和服务的购买。既然我们把与一个经济单位有关的所有人分为四个部分或部门，那么对本国产品和服务的购买就等于这四个部门对本国产品和服务的购买之和，即：

$$AE = C_d + IM_d + G_d + X$$

其中，AE 表示对本国产品和服务的总支出。将式(2-1)、(2-2)、(2-3)分别代入上式，得：

$$\begin{aligned}AE &= (C - C_f) + (IM - IM_f) + (G - G_f) + X \\ &= (C + IM + G) - (C_f + IM_f + G_f) + X \\ &= C + IM + G + (X - M)\end{aligned}$$

其中，$M = C_f + IM_f + G_f$，表示本国消费者、企业和政府对外国产品和服务的购买，即本国的总进口。$X - M$ 即净出口，我们有时用 NX 表示。因此上式也可表示为：

$$AE = C + IM + G + NX \qquad (2\text{-}4)$$

即对本国产品和服务的总支出等于消费者的消费支出、企业的投资支出、政府购买和净出口之和。

三、GDP 与个人可支配收入

在宏观经济学这门课程中，我们要研究的主要问题之一就是总需求的决定因素。总需求的主要构成部分是消费需求，而消费需求又由全体国民的可支配收入决定。所谓"可支配收入"，指的是全体国民扣完所有应缴税收之后可以完全由自己自由支配的收入。从前面的分析可知，GDP 既表示一个经济单位的总产出，又表示该经济单位的总收入。然而，一个经济单位中的总收入并不都是老百姓的个人收入，而老百姓的个人收入也并不都是可以由老百姓自由支配的，其中一部分必须以税收的形式上缴国家。我们希望弄清楚 GDP 与个人可支配收入之间的关系。

（一）从 GDP 到个人可支配收入

要从 GDP 中得到个人可支配收入，需要考虑以下几个方面的因素：

1. 折旧

折旧不构成个人收入，因此要得到个人收入数据，应将折旧从 GDP 中剔除。

2. 国外

我们在前面说过，本国要素可能参与外国的生产，外国要素也可能参与本国的生产。因此，要得到本国居民的可支配收入，需要从 GDP 中减去外国要素从本国取得的收入，再加上本国要素从外国取得的收入。

另外，在本国居民与外国居民之间可能存在单方转移支付。所谓"转移支付"，指的是收入的直接转移，不涉及产品和服务的交换。也就是说，得到收入的一方无须向另一方提供产品和服务。相对于整个国民经济而言，这些转移支付一般数额较小，故略去不计。

3. 政府

政府以两种方式影响个人可支配收入：一是征税，二是为居民户提供转移支付。征税会降低个人可支配收入，而转移支付会增加个人可支配收入。

4. 企业

企业部门也以两种方式影响个人可支配收入：首先，企业的全部净收入并非都分配给了居民户。作为一种内部融资方式，企业可能会保留部分利润。这部分利润虽然是GDP的一部分，但不是居民户可以自由支配的，因此要得到个人可支配收入，应将其从GDP中剔除。其次，企业部门对居民户或个人也可能会有转移支付。例如企业对灾区的捐款、一些企业在大学设立的奖学金等。这种转移支付会增加个人可支配收入。

在考虑上述四个方面的因素之后，我们可得：

个人可支配收入 = GDP － 折旧 ＋ 本国要素从国外得到的收入 －
外国要素从本国得到的收入 － 税收 ＋
政府转移支付 － 企业保留利润 ＋ 企业转移支付

上式虽然比较全面准确，但过于烦琐，为了便于教学，我们需要对其做一些简化。这些简化并不影响分析的定性含义。

在上式中，企业转移支付和企业保留利润均被忽略不计。本国要素从国外得到的收入和外国要素从本国得到的收入可能会比较大，但二者相抵对个人可支配收入的总的影响可以忽略不计。折旧的数量较大，但略去它只影响分析的定量含义，不影响定性含义，故在本门课程的教学中，我们一般也略去它。但在正规的分析和预测中，是否忽略特定项目应予慎重考虑。

在做出上述简化后，我们可得：

$$\text{个人可支配收入} = \text{GDP} + \text{政府转移支付} - \text{税收} \tag{2-5}$$

（二）个人可支配收入的使用

个人可支配收入是居民户可以使用的资源。居民户可以花掉它，也可以把它储蓄起来，还可以把它无偿转让给别人（即个人间转移支付）。如果个人间转移支付发生在本国居民之间，那么这种行为不影响本国经济中的个人可支配收入。只有当个人间转移支付发生在本国居民与外国居民之间时，本国的个人可支配收入才会受到影响。一般而言，本国居民对外国居民的转移支付很小，在本书中忽略不计。

一般认为，个人可支配收入有两个使用方向，即消费和储蓄。因此我们有：

$$\text{个人可支配收入} = \text{消费} + \text{储蓄}^{①}$$

（三）总结

从上面的介绍中，我们可以得到以下几个重要的恒等式：

(1) $GDP \equiv C + IM + G + NX$

(2) $YD \equiv GDP + TR - TA$

其中，YD表示个人可支配收入，TR表示转移支付，TA表示税收。

---

① 这里的储蓄是居民户的储蓄，也称"私人储蓄"，在整个宏观经济中，政府和企业也有储蓄。

(3) $YD \equiv C+S$

其中 C 表示消费支出，S 表示储蓄。

从恒等式(2)和恒等式(3)可得：
$$GDP = YD + TA - TR = C + S + TA - TR$$

将上式和恒等式(1)联立，可得：

(4) $C+IM+G+NX \equiv GDP \equiv C+S+TA-TR$

第二节 价格指数

描述宏观经济的第二个维度是价格水平。一个经济单位中有成千上万种商品，因而就至少有成千上万个价格。在宏观经济学研究中，我们不可能把每种商品的价格都详细罗列出来。正如我们在描述一个经济单位的总产出时用一个单一的指数概括所有产品和服务的产量一样，在描述一个经济单位的价格水平时，我们也希望用一个单一的指数概括所有产品和服务的价格。这就是我们本节所要介绍的价格指数。价格指数表示的是整个经济单位的平均价格水平。

根据计算方法和实际用途的不同，宏观经济学中经常用到的价格指数很多。我们前面介绍过的 GDP 平减指数实际上就是一种价格指数，它给出了某一期相对于基期的价格水平。在宏观经济学中，另外一个重要的价格指数是消费品价格指数(CPI)。

一、消费品价格指数

如前所述，构造价格指数的目的，是将经济中成千上万种商品和服务的价格转换为一个单一的价格指数，以可靠描述经济单位的总体价格水平的特征和变动。那么，如何做到这一点呢？最简单的办法就是求出所有商品和服务的价格的平均值。但这种方法有一个缺点：它将所有商品和服务同等对待。显然，经济中不同的商品和服务对人们的重要性是不同的。比如，每个人每天都要消费面粉或大米，但大概每隔 10 年才会买一把菜刀，因此面粉和大米价格的变动对人们生活成本的影响显然要远远大于菜刀价格的变动。又比如，住在城市的人们几乎每天都得乘坐公共汽车或地铁，但乘坐火车的机会就要少得多，因此公共汽车和地铁票价的变动对人们的影响显然要大于火车票价的变动的影响。因此，所有商品和服务价格水平的简单平均不能可靠地反映经济单位的总体价格水平，于是人们构造了消费品价格指数。

给定一组消费品和一个基期，然后计算在不同时期购买这组消费品的成本。各期成本与基期成本之比，就构成各期的消费品价格指数(一般设定基期价格指数为 100)。举例说明，假定一个典型的消费者每年购买 5 个苹果、2 个橘子。表 2-4 给出了这一消费组合在 2019 年和 2020 年的价格情况。

表 2-4　一个假想的消费组合中各商品的价格　　　　　（单位：元/个）

	苹果价格	橘子价格
2019 年	1.0	0.5
2020 年	1.5	0.8

根据表 2-4 可知，2019 年购买这一消费组合的成本是 6 元，而在 2020 年成本为 9.1 元。若令 2019 年价格指数为 100，则 2020 年价格指数为 100×9.1/6＝152。

二、CPI 与 GDP 平减指数

CPI 和 GDP 平减指数都是价格指数，二者在计算方法和含义上是有差别的。

第一，GDP 平减指数包括一个经济单位生产出来的所有产品和服务，而 CPI 仅包括消费品。因此，如果投资品价格上涨而消费品价格水平未变，则 GDP 平减指数上涨而 CPI 不变。

第二，GDP 平减指数只考虑一个经济单位本身生产出来的产品和服务，而不考虑进口品，但 CPI 还包括进口品。因此，进口品价格上涨则 CPI 上涨，但 GDP 平减指数不受影响。

第三，在计算 CPI 时，产品组合被固定，但价格水平可变；而在计算 GDP 平减指数时，价格水平被固定，但产品组合可变。也就是说，CPI 以基期的产品组合为基准，而 GDP 平减指数则以基期的价格水平为基准。

专栏 2.2　CPI 与 GDP 平减指数为什么会差异较大？

中国国家统计局 2020 年 1 月 9 日公布的数据显示，2019 年全国 CPI 同比上涨 2.9％，而 GDP 平减指数增长率在 2019 年 12 月只有 1.3％。用 CPI 来衡量，2019 年中国的物价上涨率偏高；若用 GDP 平减指数来衡量，似乎又偏低。同为价格指数，为何会出现这样的情况？

原因在于，这两个指标所覆盖的商品范围不同。GDP 平减指数涉及的是一个经济单位生产出来的所有商品，而 CPI 只包括政府规定的一篮子商品。以中国内地为例，CPI 的构成包含食品、烟酒及用品、衣着、家庭设备、医疗保健、交通通信、娱乐教育文化、居住八大类产品价格，其中食品的权重最高，为 32.7％。2019 年，中国猪肉价格上涨严重，高达 42.5％。食品价格上涨严重，使得 CPI 自然严重上涨。

再来看 GDP 平减指数。生猪养殖属于农业，整个第一产业（农、林、牧、渔）在中国 GDP 中所占的比重只有 7％左右，猪肉所占的比重更小。

因此，猪肉价格上涨，CPI 受影响很大，GDP 和 GDP 平减指数受影响则较小，最终使得我们看到的二者差异较大。

三、通货膨胀率

通货膨胀率衡量的是一个经济单位总体价格水平的变动。通货膨胀率的计算公式如下：

$$某期通货膨胀率 = \frac{本期价格指数 - 上期价格指数}{上期价格指数} \times 100\%$$

在宏观经济学中经常用到的价格指数很多，而不同价格指数的计算方法、涉及的产品组合不同，因而含义也不同。根据不同的价格指数得到的通货膨胀率数值也不同，对不同人和不同问题的重要性也不同。因此，在谈到通货膨胀率时，一定要说明是根据哪个价格指数计算出来的。在人们关于宏观经济的讨论中，最常用到的是根据CPI得到的通货膨胀率，因为这一价格指数直接影响到老百姓的生活成本和福利。GDP平减指数的上涨率也经常被用到。在本书中，我们只进行纯粹的理论说明，因此在谈到通货膨胀率时，并不具体指明是哪个价格指数的上涨率。

第三节 资源利用情况

描述宏观经济的第三个维度是资源利用情况。在经济学中，资源被分为四大类：劳动力、自然资源、资本和企业家才能。宏观经济学关心的问题是：(1) 资源是否得到了充分利用，即资源利用率问题；(2) 资源是否得到了有效利用，即资源利用效率问题。本节介绍这两类指标中宏观经济分析常用的几个指标。

一、资源利用率

在宏观经济学有关资源利用情况的研究中，资源利用率问题受到特别的重视。而在考虑资源利用率问题时，劳动力资源利用率问题又占据核心地位。劳动力失业问题一直是宏观经济学研究的主要任务之一。甚至可以说，没有失业问题，就没有凯恩斯的《通论》，也就没有现代宏观经济学。

人们之所以如此重视失业问题，是因为经济的目的就是增进所有人的福利。而一旦经济中存在大量失业，这些失业者的收入就会大幅下降，他们的生活水平、他们孩子的营养水平和教育水平就都会受到严重影响。而且，这些失业者收入水平的下降必然导致他们消费支出的下降，进而导致有关企业销售收入和利润的下降，从而导致这些企业的所有者和工人收入的下降。另外，失业率的上升还可能导致严重的社会问题，比如犯罪率上升，甚至出现罢工、游行、示威、政权的更替；而其他资源利用率不足一般不会导致这些问题。因此，我们在此着重介绍与劳动力的利用情况有关的指标。

关于劳动和就业，我们介绍几个重要概念。

(一) 工作年龄人口

工作年龄人口（working-age population）指在总人口中处于法定工作年龄段的人口

数。在中国,法定工作年龄段为男性 16—60 岁,女性 16—55 岁。

(二) 劳动力

劳动力(labor force)指工作年龄人口中愿意工作的人口总数。在工作年龄人口中,有些人虽然没有工作,但不被计入失业人口之中。这些人口包括:(1) 学生;(2) 在家照看孩子的人;(3) 因病不能参加工作的人;(4) 其他没有工作但也没有工作意向的人。这些人虽然有工作能力,但不被看作劳动力。

劳动力参与率是工作年龄人口中劳动力所占比例:

$$劳动力参与率 = \frac{劳动力数量}{工作年龄人口数} \times 100\%$$

(三) 失业

如果一个人愿意工作但没有工作,就说他处于失业状态。也就是说,失业人数等于劳动力总数减去就业人数。

$$失业率 = \frac{失业人数}{劳动力数量} \times 100\%$$
$$= \frac{失业人数}{就业人数 + 失业人数} \times 100\%$$

(四) 自然失业率

一个经济单位在任何时刻都会有失业存在。实际上,一个经济单位中的人口、劳动力和经济状况总是处于不断变化之中,一定程度的失业是难免的,甚至是保持经济活力所必需的。比如,每年都有新行业、新企业的诞生和扩张,如果没有失业,新行业、新企业就招不到员工。

每年秋季,都有一批高中毕业生和大学毕业生离开学校进入劳动力市场。还有一部分原本不在劳动力中的人可能出于种种原因重新进入劳动力市场。更重要的是,人们经常换工作,要么是因为希望找到更好的工作,要么是因为劳动合同到期。这些人从进入劳动力市场或离开原有工作到重新找到工作,需要一段时间,在这段时间内,他们就处于失业状态。这种失业被称作"摩擦性失业"。摩擦性失业的出现是因为人们找工作要花时间。

此外,劳动力市场实际上可细分为许多小的劳动力市场,比如电气工程师市场、保姆市场、搬运工市场、足球球员市场、物理学家市场等。如果劳动力需求和供给的结构不相吻合,就可能造成一定程度的失业。比如,假定一个经济单位中只有两种劳动力——电气工程师和保姆;再假定这个经济单位中总的劳动力需求为 10 人,总的劳动力供给也是 10 人。因此,总的来说,这个经济单位的劳动力市场需求和劳动力供给是相等的。但如果这个经济单位对电气工程师的需求为 6 个、对保姆的需求为 4 个,而电气工程师的供给为 4 个、保姆的供给为 6 个。这样,这个经济单位就难以雇用到足够的电气工程师,也难以雇用所有的保姆,将有 2 个保姆失业。因此,尽管这个经济单位中劳动力供求在总量上是相等的,但劳动力供求结构上的不相吻合却导致失业的出现。这种失业被称作"结构性失业"。

当一个经济单位的劳动力市场达到均衡状态时,就说这个经济单位已经实现充分就业。所谓"劳动力市场的均衡",就是说在某一时刻,在当时的工资水平下,劳动力供求在总量上是相等的。但可能由于找工作需要花时间、结构性原因或其他什么原因而导致部分人失业,这种失业被称为"自然失业",这种失业人口在劳动力中所占的比例被称为"自然失业率"。

(五)自然失业率的测定

对于宏观经济政策的制定来说,测定自然失业率是一件极其重要的事情。比如,假定在某一时刻,经济中的实际失业率是6%。这时,如果自然失业率是5%,那就意味着实际失业率过高,政府应采取扩张性政策以消除失业;如果自然失业率为7%,那就意味着实际失业率低于正常状态,政府要么不采取政策,要么采取紧缩性政策以消除通货膨胀。①

遗憾的是,就如何确定自然失业率的问题,经济学家尚未达成一致。目前确定自然失业率的方法主要有两种:

第一种方法是理论性的。这种方法的依据是,通货膨胀率和失业率是相关的,因此自然失业率应当是通货膨胀率处于稳定状态时的失业率。这些经济学家把自然失业率又称为"非加速通货膨胀条件下的失业率",简称 NAIRU(non-accelerating inflation rate of unemployment)。② 但在实际中,通货膨胀率几乎总是处于波动之中,因此这种方法很难说对确定自然失业率有多大帮助。

第二种方法是实践性的。这种方法的依据是,经济总是处于繁荣和衰退的交替之中,实际失业率应当总是围绕自然失业率上下波动,当经济繁荣时实际失业率低于自然失业率,而当经济衰退或萧条时实际失业率高于自然失业率。因此,如果选择足够长的一段时间,而且在这段时间内经济所经历的繁荣和衰退的次数相等,那么这段时间内的平均失业率就应当等于或接近自然失业率。

自然失业率可能经常发生变动。经济制度的变化可能引起自然失业率的变化。比如,中国从计划经济向市场经济的转轨会导致自然失业率的变化,就业服务机构的创立和就业信息质量的改进及其传播速度的加快会降低自然失业率。人口年龄构成的变化也会导致自然失业率的变化。比如,年轻人在劳动力中所占比重的上升会提高自然失业率,因为年轻人通常比老年人更频繁地更换工作。

二、资源利用效率

资源利用效率是用生产率来衡量的。生产率指每单位投入品的平均产量。

(一)劳动生产率

因为劳动力是最重要的投入品,所以劳动生产率就成为最常用的生产率指数。劳动

---

① 我们在后面将会看到,短期内,通货膨胀和失业之间可能存在一种此消彼长的关系,因此当实际失业率低于自然失业率时,经济中可能存在一定程度的通货膨胀。

② 也有人认为,自然失业率和 NAIRU 不是一回事。

生产率通常用每工时平均产量表示,计算公式为:

$$\text{某经济单位在一定时期的劳动生产率} = \frac{\text{该经济单位在一定时期的真实 GDP}}{\text{该经济单位在这一时期投入的总工时}}$$

在许多情况下,劳动生产率也用每工人或每人的平均产出衡量,比如一个企业的人均产出或人均增加值,一个宏观经济单位的人均 GDP 等。

(二)全要素生产率[①]

生产率衡量的是资源的利用效率。资源是稀缺的,让稀缺资源发挥最大效用是任何生产过程都追求的目标。生产过程中使用的各种资源又被称为投入品。

在人类的生产过程中,投入品种类很多。在经济学分析中,一般把经济中使用的资源分为四大类,即劳动力、自然资源、资本和企业家才能。劳动力自然是投入品之一,没有劳动就没有生产过程。自然资源也是投入品,人类生存于自然环境中,所需要的所有资源都来自大自然。在经济学中,自然资源是没有经过人类活动改造过的、大自然的恩赐,比如山川、河流、阳光、风、雨、各种野生的动植物、各种矿产等。资本则是人类用自己的劳动改造自然资源之后形成的各种能够用于生产过程的物品,比如古代人使用的木棍、石块、骨针、犁等,现代人生产过程中使用的机器设备、厂房、道路等。企业家才能就是组织生产、服务人类的各种需要的能力,企业家才能在资本主义兴起之后才被认为是最重要的资源。

这么多种资源,每种资源到底有没有得到有效利用?这是人们非常关注的一个问题。于是人们就用劳动生产率衡量劳动利用效率,用资本生产率衡量资本利用效率,用万元产值能耗衡量能源利用效率,用每亩地的粮食产量衡量耕地利用效率,用每亩地上的工业产值衡量工业中的土地利用效率,等等。

但这些指标有一个共同的问题,就是只能衡量某一类投入品的效率,而无法反映一个生产单位的整体效率;而且在衡量同一个生产过程时,不同指标衡量出来的结果往往是互相矛盾的。比如,假定一个打猎队伍有两个生产单位——甲队和乙队,在时间和其他条件都相同的情况下,甲队用 3 个人、3 支枪,乙队用 4 个人、2 支枪。假定甲乙两队最终打到的猎物都是 12 只,那么两队的劳动生产率分别是每人 4 只和 3 只动物,甲队生产率更高;但甲队的资本生产率是每支枪打中 4 只动物,乙队是每支枪打中 6 只动物,乙队的生产率似乎更高。那么,到底哪队的生产率更高呢?如果你是领导,你需要从这两个队长中提拔一个人,假定提拔的标准是谁生产率高提拔谁,你该提拔哪个呢?

如果单纯考虑劳动生产率或者资本生产率,那么很难判断谁的生产率更高,你提拔了任何一个人,另外一个人都会不服气。这就需要综合考虑劳动、资本两种投入品。综合考虑劳动、资本之后得到的生产率,就是所谓的"全要素生产率"。如果一个生产过程除资本、劳动之外还有其他投入品,比如自然资源,那么就需要综合考虑这些投入品,全要素生产率中,"全"的意思就是考虑所有的投入品。

问题是,怎么综合呢?这就需要把多种投入品根据一定的规则综合成一个单一的"全要素投入指数"。我们以上述例子来说明。构造这一指数的方法多种多样,经济分析

[①] 本节部分内容发表于《光明日报》,2019 年 3 月 1 日,第 1 版。

和现实生产管理中经常用到的方法有以下几种：

最简单的办法是只考虑其中一个投入品，而完全忽视其他投入品的作用比如，如果决策者认为资本不重要，只有人重要，那么他给资本的权重就是0，于是此时的全要素生产率就是劳动生产率；相反，如果决策者认为人不重要，只有资本重要，那么他给劳动的权重就是0，于是此时的全要素生产率就是资本生产率。

一般情况下，没有人会如此极端，多数人会认为劳动和资本都很重要，只不过重要性不一样，有人认为劳动更重要，有人认为资本更重要，于是给资本和劳动不同的权重，然后形成一个全要素投入指数。

第一种方法是，把劳动和资本两种要素的使用量相加或相乘。比如以上打猎的例子，相加的结果是两队的投入都是6，于是全要素生产率就是2（=12/6），两队生产率一样；相乘的结果是甲队的投入是9，乙队的投入是8，甲乙两队的全要素生产率分别是1.33和1.5，乙队生产率较高。

第二种方法是，两种要素数量相加或者相乘都显得过于简单，于是人们发明了其他综合考虑两种要素的方法。也就是，用两种投入品作为自变量，用一定的函数形式构造出一个新的全要素投入指标。这个函数可以是线性的，比如决策者给劳动和资本的权重分别是0.6和0.4，那么两队的综合投入量就分别是3和3.2，显然乙队的全要素生产率低于甲队。这个函数也可以是非线性的。在经济学研究中，经常用到的非线性函数是所谓的"柯布-道格拉斯函数"。

柯布-道格拉斯要素投入指数是按如下方法构建的：

首先，确定一个经济单位所使用的要素投入种类。这主要取决于研究者的目的、数据的可得性和数据质量。一般而言，一个经济单位所使用的要素投入种类中至少应该有劳动和资本，研究者再根据自己的需要和拥有的数据选定其他要素投入，比如土地、能源或原材料等。

其次，按照如下公式构建柯布-道格拉斯要素投入指数（此处以两种投入要素的情形为例）：

$$B = K^{\alpha}L^{\beta}$$

其中，K 表示资本投入，L 表示劳动力投入，B 为要素投入指数，α、β 为参数。如果假定规模报酬不变，则 $\alpha+\beta=1$。α、β 值由研究者根据相同或类似领域中已有的研究结果选定，或者自己用现有数据直接估计。

最后，计算全要素生产率，假定产出用 Y 表示，某经济单位在某一时期的全要素生产率就等于 Y/B。

从上述介绍可以看出，全要素生产率这个指标具有以下特点：

第一，全要素生产率没有量纲。它是综合各种投入品形成的一个指标，各种投入品的衡量单位（量纲）不一样，最后形成的是一个没有量纲的指标。

第二，由于构造全要素投入指数的方法不同，不同研究得出的全要素生产率之间是不可比的。函数形式不同、考虑的投入品种类不同、给每种投入品的权重不同，得到的全要素投入指数就不同，进而全要素生产率也不同。所以，在谈论全要素生产率时，一定要注意其可比性。

第三,在构造全要素投入指数时,被考虑到的投入品必须是可定量衡量的。因此,全要素生产率实际上指的是生产过程中无法被定量衡量的因素的贡献,这些因素包括技术、制度、企业家才能、人力资本、规模报酬、产业结构、对外开放度等;全要素生产率越高,意味着这些因素的贡献越大,同时也意味着那些可以定量衡量的因素(如劳动、资本、自然资源等)的利用效率越高,而后者恰恰是我们希望节约的。因此,提高全要素生产率实际上就是要加大技术、制度、企业家才能、人力资本、规模报酬、产业结构、对外开放度等这类因素的投入。以上述两个团队为例,在其他条件给定的情况下,全要素生产率就反映了两个团队的领导的生产率,这种生产率可能体现的是团队领导的能力、责任心、努力程度等难以定量衡量的投入,可以作为提拔的依据。通过增加劳动、资本、自然资源投入实现的增长被称为"粗放式增长",通过提高全要素生产率实现的增长被称为"集约式增长",中国经常提到的"经济增长方式的转换"就是指从"粗放式增长"向"集约式增长"的转换。

综上所述,全要素生产率衡量的是那些很难定量衡量的投入品的贡献,这些投入品多数是可再生资源且供给量可以是无限的。比如,科技进步可以是无限的,因为物质世界是无限的;改革可以是无限的,因为人类总可以对现有的管理体制进行调整以实现更高的产出;人力资本的积累也可以是无限的,因为知识是无限的;等等。

那些可定量衡量的资源可以分为三类:第一类是自然资源,第二类是劳动,第三类是资本,其中资本是劳动改造自然资源之后的产物。自然资源往往是不可再生的且供给有限,有些自然资源虽然可能可再生,但其"再生"过程需要大量投入,或者还需要消耗一些不可再生资源,比如土地、矿产、能源、水等,因此应该想方设法节约这类资源的投入,提高其利用效率。随着人类生活水平的提高,对于这些资源的消耗量也大幅增加,而这些资源的供给又是有限的。因此,要想保证经济健康、持续发展,就不得不设法节约这些资源,也就不得不多投入那些难以定量衡量的资源,比如可以利用技术进步、人力资本提升、改革等提高可定量衡量的资源的利用效率,即提高全要素生产率。这就从供给侧提高了经济增长的质量。

可以定量衡量的第二类资源是劳动,这也是构造全要素投入指数时必须考虑的因素之一。通过提高全要素生产率,在产量相同的情况下会减少对各种投入品的消耗,降低对劳动力的需求。这不就意味着导致失业吗?这要看社会怎么应对这个问题。首先要明白,在这种情况下劳动力需求虽然降低了,但总产出没有减少,也就是整个社会的生活水平可以不降低,这时如果能够降低每个劳动者的劳动力供给(比如通过修改劳动法,规定从每天 8 小时工作制改为 7 小时工作制),这就意味着每个人能够消费的闲暇增加了,相当于提高了每个人的福利,也意味着每个人的生活质量提高了。这就从需求侧推动了高质量增长。

基本概念

国内生产总值　　　　　　　支出法　　　　　　　　收入法
真实 GDP　　　　　　　　名义 GDP　　　　　　　GDP 平减指数

通货膨胀率　　　　　　自然失业率　　　　　　经济增长率

本章小结

1. 国内生产总值(GDP)指的是一个宏观经济单位在一定时期内生产出来的全部最终产品和服务的价值。国民生产总值(GNP)指的是一个宏观经济单位的生产要素所生产出来的全部最终产品和服务的价值。

2. 计算 GDP 分为支出法、生产法与收入法。把对所有最终产品的支出加总，即可得到 GDP，这种方法叫作"支出法"；增加值表示一个特定企业对 GDP 的贡献，将一个经济单位中所有企业对 GDP 的贡献加总，同样可以得到 GDP，这种方法叫作"生产法"；将一个经济单位中所有企业的要素收入、折旧和间接税加总，也可以得到 GDP，这就是"收入法"。

3. 剔除价格变化影响之后的 GDP 数值叫作"真实 GDP"，而未剔除价格变化影响的 GDP 数值（即按当期价格计算的 GDP 数值）叫作"名义 GDP"。名义 GDP 与真实 GDP 之比，叫作"GDP 平减指数"(GDP deflator)。

4. 给定一组消费品和一个基期，然后计算在不同时期购买这组消费品的成本，各期成本与基期成本之比，就构成各期的消费品价格指数(CPI)。通货膨胀率衡量了一个经济单位总体价格水平的变动。

5. 当一个经济单位的劳动力市场达到均衡状态时，就说这个经济单位已经实现充分就业。但可能由于找工作需要花时间、结构性原因或其他原因而导致部分人失业。这种失业被称为自然失业，这种失业人口在劳动力中所占的比例被称为自然失业率。

6. 宏观经济学中一个很重要的概念是经济增长率。所谓"经济增长率"，一般指的是真实 GDP 的增长率。

7. 劳动生产率通常用每工时平均产量表示。某国在一定时期的劳动生产率等于该国在这一时期的真实 GDP 除以该国在这一时期所投入的总工时。

8. 全要素生产率指的是综合考虑多种投入品的情况下的生产率。

练习与思考

1. 国民经济核算。

假定某国某年国民收入经济数据如下（单位：亿元）：

个人税前租金收入为 1 000，折旧费为 6 000，雇员税前报酬为 33 000，个人消费支出为 30 000，间接税为 4 000，个人所得税为 3 000，私人总投资为 10 000，产品与服务出口为 7 000，政府购买支出为 10 000，产品与服务进口为 6 000，税前净利息为 3 500，企业保留利润为 3 500。

(1) 用支出法计算 GDP。

(2) 用收入法计算 GDP。

(3) 计算个人可支配收入。

(4) 计算个人储蓄。

2. 国民经济核算。

假定一国的 GDP 是 16 000 亿元，个人可支配收入是 13 600 亿元，政府的预算赤字是 800 亿元，消费是 11 000 亿元，对外贸易赤字是 400 亿元。假设不考虑各种转移支付、折旧和企业部门的储蓄和保留利润以及对外投资收入。

(1) 该国的储蓄规模有多大？
(2) 该国的投资规模有多大？
(3) 该国的政府支出有多大？

3. 假定某国当年有下列经济活动：矿产公司支付 10 万元给工人，同时开采矿产卖给炼钢厂，售价为 15 万元；炼钢厂支付 5 万元给工人，并制造钢材卖给消费者，售价为 30 万元。假定各企业没有其他支出，且不考虑政府和国外。

(1) 用最终产品法计算 GDP。
(2) 每个生产阶段创造了多少价值？用增值法计算 GDP。
(3) 用收入法计算 GDP。

4. 一个飞机厂 2018 年生产飞机 325 架，每架价格为 0.52 亿元，当年卖出 300 架；2019 年生产 350 架，每架价格为 0.54 亿元，当年卖出 325 架；2020 年生产 380 架，价格为 0.60 亿元；而在 2017 年的价格为 0.50 亿元。求该飞机厂各年度的名义 GDP 和以 2017 年为基年的各年真实 GDP。

5. 假定 2019 年年末某国的存货价值为 1 000 亿元，2020 年销售了其中的 200 亿元，又新增了存货 700 亿元，结果在 2020 年年末存货价值为 1 500 亿元。问：因存货变动而导致的 2020 年 GDP 应该是 500 亿元还是 700 亿元？

6. 为什么政府的转移支付不计入 GDP？

7. 如果两个相互独立的国家合并成一个新的国家，这对二国 GDP 总和有什么影响？

8. 现行 GDP 的核算存在哪些缺陷？你认为可以从哪些方面加以改进？

9. 国民经济核算。

假定一国 GDP 为 10 000 亿元，总投资为 1 280 亿元，净投资为 321 亿元，消费为 6 400 亿元，政府购买的产品和服务价值为 1 700 亿元，间接税为 600 亿元，政府财政盈余为 66 亿元。

(1) 计算该国的 NDP。
(2) 计算该国的进出口净额。
(3) 计算个人可支配收入和个人储蓄。

10. 为什么要计算真实 GDP？真实 GDP 与名义 GDP 有哪些联系和区别？

11. 简述何为通货膨胀。

12. 假定一个生产并消费橘子与苹果的经济单位，下表是两个不同年份的数据。

产品	2015 年		2019 年	
	数量（个）	价格（元）	数量（个）	价格（元）
橘子	300	3.0	400	4.5
苹果	200	3.0	400	4.0

(1) 把2015年作为基年,分别计算2015年和2019年的名义GDP、真实GDP、GDP平减指数和CPI。

(2) 2015—2019年,价格上涨了多少?就每种产品以及GDP平减指数和CPI分别给出答案。根据结果,比较并尝试解释两个总体价格衡量指标的差别。

13. 假定一个由100人组成的经济单位可分为以下几个群体:有全职工作者30人,有一份兼职工作者15人,有两份兼职工作者10人,有10人想工作且正在找工作,有5人处于法定工作年龄但放弃找工作,有10人自己经营生意,有10人已退休,有10人是小孩。

(1) 计算经济单位中的劳动力数量和劳动力参与率。

(2) 计算失业者数和失业率。

(3) 分别采用家庭调查和机构调查两种方法计算总就业量。

14. 简述你对全要素生产率的理解。

第二部分
总需求分析

如前所述，宏观经济学的基本分析框架是总供求分析，因此我们就需要讨论总供给和总需求的决定因素。在本部分，我们首先讨论总需求的决定因素，以及需求管理政策。这就是以下三章的任务：第三章介绍最基本的宏观经济模型，只考虑商品市场；第四章引入资产市场；第五章介绍需求管理政策。

第三章 收入支出模型

如前所述,宏观经济学的分析方法是总供求分析法。总供求曲线分别表明了供给量和需求量与价格水平之间的关系,二者的交点即代表经济的均衡。总需求和总供给的相互作用决定了经济的均衡收入和均衡价格。均衡收入与一定的生产函数或生产技术共同决定了经济的均衡就业量。

以下三章我们介绍总需求理论。我们首先从最简单、最特殊的模型讲起,其次逐步放松各种假定,最后得到一个比较有普遍意义的总需求模型,并根据这个模型讨论用于稳定经济的需求管理政策。

本章所要介绍的凯恩斯主义收入决定模型十分简单。本章和下面两章的一个关键假定是价格不变,即假定价格是刚性的。假定价格不变在此意味着企业在给定价格下愿意提供任何数量的产品,因而总供给曲线是一条水平线。这样,我们就可以暂时撇开总供给不管,而专门研究总需求的决定因素及其对产量和就业的影响。

第一节 总支出与总需求

在第二章,我们引入了总支出的概念。总支出就是经济单位的各个部门在一定时期内对最终产品的支出。总支出由消费者的消费支出、企业的投资支出、政府购买和净出口四个部分构成,即:

$$AE = C + IM + G + NX \tag{3-1}$$

那么,总支出与总需求是什么关系呢?按照经济学的定义,需求是在一定价格下有关人愿意而且能够购买的产品的数量。从上一章介绍过的计算 GDP 的三种方法可知,一个国家的总支出和总收入[①]都等于 GDP,即总支出和总收入是相等的,因而对于整个国民经济来说就不存在支付不起的问题。那么,总支出是否等价于总需求呢?不是。二者的关键区别在于购买者是否有购买意愿。如果一项支出是购买者愿意付出的,那么这种支出就构成总需求的一部分;如果购买者并不愿意,却不得不进行这项支出,那它就不构成总需求。

那么,总支出中的哪些部分可以归入总需求,哪些部分不能归入总需求呢?一般而言,消费支出是消费者根据自己的效用最大化原则做出的决策,在正常的市场经济中消

---

① 指毛收入,包括折旧。

费支出应当是符合消费者的购买意愿的,因此应归入总需求。政府购买也应归入总需求,因为政府的支出不管是为了维持自己的正常运行还是为了调控经济,都是按照自己的意愿进行的,不存在非自愿成分。净出口也应全部归入总需求,因为不管是本国人购买外国产品还是外国人购买本国产品,都不存在非自愿成分。

对于投资支出是否应全部归入总需求应进行具体分析。企业的投资支出可以分为固定资产投资和库存投资两个大类。企业在某一期的固定资产投资是企业根据投资的预期收益和投资成本做出的决策,是符合企业的意愿的,应全部归入总需求。再看库存投资。为了应付客户随时可能出现的进货要求,企业一般应维持一定数量的产品库存;同时,为了生产的连续进行,企业一般也应当维持一定数量的原材料和燃料库存;而且,在正常生产过程中,也将有一定数量的在制品。这些都是正常经营所必需的,是企业的自愿投资,应归入总需求。然而,企业的库存投资中有一部分可能是非自愿的。比如,为了应付客户的进货要求,企业可能愿意维持 200 件产品的存货。但若企业生产的产品在某年销路不佳,没有按原计划全部卖出去,结果导致库存增加到 300 件。那么,其中多出来的 100 件就是该企业所不愿意持有的存货,企业希望能够把它们卖出去。对于企业来说,这 100 件产品就是非自愿投资。因此,这部分投资支出就不是投资需求,不应归入总需求。

因此,企业的投资支出中一部分是自愿的,另一部分是非自愿的。企业的自愿投资应全部归入总需求,而非自愿投资不应归入总需求。企业的自愿投资包括固定资产投资和自愿库存投资两个部分。我们用 I 表示企业的自愿投资,用 IV 表示企业的非自愿库存投资,因此有:

$$I = \text{IM} - \text{IV} \tag{3-2}$$

综上所述,我们可得总需求公式:

$$AD = C + I + G + NX \tag{3-3}$$

公式(3-3)是宏观经济学中最重要的公式之一,在后文将不断被用到。

第二节 消费函数与均衡

如前所述,总需求由消费、投资、政府购买和净出口四个部分构成。在这一章,我们把消费支出看作一个内生变量;把投资、政府购买和净出口都看作外生变量,不考虑总需求的这些组成部分的决定因素。在本节,我们先忽略政府和国外两个部门,专门考察消费和投资对一个国家均衡国民收入的影响。

一、消费函数

消费函数要说明的问题是,消费需求是由哪些因素决定的。微观经济学告诉我们,对一种特定产品的需求主要取决于人们的收入水平、该产品的价格水平以及人们对该产品的偏好。由于宏观经济单位是由微观经济单位构成的,因此一个经济单位中的总消费需求也应当是由总收入水平、总价格水平和人们对收入的消费偏好决定的。在本章,我们假定价格水平是不变的,因此消费需求的主要决定因素就只剩下两个,即收入水平和人们的消费偏好。在本书中,为了简单起见,我们假定消费需求与收入之间的关系是线性的。若用 Y 代表总收入,C 表示总消费支出,那么消费函数可以表示为[①]:

$$C = C_0 + cY \tag{3-4}$$

其中,c 叫作边际消费倾向,表示人们收入的增加量中用于消费的部分所占的比例,即 $c=\Delta C/\Delta Y$。对于整个宏观经济单位而言,c 一般是个大于 0 小于 1 的数值。在消费函数中,c 代表了人们对收入的消费偏好。因此,上述消费函数告诉我们,收入水平越高,人们的消费需求越大,消费需求与收入水平正相关。同样,人们对收入的消费偏好越大,即边际消费倾向越大,则其消费需求越大。

即使人们的收入水平为 0,也得有一定的消费,比如吃饭、穿衣、住房等,此时的消费需求叫作自发性消费需求,这在公式(3-4)中用 C_0 表示。实际上,也可以认为 C_0 是由收入和消费偏好以外的因素决定的那一部分消费需求。不同的国家中,人们对 C_0 的理解可能会大不相同。比如,对于穷国来说,C_0 可能仅仅是为了维持生存所需要的粮食、水、住房和衣物;而对于富国来说,C_0 可能还包括牛奶、医疗服务、基本教育等。而且,对于一个特定的经济单位来说,C_0 可能随着时间的推移而不断变化,这种变化可能是由经济发展水平的变化所引起的,也可能是由其他因素(比如气候的瞬时变化)所引起的。

消费函数还可以用图形来描述,如图 3-1 所示,C_0 为消费曲线的截距,c 表示消费曲线的斜率。从图中可以看出,若自发性消费变动,则整条消费曲线上下平移;若边际消费倾向发生变动,则消费曲线绕 C_0 点转动。

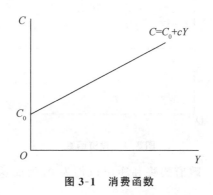

图 3-1 消费函数

二、消费与储蓄

根据我们前面介绍过的关于收入的恒等式,人们的收入一般有两个用途:一是消费,二是储蓄。也就是说,

$$Y = C + S \tag{3-5}$$

将我们对消费函数的设定式(3-4)代入式(3-5)并整理,可得:

---

① 这也是凯恩斯在《通论》中提出的消费函数。

$$S = Y - C$$
$$= Y - C_0 - cY$$
$$= -C_0 + (1-c)Y \tag{3-6}$$

这样,我们就得到储蓄函数,其中 $1-c$ 叫作边际储蓄倾向。显然,边际储蓄倾向与边际消费倾向之和为 1。这不难理解。从关于收入使用的恒等式可知,增加的收入不是用于消费就是用于储蓄,二者之和必然为 1。由于 c 是大于 0 小于 1 的,因此 $1-c$ 也是如此。与边际消费倾向类似,边际储蓄倾向表示的是收入增加量中用于储蓄的部分所占的比例。从储蓄函数可知,储蓄也随着收入的增加而增加。同样,在收入给定的情况下,边际储蓄倾向的上升也将使储蓄上升。

三、总需求

以上我们讨论了总需求的一个主要部分——消费需求,接下来我们还应对总需求的其余部分作一个规定。首先看投资函数。在本章,为了简单起见,我们假定投资完全是一个外生变量,即假定投资函数为:

$$I = I_0 \tag{3-7}$$

在此投资函数中,投资需求与收入无关,这种投资支出也被称为自发性投资。反映在 $I\text{-}Y$ 坐标系上,投资曲线为一条水平线,如图 3-2 所示。

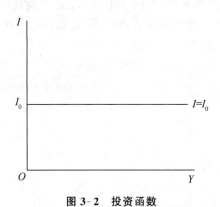

图 3-2 投资函数

然后,按照前面的假定,政府购买和净出口均为 0,因此这一简单经济的总需求函数为:

$$AD = C + I$$
$$= C_0 + cY + I_0$$
$$= C_0 + I_0 + cY$$
$$= A_0 + cY \tag{3-8}$$

其中,$A_0 \equiv C_0 + I_0$,即总的自发性投资支出。显然,总需求函数与消费函数的差别仅在于常数项,二者的斜率是完全一样的。也就是说,总需求函数反映到图形上,就相当于消费函数向上平移了 I_0 的距离,如图 3-3 所示。

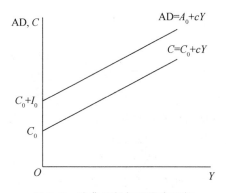

图 3-3 消费函数与总需求函数

专栏 3.1　现实中的储蓄和投资

在宏观经济学中,我们经常要用到"储蓄"和"投资"两个词。但在现实中,这两个词很容易引起误会。首先,在宏观经济学中,"投资"以前指的仅仅是对新生产的实物资本的购买,比如机器、厂房、设备等,现在有人也建议把对无形资本的购买也算作投资,比如企业的软件支出、研究与开发支出、培训与教育支出,甚至广告支出。总之,在宏观经济学中,投资指的就是那些使得企业的实物资本增加或者无形资本价值提升或维持不变(用于弥补折旧)所进行的支出。而在人们的日常生活中,"投资"往往指的是居民户或企业对自有资金的使用,比如个人在股市上买卖二手股票被看成个人的一种投资。但在宏观经济学中,买卖二手股票并不被看作投资,因为这种股票买卖只是现有企业所有权的转移,并没有导致企业本身的实物资本或无形资本发生变化。

其次,"储蓄"指的是居民户没有用于消费的那一部分收入。也就是说,只要居民户没有消费掉,这一部分收入就是储蓄,而不管这一部分收入是怎么使用的。居民户没有消费掉的收入可以存进银行,这显然是储蓄;可以买股票,因为这一部分收入未被消费,因此也是储蓄,所以对于个人来说被看作"投资"行为的买股票在宏观经济学中实际上是储蓄行为;可以买国债或企业债券,这显然也是储蓄;可以买房子出租或期望其升值,如果居民户买的是新生产出来的房子,那么这种房屋购买行为对于宏观经济来说就是固定资产投资,如果是二手房,对于宏观经济来说就纯粹是储蓄,因为这只是已有房屋产权的转移,这项房屋买卖完成之后,经济中并没有多出来一套房子;可以新开饭馆或其他什么企业,这不管对于个人还是宏观经济来说既是储蓄也是投资,说它是储蓄是因为它是居民收入中未被消费的部分,说它是投资是因为它确实导致实物资本的变化,在这里,储蓄被直接转化成了投资。

最后,"储蓄"有时被当作存量使用,有时被当作流量使用。在宏观经济学中,我们说到"储蓄"时一般把它当作流量,因为它是收入中未被消化掉的那一部分,而收入是个流量;但在日常生活中,"储蓄"往往被当作存量使用,比如在某年年末居民储蓄是多少,等等。因此,在用到"储蓄"这个词时一定要注意。

四、均衡收入与均衡产出

从微观经济学可知,均衡取决于需求和供给两个方面。因此,在讨论了总需求之后,我们就有必要再讨论一下总供给了。按照经济学对供给的定义,供给就是在一定价格水平下生产者愿意而且能够提供的某产品的数量。因此,对于宏观经济学而言,总供给就应等于 GDP,也就是厂商愿意出售其生产出来的所有产品和提供所有劳务。而按照上一章给出的恒等式,GDP 就是总收入。因此我们有:

$$AS = GDP = Y \tag{3-9}$$

其中,AS 表示总供给,Y 表示总收入。需求函数 $AD = A_0 + cY$ 有两个内生变量,即 AD 和 Y;总供给函数 $AS = Y$ 也有两个内生变量,即 AS 和 Y;因此,现在有两个方程,但有三个内生变量,由方程(3-8)和方程(3-9)构成的方程组是得不到具体解的,还需要一个方程,这就是西方经济学中必不可少的"均衡条件"。

宏观经济的均衡条件为总需求等于总供给,即:

$$AD = AS \tag{3-10}$$

将方程(3-8)、(3-9)、(3-10)联立求解,可得:

$$Y = AD = A_0 + cY \tag{3-11}$$

整理可得均衡收入和均衡产出为:

$$Y^* = A_0/(1-c) \tag{3-12}$$

式(3-12)表明,若给定自发性投资支出,则边际消费倾向越大,均衡收入越高;若给定边际消费倾向,则自发性投资支出越多,均衡收入越高。

均衡的决定也可用图形说明,如图 3-4 所示。

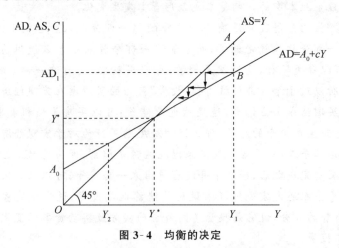

图 3-4 均衡的决定

在图 3-4 中,横轴表示总收入,纵轴表示总需求和总供给。AD = AS 表示经济的均衡条件,AD 线为总需求曲线,AS = Y 线为总供给曲线,AD 线与 AS 线的交点即该经济的均衡点,此时的收入和产出 Y^* 即为该经济的均衡收入和均衡产出。由于该模型中的所有均衡点必然是 AS = Y 线上的点,而 AS 线与横轴、纵轴的夹角都是 45°,因此本章介绍的收入-支出模型又称 45°线模型。

五、向均衡的调整

根据上述方法得出的是一个经济单位的均衡收入和均衡产出。但在一个给定时期,经济单位的实际产出可能偏离这一均衡。那么,在这种情况下,将会出现什么样的调整过程呢?

我们根据图 3-4 来说明这一问题。假定在某一时期,经济的实际产出 Y_1 大于均衡收入 Y^*,此时总供给为 Y_1,而总需求为 AD_1。显然,总需求小于总供给,厂商将发现自己生产出来的产品不能全部销售出去,从而在本期出现非自愿库存投资,数量为 AB,因而厂商将在下一期削减产量。随着产量的下降,一方面总供给下降,另一方面收入也下降,从而总需求也将下降;但产量每下降一个单位,供给就下降一个单位,而需求却只下降 c 个单位,显然供给的下降幅度大于需求的下降幅度,从而供求之间的缺口缩小,即非自愿库存投资减少。如果在此次调整后仍未达到均衡收入水平,那么同样的过程将继续进行,直到实际产出等于均衡收入为止。当实际产出等于均衡收入时,企业的非自愿库存投资为 0,而消费者和企业购买的产品量恰好等于他们想要购买的数量。

相反,假定在某一时期,实际产出 Y_2 小于均衡收入 Y^*,这意味着总需求大于总供给。此时厂商将发现,其产品供不应求,从而实际库存投资小于自己愿意保持的库存投资水平,即非自愿库存投资为负。于是,厂商增加产量。产量的增加一方面会增加总供给,另一方面由于收入的增加而使得总需求也增加,但总需求增加的幅度小于总供给增加的幅度,从而供求之间的缺口缩小。这样的过程不断进行,直至经济达到均衡状态。

因此,均衡状态是经济在一定时期内的一个趋势,不管经济开始时处于什么状态,它都将向均衡状态调整。

六、均衡的变动

假定在某一时期,厂商的投资支出从 I_0 增加到 I_0',那么从式(3-12)可知,均衡收入将从 $Y^* = A_0/(1-c) = (C_0+I_0)/(1-c)$ 增加到 $Y^{*\prime} = A_0'/(1-c) = (C_0+I_0')/(1-c)$。从图 3-5 可知,如果厂商的投资支出从 I_0 增加到 I_0',则总需求曲线从 AD 上移至 AD',从而均衡收入从 Y^* 增加到 $Y^{*\prime}$。

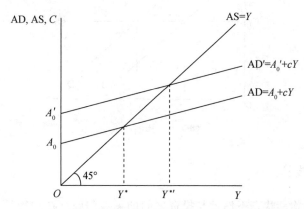

图 3-5 自发性投资支出的变动对均衡的影响

如果边际消费倾向 c 发生变化,情况又如何呢? 假定在某一时期,边际消费倾向从 c_1 上升到 c_2,那么从式(3-12)可知,均衡收入将从 $Y^* = A_0/(1-c_1) = (C_0+I_0)/(1-c_1)$ 增加到 $Y^{*\prime} = A_0/(1-c_2) = (C_0+I_0)/(1-c_2)$。从图 3-6 可知,如果边际消费倾向从 c_1 上升到 c_2,则总需求曲线的斜率上升,即从曲线 AD 变为 AD',从而均衡收入从 Y^* 增加到 $Y^{*\prime}$。

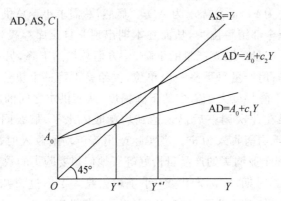

图 3-6 边际消费倾向的变动对均衡的影响

从上面的分析我们可以看出,均衡收入水平完全是由总需求决定的。这一结论实际上来自价格水平不变的假定。由于价格水平不变,因此总供给曲线就是一条水平线。这样,均衡收入就只取决于总需求,而与总供给无关,或者说总供给将自动满足总需求。在这种情况下,给定这个价格水平,人们想买多少产品就能够买到多少产品。如图 3-7 所示,假定价格水平固定在 P_0 处。从图中显然可以看出,均衡收入完全是由总需求决定的,总需求越大,均衡收入越高。图 3-7 与图 3-4 的含义是相同的,只不过是不同的图形表述方法而已。

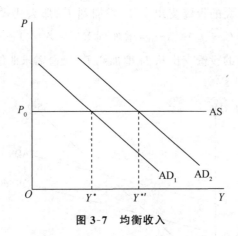

图 3-7 均衡收入

七、储蓄与投资

我们现在看看均衡状态下储蓄与投资之间的关系问题。在均衡状态下,总需求等于总供给：
$$AD = C + I$$
且
$$AS = Y = C + S$$
AD＝AS 意味着：
$$C + I = C + S$$
两边同时减去 C，可得：
$$I = S \tag{3-13}$$

因此，在均衡状态下，储蓄等于投资。实际上，在两部门经济中，$I=S$ 是均衡条件 AD＝AS 的另一种表示形式。这为我们提供了用图形说明均衡状态的另一种方法，如图 3-8 所示。在图 3-8 中，纵轴表示投资或储蓄，横轴表示收入或产量。均衡条件 $I=S$ 在图 3-8 上的反映即为投资曲线和储蓄曲线的交点，此时的收入 Y^* 即为均衡收入。

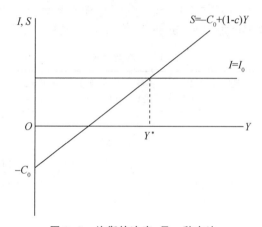

图 3-8 均衡的决定：另一种方法

第三节 乘 数

在上一节，我们考虑过自发性投资支出的变动对均衡的影响。在这一节，我们将更深入地讨论这种影响是如何产生的以及这种影响的大小。

如果自发性投资支出增加 1 元，均衡收入将增加多少？按照前面的说法，均衡收入完全是由总需求决定的，乍一看，自发性投资支出增加 1 元意味着总需求增加 1 元，从而均衡收入也应增加 1 元。然而，根据我们在上一节得出的公式(3-12)，此时均衡收入的增加量应为：

$$Y^* = A/(1-c) = 1/(1-c)$$

因此，此时的均衡收入不仅取决于自发性投资支出的变动，还取决于边际消费倾向 c。如果 $c=0.8$，那么：

$$Y^* = 1/(1-0.8) = 5$$

上述数值令人感到奇怪的是，自发性投资支出只增加了 1 元，但按照均衡收入公式，均衡收入却增加了5元之多！由于均衡收入完全是由总需求决定的，因此总需求也增加了5元。这就出现了一个问题：自发性投资支出明明只增加了1元，总需求怎么会增加了5元呢？

原因在于经济是动态的，各部门之间也是相互影响的。当自发性投资支出增加1元时，总需求的确是增加了1元。然而当厂商销售了这1元的产品时，其收入同时也增加了1元。这1元钱的收入最终将成为要素收入，即以工资、利息、地租或利润的形式变成老百姓的收入。按照我们对消费函数的设定，当老百姓的收入增加时，其消费需求也将增加，增加量就等于收入的增加量乘以边际消费倾向。因此，如果边际消费倾向为0.8，此时消费需求的增加量为$0.8 \times 1 = 0.8$元。当消费需求增加0.8元时，总需求也将增加0.8元，因而企业的销售额和老百姓的收入也将增加0.8元；而当老百姓的收入增加0.8元时，其消费需求又将进一步增加，增加量仍为收入的增加量乘以边际消费倾向，此时消费需求的增加量应为$0.8 \times 0.8 = 0.64$元。这一过程不断进行下去，将使得整个经济的总需求和均衡收入最终都增加5元，表3-1总结了这一过程。

表3-1 乘数过程

轮次	本轮投资增加量 (ΔI)	本轮消费增加量 $(\Delta C = c \times \Delta Y)$	本轮产出增加量 $(\Delta Y = \Delta I + \Delta C)$	本轮收入增加量 $(\Delta Y = \Delta I + \Delta C)$	产出累计增加量
1	ΔI	0	ΔI	ΔI	ΔI
2	0	$c \times \Delta I$	$c \times \Delta I$	$c \times \Delta I$	$(1+c)\Delta I$
3	0	$c^2 \times \Delta I$	$c^2 \times \Delta I$	$c^2 \times \Delta I$	$(1+c+c^2)\Delta I$
4	0	$c^3 \times \Delta I$	$c^3 \times \Delta I$	$c^3 \times \Delta I$	$(1+c+c^2+c^3)\Delta I$
⋮	⋮	⋮	⋮	⋮	⋮
∞	…	…	…	…	$\Delta I/(1-c)$

表3-1实际上把经济对自发性投资支出变动的反应分解为许多轮。在第一轮，自发性投资支出的变动导致自发性总支出的变动ΔA，而总产出的变动又导致总收入和均衡收入增加ΔA（此时$\Delta A = \Delta I$）；在第二轮，由于在上一轮收入增加了ΔA，因此消费需求在本轮将增加$c \times \Delta A$，从而均衡收入和老百姓的收入在这一轮也增加这么多；在第三轮，当收入在上一轮增加$c \times \Delta A$后，消费需求在本轮又将增加$c^2 \times \Delta A$，从而均衡收入和老百姓的收入在这一轮也增加这么多；依此类推，在第四轮，总需求、均衡收入和老百姓的收入将增加$c^3 \times \Delta A$；在第五轮，总需求、均衡收入和老百姓的收入将增加$c^4 \times \Delta A$……如果这一过程无限进行下去，那么总需求、均衡收入和老百姓收入的累计增加量将为：

$$\Delta Y = \Delta A + c \times \Delta A + c^2 \times \Delta A + c^3 \times \Delta A + c^4 \times \Delta A + \cdots$$
$$= \Delta A \times (1 + c + c^2 + c^3 + c^4 + \cdots)$$
$$= \Delta A/(1-c) \tag{3-14}$$

从式(3-14)可以看出，当自发性投资支出变动时，均衡产量也将变动，而且均衡产量的变动幅度是自发性投资支出变动幅度的一个倍数，这个倍数就叫作"乘数"。从式(3-14)可以看出，乘数是由边际消费倾向决定的，边际消费倾向越大，乘数越大，自发性投资支出的一定增加对经济的影响也越大。比如，在上例中，$c = 0.8$，此时乘数等于5；

$c=0.6$,则乘数等于 2.5。这是因为边际消费倾向越大,收入增加量中用于消费的比例也越大,从而消费需求在每一轮都增加越多,最终将导致总需求和均衡收入的较大变动。

在宏观经济学中,乘数是一个关键概念,它的引入将有助于我们理解产量的波动。乘数的存在表明,随着自发性投资支出的波动,产量也将变化,而且产量的变化幅度大于自发性投资支出变化的幅度。如果出于某种原因(比如投资者信心下降导致投资支出下降),那么经济就会在乘数的作用下进入一次衰退。

通过图形也可以看出乘数的作用。如图 3-9 所示,假设开始时经济的均衡点是 B 点,此时的均衡收入为 Y^*。现在假定自发性投资支出从 I_0 增加到 I_0',这意味着在每一收入水平下的总需求都增加了,反映在图 3-9 中,表现为总需求曲线向上平移 $I=I_0'-I_0$。

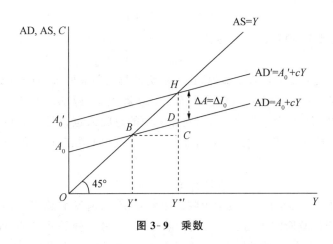

图 3-9 乘数

在新的自发性投资支出水平 I_0' 下,均衡收入应为 $Y^{*\prime}$,而不再是先前的均衡收入 Y^*。因此,在最初的均衡收入水平 Y^* 下,总需求大于总供给,从而厂商发现自己的库存在减少。这样,厂商将通过扩大生产来对需求的增加和库存的下降做出反应。随着产量的增加,一方面总供给将增加,另一方面总需求也将增加,但总供给增加的幅度大于总需求增加的幅度,从而供求之间的缺口缩小,最终达到新的均衡点 $Y^{*\prime}$。

在图 3-9 中,均衡收入的变化量为 $\Delta Y^* = Y^{*\prime} - Y^*$,在图中反映为线段 HC 或线段 BC。自发性投资支出的变化量在图中反映为总需求曲线上移的幅度 ΔA 或线段 HD。从图中显然可以看出 $\Delta Y^* > \Delta A$,此即为乘数效应。

第四节 政府支出与税收

在前面几节,我们探讨了两部门经济中均衡收入的决定问题。但在现实经济中,单纯的两部门经济是不存在的,政府和国外部门在经济中具有举足轻重的地位。我们在本节和下一节考虑政府的作用。在本节我们仍忽略国外部门,只考虑包含消费者、厂商和政府的所谓"三部门经济"。

政府参与经济活动的方式主要有两种：一是政府支出，二是政府收入。政府支出又分为两种：一是政府购买，这是总需求的一个组成部分；二是转移支付，这构成消费者的可支配收入。政府收入主要指税收收入。政府征税意味着个人可支配收入的降低。在宏观经济学中，我们需要区分两种税收：一种是一次性税收（lump-sum tax），另一种是所得税。所得税指的是以收入为基础的税收，如个人所得税、企业所得税。一次性税收指的是与收入没有关系的税收，即只要符合征税条件，不管有没有收入都得缴的税。

一、模型

我们仍然从总需求说起。在包括消费者、厂商和政府的三部门经济中，总需求由三部门的需求构成：

$$AD = C + I + G \tag{3-15}$$

在三部门经济中，消费函数变为：

$$C = C_0 + c\text{YD} \tag{3-16}$$

其中，YD 表示个人可支配收入。显然，这一消费函数与前面两节中的消费函数形式完全一样，只不过把收入换成个人可支配收入而已。实际上，在两部门经济中，由于没有政府存在，也就没有政府税收和转移支付，因此经济中的总收入也就是个人可支配收入，消费函数实际上没有任何变化。按照我们在上一章得出的关于个人可支配收入的恒等式，有：

$$\text{YD} = Y + \text{TR} - T \tag{3-17}$$

其中，TR 表示政府转移支付，T 表示税收。也就是说，政府影响总需求的方式有两种：一种是直接的，即通过政府购买的变动直接影响总需求；另一种是间接的，即通过税收和转移支付的变动影响个人可支配收入，再通过个人可支配收入的变动影响消费需求，从而影响总需求。

由于个人可支配收入与政府税收有关，因此我们需要对政府税收作一个明确说明。如前所述，政府税收分为两部分：一部分是前面说过的一次性税收，另一部分是所得税。因此，政府税收可以表示为这两部分税收之和。具体而言，我们假定政府税收与收入呈线性关系：

$$T = T_0 + tY \tag{3-18}$$

其中，T_0 表示与收入无关的那一部分税收，又称为自发性税收，即在没有收入的情况下政府也必须征的税；tY 表示与收入有关的那一部分税收，即所得税；t 表示个人收入中被政府以所得税形式征走的税收，在宏观经济学中被称为边际税率或简称为税率。一般而言，t 是一个大于 0 小于 1 的数。[①]

这里，我们把转移支付 TR、厂商投资 I 和政府购买 G 均看作外生变量，即令：

$$\text{TR} = \text{TR}_0 \tag{3-19}$$

$$I = I_0 \tag{3-20}$$

---

① 在有些国家存在负所得税，对于个人而言，所得税税率有可能小于 0；但对于整个国民经济而言，税率一定为正。

$$G = G_0 \tag{3-21}$$

将式(3-16)、(3-17)、(3-18)、(3-19)、(3-20)、(3-21)代入式(3-15),可得三部门经济的总需求函数为:

$$\begin{aligned}AD &= C_0 + I_0 + G_0 + cTR_0 - cT_0 + c(1-t)Y \\ &= A_0 + c(1-t)Y\end{aligned} \tag{3-22}$$

其中 $A_0 \equiv C_0 + I_0 + G_0 + cTR_0 - cT_0$

经济的均衡条件仍为:

$$AD = AS \tag{3-23}$$

而总供给函数依然为:

$$AS = Y \tag{3-24}$$

将方程(3-23)、(3-24)联立求解,可得均衡收入为:

$$Y^* = A_0/[1 - c(1-t)] \tag{3-25}$$

例 设 $C = 100 + 0.8YD$, $T = 50 + 0.25Y$, $TR = 0$, $G = 50$, $I = 50$。求 Y^*。

在求解此题时,可以根据上述推导过程首先得到总需求函数,然后根据均衡条件(3-24)得到均衡收入 Y^*,也可从所给条件中找出与式(3-25)对应的各参数值,将其直接代入式(3-25)得到 Y^*。此处我们采取后一种方法。

由消费函数可知,$C_0 = 100$, $c = 0.8$;由税收函数可知,$t = 0.25$, $T_0 = 50$;且有 $TR = TR_0 = 0$, $G = G_0 = 50$, $I = I_0 = 50$。从这些数值可求得 $A_0 = 160$,再将 $A_0 = 160$, $c = 0.8$, $t = 0.25$ 代入式(3-25),得:

$$Y^* = 160/[1 - 0.8(1 - 0.25)] = 400$$

二、均衡的图形表示

与两部门经济一样,三部门经济的均衡也可用图形表示。与两部门经济相比,三部门经济中的总需求函数发生了两个变化:一个是截距从两部门经济中的 $C_0 + I_0$ 变为 $C_0 + I_0 + G_0 + cTR_0 - cT_0$,另一个是斜率从两部门经济中的 c 变为 $c(1-t)$。反映在图形上,一般表现为总需求曲线的位置上移,同时斜率下降,如图3-10所示。

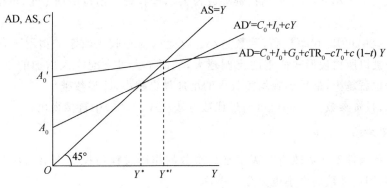

图 3-10 两部门经济和三部门经济中的总需求曲线

同样，在三部门经济中，均衡收入仍由总需求曲线和45°线的交点决定。当实际收入偏离均衡收入时，也将出现类似的企业库存调整过程，使经济趋向均衡状态。

三、三部门经济中的乘数

为了说明如何把这一基本模型用于分析经济的短期波动，我们考虑当经济的外生变量发生变动时，均衡产量将受到什么样的影响。

（一）投资乘数

我们首先考虑投资增加的情况。至于投资为什么增加，在此并不重要，我们也不去管它，因此这里把投资的变动看作一个外生变量。

与两部门经济一样，三部门经济中也存在乘数效应，不过在细节上略有差别。假定其他条件不变而投资增加。在第一轮，当投资增加 ΔI 时，总需求增加 ΔI，从而均衡收入也增加 ΔI，但由于所得税的存在，个人可支配收入仅增加 $(1-t)\Delta I$。在第二轮，老百姓把可支配收入增加量中的一部分即 $c(1-t)\Delta I$ 用于消费，使得总需求增加 $c(1-t)\Delta I$，从而均衡收入也增加 $c(1-t)\Delta I$，在缴纳所得税后，个人可支配收入的增加量为 $c(1-t)^2\Delta I$。在第三轮，老百姓把可支配收入增加量中的一部分即 $c^2(1-t)^2\Delta I$ 用于消费，从而使得总需求增加 $c^2(1-t)^2\Delta I$，均衡收入也增加这么多，在缴纳所得税后，个人可支配收入的增加量为 $c^2(1-t)^3\Delta I$。在第四轮，老百姓把可支配收入增加量中的一部分即 $c^3(1-t)^3\Delta I$ 用于消费，从而使得总需求增加 $c^3(1-t)^3\Delta I$，均衡收入也增加这么多，在缴纳所得税后，个人可支配收入的增加量为 $c^3(1-t)^4\Delta I$。这一过程继续进行下去，最后总需求和均衡收入的累计增加量为：

$$\Delta AD = \Delta Y^*$$
$$= \Delta I + c(1-t)\Delta I + c^2(1-t)^2\Delta I + c^3(1-t)^3\Delta I + \cdots$$
$$= \Delta I / [1 - c(1-t)]$$

因此，投资乘数为：

$$\Delta Y^* / \Delta I = 1 / [1 - c(1-t)] \quad (3-26)$$

例如，若 $c=0.8$，$t=0.25$，则投资乘数为 2.5，即投资支出每增加 1 元，可使均衡收入增加 2.5 元。

从式(3-26)可知，税率越高，乘数越小。这是因为在收入给定的情况下，税率越高，个人收入中被以所得税形式征走的比例越大，从而个人可支配收入增加的幅度越小，消费需求增加也就越少，最后导致均衡收入的增加量也越小，即乘数越小。

实际上，投资乘数(3-26)也可通过代数方法从式(3-25)中直接得出。

（二）政府购买乘数

假定其他条件不变而政府购买增加。乘数的作用过程与投资支出增加时的作用过程完全一样，因而乘数的大小也完全一样，即：

$$\Delta Y^* / \Delta G_0 = 1 / [1 - c(1-t)] \quad (3-27)$$

从式(3-27)可以看出，政府购买增加，均衡收入也增加。

(三) 政府自发性税收乘数

如果其他条件不变而政府自发性税收增加,那么由于个人可支配收入下降,从而消费需求下降,结果均衡收入也将下降。这一税收乘数的大小为:

$$\Delta Y^* / \Delta T_0 = -c/[1-c(1-t)] \qquad (3\text{-}28)$$

显然,这一乘数的绝对值小于政府购买乘数和投资乘数。

(四) 政府转移支付乘数

如果其他条件不变而政府转移支付增加,那么个人可支配收入也将增加,从而消费需求也将增加,最后导致总需求和均衡收入增加。政府转移支付乘数的大小为:

$$\Delta Y^* / \Delta \text{TR}_0 = c/[1-c(1-t)] \qquad (3\text{-}29)$$

这一乘数与政府自发性税收乘数大小相等,符号相反。这一乘数之所以小于政府购买乘数,是因为政府支出的目的不是购买商品,第一轮不构成需求。当个人通过转移支付取得收入后,仅把其中一部分用于消费,从而总需求的增加量小于转移支付的增加量;而政府购买的增加全部转化为总需求。例如,假定 $c=0.8$,当转移支付增加 1 元时,消费需求仅增加 0.8 元,从而总需求和均衡收入也仅增加 0.8 元;但当政府购买增加 1 元时,总需求直接增加 1 元。因此,虽然政府支出了同样的 1 元钱,但是对总需求的影响是不一样的。

(五) 政府平衡预算乘数

设政府执行这样一项政策:增加税收($\Delta T_0 > 0$),同时把这些税收全部用于增加政府购买,即使得 $\Delta G_0 = \Delta T_0$。这项政策的好处是,政府预算状况没有发生变化。那么这项政策对均衡收入有何影响呢?

这一政策对经济有两个方面的影响:其一,政府购买的增加将导致均衡收入增加;其二,政府税收的增加将导致均衡收入下降。因此,这项政策的总效果应为这两个效应之和,即政府平衡预算乘数应为:

$$\Delta Y^* / \Delta G_0 + \Delta Y^* / \Delta T_0 = (1-c)/[1-c(1-t)] \qquad (3\text{-}30)$$

式(3-30)表明,平衡预算乘数为正,但小于 1。因此,政府可以在不影响预算状况的情况下调节经济。

(六) 税率乘数

如果政府调整税率,对经济有何影响? 所谓税率乘数,是指税率的单位变动所导致的均衡收入的变动,即 $\Delta Y^* / \Delta t$。

假定开始时税率为 t,此时总需求函数为:

$$\text{AD} = A_0 + c(1-t)Y$$

在均衡状态下,AD=Y,若 Y^* 为均衡收入,则必有:

$$Y^* = A_0 + c(1-t)Y^* \qquad (3\text{-}31)$$

设在某一时刻,政府提高所得税税率,从而新的税率变为 $t' = t + \Delta t$, $\Delta t > 0$。那么在新的税率下

$$Y^{*\prime} = A_0 + c(1-t')Y^{*\prime} \qquad (3\text{-}32)$$

所以,
$$\begin{aligned}
\Delta Y^* &= Y^{*\prime} - Y^* \\
&= A_0 + c(1-t')Y^{*\prime} - [A_0 + c(1-t)Y^*] \\
&= c(1-t')Y^{*\prime} - c(1-t)Y^* \\
&= c(1-t')Y^{*\prime} - c(1-t'+\Delta t)Y^* \\
&= c(1-t')(Y^{*\prime} - Y^*) - c\Delta t Y^* \\
&= c(1-t')\Delta Y^* - c\Delta t Y^*
\end{aligned}$$

可得,
$$\Delta Y^*/\Delta t = -cY^*/[1-c(1-t')] > 0 \tag{3-33}$$

此即为税率乘数。

从式(3-33)可以看出,当政府提高税率时,均衡收入将增加,由于税率乘数很大,因此税率稍有变动,均衡收入都将大幅变动,调节税率对经济的冲击很大。

从图形上看,税率变动对经济的影响方式不同于其他外生因素。税率的变动在图形上的反映是总需求曲线斜率的变动(见图3-11),而其他外生因素的变动则表现为 AD 曲线的平移(见图3-9)。

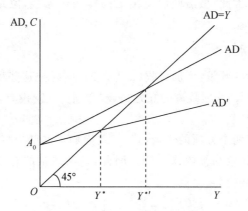

图 3-11　税率变动对均衡的影响

第五节　财政政策初步

我们在前面已经看到,在一定时期,一个经济单位的实际产量未必等于均衡产量。在这种情况下,经济单位将通过库存调整过程最终达到均衡状态(见图3-4)。现在的问题是,当经济最终达到均衡状态时,这种均衡是否合乎人们的愿望呢?在短期,人们关心的主要问题是通货膨胀和失业。在生产函数给定的情况下,一定的产量水平就对应一定的就业水平。我们把经济达到充分就业时的产量水平叫作充分就业的产量水平,或潜在产量水平。那么,当经济处于均衡状态时,是否同时实现了充分就业呢?或者说,均衡产量水平是否就是潜在产量水平呢?不一定。按照前面的解释,均衡产量水平是由总需求决定的,而充分就业的产量水平是由资源供给状况决定的(见图3-12),二者的决定因素不同,因此不能期望二者必然相等。在价格刚性的情况下,即使二者相等的话,那也是极其偶然的情况,不是常态。均衡产量水平可能高于或低于潜在产量水平。当均衡产量水平低于潜在产量水平时,经济中有失业存在;而当均衡产量水平高于潜在产量水平时,总需求过大,经济中存在通货膨胀的压力。因此,不管均衡产量水平是高于还是低于潜在产量水平,都不是人们所期望的。

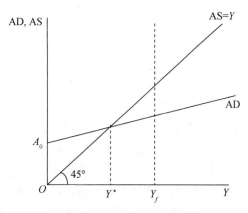

图 3-12　均衡产量水平与潜在产量水平

一、经济的自然调整

在图 3-12 中,均衡产量 Y^* 低于潜在产量 Y_f,也就是说经济中存在失业。在此情况下,经济有没有可能自动向潜在产量水平调整呢?或者说,经济有没有可能通过自身的调整自动实现充分就业呢?

在市场经济中,经济的调整是通过价格和工资的调整来进行的。在古典经济学看来,价格和工资是可以灵活调整的,因此经济将时时处于充分就业状态,不可能存在失业问题。在图 3-13 中,横轴表示劳动力数量,纵轴表示真实工资水平,N_d 和 N_s 分别表示劳动力需求和劳动力供给。其中,E 点表示劳动力市场处于均衡状态,即经济处于充分就业状态。如果在某一时刻,真实工资偏离了充分就业时的工资水平 $(W/P)^*$,比如说真实工资为 $(W/P)_1$,那么劳动力市场上就将存在过度供给,此时劳动力市场上的竞争将使真实工资降低到 $(W/P)^*$,从而实现充分就业。古典经济学认为真实工资的调整是极其迅速的,即经济是时时处于充分就业的,因为真实工资一旦稍有偏离,劳动力市场中的竞争行为就会迅速使真实工资降低,从而立即回到充分就业状态。

然而,凯恩斯的看法恰恰相反。在他看来,短期内,工资和价格不是完全灵活可变的,经济中存在一些阻止价格和工资迅速调整的力量。比如,在一些国家可能存在工会,而工会为了维持会员的利益,将设法阻止工资的下降。例如,在图 3-13 中,假定出于某种原因在某一时刻真实工资为 $(W/P)_1$。由于工资和价格是刚性的,因此真实工资将不会调整,真实工资就将保持在 $(W/P)_1$ 不变。在此真实工资水平下,劳动力需求为 N_1,而劳动力供给为 N_2,因此经济中就存在非自愿失业,数量为 N_2-N_1。在凯恩斯看来,随着

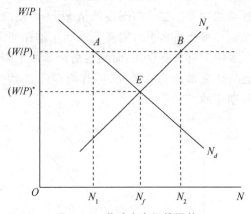

图 3-13　劳动力市场的调整

时间的推移,工资和价格最终将调整,但调整过程极其缓慢,其调整到充分就业所需时间之长可能令人无法忍受。

在商品市场上也一样。在古典经济学看来,价格迅速灵活的调整将立即消除经济中可能存在的生产过剩或生产不足,从而在市场经济中不会出现持久性的经济危机,如图 3-14 所示。如上所述,在古典经济学看来,劳动力市场的调整将使经济总是处于充分就业状态,因此总供给曲线是垂直的。如果在某一时刻价格水平为 P_1,那么商品市场上的竞争行为将使价格降到 P^*,从而消除过度供给。

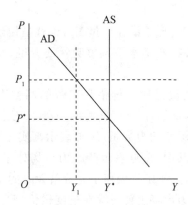

图 3-14　商品市场的调整

同样,凯恩斯的看法完全相反。在他看来,短期内价格是刚性的,因此经济不可能迅速自动回到充分就业状态。随着时间的推移,价格最终将会调整,但调整过程将是十分缓慢的。

古典经济学和凯恩斯的观点也可用图 3-15 来表述。在图 3-15 中,假定开始时经济处于均衡状态,均衡产量为 Y_1。这一产量水平小于充分就业的产量水平,因此经济中有失业存在。在古典经济学看来,由于价格是灵活的,因此随着价格水平的下降,总需求将迅速增加,从而总需求曲线将迅速上移至 AD',经济达到充分就业状态。在凯恩斯看来,由于价格是极其缓慢地调整的,因此总需求随着价格的调整而逐步调整,比如它可能首先调整到 AD″,然后由 AD″继续向 AD′逐步调整。如果任由经济自动调整,那么调整到充分就业状态所需时间可能很长。凯恩斯认为,20 世纪 30 年代西方国家的"大萧条"就是这种情况。

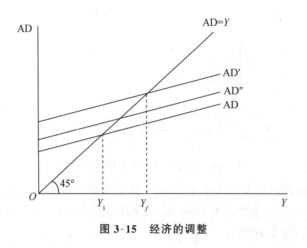

图 3-15 经济的调整

二、财政政策

由于经济的自动调整十分缓慢,凯恩斯认为,要想把经济从危机状态中迅速挽救出来,就必须借助政府的力量,这就引出凯恩斯极为看重的"财政政策"。

所谓"财政政策",是指政府通过调整自己的收入和支出来影响经济的措施。政府收入主要是税收,政府支出包括政府购买和政府转移支付,因此政府的主要财政政策工具就包括调整政府购买、转移支付和税收三种,而调整税收又包括调整自发性税收和所得税两类。

在凯恩斯看来,经济中之所以有失业存在,关键原因是总需求不足。如果指望由价格的自动调整来增加总需求,那么经济就将经历漫长的调整过程,在此过程中失业将持续存在。因此,凯恩斯的观点是,由政府设法使总需求迅速增加,使得图 3-15 中总需求曲线从 AD 迅速上移至 AD′,或者图 3-16 中 AD 曲线迅速向上旋转至 AD′,或者两种形式的某种结合。这样,经济就将迅速实现充分就业。

要使得总需求曲线向上平移,政府可以采取的政策有增加政府购买、增加转移支付和降低自发性税收三种办法。政府购买的增加直接导致总需求的增加,从而使得总需求曲线上移。增加转移支付和降低自发性税收的结果首先是个人可支配收入的增加,进而导致人们消费需求的增加,从而间接增加总需求。我们前面介绍过,政府购买乘数的绝对值要大于政府转移支付乘数和自发性税收乘数,因此政府购买增加 1 元对均衡产量的影响要大于转移支付增加 1 元或自发性税收降低 1 元对均衡产量的影响。

要使得总需求曲线发生旋转,实际上只有两个办法:一个是使得边际消费倾向 c 发生变动,另一个是调整所得税税率 t。边际消费倾向 c 主要由居民户的消费偏好及其对未来收入的预期等因素决定,政府一般很难在短期内对其施加影响,因此不能作为政策工具来使用。所得税税率完全由政府控制,因此政府可以用它来调节经济。如果政府降低

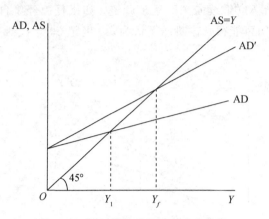

图 3-16 通过税率政策实现充分就业

所得税税率,那么同样的个人收入中个人可以自由支配的部分将增加,从而在边际消费倾向不变的情况下个人消费需求将增加,最终导致总需求的增加。这在图形上反映为总需求曲线的旋转,如图 3-16 所示。

总之,凯恩斯认为,经济中之所以有失业存在,是因为总需求过低,要消除失业,就必须增加总需求。总需求的增加可以通过价格的下降自动实现,但凯恩斯认为价格是刚性的,调整起来十分缓慢,通过经济的自动调整恢复充分就业可能需要很长时间。所以,政府应当采取财政政策使得总需求迅速增加,以迅速达到充分就业状态。财政政策的工具主要有三个,即调节政府购买、转移支付和税收。其中,政府购买的变动直接影响总需求,而另外两种工具的变动通过影响个人可支配收入来间接影响总需求。

第六节 对外贸易

这一节我们引入第四个部门——国外。在这样的四部门经济中,总需求就由四个部分构成,即消费需求、投资需求、政府购买和净出口,总需求公式变为:

$$\text{AD} = C + I + G + \text{NX} \tag{3-34}$$

在此,我们对消费需求、投资需求和政府购买的假定与三部门经济中一样。对于净出口,我们做如下假定:

$$\text{NX} = X - M \tag{3-35}$$

$$M = M_0 + mY \tag{3-36}$$

其中,M_0 为自发性进口,m 为边际进口倾向。m 表示收入增加量中多大比例被用于进口。再假定 X 为一个外生变量[①],即令:

$$X = X_0 \tag{3-37}$$

把关于消费函数、投资函数、政府购买函数和进出口函数的假定代入式(3-34),

---

① 出口由国外的收入水平、国外的消费偏好以及本国产品在国际上的相对价格等因素决定,而这些因素又是本国难以控制的,因此在研究本国经济时,可以把出口看作外生变量。

可得：
$$AD = C + I + G + NX$$
$$= C_0 + I_0 + G_0 + cTR_0 + X_0 - M_0 - cT_0 + c(1-t)Y - mY$$

根据均衡条件 $AD=Y$，可得：
$$Y^* = A_0/[1 - c(1-t) + m] \tag{3-38}$$

其中，$A_0 \equiv C_0 + I_0 + G_0 + cTR_0 + X_0 - M_0 - cT_0$。从式(3-38)可以看出，$m$ 越大，乘数越小。这是因为 m 越大，收入中用于购买外国产品的部分占比越大，购买本国产品的部分占比越小，因而本国的总需求越小。m 影响总需求曲线的斜率，而 $X_0 - M_0$ 则影响总需求曲线的截距。

第七节 节俭的悖论

我们现在考虑一个比较有趣的问题：对于一个经济单位而言，节俭是好事还是坏事？

我们用数字例子说明这一问题。设有一个两部门经济单位，其消费函数为 $C = 200 + 0.8Y$（对应的储蓄函数为 $S = -200 + 0.2Y$），投资为 $I = 100$（单位为元，下同）。那么该经济单位的均衡收入为 $Y^* = 1500$，均衡消费为 1400，均衡储蓄为 100。

现在假定老百姓决定弘扬老祖宗传下来的节俭美德，增加储蓄，从而在每一收入水平上增加储蓄 100 元。这样，消费函数就变为 $C = 100 + 0.8Y$（对应的储蓄函数为 $S = -100 + 0.2Y$）。假定投资仍为 100。此时均衡收入变为 $Y_1^* = 1000$，均衡消费变为 900，均衡储蓄仍为 100。也就是说，尽管老百姓希望通过减少消费来增加储蓄，最终的结果却是总储蓄没有增加，但消费和收入都下降了。因此，从这个例子看来，对于个人来说是好事的节俭行为，对于整个经济来说却是坏事，节俭的结果是使得经济陷入一次衰退。

再考虑另外一种情况。假定在某一时刻，老百姓中的大部分人忽然注重现期消费，而不在乎未来是否有钱花，结果使得在每一收入水平上，整个经济单位的储蓄下降了 100 元，而消费支出增加了 100 元。这时消费函数变为 $C = 300 + 0.8Y$（对应的储蓄函数为 $S = -300 + 0.2Y$）。假定投资仍为 100。在这种情况下，均衡收入变为 2000，均衡消费为 1900，均衡储蓄为 100。因此，老百姓虽然决定降低储蓄，但总储蓄没有降低，消费和收入反而上升了。因此，虽然老百姓看起来变"坏"了——他们放弃了节俭的美德，但经济却变好了。

在这种情况下，多消费甚至浪费是有利于经济的，而节俭却是不利于经济的。对于个人来说是好事的东西，对于社会来说却未必也好。这就是所谓"节俭的悖论"。

应当指出，节俭的悖论只适用于衰退和萧条时期，此时总需求严重不足，生产能力过剩，降低储蓄有利于社会。但如果经济处于充分就业状态，那么降低储蓄只会使得总需求过大，经济过热，从而刺激价格上涨，引发通货膨胀。这时降低消费有利于抑制通货膨胀，故节俭的个人美德与社会利益是一致的。

第八节 财政盈余

财政赤字在许多国家都出现过,也是人们普遍关注的焦点问题之一。那么,人们为什么关心财政赤字呢?这是因为财政赤字对人们的福利有着重要的影响。政府弥补财政赤字的方式不外乎征税、借债和发行货币三种。如果政府采取征税的办法弥补财政赤字,那么留给老百姓的可支配收入就少了,从而老百姓从私人消费中得到的效用就降低了。如果政府采取借债的办法弥补财政赤字,那么可供私人企业借贷的资金就少了,从而资本积累下降,长期经济增长受损。而如果发行货币,通货膨胀率又会上升。因此,一旦出现财政赤字,老百姓的福利肯定会受到影响。

在西方国家,经济状况对执政党的地位至关重要。若经济增长率低或经济中出现通货膨胀,执政党的地位就会受到威胁;而若增加税收,执政党又会失去民心。所以,财政赤字也就成为政界和经济学界关注的焦点问题之一。

一、预算盈余

所谓"预算盈余",就是政府收入与政府支出之差。政府收入主要是税收[①],政府支出包括转移支付和政府购买。按照我们前面对税收函数的假定,预算盈余就等于:

$$\begin{aligned} \text{BS} &= T - \text{TR} - G \\ &= T_0 + tY - \text{TR} - G \end{aligned} \quad (3\text{-}39)$$

其中,BS 表示预算盈余。若 BS>0,则表示政府有储蓄;若 BS<0,则表示政府有赤字;若 BS=0,则表示政府预算恰好平衡。

经济处于充分就业状态时的预算盈余被称为充分就业的预算盈余,用公式表示为:

$$\text{BS}_f = T_0 + tY_f - \text{TR} - G \quad (3\text{-}40)$$

二、影响预算盈余的因素

影响方程(3-39)右端各变量的因素都影响预算盈余。此处我们只考虑投资支出、政府购买、税率变动对预算盈余的影响,其他因素对预算盈余的影响读者可以根据这里介绍的办法自己分析。

(一)投资变动对预算盈余的影响

假定 I_0 上升,即 $\Delta I_0 > 0$,而其他因素不变,那么:

$$\Delta \text{BS} = t\Delta Y = t\alpha \Delta I_0 > 0$$

其中,$\alpha = 1/[1-c(1-t)]$ 为政府自发性投资支出乘数。上式表明,BS 与 I 正相关,投资的上升有助于改善政府的预算状况。

[①] 对我国而言,政府(包括中央政府和地方政府)收入来源还有国有企业上交利润和罚没款等。此处为简单起见不考虑这些因素。

(二) 政府购买的变动对预算盈余的影响

假定政府购买增加,即 $\Delta G_0 > 0$,而其他因素不变,那么对预算盈余的影响如何?首先,政府购买的增加将导致预算盈余的减少;其次,当政府购买增加时,均衡收入将上升,这在税率给定的情况下又将导致政府税收的上升,从而导致预算盈余的增加。那么,最终结果如何呢?我们可以计算一下。

$$\begin{aligned}\Delta BS &= t\Delta Y - \Delta G_0 \\ &= t\alpha \Delta G_0 - \Delta G_0 \\ &= \{t/[1-c(1-t)] - 1\} \times \Delta G_0 \\ &= -(1-t)(1-c)/[1-c(1-t)] \times \Delta G_0 < 0\end{aligned}$$

上式表明 BS 与政府购买负相关,政府购买越大,BS 越小,即政府赤字越大。例如,当 $c=0.8$, $t=0.25$ 时,$(1-t)(1-c)/[1-c(1-t)]=0.375$,这表明政府购买每增加 1 元,财政赤字就增加 0.375 元。

(三) 税率变动对 BS 的影响

假定其他因素不变,而税率从 t 上升到 t',$t'=t+\Delta t$,$\Delta t>0$。这对预算盈余有何影响呢?首先,税率的上升将导致同样收入水平下政府税收的上升,这将导致预算盈余的增加;其次,税率的上升又将导致均衡收入水平的下降,这又将导致预算盈余的减少。那么,最终结果如何呢?我们同样可以计算一下。

$$BS = T_0 + tY_0 - TR - G$$
$$BS' = T_0 + t'Y'_0 - TR - G$$

注意,税率的变动影响收入。那么

$$\begin{aligned}\Delta BS &= BS' - BS \\ &= t'Y'_0 - tY_0 \\ &= (t+\Delta t)(Y_0 + \Delta Y_0) - tY_0 \\ &= t\Delta Y_0 + \Delta t Y_0 + \Delta t \Delta Y_0 \\ &= \Delta t Y_0 \{-t'c/[1-c(1-t')] + 1\} \\ &= \{(1-c)/[1-c(1-t)]\}\Delta t Y_0 > 0\end{aligned}$$

上式说明 BS 与税率正相关,税率越大,政府预算盈余越多;而且税率稍有变动,预算盈余就会有很大变化。

基本概念

总需求	消费支出	投资支出
政府购买	净出口	存货
乘数	预算盈余	

本章小结

1. 首先需要注意的是,本章的推导建立在价格不变的假定上,在之后的分析中我们将逐渐放松这一假定。

2. 一个经济单位的总需求构成是居民的消费支出、厂商的投资支出、政府购买支出及净出口四部分。在分析中,我们通常由简单到复杂,从两部门经济分析逐步扩展到四部门经济分析。

3. 当产出处于非均衡水平时,存货过程将引导经济回到均衡产出水平。

4. 消费、投资、政府购买对均衡收入的影响存在乘数效应。

5. 政府的收入超过支出的部分为预算盈余;当政府的支出大于收入时就会出现预算赤字。税收、政府购买与转移支付都会影响预算盈余。充分就业时的预算结余衡量了产出处于潜在水平时的预算盈余。

练习与思考

1. 考虑一个经济体(假定不存在政府和外国)。消费函数为 $C=80+0.6Y$,投资 $I=50$ 为外生变量。

(1) 推导储蓄函数,求出均衡储蓄水平。

(2) 推导总需求函数,求出均衡收入水平。

(3) 若某一时期实际经济产出为 300,经济将发生什么样的存货调整?产出为 400 呢?

(4) 当边际消费倾向变动为 0.5 时,均衡收入水平将如何变动?作图说明均衡的变动。

(5) 当投资增加为 60 时,均衡收入水平将如何变动?作图说明均衡的变动。

2. 试根据均衡条件 $S=I$ 推导均衡收入表达式(3-12),并用这个均衡条件重新解答习题 1 中的问题。

3. 考虑一个两部门经济体(忽略政府和国外部门),储蓄函数为 $S=-800+0.2Y$,当投资从 300 增加至 600 时,均衡收入水平变动多少?

4. 考虑两部门经济,试根据边际消费倾向 c 与边际储蓄倾向 s 之间的关系,将自发性投资支出乘数用边际储蓄倾向 s 表达出来。

5. 考虑引入政府的经济体,模型包括政府购买、税收与转移支付。设该经济体中消费函数为 $C=80+0.6YD$,投资 $I=50$,同时政府购买 $G=100$,税收 $T=40+0.2Y$,转移支付 $TR=0$(不考虑国外)。

(1) 推导总需求函数,并求出均衡收入水平与均衡储蓄水平。

(2) 分别求出这一模型中的投资乘数、政府购买乘数、平衡预算乘数和税率乘数。

(3) 求出此时的预算盈余水平。

(4) 分别考虑 $c=0.8$,$I=80$,税率为 0.1 三种情况下预算盈余如何变动(在考虑三种情况中的任意一种时,均假定其他因素与本题原先设定的相同),并解释。

(5) 假定充分就业的产出水平 $Y=450$,此时政府可以采取怎样的措施使得经济达到潜在产出水平? 充分就业时的预算盈余水平 BS 为多少? 请解释。

6. 在第 4 题的基础上,考虑一个包含政府的开放经济体。净出口 NX 为出口量与进口量之差,进口量 $M=50+0.10Y$,出口量为外生变量,设为 $X=70$。

(1) 根据进口量、出口量写出 NX 的表达式。
(2) 根据均衡条件,求出经济体的均衡产出水平。
(3) 求出此时的投资乘数、自发性进口乘数、出口乘数,并解释。
(4) 根据以上回答,试分析增加出口量对净出口的影响。

7. 在一个两部门经济中考虑节俭的悖论。

(1) 设投资 $I=100$,消费函数 $C=150+0.8Y$,求出此时的均衡储蓄与均衡产出水平。
(2) 对于每一个收入水平,自发性消费增加 50 时,求出此时的储蓄函数与均衡产出水平。
(3) 考虑更加一般的模型,设投资 $I=I_0$,消费函数 $C=C_0+cY$,作图解释此时的均衡产出水平。
(4) 接着(3)继续思考,若个人希望通过减少自发性消费的方式增加储蓄,试结合作图,分析此时的均衡收入如何变化。
(5) 解释节俭的悖论;考虑在衰退时期和充分就业时期这一悖论的适用性。

8. 平衡预算乘数。

对于一个封闭的经济体,如果政府同时增加支出和自发性税收,使得政策作用过程结束后预算盈余保持不变。试证明:此时的平衡预算乘数为 1(提示:我们在本章讨论过一个平衡预算乘数,但本题中的平衡预算乘数与前者略有不同。前者是在政策开始时预算是平衡的,政策作用完毕后不平衡;后者是在政策开始时预算是不平衡的,政策作用完毕后平衡)。

9. 考虑一个引入政府的封闭经济体,$Y=C+I+G$。其中,消费函数 $C=200+0.9YD$,投资 $I=300$,政府购买 $G=130$,税率为 0.2,自发性税收和转移支付均为 0。

(1) 求出均衡收入水平、投资乘数、政府购买乘数和政府税收乘数。
(2) 假定政府购买 G 增加至 270,求出此时的均衡收入水平。
(3) 假定投资是内生的,$I=300+0.2Y$,求出此时的均衡收入水平。
(4) 假定税率增加至 0.3,求出此时的均衡收入水平和三个乘数。

10. 考虑一个引入政府的封闭经济体。其中,消费函数 $C=100+0.8YD$,投资 $I=120$,政府购买 $G=150$,政府转移支付 $TR=100$,税率为 0.2,自发性税收为 0。

(1) 求出均衡收入水平、投资乘数、政府购买乘数、政府税收乘数和政府转移支付乘数。
(2) 求出此时的预算盈余水平 BS。
(3) 假定税率增加至 0.3,求出此时的均衡收入水平以及预算盈余的变化。
(4) 当边际消费倾向变为 0.9 时,预算盈余水平如何变动。

11. 考虑一个三部门经济体,消费函数 $C=200+0.8YD$,投资 $I=80$,政府购买 $G=300$,税收 $T=100$,转移支付为 0。

(1) 求出均衡收入水平 Y 和可支配收入 YD。

(2) 求出消费支出和私人储蓄。

(3) 求出投资乘数。

12. 考虑一个三部门经济体,消费函数 $C=200+0.8YD$,投资 $I=80$,政府购买 $G=300$,税收函数为 $T=0.2Y$,政府转移支付 $TR=175$。

(1) 求出此时的均衡收入水平。

(2) 分别求出投资乘数、政府购买乘数和税收乘数。

(3) 若该经济体达到充分就业所需的国民收入为 2 200,政府该如何去做以实现充分就业(提示:可从增加政府购买、减少税收等方面加以考虑)?

13. 请简述政府影响总需求的方式,并举例。

14. 请简述自发性消费变动、政府转移支付变动、自发性税收变动对预算盈余的影响。

15. 请推导四部门经济中均衡收入的表达式,并求解自发性投资支出乘数。

第四章 金融市场与总需求

在上一章的收入-支出模型中,我们没有考虑金融市场的影响。但在现实生活中,金融市场对经济状况有着明显的影响,政府也常常通过影响金融市场来调节经济。比如,20世纪30年代的"大萧条"就是由股市的崩溃触发的,而始于1997年7月的亚洲金融危机也对亚洲各国造成严重影响(银行破产、企业倒闭、工人失业),许多其他国家(包括美国在内)也都不同程度地受到亚洲金融危机的影响;2008年由美国次贷危机引发的金融危机更是波及全球。

在本章,我们对上一章的模型做一个扩展,以顾及金融市场的影响。具体而言,我们考虑两个问题:利率对总需求有何影响?利率又是由什么因素决定的?考虑我们前面给出的公式:

$$AD = C + I + G + NX$$

在此公式中,我们前面把投资 I 看作一个外生变量,本章我们把它内生化。我们首先厘清投资与利率之间的关系,然后考虑利率的决定因素问题。这样,金融市场就被引入模型:金融市场决定利率,利率决定投资需求,从而影响总需求。

第一节 商品市场和 IS 曲线

一、投资函数

投资是由企业进行的。企业依据投资项目的成本和预期收益做出投资决策,成本越低,预期收益越大,企业愿意进行的投资就越多。

(一)收益

在宏观经济学中,投资的收益用资本的边际效率来衡量。所谓"资本的边际效率",指的是增加一单位资本所带来的收益。因此,资本的边际效率实际上就是投资的预期报酬率。凯恩斯认为,资本的边际效率是递减的。

资本的边际效率越高,企业愿意进行的投资就越多,因此投资与资本的边际效率是正相关的。

(二)成本

企业的投资是有成本的,这种成本就是利息。市场利息率即表示这种成本的大小。

当企业用借入资金投资时,利率就是这项投资的显明成本;当企业用自有资金进行投资时,利率就是使用这项资金的机会成本。显然,利率越高,投资越少。

(三) 投资函数

因此,投资是由资本的边际效率和利率两方面的因素共同决定的。但在本书中,我们不分析资本的边际效率的决定因素,也不考虑它对投资支出的具体影响方式。为了着重研究金融市场,我们在此仅仅详细考察利率对投资的影响。

我们假定投资函数为:

$$I = I(r)$$

其中,r 表示利率。也就是说,我们此处仅把投资看作利率的函数。为简单起见,我们假定投资是利率的线性函数:

$$I = I_0 - br \tag{4-1}$$

其中,$b>0$,表示投资需求对利率的反应敏感程度。b 越大,给定的利率变动对投资的影响越大。I_0 仍表示自发性投资支出,在函数(4-1)中它实际上表示投资需求中由利率以外的因素决定的那一部分。这些"利率以外的因素"就包括资本的边际效率。该投资函数表明,投资需求与利率负相关,利率越高,投资需求越少。

投资需求与利率的关系可用图形表示(见图 4-1)。投资需求对利率的敏感程度越大,投资曲线越平坦;I_0 越大,投资曲线越靠右。

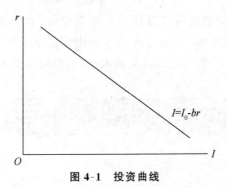

图 4-1　投资曲线

二、总需求与 IS 曲线

我们用三部门经济来说明总需求与利率之间的关系。这种关系可用代数法和图形法两种方法来推导,两种方法得出的结论是一致的。

(一) 代数法

假定消费函数和其他条件均与上一章相同。那么,在三部门经济中,总需求为:

$$\begin{aligned} AD &= C + I + G \\ &= C_0 + cYD + I_0 - br + G_0 \\ &= C_0 + c(Y + TR_0 - T_0 - tY) + I_0 - br + G_0 \\ &= C_0 + I_0 + G_0 + cTR_0 - cT_0 + c(1-t)Y - br \\ &= A_0 - br + c(1-t)Y \end{aligned} \tag{4-2}$$

上述总需求函数与上一章的总需求函数相比,只有截距项从原来的 A_0 变为 A_0-br,其他均相同,如图 4-2 所示。

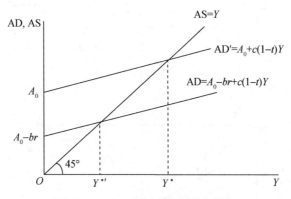

图 4-2　引入利率后的总需求曲线

根据总供给函数 AS＝Y 及商品市场的均衡条件 AD＝AS 可知,在商品市场的均衡状态下

$$Y = (A_0 - br)/[1 - c(1-t)]$$
$$= \alpha(A_0 - br) \quad (4-3)$$

其中,$\alpha \equiv 1/[1-c(1-t)]$。式(4-3)就是商品市场达到均衡时收入和利率之间的关系式,即所谓的 IS 曲线。① 由式(4-3)可知,Y 和 r 是负相关的。这是因为利率上升意味着投资成本上升,从而投资需求下降,若总需求的其他部分保持不变,则总需求下降,最终导致均衡收入的下降。

(二) 图形法

用图形法推导 IS 曲线时,我们仍然从前面介绍过的 45°线模型说起,如图 4-3 所示。在图 4-3 中,我们首先假定利率为 r_1,然后根据总需求函数得到相应的总需求曲线 AD_1。反映在 45°线模型中,就得到利率为 r_1 时的均衡收入 Y_1。这样,我们就得到使得商品市场达到均衡的一个收入-利率组合(Y_1,r_1),反映在 Y-r 坐标系上,就得到点 A。我们再假定利率为 r_2,$r_2 < r_1$,根据同样的方法可以得到相应的均衡收入 Y_2。这样,我们就得到使得商品市场达到均衡的另一个收入-利率组合(Y_2,r_2),反映在 Y-r 坐标系上,就得到 B 点。也就是说,给定一个利率水平,我们就可以得到一个使得商品市场处于均衡状态的收入水平。不断调整利率,我们就可以得到许多个使得 AD＝Y 的(Y,r)组合,反映在 Y-r 坐标系上,即得到许多个使得商品市场达到均衡的点,将这些点连接起来,就构成我们要推导的 IS 曲线。因此,IS 曲线就是商品市场达到均衡时的收入-利率组合的轨迹。由于总需求和利率水平是负相关的,利率越高,总需求越低,均衡收入也就越低,因此 IS 曲线是一条负斜率的曲线。

---

① 注意:在两部门情况下,$I = S$ 就是商品市场的均衡条件,IS 曲线就是使得 $I = S$ 的(Y,r)组合所构成的曲线。这条曲线即由此得名。

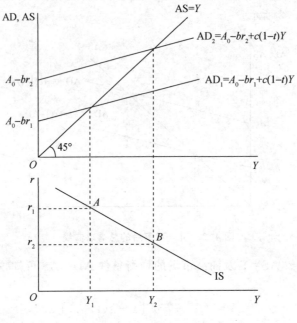

图 4-3 IS 曲线的推导

三、IS 曲线的斜率

由式(4-3)可知,IS 曲线的斜率由乘数和投资对利率的反应程度两个因素决定。在其他条件不变的情况下,乘数越大,给定的投资变动 ΔI 引起的均衡收入变动 $\Delta Y = \alpha \Delta I$ 越大,反映在 $Y\text{-}r$ 坐标系上即为 IS 曲线越平坦。同样,在其他条件不变的情况下,投资对利率反应越敏感,即 b 越大,给定的利率变动引起的投资变动 $\Delta I = b|\Delta r|$ 越大,从而均衡收入的变动幅度也越大,反映在 $Y\text{-}r$ 坐标系上即为 IS 曲线越平坦。也就是说,利率变动影响均衡收入的过程可以分为两个环节:首先是利率变动影响投资支出,其次是投资支出的变动影响均衡收入。b 在前一环节起作用,而乘数 α 在后一环节起作用。b 越大,表明前一环节影响越大;α 越大,表明后一环节影响越大;无论哪一环节影响越大都表明给定的利率变动所引起的均衡收入的变动幅度越大,反映在图形上即为 IS 曲线越平坦。

(一)乘数(α)对 IS 曲线斜率的影响

假定投资函数给定且经济最初处于均衡状态。如果在某一时刻利率发生变动,比如利率上升,那么按照上述投资函数,投资需求将下降。按照我们上一章介绍过的乘数过程,这将导致总需求和均衡收入的成倍下降。乘数越大,均衡收入的下降幅度也越大,反映在图形上,表现为 IS 曲线越平坦。如图 4-4 所示,图中 IS_2 曲线对应的乘数大于 IS_1 曲线对应的乘数,可以看出 $\Delta Y_2 > \Delta Y_1$。

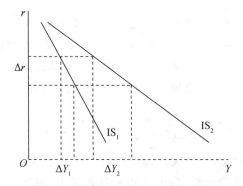

图 4-4 乘数对 IS 曲线斜率的影响(1)

我们也可以根据 45°线模型推导出这一点。如图 4-5 所示,假定开始时边际消费倾向为 c_1,相应的乘数为 α_1。若利率水平为 r_1,则总需求曲线为 $AD_1 = A_0 - br_1 + c_1(1-t)Y$,对应的均衡收入为 Y_1。若利率水平为 r_2 且 $r_2 < r_1$,则总需求曲线为 $AD_1' = A_0 - br_2 + c_1(1-t)Y$,对应的均衡收入为 Y_1'。这样,我们就可以得到一条 IS 曲线。

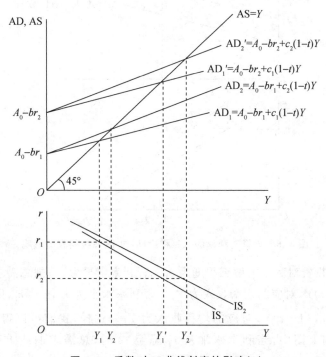

图 4-5 乘数对 IS 曲线斜率的影响(2)

现在假定在某一时刻边际消费倾向上升到 c_2,从而乘数上升到 α_2。若利率水平为 r_1,则总需求曲线为 $AD_2 = A_0 - br_1 + c_2(1-t)Y$。注意:此处边际消费倾向影响的是总需求曲线的斜率,边际消费倾向越大,总需求曲线的斜率越大,反映在 45°线上,即为总需求曲线绕 $A_0 - br_1$ 向上旋转,此时对应的均衡收入为 Y_2。若利率水平为 r_2,则总需求曲线为 $AD_2' = A_0 - br_2 + c_2(1-t)Y$,对应的均衡收入为 Y_2'。这样,我们就可以得到另一条 IS

曲线。

从图 4-5 可以看出,如果利率从 r_1 下降到 r_2,那么乘数越大,均衡收入的变动也越大,即 $Y_2'-Y_2>Y_1'-Y_1$,反映在 Y-r 坐标系上,即表现为 IS 曲线越平坦。

从上一章可知,边际消费倾向和税率均影响乘数的大小,因此二者对 IS 曲线的斜率均有影响。边际消费倾向越大,乘数越大,IS 曲线越平坦;同样,税率越低,乘数越大,IS 曲线也就越平坦。

(二) 投资对利率的敏感程度(b)对 IS 曲线斜率的影响

投资对利率的敏感程度(b)越大,给定的利率变动对投资需求的影响越大,通过乘数过程导致的均衡收入的变动也越大,从而 IS 曲线越平坦,如图 4-6 所示。

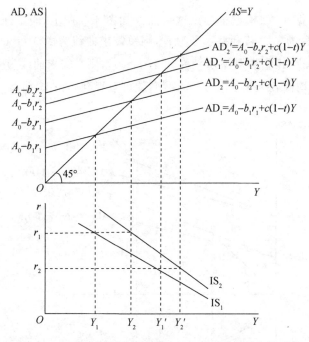

图 4-6 投资对利率的敏感程度(b)对 IS 曲线斜率的影响

假定开始时投资对利率的敏感程度为 b_1。若利率水平为 r_1,则总需求曲线为 $AD_1=A_0-b_1r_1+c(1-t)Y$,对应的均衡收入为 Y_1。若利率水平为 r_2,$r_2<r_1$,则总需求曲线为 $AD_1'=A_0-b_1r_2+c(1-t)Y$,对应的均衡收入为 Y_1'。这样,我们可以得到一条 IS 曲线 IS_1。在图 4-6 的上图中,当利率水平从 r_1 降至 r_2 时,总需求曲线上移,上移的幅度为 $b_1(r_1-r_2)$。

假定在某一时刻,投资对利率的敏感程度从 b_1 下降到 b_2。当利率水平为 r_1 时,我们可以得到一条总需求曲线 $AD_2=A_0-b_2r_1+c(1-t)Y$。注意:这条总需求曲线与 AD_1 的差别仅在于截距不同,这种截距的不同是由 b 的不同造成的。b 的下降导致总需求曲线截距的增加,因此 AD_2 相当于 AD_1 的上移,上移幅度为 $(b_1-b_2)r_1$。与 AD_2 对应的均衡收入为 Y_2。当投资对利率的敏感程度为 b_2 时,如果利率水平为 r_2,我们同样可以得到一

条总需求曲线 $AD_2' = A_0 - b_2 r_2 + c(1-t)Y$。$AD_2'$ 相当于 AD_2 的上移,上移幅度为 $(b_1-b_2)r_2$,与 AD_2' 对应的均衡收入为 Y_2'。这样,我们就可以得到另一条 IS 曲线 IS_2。

由于 $r_1 > r_2$,因此从 AD_1 到 AD_1' 的上移幅度 $(b_1-b_2)r_1$ 大于从 AD_2 到 AD_2' 的上移幅度 $(b_1-b_2)r_2$。因此,如果利率从 r_1 降至 r_2,那么投资对利率的敏感程度为 b_1 时均衡收入的变动幅度 $Y_1'-Y_1$ 应大于投资对利率的敏感程度为 b_2 时均衡收入的变动幅度 $Y_2'-Y_2$。反映在 Y-r 坐标系上,即为 b 越大,IS 曲线越平坦。

四、IS 曲线的位置

IS 曲线的位置是由 A_0 决定的。当 A_0 发生变动时,IS 曲线将发生平移,如图 4-7 所示。

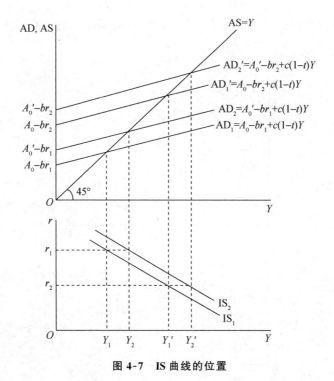

图 4-7 IS 曲线的位置

在图 4-7 中,假定开始时自发性投资支出为 A_0,对应的 IS 曲线为 IS_1。设在某一时刻,自发性投资支出从 A_0 上升为 A_0'。自发性投资支出的增加使得每一个利率水平上的均衡收入都增加了,因此与利率水平 r_1 对应的均衡收入水平变为 Y_2,而与利率水平 r_2 对应的均衡收入水平变为 Y_2'。由于 AD 曲线斜率未变,A_0 变化导致的 AD 曲线上移的幅度对于 r_1 和 r_2 时的 AD 曲线都相同。因此,当自发性投资支出从 A_0 上升为 A_0' 时,两种情况下均衡收入变化的幅度也相同,反映在图形上即为 IS 曲线从 IS_1 向右平移至 IS_2。

由 IS 曲线的方程可知,在三部门经济中,自发性投资支出由政府购买、转移支付、自发性税收、自发性消费支出、自发性投资支出决定。因此,IS 曲线的位置也就由这几个因素决定。政府购买、转移支付、自发性消费支出、自发性投资支出的增加和自发性税收的下降导致 IS 曲线右移,而相反的变动导致 IS 曲线左移,而 IS 曲线移动的水平距离就等于自发性投资支出的变动乘以相应的乘数。

五、IS 曲线以外的点

前面我们指出,IS 曲线上的点表示商品市场达到均衡状态时 Y 和 r 的组合。但商品市场未必时时刻刻都处于均衡状态。那么,IS 曲线以外的点表示商品市场处于什么状态呢?

在图 4-8 中,设在某一时刻经济处于 A 点。此时的利率水平为 r_A,收入水平为 Y_A,这意味着经济的总供给为 Y_A。那么,总需求等于多少呢?按照总需求公式(4-2),此时的总需求曲线为:

$$AD = A_0 - br_A + (1-t)Y$$

当收入水平为 Y_A 时,总需求即为 EF。显然,此时商品市场上有过度供给(见图 4-8 的下图)。

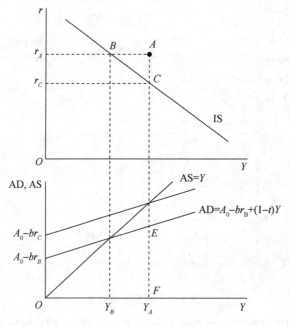

图 4-8 IS 曲线以外的点

对这一情况可用两种方式加以理解:第一种,若要使经济在利率水平为 r_A 时达到均衡(即 B 点),则总供给应为 Y_B,但实际总供给 $Y_A > Y_B$,故经济中有过度供给;第二种,若要使经济在收入水平 Y_A 处达到均衡(即 C 点),则利率应为 r_C,但实际利率 $r_A > r_C$,表明此时的投资需求(从而总需求)太小,故经济中存在过度供给。

因此,IS 曲线上方的点表示商品市场中有过度供给。依据同样的推导过程可知,IS 曲线下方的点表示商品市场中有过度需求。

六、IS 曲线的特殊情形

如图 4-9 所示，IS 曲线的特殊情形有二：水平的 IS 曲线和垂直的 IS 曲线。当 b 很大时，IS 曲线为水平线（IS_1），这是因为此时利率的微小变动就会引起投资需求的无穷大变动。当 $b=0$ 时，IS 曲线是垂直的（IS_2），这是因为此时投资对利率没有任何反应，从而收入也就不受利率的影响。[①]

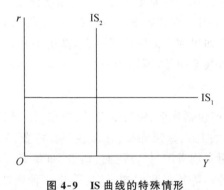

图 4-9　IS 曲线的特殊情形

第二节　资产市场与 LM 曲线

在上一节，为了考察投资的决定因素及其对商品市场的影响，我们引入了利率。利率的引入，使得总投资成为一个内生变量。但在上一节的投资函数中，利率本身却是一个外生变量。所以，要想理解投资的决定因素，还应了解利率是由什么因素决定的。这就把我们引入了资产市场。

一、货币与债券

资产市场上，对宏观经济学来说最重要的两种资产是货币与债券，我们分别进行介绍。

（一）什么是货币？

人们一般按照货币的基本职能对它进行定义。货币的基本职能有三个：交换媒介、计价单位和财富贮藏手段。因此，货币就是一个经济单位中可用作交换媒介、计价单位和财富贮藏手段的任何东西。

作为"交换媒介"，货币可以用来与所有其他商品相交换。也就是说，人们可以用货币购买所需要的所有商品和服务。

[①]　自发性投资支出乘数也影响 IS 曲线的斜率，因而从理论上讲自发性投资支出乘数的特定值也可能导致 IS 曲线的这两种特殊情形。不过在宏观经济学中，人们往往强调投资对利率的敏感程度的影响。

作为"计价单位",货币提供了一个衡量和表示商品价值大小的度量单位。用货币单位(比如说"元")衡量和表示物品的价值,就如同用米衡量和表示距离、用千克衡量和表示物品的重量一样。微观经济学告诉我们,资源的配置是按照相对价格进行的,然而商店里商品的价格却是用元、角、分来标示的。此时的"元、角、分"就是衡量和表示商品价格的计价单位。

所谓的"财富贮藏手段",意思是说,人们可以把自己的财富以货币的形式持有,换句话说,货币是一种资产。作为一种财富贮藏手段,货币实际上是人们把购买力在现在和未来之间进行转换的一个工具。财富贮藏手段的存在,使得人们能把现在获得的购买力保存到未来,在未来使用。如果你今天工作了一天,挣了100元钱,你可以持有这100元钱到明天、下一周、下个月,甚至明年,等等。①

(二) 现代经济中货币的界定

现实经济中存在的资产包括现金、银行卡存款、支票、银行储蓄存款、国库券、企业债券、股票、外汇、期货、黄金、白银、金银饰品、珠宝、字画、古董、知识产权(如专利权、商标权、著作权等)、各种非耐用实物资产(如方便面、鸡蛋、韭菜等)、各种耐用实物资产(如汽车、房地产、机床、生产线等),等等。我们知道,货币是一种资产,但在现实经济中,资产有这么多种,那么哪些资产是我们所说的"货币"呢?

任何资产都有一种特性,叫作"流动性",指的是该资产在合理的价格和成本上转换为交换媒介的难易程度和成本。而按照我们前面的定义,货币就是交换媒介。因此,一种资产的流动性实际上就是它的货币性,也就是它在多大程度上可以被看作货币。我们逐个考察上述各种资产的流动性大小。

现金具有完美的流动性,因为它本身就是交换媒介,不需要转换。

银行卡存款的流动性也很大,用银行卡在许多商店可以直接刷卡购物,也可以在自动取款机上把卡里的存款转换成现金。各种电子支付账户的存款也一样。但毕竟有些场合不能刷卡或使用电子支付,比如有些商场可能没有联网,在边远的地区可能也无法使用,而在自动取款机上取款也需要付出一定的时间和其他成本,因此银行卡存款的流动性可能小于现金。但在网络覆盖良好的地方,银行卡或电子支付可能比现金还方便。

支票是一种传统的支付凭证。在中国,支票大多在企业间使用;在美国,普通居民户也经常使用支票付款。美国的许多场合甚至不接受现金,只接受支票付款,比如交水电费、房租等。在美国,由于劳动力比较稀缺,没有人上门收水电费,消费者交水电费时往往需要邮寄,这种情况下,直接用平信寄上一张支票,支票上写明收款人的姓名、金额、注明交什么款就可以了;信封里夹寄现金显然不安全,汇款又比较麻烦,还有汇款费。美国的许多大单位(如政府部门、大学)以前收款的时候也不接受现金,只接受支票,现在有些也接受刷卡缴费了。因此,支票的流动性也很大,在一些场合甚至比现金的流动性还大。当然,总体来说,支票的流动性要小于现金,尤其是交易双方的信任度较低的时候。在中

---

① 在现实经济中,财富贮藏手段是多种多样的,货币只是其中一种。比如,房屋、股票、债券等都是财富贮藏手段。作为财富贮藏手段,货币不是完美无缺的:随着价格的上涨,货币的实际价值会降低。尽管如此,人们仍然愿意持有货币,因为货币同时可以作为交换媒介来使用,即可以随时用货币换取其他商品。

国,个人支票还没流行起来就被银行卡给淘汰了。

银行储蓄存款包括活期储蓄存款和定期储蓄存款。人们进行这类存款的主要目的不是交易,而是获得利息收入,同时持有一定的流动资金,这跟银行卡账户的存款和支票账户的存款不一样。这类存款的流动性也很大,只要银行营业或有自动取款机,或者通过网络或手机转账,活期存款就可以迅速转换为现金或支付账户的存款,定期存款在损失一点利息的情况下也可以迅速转换为现金或支付账户的存款,从而提高了这类存款的流动性。银行储蓄存款的流动性显然小于支票、银行卡存款以及其他支付账户的存款,因为后者就是为了交易而设计的。

国库券和企业债券的流动性小于银行储蓄存款。一方面,国库券和企业债券只在交易所开市的时候才能买卖,因此从转换为交换媒介的便利程度上看就小于银行储蓄存款;另一方面,如果持有人急于用钱,可能得按现价出售,这就可能遭受较大的损失,付出较大的成本,因此从成本方面看其流动性也小于银行储蓄存款。

股票的流动性与国库券和企业债券相差不大,但交易的手续费更高一些,而且股票的风险更大,因此,将股票转换为交换媒介的成本就大于国库券和企业债券。总体来说,股票的流动性可能小于国库券和企业债券。

外汇本身可能就是一种货币,比如外钞。外钞在本国直接就是交换媒介,但到了国外就不再是交换媒介了。比如美元现金,在美国是交换媒介,但到了中国,它是不能流通的,必须被转换为人民币才能使用。当然,在边境地区和一些特定场合,外汇可能可以直接用于交换。外汇的流动性与股票相比可能相差不大。

期货包括许多种,比如实物期货、金融期货等。期货是一种资产,但风险远远大于股票,因此从转换成本来看其流动性就小于股票。

黄金和白银在历史上曾被用作货币,在现代经济中有一部分黄金也被作为货币黄金,用来补偿国际贸易差额,但这仅仅在国家间结算时使用,与普通民众没有关系。黄金和白银属于实物资产,存在储存、运输等成本,市场价格波动幅度也比较大,因此其流动性小于金融资产。

金银饰品、珠宝、字画、古董等的流动性又小于黄金和白银,因为其中存在鉴别真伪和成色以及价值评估方面的成本。

知识产权(如专利权、商标权、著作权等)、各种非耐用实物资产(如方便面、鸡蛋、韭菜等)、各种耐用实物资产(如汽车、房地产、机床、生产线等)等的流动性显然又要小一些,尤其是各种耐用实物资产,其流动性在所有资产中可能是最小的。

现在我们来考虑什么资产应该被看作货币的问题。第一,现金是货币,这个没有什么好说的。第二,支票和银行卡存款的流动性小于现金,但也可以直接用于购物,因此流动性略小于现金,既然现金被看作货币了,这二者又有什么理由不被看作货币?第三,银行储蓄存款、支票和银行卡存款之间的流动性差异其实很小,因为如果不能刷卡,银行卡就跟普通存折没什么差别;如果支票被人怀疑,一样需要先转换成现金才能购物。因此,既然支票和银行卡存款都被看作货币,银行储蓄存款又有什么理由不被看作货币?第四,国库券和银行储蓄存款之间的流动性差异也不大,既然银行储蓄存款都被看作货币,国债又有什么理由不被看作货币?第五,同样的理由,既然国库券都被看作货币,企业债券又有什么理由不被看作货币?第六,既然企业债券都被看作货币,股票又有什么理由不被看作货币?第七,既然股票都被看作货币,外汇又有什么理由不被看作货币?第八,既然外汇都被看作货币,黄金和白银又有什么理由不被看作货币……可以一直推下去,直到各种耐用资产。

总而言之,既然每一种资产都有一定的流动性,也就有一定的货币性。因此,要确定哪些资产应该被看作货币,其实是一个很难的问题。目前,包括各国中央银行在内对此都难以达成共识,所以各国的中央银行一般同时公布三个货币指标,即 M_0、M_1、M_2。M_0 只包括流通中现金;M_1 是在 M_0 的基础上,再加上可用于支付的账户的存款,如银行卡账户存款、电子支付账户和支票账户存款等;M_2 是在 M_1 的基础上,再加上银行储蓄存款。M_1 被称作"货币"或"狭义货币",银行储蓄存款被称作"准货币",M_2 被称作"广义货币"。至于其他资产,各国中央银行都没有把它们包括在货币中。各国的中央银行之所以同时公布三个货币指标,就在于它们对什么是货币也不是很有把握;它们同时公布三个货币指标,研究人员可以自己判断哪个更适合作为货币供给量的指标。当然,如果一个研究人员认为这三个货币指标都不合适,只要有足够的数据,他也可以自己构造一个货币指标,只要能够更好地解释经济现实就行。

(三) 债券与利率

债券是宏观经济学中另一种很重要的资产,因为在宏观经济学中经常提到的"利率"实际上就是债券的收益率。所谓"债券",指的是这样一种资产,凭借这种资产,持有者可以在未来取得一定的固定收益。这种收益可以是到期时一次性还本付息,也可以是在债券有效期限内多次付息,到期时付最后一次利息并归还本金。比如一只面值100元的20年国库券,假定票面利息率是10%且每年付息一次。那么,持有者每年可以获得10元的利息收入,在最后一年得到110元,其中100元是本金,10元是最后一次利息。

利率就是持有者从持有债券上得到的收益率。对于多次付息的债券来说,利率的计算比较复杂,此处就用一种最简单的债券说明一个道理:债券利率与债券价格负相关,即债券价格越高,债券利率越低。假定政府发行一种债券,这种债券的面值为100元,期限为1年,票面利息率为0。也就是说,当这种债券到期时,政府给持有者支付100元;当然,持有者不会免费把钱借给政府,政府必须支付一定的利息,这个利息就是债券的票面价值和持有者的购买价格之间的价差。因此,该债券的持有收益率,也就是"利率"为:

$$债券利率 = \frac{债券的票面价值 - 债券价格}{债券价格}$$

从上式可以明显看出债券利率与债券价格之间的负相关关系。实际上,对于所有资产来说,资产的价格都是持有者获得这种资产的成本,因此价格越高,在其他因素不变的情况下,持有这种资产的收益率就越低。

(四) 货币供给与利率

既然利率是债券的收益率,那么货币供给量的变化如何影响利率呢?假定政府增加货币供给量。随着货币供给量的增加,人们手中的货币多了,就想把其中的一部分转换为其他资产以获取收益,于是对其他资产(包括债券)的需求就增加了,这就导致债券价格上升,于是利率就下降。因此,货币供给量的增加会导致利率的下降。

二、货币需求

我们在此介绍凯恩斯的货币需求理论,即所谓的"流动性偏好"理论。在《通论》中,凯恩斯提出了这样的问题:人们为什么要持有货币? 他认为,人们之所以需要货币,是出于三种动机:交易动机、预防动机和投机动机。

(一)交易动机

交易动机的意思是,人们之所以需要货币,是因为它是交换媒介,可以用来进行日常交易活动。凯恩斯强调,这种货币需求取决于人们的交易额,而这种交易额又与人们的收入水平正相关,因此这种货币需求最终取决于收入水平。这一点与他的消费函数理论是一致的。凯恩斯认为,消费取决于现期收入,因此交易性货币需求就取决于现期收入。

(二)预防动机

凯恩斯认为,人们需要货币的另一个原因是他们常常会面临一些意外的支出,而持有一定数量的预防性货币同时也有助于人们应付一些其他意外的不利事件,比如突然生病等。

凯恩斯认为,人们的预防性货币需求量取决于他们的预期未来交易额,而这种交易额也与他们的现期收入水平正相关。因此,他认为,预防性货币需求也与收入水平正相关。

(三)投机动机

前面我们说过,货币可以作为一种财富贮藏手段。所谓的"投机动机"或者说"投机性货币需求",指的是人们以货币形式持有自己资产的愿望。也就是说,我们要考虑的是,人们究竟愿意持有多少货币资产?

凯恩斯认为,人们的投机性货币需求主要取决于两个因素:第一个是人们的收入水平。收入水平越高,储蓄就越多,人们愿意而且能够持有的货币数量就越多,投机性货币需求就越大。因此,凯恩斯认为投机性货币需求依然取决于收入水平。

第二个是在收入水平给定的情况下,人们将储蓄的多大比例以货币形式持有。这实际上是资产组合的选择问题。凯恩斯认为,这个比例主要取决于货币的相对预期收益率。可以根据各种资产的性质把所有资产分为两大类:一是所谓"生息"资产,即能够给持有者带来明显经济收益的那些资产,包括国库券、企业债券、股票、房地产等;二是所谓"非生息"资产,即不能给持有者带来明显经济收益的资产,主要指货币。在宏观经济学中,我们往往把生息资产统称为"债券"。在选择自己的资产组合时,人们一旦选择了持有货币,就等于放弃了以其他形式持有资产时可能获得的收益,因此其他资产的收益就构成了人们持有货币的机会成本,这种机会成本就相当于债券的利率。当利率变动时,持有货币的机会成本就变动了,因此人们的投机性货币需求随之发生变动。

凯恩斯认为,人们的投机性货币需求主要取决于两个因素,即收入水平和利率。收入水平越高,意味着储蓄越多,投机性货币需求也越大;而利率越高,持有货币的机会成本越大,投机性货币需求就越小。因此,投机性货币需求与收入水平正相关,与利率负相关。

三、货币需求函数

凯恩斯在分析了人们持有货币的动机之后,就试图据此构造货币需求函数。在构造货币需求函数时,凯恩斯细心地区分了名义货币需求与真实货币需求。在他看来,货币的价值是用其能买到的东西来衡量的。比如说,如果经济中所有的商品价格都涨了一倍,那么同样数量的货币就只能买到以前一半的商品。凯恩斯认为,人们持有货币是为了购买物品,因此希望持有的是一定数量的真实货币余额。而按照人们持有货币的三种动机,这种对真实货币余额的需求与真实收入和利率相关。因此,凯恩斯的货币需求函数为:

$$L = L(Y, r) \tag{4-4}$$

其中,L 表示真实货币余额。为了便于分析和介绍,我们采用如下简单的货币需求函数:

$$L = kY - hr, \quad k > 0, h > 0 \tag{4-5}$$

其中,k 和 h 分别表示货币需求对收入和利率的敏感程度。货币需求函数在 $L\text{-}r$ 坐标系上表现为货币需求曲线,如图 4-10 所示。

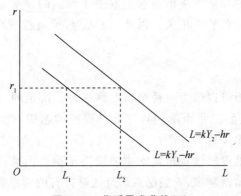

图 4-10 货币需求曲线(1)

从图 4-10 中可以看出,货币需求曲线的位置取决于收入水平和货币需求对收入的敏感程度 k。收入水平越高($Y_2 > Y_1$),在同一利率水平下人们的货币需求越大,货币需求曲线的位置就越靠右。同样,货币需求对收入的敏感程度 k 越大,货币需求曲线的位置也越靠右。而货币需求曲线的斜率则取决于货币需求对利率的敏感程度 h。从图 4-11 中可以看出,给定同样的利率下降幅度,h 越大($h_2 > h_1$),货币需求曲线越平坦。其经济意义是,在利率的变动幅度 Δr 一定的情况下,h 越大,货币需求的增加量也越大,在图中的反映即为 $L_2' - L_2 > L_1' - L_1$。

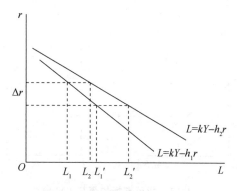

图 4-11 货币需求曲线(2)

四、货币供给

后面我们将会看到,一个经济单位中的货币供给量是由经济单位中的所有人共同决定的。也就是说,一个经济单位中的所有人都有能力影响该经济单位中的货币供给量。但现在,我们的主要目的不是分析货币供给量的决定因素问题,而是试图理解货币、金融市场对均衡国民收入的影响,因此我们在此假定货币供给量完全是一个外生变量,可由中央银行完全控制。这样,货币供给函数为:

$$M/P = M_0/P_0 \tag{4-6}$$

其中,M 表示名义货币供给量,P 表示价格水平,下标 0 表示相应变量是外生决定的。这就是说,真实货币供给量与利率水平无关,反映在图形上即为一条垂直的货币供给曲线,如图 4-12 所示。

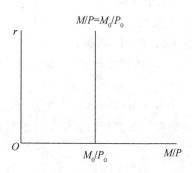

图 4-12 货币供给曲线

五、货币市场均衡

现在我们考虑货币市场的均衡。在图 4-13 中,当收入水平为 Y_1 时,相应的货币需求曲线为 L_1。此时,只有当利率为 r_1 时,真实货币需求才等于货币供给,因此 E_1 为收入水平为 Y_1 时货币市场的均衡点。也就是说,r_1 为收入水平为 Y_1 时使得货币市场达到均衡的利率水平。在 Y-r 坐标系上,我们可以找到一个点 $E_1(Y_1, r_1)$,该点即为货币市场达到均衡时的一个收入-利率组合。

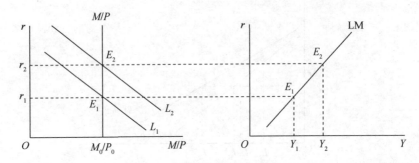

图 4-13 货币市场均衡与 LM 曲线

假定收入水平上升到 Y_2。按照凯恩斯的货币需求理论，收入水平越高，货币需求就越大，因而货币需求曲线的位置越靠右。在图 4-13 中，与收入水平 Y_2 对应的货币需求曲线为 L_2。面对因收入水平上升所导致的货币需求的增加，在货币供给量未变的情况下，要使货币市场达到均衡，均衡利率就必须上升。在图 4-13 中，与收入水平 Y_2 对应的均衡利率为 r_2，相应的均衡点为 E_2。在 Y-r 坐标系上，我们就可以找到另外一个点 $E_2(Y_2, r_2)$，该点即为货币市场达到均衡时的另外一个收入-利率组合。不断调整收入水平，我们就可以得到无穷多个使得货币市场处于均衡状态的收入-利率组合，在 Y-r 坐标系上就可以得到一系列的点，将这些点连接起来就形成所谓的 LM 曲线。因此，LM 曲线即为使得货币需求等于货币供给的收入-利率组合所构成的曲线，在 LM 曲线上货币市场总是均衡的。

LM 曲线的斜率为正，原因就在于收入水平上升时，货币需求也增加，从而利率水平也将上升，因而利率水平与收入水平正相关。

LM 曲线也可通过代数法来推导。将货币需求方程 (4-5) 和货币供给方程 (4-6) 联立，并根据货币市场的均衡条件 $M/P = L$，可得：

$$M_0/P_0 = kY - hr \tag{4-7}$$

求解利率，可得：

$$r = (kY - M_0/P_0)/h \tag{4-8}$$

式 (4-8) 即为 LM 曲线的方程。下面我们分析 LM 曲线的斜率和位置的决定因素。

六、LM 曲线的斜率

（一）货币需求对收入的敏感程度 (k) 对 LM 曲线斜率的影响

货币需求对收入的敏感程度 (k) 越大，LM 曲线就越陡峭。这一点可以从方程 (4-8) 中直接看出来，也可以通过图形分析得出。① 其经济过程是，当收入增加一定幅度时，k 越大，货币需求的增加量越大，从而在其他条件相同的情况下利率增加的幅度也越大。

---

① 在讨论 IS 曲线的斜率时，我们用图形法做过详细介绍。此处的方法大体一样，为节省篇幅，此处仅作文字说明，读者可以自己作图验证。

这反映在图形上,就是 LM 曲线越陡峭。

(二) 货币需求对利率的敏感程度(h)对 LM 曲线斜率的影响

假定其他条件不变,货币需求对利率的敏感程度(h)越小,LM 曲线就越陡峭。这一点同样可以从方程(4-8)中直接看出来,也可以通过图形分析得出。其经济过程是,当收入增加一定幅度时,货币需求也将增加一定幅度。这时,如果货币供给量不变,那么要维持货币市场的均衡,利率就应上升,从而使得货币需求量下降同样的幅度。在货币需求量的下降幅度给定的情况下,如果货币需求对利率的敏感程度较大,那么利率上升较小幅度就可以满足要求;相反,如果货币需求对利率的敏感程度较小,利率就需要上升较大幅度才能满足要求。反映在 Y-r 坐标系上,货币需求对利率的敏感程度越小,LM 曲线就越陡峭。

七、LM 曲线的位置

当货币供给变动时,LM 曲线的位置将发生变化。如图 4-14 所示。在图中,设开始时货币供给为 M_1/P,与此货币供给量对应的 LM 曲线为 LM_1。如果货币供给增加至 M_2/P,在货币市场上表现为货币供给曲线向右移动。当货币供给量增加时,原有的均衡就被打破,货币需求量必须等量增加才能使货币市场重新达到均衡状态。如前所述,影响货币需求量的因素有收入和利率。如果收入水平给定,那么影响货币需求量的因素就只有利率。这样,为增加货币需求量,利率就必须下调。在图 4-14 中,在收入水平 Y_1 下,利率从 r_1 下降到 r_1',货币市场就重新达到了均衡。因此,(Y_1, r_1') 就成为使得货币市场达到均衡的新的收入-利率组合。对许多不同的收入水平进行同样的分析,可知 LM 曲线将向下平移至 LM_2。

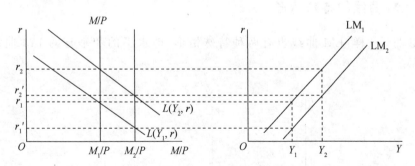

图 4-14 LM 曲线的位置

八、LM 曲线以外的点

从前面的讨论可知,LM 曲线上的点表示货币市场处于均衡状态时收入和利率的组合。因此,如果在某一时刻,一个经济单位的实际收入和实际利率所构成的组合恰好落在 LM 曲线上,这就表示这个经济单位的货币市场在这个时刻处于均衡状态。图 4-15 中的 C 点就是这样一个点。但是,如果在某一时刻,一个经济单位的实际收入和实际利率构成的组合没有落在 LM 曲线上,比如图中的 A 点和 B 点,那又表示货币市场处于什么状态呢?

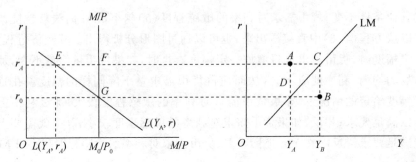

图 4-15　LM 曲线以外的点

显然,此时货币市场不是均衡的。那么,货币市场是过度需求还是过度供给呢?首先考虑 A 点。与 A 点对应的收入水平是 Y_A,利率水平是 r_A。我们从货币需求入手。当收入水平为 Y_A 时,相应的货币需求函数为 $L=kY_A-hr$。从图 4-15 的右图中可以看出,如果此时货币市场处于均衡状态,利率水平应当为 r_0。这在货币市场供求关系图上反映为货币需求曲线和货币供给曲线的交点 G。显然,$r_A>r_0$,由于利率越高,货币需求量越小,因此当经济处于 A 点时,货币市场处于过度供给状态,过度供给量由图 4-15 的左图中的线段 EF 表示。根据类似的推理过程可知,当经济处于 B 点时,货币市场处于过度需求状态。实际上,我们可以据此得出如下结论:任何处于 LM 曲线上方的点均表示货币市场处于过度供给状态,任何处于 LM 曲线下方的点均表示货币市场处于过度需求状态,只有 LM 曲线上的点才表示货币市场处于均衡状态。

九、LM 曲线的特殊情形

与 IS 曲线一样,LM 曲线也有两种特殊情形,即水平的和垂直的 LM 曲线,如图 4-16 所示。

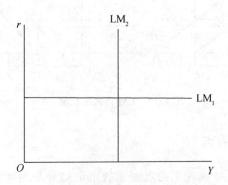

图 4-16　LM 曲线的特殊情形

前面我们说过,货币需求对利率的敏感程度(h)能够影响 LM 曲线的斜率,h 越大,LM 曲线越平坦。当 h 趋向无穷大时,LM 曲线就将变成水平线,这就是所谓的"凯恩斯情形";而当 h 趋向 0 时,LM 曲线就将变成垂直线,这就是所谓的"古典情形"。①

十、LM 曲线的一般情形

在前面的讨论中,我们假定货币需求是利率的线性函数,然而在经济现实中并非如此。我们前面说过,在收入水平给定的情况下,一个人对货币的需求就在于其在生息资产和非生息资产之间的权衡。生息资产能够给持有者带来经济收入,即利息;而非生息资产(即货币)却能给持有者提供随时购物的便利。因此,一个人持有多少货币就取决于这两种资产给他提供的效用的对比。如果利率低到一定程度,其效用甚至还比不上持有货币所带来的便利,那么在名义财富增加时人们就不会再持有债券,而将自己的所有财富均以货币形式持有。此时,利率稍有降低,货币需求都会无限增加,也就是说,货币需求对利率的敏感程度无限大。反映在图形上,货币需求曲线就是一条水平线。图 4-16 中的 LM_1 描述的就是这种情形。这就是所谓的"流动性陷阱"或"凯恩斯陷阱"。

相反,如果利率高到一定程度,此时人们已经以债券的形式持有自己的大量财富,相应地,人们持有的货币量就较少。此时如果利率进一步提高,那么由于人们无论如何都需要持有一定量的货币进行交易,货币需求可能不会进一步降低。因此,货币需求对利率没有反应。图 4-16 中的 LM_2 描述的就是这种情形。这就是所谓的"古典情形"。

这样,"流动性陷阱"和"古典情形"②就是货币需求在利率过低或过高的情况下的极端情形。当利率处于正常范围时,货币需求一般与利率负相关,但不会恰好是线性负相关的。把这几种情况综合起来,我们就可以得到货币需求曲线的一般情形,如图 4-17 的左图所示。与此对应,LM 曲线的一般情形也是"流动性陷阱""古典情形"和一般情形的综合,如图 4-17 的右图所示。

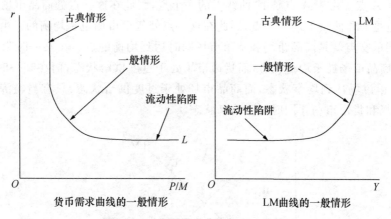

图 4-17 货币需求曲线与 LM 曲线

---

① 货币需求对收入的敏感程度也影响 LM 曲线的斜率,从理论上讲,它也能导致 LM 曲线的这两种特殊情形。不过,在宏观经济学的发展史中,对这一因素可能导致的特殊情形几乎没有讨论,人们的注意力集中在货币需求对利率的敏感程度上。

② k 的特定值也可能导致 LM 曲线的特殊情形,但宏观经济学中很少考虑这一点。

在"流动性陷阱"情形下,货币需求曲线就是一条水平线,其经济意义是,利率稍微降低一点点,货币需求量就会无限增加。此时,如图4-17所示,如果中央银行增加货币供给量,那么利率几乎无须下降就可以使货币市场恢复均衡。利率不降低,投资也就不会增加,货币政策也就无效。

第三节 商品市场和货币市场的同时均衡

前面我们讨论了商品市场和货币市场分别处于均衡状态时收入与利率之间的关系。在商品市场上,利率决定了总需求,从而决定了总收入,利率是外生变量,收入是内生变量,利率的变动决定了收入的变动。而在货币市场上,收入水平的变动决定了货币需求,从而决定了利率,因此在LM曲线分析中,收入是外生变量,而利率是内生变量,收入的变动决定了利率的变动。因此,利率和收入之间是相互作用、相互影响的,如果把商品市场和货币市场结合在一起,我们即可分析利率与收入之间的相互作用和相互影响。

一、均衡的决定

IS曲线和LM曲线分别给出了商品市场和货币市场达到均衡的条件,这些条件即为收入和利率之间的一定的函数关系。在我们分别弄清楚两个市场的均衡后,接下来的问题就是,在什么情况下商品市场和货币市场同时达到均衡?

要解决这一问题,我们把IS曲线和LM曲线放在一张图上,如图4-18所示。由于IS曲线是负斜率的,而LM曲线是正斜率的,因此IS曲线和LM曲线必有一个交点,这在图中即为A点。由于A点是IS曲线上的一个点,因此在这一点处商品市场是均衡的;A点同时也是LM曲线上的一个点,因此在这一点处货币市场也是均衡的。由此IS曲线和LM曲线的交点就是商品市场和货币市场同时达到均衡的点。在某一时刻,经济处于B点,此时商品市场处于均衡状态,而货币市场处于过度供给状态;而在某一时刻经济处于C点,货币市场达到均衡状态,而商品市场处于过度供给状态;只有当经济处于A点时,商品市场和货币市场才同时处于均衡状态。

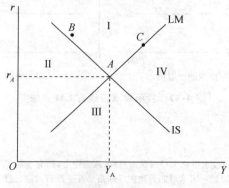

图4-18 均衡的决定

实际上，IS 曲线和 LM 曲线把 Y-r 坐标系分成了四大块，即图中的 Ⅰ、Ⅱ、Ⅲ 和 Ⅳ。在区域 Ⅰ 中的点处于 IS 曲线和 LM 曲线的上方，因此商品市场和货币市场均处于过度供给状态；在区域 Ⅱ 中的点位于 IS 曲线的下方和 LM 曲线的上方，因此货币市场处于过度供给状态，而商品市场处于过度需求状态；在区域 Ⅲ 中的点位于 IS 曲线和 LM 曲线的下方，因此商品市场和货币市场均处于过度需求状态；在区域 Ⅳ 中的点位于 IS 曲线的上方和 LM 曲线的下方，因此商品市场处于过度供给状态，而货币市场处于过度需求状态。

二、均衡的变动

从上面的分析可知，均衡收入和均衡利率是由 IS 曲线和 LM 曲线的交点决定的。因此，如果 IS 曲线或 LM 曲线的位置和/或斜率发生变化，均衡收入和均衡利率就将随之发生变化。

在图 4-19 中，我们以自发性投资的变动为例说明均衡的变动。

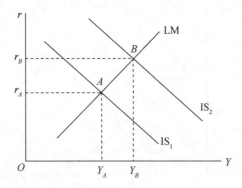

图 4-19 自发性投资的变动对均衡的影响

当自发性投资增加时，总的自发性支出 A_0 也增加，从而 IS 曲线向右平移，最终导致收入水平和利率水平的上升。图 4-19 的经济意义是，当自发性投资需求增加时，通过乘数过程，均衡收入最终将成倍增加；而随着均衡收入的增加，人们的货币需求也将增加，货币需求的增加就导致利率的上升。

同样，当 LM 曲线的位置发生变动时，均衡也将变动。如果货币供应量增加，LM 曲线就将右移。其结果是，均衡收入将上升，均衡利率将下降，如图 4-20 所示。之所以会这样，是因为当货币供应量增加时，货币市场上的竞争将导致均衡利率的下降，均衡利率的下降将导致投资需求的增加，从而均衡收入也增加。

三、向均衡的调整

我们前面说明的是均衡收入和均衡利率的决定。然而均衡只是一个趋势，在某一特定时刻，实际出现的收入和利率未必恰好就等于均衡收入和均衡利率。也就是说，经济未必在每一时刻都处于均衡状态。那么，如果经济在某一时刻偏离均衡状态，经济将如何调整呢？

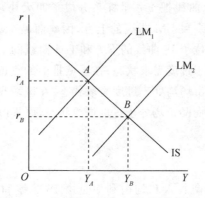

图 4-20 货币供给量的变动对均衡的影响

如图 4-21 所示,假定经济在某一时刻商品市场和货币市场都没有达到均衡,例如处于 A 点,此时货币市场和商品市场上均存在过度供给。经济会不会就停止在这一点不动呢?

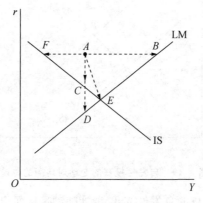

图 4-21 向均衡的调整

一般而言,如果经济偏离均衡状态,它就有向均衡状态调整的趋势。因为在一个竞争性的市场经济中,一旦商品市场和货币市场偏离了均衡,买者之间或卖者之间的竞争就将使经济向均衡状态调整。比如,当经济在某一时刻处于 A 点时,货币市场上存在过度供给,此时货币供给者之间的竞争就会使利率下降。随着利率的下降,货币需求量逐步增加,从而货币供求之间的缺口逐步缩小。这一过程持续进行下去,将使得货币市场调整到均衡状态。

同样,当经济处于 A 点时,商品市场上也存在过度供给。这时厂商会发现,他生产出来的产品卖不出去,他就会压缩产量。随着产量的下降,产品供给下降,同时收入水平也等量下降。当收入水平下降时,对商品的需求也下降,但需求下降的幅度小于收入水平下降的幅度,即供给下降的幅度。因此,供求之间的缺口将逐步缩小,最终达到均衡状态。

我们已经知道,经济将向均衡状态调整。接下来的问题是,经济如何向均衡调整呢?比如,在图 4-21 中,经济是直接调整到均衡点 E,还是先调整到 B、C、D、F 点,或者别的点上,然后逐步过渡到 E 点呢? 也就是说,我们现在关心的是经济的动态调整过程。

一般而言,货币市场的调整速度比商品市场快。因为在现代经济中,货币市场是相当灵活的,各种金融资产的流动性是相当大的。货币市场随时可以进行大幅调整。而在价格刚性的情况下,商品市场的调整相对来说要缓慢一些。因为商品市场涉及的是数量调整,当商品供给小于需求时,需要增加产量,但商品的生产需要时间,而当商品供给大于需求时,就需要压缩库存,但库存的压缩同样需要时间。因此,一般而言,可以认为商品市场的调整速度比货币市场慢。

如果货币市场调整迅速,那么我们就可以认为当经济偏离均衡状态时,货币市场先达到均衡,然后商品市场逐步调整到均衡。仍以 A 点为例。此时货币市场首先调整,利率的变动将首先消除货币市场上的过度供给,在收入未变的情况下经济首先从 A 点调整到 D 点。然后,经济沿着 LM 曲线调整,最终调整到 E 点,商品市场也达到均衡状态。

实际上,由于货币市场调整非常迅速,我们几乎可以认为货币市场总是处于均衡状态。因为即使货币市场在某一时刻偏离了均衡,它也将立即回到均衡状态。

第四节 凯恩斯的基本理论框架

我们在前面说过,宏观经济学的诞生是为了解释 20 世纪 30 年代波及西方各国的经济"大萧条"。凯恩斯抛弃了古典经济学,提出了自己的有效需求不足理论。他认为,西方各国之所以出现"大萧条",就是因为有效需求不足,在价格刚性的情况下,随着经济的发展和国民收入水平的提高,由私人部门产生的总需求一定小于总供给,而且随着收入水平的提高,供求之间的这种缺口将会越来越大,正是这种缺口导致资本主义世界中生产过剩的经济危机。

凯恩斯的这种主张建立在三个基础之上,这就是所谓的"三大心理法则"。

凯恩斯的第一大心理法则是"边际消费倾向递减法则"。凯恩斯认为,随着收入水平的增加,人们的消费支出也会增加,但消费的增加幅度小于收入的增加幅度。也就是说,边际消费倾向是一个小于 1 的数。而收入的增加意味着总供给也等量增加,因此在消费需求与总供给之间就出现了一个缺口,也就是消费需求无法消化与全部产出。如果边际消费倾向不变,那么随着收入水平的提高,消费需求与总供给之间的缺口的绝对量就将逐步上升。例如,假定消费函数为 $C=100+0.8Y$。当收入水平(即总供给)为 1 000 元时,消费需求为 900 元,这意味着有 100 元的商品不能通过消费予以消化,消费与总供给之间的缺口即为 100 元。当收入水平为 2 000 元时,消费需求为 1 700 元,消费与总供给之间的缺口即为 300 元。因此,只要边际消费倾向小于 1,随着收入水平的提高就必定会出现消费不足的现象。

更为严重的情况是,随着收入水平的增加,边际消费倾向是递减的。当收入水平较低时,人们为了维持自己的日常生活,可能不得不把收入的较大比例用于消费,这时边际消费倾向较大。但当收入水平上升时,由于人们的基本需要已经得到相当程度的满足,因此收入增量中被用于消费的比例下降,从而边际消费倾向就会下降。这就是所谓的

"边际消费倾向递减法则"。[1]我们已经知道,即使边际消费倾向不变,只要它小于1,随着收入水平的提高,消费需求与总供给之间的缺口就会加大。而如果边际消费倾向是递减的,那么消费需求与总供给之间的缺口将进一步加大。举例说明。在上例中,当收入水平为1 000元时,边际消费倾向为0.8,自发性消费需求为100元,因此收入水平为1 000元时消费需求与总供给之间的缺口就是100元。当收入水平为2 000元时,如果边际消费倾向仍为0.8,那么消费需求与总供给之间的缺口为300元。但如果边际消费倾向是递减的,比如假定收入水平为2 000元时边际消费倾向降低为0.7,那么消费需求就将是1 500元,消费需求与总供给之间的缺口就将增加到500元。

因此,凯恩斯认为,在边际消费倾向递减的情况下,随着收入水平的上升,消费需求与总供给之间的缺口将迅速加大。因此,总供给就无法用消费需求来全部消化。那么,总供给中未被消费的部分怎么处理呢?凯恩斯认为,厂商投资是消化这部分产品的一条途径。也就是说,如果厂商投资能完全消化消费不了的产品,那么经济仍将处于供求均衡的状态,不会出现需求不足的情况。

然而,凯恩斯又指出,投资的逐年积累会导致资本存量的增加,而随着资本存量的增加,"资本的边际效率"是递减的,这就是凯恩斯的第二大心理法则。所谓的"资本的边际效率",指的就是资本的边际收益率。由于资本的边际效率递减,因此在其他条件不变的情况下,随着资本存量的增加,厂商的投资意愿将逐步减弱,厂商的投资需求将下降。这样又出现了需求不足:一方面,资本存量的增加将导致收入水平的上升,而随着收入水平的上升,消费与总供给之间的缺口越来越大,填平这一缺口所需的投资也越来越多;另一方面,资本存量的增加将导致资本边际效率的下降,从而厂商的投资愿望减弱,投资需求下降。因此,随着资本存量的上升,供求之间的缺口仍有扩大的趋势。

在这种情况下,如果能通过其他办法增加投资,仍然有可能消除供求之间的缺口。由于厂商的投资意愿取决于成本与收益的比较(即净收益率),在资本的边际收益率下降的情况下,如果能够降低资本的使用成本,厂商的投资净收益仍可望保持不变甚至增加,从而其投资意愿保持不变甚至加强。资本的使用成本就是利率。[2] 因此,在资本的边际效率下降的情况下,维持投资需求的一个方法就是降低利率。而要降低利率,就得增加货币供应量。货币供应量的增加将导致利率下降,从而投资增加,于是就有可能消除供求之间的缺口。

然而,凯恩斯指出,利率是不可能无限度地降低的。当利率降到一定程度时,就无法再降低了。这就是所谓的"流动性陷阱",也就是凯恩斯的第三大心理法则。在市场经济中,中央银行要想降低利率,必须通过货币市场进行。按照凯恩斯的理论,人们总是在债券和货币之间选择自己的资产组合,而这种选择的依据就是债券和货币的相对收益率。持有债券的收益是利息,而持有货币的收益是流动性,即购买物品的便利。假定中央银行增加货币供应量,增加多少货币就意味着人们的名义财富增加了多少。此时如果人们

---

[1] 〔英〕约翰·梅纳德·凯恩斯著,徐毓枬译:《就业、利息和货币通论》。北京:商务印书馆1997年版,第85、104页。

[2] 我们在第十章会看到,资本的使用成本还包括折旧以及资本品的贬值。此处不考虑这二者。

愿意把新增名义财富的一部分以债券形式持有,那么债券的需求将增加,价格将上升,从而债券的到期收益率下降,即利率下降。① 如果利率低到一定程度,甚至还比不上持有货币所带来的便利,那么在名义财富增加时人们就不会再持有债券,而会将自己的所有财富均以货币形式持有。此时货币供应量增加多少,人们就愿意持有多少货币,对债券的需求就不会上升,因此债券的市场价格就不会变,也就无法降低利率。利率不降低,投资也就不会增加,货币政策就无效。这就是所谓的"流动性陷阱"或"凯恩斯陷阱"。

凯恩斯的结论是,虽然投资能够弥补消费需求的不足,但仍然不够用,最终在资本的边际效率递减和流动性陷阱的双重压力下,投资需求也会不足。因此,在市场经济中,有效需求不足就是一个不可避免的问题。

那么,资本主义的市场经济是不是就没有前途了呢?凯恩斯的回答是否定的。在他看来,虽然有效需求不足是不可避免的,但这并不是"绝症"。要在维持市场经济体制的条件下解决有效需求不足的问题,就必须大规模地扩展政府的职能,充分发挥政府的作用,采取增加政府支出的方式来增加有效需求,这就是财政政策。有效需求的增加将通过乘数过程导致私人部门产出的成倍增加,从而导致私人部门就业的成倍增加。这样就解决了困扰资本主义经济的失业问题。

综上所述,凯恩斯的基本理论框架是,根据三大心理法则推导出私人部门有效需求不足的结论,然后引出其就业理论和政策理论。

基本概念

IS-LM 模型　　　　投资需求函数　　　　IS 曲线
货币　　　　　　　债券　　　　　　　　货币需求函数
货币职能　　　　　LM 曲线　　　　　　凯恩斯"三大心理法则"
流动性陷阱

本章小结

1. 本章介绍了 IS-LM 模型,其基本假设仍然是价格水平不变。

2. 在本章,我们将投资和利率作为内生变量,将投资表达为利率的函数。投资需求与利率负相关,利率越高,投资需求越小。投资需求对利率的敏感程度越大,投资曲线越平坦。

3. IS 曲线描述了商品市场均衡下产出水平与利率的关系,具体机制是利率通过影响投资来影响总需求。利率上升使得投资下降,进一步通过投资乘数使得总需求下降,从而 IS 曲线向右下倾斜。在特殊情况下,IS 曲线也可能是水平或者垂直的。

4. 货币有交换媒介、计价单位和财富贮藏手段三种职能,人们持有货币的三种动机

---

① 注意:债券的到期收益率(即我们通常所说的利率)与债券的市场价格负相关。原因就在于,如果债券的到期支付额给定,那么购买债券的价格越高,持有者的收益率越低。

分别是交易动机、预防动机和投机动机。货币需求函数描述了货币需求与收入、利率的关系。在收入既定的条件下,利率越高,货币需求越小,因此货币需求函数向右下方倾斜。

5. LM 曲线描述了货币市场均衡下产出水平与利率的关系。随着收入的增加,货币需求增加,从而使得利率上升,因而 LM 曲线向右上方倾斜。在特殊情况下,LM 曲线也可能是水平或者垂直的。

6. 当产出、利率的组合不是 IS-LM 曲线的交点时,商品市场与货币市场将产生一系列趋向均衡的调整。

7. 凯恩斯理论的基石是"三大心理法则",从"三大心理法则"得出了有效需求不足的结论,并提出了用财政政策把经济从危机中挽救出来的建议。

练习与思考

1. 假定消费函数和其他条件均与上一章相同,试用投资-储蓄法推导 IS 曲线:

(1) 从投资与储蓄的角度写出三部门经济中商品市场均衡条件[提示:证明总投资为私人储蓄与政府储蓄(预算盈余)之和]。

(2) 写出个人储蓄以及社会总储蓄的表达式。

(3) 根据(1)和(2)写出均衡产出水平表达式。

2. 考虑 LM 曲线的推导。

(1) 写出货币需求函数的形式,并解释哪些变量是外生的。

(2) 推导 LM 曲线的表达式。

(3) 作图分析货币供给、k 及 h 上升时,货币市场均衡如何变动,进而如何影响 LM 曲线。

(4) 用文字说明 LM 曲线以外的点的经济学含义,并说明其是如何向货币市场均衡调整的。

3. 考虑下面的经济体。

消费 $C=0.5(1-t)Y$,税率为 0.2,投资 $I=1\,000-50r$,政府购买为 900,货币需求函数为 $L=0.2Y-60r$,经济中的货币供给为 500;其中 r 的度量单位为百分之一,也就是说 $r=5$ 的意思是利率为 5%;C、I、G 的单位均为亿元。假定不存在自发性税收、转移支付等本题中未提到的变量。

(1) 推导经济的 IS 曲线。

(2) 推导经济的 LM 曲线。

(3) 求出均衡状态下的收入水平与利率水平,并说明这一均衡点的经济学含义。

4. 考虑流动性陷阱。

(1) 在什么条件下 LM 曲线是水平的? 给出文字解释。

(2) 在这种情况下,政府的货币政策为什么可能失效? 作图解释原因。

(3) 此时政府可以采取怎样的措施来调整经济?

5. 考虑一个现实问题:某年利率从年初的 5.2% 下降到年末的 4.0%,其间经济体出现一定的衰退。

(1) 试用 IS-LM 模型解释这一产出和利率同时下降的情况。

(2) 哪些原因可能导致这种情况的出现？

(3) 政府可以采取哪些措施来促进经济复苏？

6. 假设货币市场的调整比较迅速,而商品市场的调整相对缓慢,那么当货币供应增加时,利率和产出是如何做出跨时反应的？试作图说明。

7. 凯恩斯主义与古典经济学。

(1) 在宏观经济分析中,凯恩斯主义关于价格调整的假设是什么？这一假设与古典经济学的假设有何区别？

(2) 凯恩斯"三大心理法则"是什么？流动性陷阱理论与古典经济学观点有何不同？

8. 假定真实货币供给量用 M_S 表示,真实货币需求用 $L=kY-hr$ 表示。

(1) 推导 LM 曲线的代数表达式及 LM 曲线斜率表达式。

(2) 当 $k=0.20, h=10$；$k=0.10, h=10$ 时,分别求解 LM 曲线斜率的值。

(3) 当 k 变小时和 h 增大时,作图说明 LM 曲线斜率的变化。

(4) 当 $k=0.2, h=0$ 时,求解 LM 曲线如何变化。

9. 考虑一个引入政府和国外的四部门经济,消费函数为 $C=100+0.8(1-t)Y$,投资函数为 $I=300-500r$,净出口函数为 $NX=100-0.14Y-500r$,货币需求为 $L=0.8Y-2000r$,政府支出为 $G=450$,税率 $t=0.2$,名义货币供给量为 $M_S=800$,价格水平为 $P=1$。

(1) 试求 IS 曲线的方程。

(2) 试求 LM 曲线的方程。

(3) 试求商品市场和货币市场同时均衡时的利率和收入。

(4) 试求两个市场同时均衡时的消费、投资和净出口值。

附录：IS-LM 模型的数学推导

IS 曲线和 LM 曲线的方程分别为：

$$\text{IS 曲线:} \quad Y = \alpha(\bar{A} - br)$$

$$\text{LM 曲线:} \quad \frac{\bar{M}}{P} = kY - hr$$

这是一个二元一次方程组,未知变量为收入和利率。从中可以解出均衡收入和均衡利率分别为：

$$Y^* = \gamma \bar{A} + \gamma \frac{b}{h} \frac{\bar{M}}{P} \tag{A1}$$

$$r^* = \frac{k}{h}\gamma \bar{A} - \frac{1}{h+k\alpha b} \frac{\bar{M}}{P} \tag{A2}$$

其中，

$$\gamma = \frac{\alpha}{1 + kab/h} \tag{A3}$$

根据式（A1）和式（A2）可以讨论各种外生因素的变化对均衡收入和均衡利率的影响。其中，我们最关心财政政策和货币政策对二者的影响。以政府购买的变化为例考虑财政政策的效果，根据式（A1）可以得出政府购买乘数为：

$$\frac{\Delta Y^*}{\Delta G_0} = \gamma \tag{A4}$$

同样，根据（A1）可以得出货币政策乘数为：

$$\frac{\Delta Y^*}{\Delta\left(\dfrac{\bar{M}}{\bar{P}}\right)} = \gamma \frac{b}{h} \tag{A5}$$

政府购买乘数和货币政策乘数越大，表明财政政策和货币政策的效果越大；而这两个乘数的大小均取决于 α、b、k、h 四个因素。根据式（A2），也可以计算出政府购买和货币政策对均衡利率的影响。根据式（A4）、式（A5）以及我们对均衡利率的计算，可以得出 α、b、k、h 四个因素分别对均衡收入和均衡利率的影响，并用表 A4-1 来总结。

表 A4-1　财政政策和货币政策的效果

参数	曲线斜率	$\dfrac{\Delta Y^*}{\Delta G_0}$	$\dfrac{\Delta r^*}{\Delta G_0}$	$\dfrac{\Delta Y^*}{\Delta\left(\dfrac{\bar{M}}{\bar{P}}\right)}$	$\dfrac{\Delta r^*}{\Delta\left(\dfrac{\bar{M}}{\bar{P}}\right)}$
α 越大	IS 曲线越平坦	越大	越大	越大	越小
b 越大	IS 曲线越平坦	越小	越小	越大	越小
k 越大	LM 曲线越陡峭	越小	越大	越小	越小
h 越大	LM 曲线越平坦	越大	越小	越小	越小

第五章 凯恩斯主义需求管理政策

前面我们说过,在任一时期,经济未必处于均衡状态,在价格刚性的情况下,经济将通过数量调节的方式向均衡状态调整。一旦经济处于均衡状态,这一均衡是否合乎人们的愿望就是另一个问题了。均衡产出由总需求决定,而一个经济单位的潜在产出则由该经济单位的资源供给状况决定,我们不能期望二者必然相等。如果均衡产出小于潜在产出,经济中就会存在失业;而如果均衡产出大于潜在产出,经济中就存在通货膨胀压力。不论是通货膨胀还是失业都不是我们愿意看到的,宏观经济学的最终目标就在于提出切实可行的经济政策,使均衡产出尽可能接近潜在产出水平。

本章利用第四章介绍的 IS-LM 模型说明政府是如何达到这一目标的。政府可以采取的政策有两种,即财政政策和货币政策。所谓"财政政策",指的是政府采用调节自己的收入和支出的方式来影响经济的政策措施。而"货币政策"则指的是政府的金融主管当局采取的、旨在调节货币供给量的措施。财政政策直接在商品市场上起作用,而货币政策则先作用于资产市场,再通过资产市场作用于商品市场。本章介绍的这些政策都是用来调节总需求的,而且是凯恩斯主义学派的主要政策主张,被称为凯恩斯主义"需求管理政策"。

本章首先介绍货币政策,其次介绍财政政策,最后介绍这两种政策的组合及其对产出结构的影响。

第一节 货币政策

为了理解货币政策对经济的影响,我们首先从货币政策的传导机制说起。

一、货币政策的传导机制

所谓"货币政策的传导机制",指的是货币供给量的变动影响均衡产出的途径或渠道。目前,学术界普遍认为,货币政策影响均衡产出的主要渠道是利率。我们以扩张性货币政策为例说明货币政策的传导机制。货币政策的利率传导机制包括以下几个环节:

(一) 货币市场的调整

当货币供应量增加时,老百姓就会发现自己手中持有的货币量太多了,于是希望把其中的一部分货币借出去。这将导致均衡利率下降。如图 5-1 的左图所示,当政府增加货币供给量时,在原来的利率水平下,货币需求小于货币供给。图中,M_1^s 为开始时的货币供给量，M^D 为货币需求量，开始时的均衡利率即 r_1。当货币供给量增加到 M_2^s 时，在利率 r_1 下，货币需求量仍然等于 M_1^s，货币市场处于供大于求的状态。于是，处于竞争中的资金供给者为了把自己的所有资金贷出去，就得降低利率。随着利率的降低，货币需求量就会增加，货币供求缺口缩小，最终将在新的、更低的利率 r_2 下达到均衡。

（二）投资的变动

随着均衡利率的下降，企业投资成本也下降，因而在预期收益率等其他条件不变的情况下，企业的投资积极性上升，企业投资增加，如图 5-1 的右图所示。

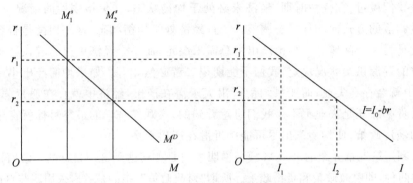

图 5-1　货币市场的调整及投资的变动

（三）商品市场的调整

随着投资的增加，我们在第三章讲过的乘数过程开始起作用，从而使得对商品和劳务的总需求成倍增加。由于我们假定总供给可以无限大，因此总需求的成倍增加将导致 GDP 的等量增加。

（四）货币市场的次生调整过程

GDP 的增加意味着收入的增加。随着收入的增加，人们的货币需求量也会增加，这将导致利率上升。而利率的上升又会导致投资下降。如图 5-2 所示，随着货币需求量的增加，货币需求曲线右移至 M_2^D，从而使得均衡利率从 r_2 上升到 r_3；与此对应，投资从 I_2 下降到 I_3。随着投资的下降，乘数过程再次起作用，从而使得总需求又有所降低。随着

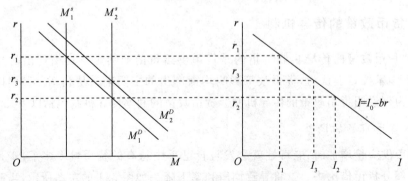

图 5-2　货币市场的次生调整过程

总需求的降低,总收入又下降,货币需求量下降,利率也跟着下降,从而投资又会有所上升。这个过程循环往复进行下去,随后的调整幅度越来越小,最终将达到一个稳定状态。

这个过程也可以反映在 IS-LM 图形上。如图 5-3 所示,开始时,均衡收入为 Y_1,均衡利率为 r_1。假定在某一时刻中央银行增加货币供给量至 M_2^s,使得均衡利率从 r_1 降到 r_2,同时使得 LM 曲线从 LM_1 移至 LM_2。此时,如果利率维持在 r_2,那么乘数过程将使得总收入增至 Y_2。然而,随着收入的增加,货币需求量也增加,从而利率上升,在货币市场供求关系图上,货币需求量从 M_1^D 增加到 M_2^D,利率从 r_2 上升到 r_3。随着利率的上升,投资下降,反映在 IS-LM 图形上即沿着 IS 曲线从 Y_2 移至 Y_3。

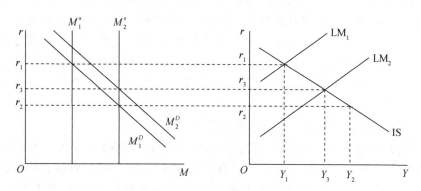

图 5-3 货币政策的利率传导机制

总之,货币政策的利率传导机制可总结如下:

货币供给量增加→利率下降→投资上升→总需求上升→总收入上升→货币需求上升→利率上升→投资下降→总需求下降→总收入下降→货币需求下降,循环往复直至达到稳定状态

如上所述,扩张性货币政策首先使得总收入上升,这一过程包括上述过程中的第一步到第五步,被称为主过程;而总收入的上升又会导致利率上升,从而导致总收入下降,这一过程被称为次生过程。货币政策的最终效果就取决于主过程和次生过程总产出变化的相对大小。如果主过程总产出上升的幅度等于次生过程总产出的下降幅度,那么货币政策将是无效的。一般而言,主过程总产出的增加幅度大于次生过程总产出的下降幅度,因而货币政策对总产出具有一定的影响。

二、货币供应过程

货币供给量的变动会影响均衡产出。那么,政府如何调节货币供给量呢?这得从货币供应过程说起。我们在上一章说过,目前货币供给量的指标有三个,即 M_0、M_1 和 M_2。下面我们以 M_1 的供应过程为例做一个说明。① M_1 包括所有可以直接用于商品交换或偿付债务的资产,比如消费者持有的现金,以及支票存款账户余额和银行卡账户余额等

---

① 对 M_2 的供应过程感兴趣的读者可以参阅任何一部中级货币银行学教材。

各种可直接用于支付的存款账户余额。① 为简化论述,我们把后者统称为"存款货币"。因此,我们有:

M_1 = 流通中现金 + 支票存款账户余额 + 银行卡账户余额 + 其他支付账户余额
　　= 流通中现金 + 存款货币

(一) 几个概念

1. 存款准备金和存款准备金率

商业银行是以追求利润为目的的企业。商业银行的主要业务是吸收存款和发放贷款,并赚取存款、贷款之间的利息差。商业银行吸收到存款后,贷出去的越多,赚取的利润也越多。但是,储户把钱存到银行后,可能随时需要提出来使用。如果商业银行把吸收到的存款全部贷出去,就无法应付储户的提款要求,所以必须把其中一部分以现金的形式持有,以随时应付储户的提款要求。商业银行为了应付储户的提款要求而持有的那部分现金就叫"存款准备金"。存款准备金与商业银行吸收到的存款金额之比就是存款准备金率。

2. 法定存款准备金和法定存款准备金率

作为企业,在存款、贷款利率给定的情况下,商业银行吸收到存款后,贷出去的越多,赚取的利润也就越多。因此,商业银行就有可能过度放贷,从而导致持有的存款准备金过少。这样就有可能应付不了储户的提款要求,这会对储户构成不便;更重要的是,如果这种现象使得储户对商业银行甚至整个商业银行体系的信心产生动摇,就会出现银行挤兑现象,从而导致银行危机。一旦银行被挤垮,把银行贷款作为周转资金来源的非金融企业就会因缺乏资金而陷入危机。最后,一连串的反应下来,可能会将整个经济单位拖入危机之中。因此,为了避免银行行为对宏观经济整体可能产生的负面影响,政府就以法律的形式规定商业银行必须持有的最低存款准备金率,这就是所谓的"法定存款准备金率"。法定存款准备金率与商业银行吸收到的存款数额之积,就是法定存款准备金的数额。

3. 超额准备金

按照法律的规定,商业银行持有的准备金不能低于法定要求,但可以高于法定要求。商业银行持有的准备金中超出法定准备金的部分就叫"超额准备金"。实际上,任何一家银行持有的准备金数额一般不会恰好等于法定准备金数额,或多或少都会持有一些超额准备金。

4. 基础货币

基础货币又称"高能货币",指的是由中央银行发行的货币量。我们前面说过,一个经济单位中的货币(我们这里考虑的是 M_1)由两部分构成,即流通中现金和存款货币。其中,现金是由中央银行发行的,存款是由商业银行发行的,而商业银行发行存款货币是以吸收到的存款为基础的。因此,中央银行发行的货币就被称为"基础货币"。有时又被称为"货币基础",二者经常混用。

---

① "余额"指的是一个资产持有者在某一时刻持有的某种资产的数额,是一个存量。

基础货币有两个去向：一部分由公众持有，成为流通中现金；另一部分被存入银行，成为商业银行的准备金。如果用 B 代表基础货币，CA 代表流通中现金，R 代表商业银行的准备金，我们就有：

$$B = CA + R$$

（二）货币供应过程的参与者

货币供应过程的参与者可以分为三类，即中央银行、商业银行、非银行公众（存款人和贷款人）。在货币供应过程中，中央银行的主要作用有两个：一个是提供基础货币，另一个是规定法定存款准备金率。商业银行的主要作用是吸收存款和发放贷款。存款人把自己手中的现金存在银行或从银行取出现金，而贷款人以商业贷款的形式从商业银行获取资金。

（三）两个假定

为了简化分析，我们在介绍货币供应过程时暂做如下假定：

1. 商业银行不保留超额准备金

也就是说，一旦商业银行吸收到存款就立即留下法定存款准备金，然后把剩余部分全部贷出去，不保留任何超额准备金。这里边隐含的一个假设是，只要商业银行想把钱贷出去，就能找到贷款人。

2. 非银行公众不保留现金

这个假定的意思是，一旦非银行公众拿到现金就立即将其全部存入银行卡账户，手上不保留任何现金。

显然，上述假定的约束性是很强的，在现实经济中不成立。但这些假定的引入只是为了介绍货币供应过程，在介绍完货币供应过程后，这两个假定就没有存在的必要了，那时我们可以考虑放弃这两个假定对货币供给量的影响。

（四）货币供应过程

现在我们介绍货币供应过程。注意，宏观经济学所说的货币指的是银行体系以外的货币——非银行公众手中的货币，货币一旦流入银行体系（包括中央银行和商业银行），就被认为已经退出经济体系。[①]

假定中央银行从一个名叫张三的人手中购买了价值 100 元的债券。这样，张三持有的债券价值减少了 100 元，但他手中的现金增加了 100 元，这个交易过程使得整个经济单位的货币量增加了 100 元。过程如表 5-1 所示。

表 5-1　货币供应过程（1）

	债券转为现金	整个经济单位的货币供给量	整个经济单位货币供给量的累计增加额
张三	100 元	增加 100 元	增加 100 元

---

① 当然，与其他企业和普通公众一样，商业银行和中央银行的正常运行也需要货币。只不过，商业银行和中央银行是经营与管理货币的企业和政府机构，作为企业和政府机构，商业银行和中央银行为维持正常运行所持有的货币当然是货币供给量的一部分，而它们持有的、用于经营谋利的货币或者用于调节货币发行量的货币不是整个经济单位货币供给量的一部分，比如商业银行持有的准备金和中央银行通过货币政策回笼的货币。为简单起见，本书把流入银行体系的货币一概视为已从经济单位中退出。

按照前面的假定,非银行公众不得持有现金,张三就在银行1开了个银行卡账户并把100元钱存入其中。于是,张三的现金货币减少了100元,但其银行卡账户余额(即存款货币)增加了100元。因此,这个转换过程并没有影响张三的货币持有量。过程如表5-2所示。

表 5-2 货币供应过程(2)

	存银行后整个经济单位的现金余额	整个经济单位的存款余额	整个经济单位货币供给量的变化
张三	减少100元	增加100元	0

银行1得到这笔存款后,我们假定商业银行不持有超额准备金,银行1将留下法定存款准备金,把其余部分贷出去。假定法定存款准备金率为10%。所以,银行1留下10元钱作为法定存款准备金,把其余90元贷出去。过程如表5-3所示。

表 5-3 货币供应过程(3)

	存款	法定存款准备金	贷款
银行1	增加100元	增加10元	增加90元

假定从银行1得到90元贷款的是企业1。得到这笔贷款后,企业1手中的现金货币就增加了90元,因而整个经济单位的货币供给量就增加了90元;加上张三账户上的100元存款货币,整个经济单位的货币供给量就累计增加了190元。过程如表5-4所示。

表 5-4 货币供应过程(4)

	从银行1借得现金	整个经济单位的货币供给量	整个经济单位货币供给量的累计增加额
企业1	90元	增加90元	增加190元

企业1拿到这笔钱后,可以用它买东西,也可以暂时不用。如果企业1暂时不用,那么按照前面的假定,企业1也不得持有现金,所以企业1就立即把它存入银行。如果企业1用它买东西,那么这笔钱就到了另外一个企业或个人手中。同样,后者也不得持有现金,因而也就立即把它存入银行。因此,不管企业1拿到这笔钱后是用它买东西还是暂时不用,这笔钱最终都回流进商业银行,对整个经济单位的影响是一样的。为了简化问题,这里假定企业1直接把它存入银行。存入银行后,企业1的现金货币减少了90元,但其银行卡账户余额(即存款货币)增加了90元。因此,这个转换过程并没有影响企业1的货币持有量。过程如表5-5所示。

表 5-5 货币供应过程(5)

	存银行后整个经济单位的现金余额	整个经济单位的存款余额	整个经济单位货币供给量的变化
企业1	减少90元	增加90元	0

现在假定得到企业1存款的是银行2。银行2得到这笔存款后,由于我们假定商业银行不持有超额准备金,银行2留下9元作为法定存款准备金,把其余81元贷出去。过程如表5-6所示。

表5-6　货币供应过程(6)

	存款	法定存款准备金	贷款
银行2	增加90元	增加9元	增加81元

假定从银行2得到81元贷款的是企业2。得到这笔贷款后,企业2手中的现金就增加了81元,因而整个经济单位的货币供给量就增加了81元。加上张三账户和企业1账户上的190元存款,整个经济单位的货币供给量就累计增加了271元。过程如表5-7所示。

表5-7　货币供应过程(7)

	从银行2借得现金	整个经济单位的货币供给量	整个经济单位货币供给量的累计增加额
企业2	81元	增加81元	271元

企业2拿到这笔钱后,可以用它买东西,也可以暂时不用。我们同样假定企业2直接把它存入银行。存入银行后,企业2的现金货币减少了81元,但其银行卡账户余额(即存款货币)增加了81元。因此,这个转换过程并没有影响企业2的货币持有量。过程如表5-8所示。

表5-8　货币供应过程(8)

	存银行后整个经济单位的现金余额	整个经济单位的存款余额	整个经济单位货币供给量的变化
企业2	减少81元	增加81元	0

假定得到企业2存款的是银行3。银行3得到这笔存款后,留下8.1元作为法定存款准备金,把其余72.9元贷出去。过程如表5-9所示。

表5-9　货币供应过程(9)

	存款	法定存款准备金	贷款
银行3	增加81元	增加8.1元	增加72.9元

银行3将72.9元贷出去后,接受贷款的企业手中的现金就增加了72.9元,因而整个经济单位的货币供给量就增加了72.9元;而这家企业又把它存入银行。这样循环往复地进行下去,虽然银行每次可以贷出的数额越来越少,但整个经济单位的货币供给量不断增加。最后,整个经济单位的货币在不同人之间的分布如表5-10所示。

表 5-10　货币供应过程(10)　　　　　　　　　　　　　　　　　(单位:元)

	现金	存款
张三	0	100
企业 1	0	90
企业 2	0	81
企业 3	0	72.9
⋮	⋮	⋮
总计	0	1 000

因此,这个货币供应过程结束后,整个经济单位的流通中现金余额为 0,而存款货币余额为 1 000 元。那么,开始时中央银行购买张三手中的债券投入的现金流到哪里去了呢?

我们来看看商业银行体系中准备金的变动情况。从表 5-11 中可以看出,整个商业银行体系的准备金余额也恰巧增加了 100 元。也就是说,中央银行开始时通过购买债券投放到经济单位的基础货币全部流入商业银行体系,成为商业银行体系持有的法定准备金。

表 5-11　货币供应过程(11)　　　　　　　　　　　　　　　　　(单位:元)

	准备金	贷款
银行 1	10	90
银行 2	9	81
银行 3	8.1	72.9
⋮	⋮	⋮
总计	100	900

通过这个货币供应过程我们可以看出,中央银行虽然只发行了 100 元现金,但整个经济单位的货币供给量增加了 1 000 元,是中央银行发行的现金数额的 10 倍。只不过,最终的货币都是存款货币,这些存款货币是商业银行通过吸收存款发行出去的,而存款的最初来源就是中央银行发行的货币,因此中央银行发行的货币就被称为整个经济单位的"货币基础",又称"基础货币"。从上述货币供给过程可以看出,当中央银行提供的基础货币发生变化时,整个经济单位的货币总额就会成倍变化,这个倍数就叫"货币乘数"。

(五) 货币供给过程的数学总结

下面我们用数学方法推导一个经济单位的货币供给量大小。首先,一个经济单位中中央银行提供的基础货币只有两个去向,要么是流通中现金,要么是商业银行的准备金,即:

$$B = CA + R \tag{5-1}$$

由于上述推导过程假定非银行公众不持有现金,因此整个经济单位的流通中现金总额就等于 0,即基础货币等于准备金:

$$B = R \tag{5-2}$$

M_1 就等于流通中现金加上存款货币,即:
$$M_1 = \mathrm{CA} + D \tag{5-3}$$
其中,D 表示存款余额。由于整个经济单位的流通中现金总额等于 0,因此就有:
$$M_1 = D \tag{5-4}$$
由于商业银行不持有超额准备金,因此商业银行的准备金就必然等于法定存款准备金:
$$R = r_e \times D \tag{5-5}$$
其中,r_e 表示法定存款准备金率。由此有:
$$D = \frac{1}{r_e} \times R \tag{5-6}$$
式(5-2)表明准备金等于基础货币,由此有:
$$D = \frac{1}{r_e} \times B \tag{5-7}$$
根据式(5-4)和式(5-7),我们有:
$$M_1 = D = \frac{1}{r_e} \times B \tag{5-8}$$
在上述例子中,r_e=10%、B=100 元,因此 M_1 余额就为 1 000 元,两种方法得出的结论相同。

(六) 非银行公众与商业银行对货币供给量的影响

在上述货币供应过程中,我们假定非银行公众不持有现金以及商业银行不持有超额准备金。现在我们放松这两个假定。

在现实经济中,非银行公众都是持有现金的。其结果是,非银行公众持有的这部分现金不再参与货币供给过程,因此会降低货币乘数,从而降低整个经济单位的货币供给量。这是非银行公众作为存款人对货币供给量的影响。比如,如果张三拿到那 100 元的现金后不是存入银行,而是完全以现金形式持有,那么这次的货币供给过程到此结束,整个经济单位的货币供给量仅增加 100 元,货币乘数为 1。

如果商业银行持有超额准备金呢?结论也差不多。比如,如果银行 1 拿到张三存入的 100 元后全部保留作为超额准备金,那么这次的货币供给过程也到此结束,整个经济单位的货币供给量仅增加 100 元,货币乘数依然为 1。

贷款人也影响货币供给量。比如,如果银行 1 拿到张三存入的 100 元后,倒是想把这 100 元全部贷出去,但非银行公众找不到好的投资机会,不愿借贷,因此这 100 元就只好作为超额准备金留在银行体系,这次的货币供给过程也到此结束,整个经济单位的货币供给量仅增加 100 元,货币乘数依然为 1。

因此,经济单位的所有人都对货币供给量产生影响。总体来说,一个经济单位的流通中现金占基础货币的比例越大、商业银行希望持有的超额准备金率越高、非银行公众的借贷愿望越弱,同样的基础货币所导致的货币供给量就越少。

(七) 货币政策工具

从上述关于货币供给过程的讨论可以看出,中央银行对货币供给量有着很大的影响。实际上,在任何一个经济单位中,中央银行都是货币供应过程最重要的参与者。主要原因有两个:第一,中央银行对货币供给量的影响在所有人中是最大的;第二,中央银行负有利用货币政策稳定经济的责任。

中央银行可以通过调节货币基础和货币乘数两种方式来调节货币供给量。那么,中央银行调节货币供给量的具体措施(即货币政策工具)都有哪些呢?

1. 调节法定准备金率

调节法定准备金率的目的在于调节货币乘数。在上述货币供给过程中,随着法定准备金率的变化,商业银行可以贷出的资金量也在变化,最终导致整个经济单位的货币供给量成倍变化。如果中央银行有意通过调节法定准备金率来增加货币供给量,就该降低法定准备金率。随着法定准备金率的降低,商业银行吸收到的存款中可贷出的资金量就会增加,因而整个经济单位的货币供给量就会以一定的倍数增加。相反,如果中央银行提高法定准备金率,商业银行可以贷出的资金量就减少,因而整个经济单位的货币供给量就会以一定的倍数减少。

2. 公开市场操作

所谓"公开市场操作",指的是中央银行在国库券二级市场上买卖国库券以影响货币供给量的行为。所谓"国库券二级市场",指的是就过去发行的国库券进行交易的市场。比如,在中国的上海证券交易所和深圳证券交易所可以买卖国库券,它们都是"国库券二级市场"。如果中央银行在二级市场卖出国库券,那么国库券就从中央银行手中流入市场,而等额的货币就从国库券持有者手中转到中央银行,整个经济单位的货币基础就下降。相反,如果中央银行在二级市场买入国库券,那么国库券就从持有者手中转到中央银行,而等额的货币就从中央银行手中流入市场,整个经济单位的货币基础就增加。然后,在货币乘数的作用下,整个经济单位的货币供给量就成倍变化。

那么,中央银行为何选择国库券作为公开市场操作的载体呢?实际上,中央银行所需要的仅仅是往经济中注入或从经济中回笼基础货币,理论上说任何金融资产甚至实物资产都可以用来实现这一目标。比如黄金,中央银行完全可以通过买卖黄金来调节货币基础。外汇也一样,通过在外汇市场上买卖外汇,中央银行同样可以调节货币基础。实际上,买入外汇是最近二十多年中国人民银行注入基础货币的重要方式,2005—2013年更是中国人民银行往经济中注入基础货币的主要方式。

国库券之所以被选作公开市场操作的载体,原因如下:第一,国库券的流动性大,交易成本低。国库券可以在正规的证券交易所交易,只要在证券交易所的交易时间,中央银行就可以随时进行操作。国库券的交易成本仅为佣金和相应交易税,成本相当低廉。第二,相对于实物资产,国库券的储存成本低。实物资产需要储存空间,还需要看守。而国库券现在基本上已经电子化,只需反映在账簿上就可以了,没有储存成本。第三,相对于其他金融资产,国库券的风险较低。外汇汇率可能会大幅变化,股票价格也会大幅震荡,甚至企业债券价格的变化幅度也会很大,但国库券是由政府发行的,有政府信誉做担保,收益率相对比较稳定。

3. 调整再贴现率

我们先从"再贴现率"这个概念说起。经济活动中处处存在商业风险。比如,一家小企业 A 想从另一家小企业 B 购买一批货物,假定金额为 100 万元。这两家企业都很小,双方第一次做生意,也没有信用记录。现在问题来了:是企业 B 先发货,还是企业 A 先付款?如果企业 B 发了货,要是企业 A 不付款或拖延付款怎么办?如果企业 A 先付款,要是企业 B 不发货、拖延发货,或者产品质量等方面不符合要求怎么办?这样,商业风险就出现了,但这个生意双方都还想做。于是,双方可能会做出这样一个安排:企业 A 给企业 B 开一张票据,这个票据由某个大银行 C 担保,只要货物合乎合同要求,企业 B 就可以在各方商定的特定日期从银行 C 拿到货款。由于银行一般规模较大且知名度较高,企业 B 对银行的信任程度较大,因此就可以比较放心地发货。这样就用银行信用代替了商业信誉,于是这笔生意做成了。

假定这笔生意很成功,双方都满意。那么,现在企业 B 手里就有了一张商业票据。这个商业票据规定,企业 B 可以从银行 C 拿到货款,但必须等一段时间,比如三个月。但在这三个月里,企业的正常经营活动还得进行,因此可能急需周转资金。这时,企业 B 就可以把这张商业票据拿到一家商业银行 D 要求兑现,这就是票据的"贴现"。但对于银行 D 来说,一方面还需要三个月才能拿到钱,另一方面商业票据存在一定的风险,因此虽然该商业票据的面额为 100 万元,但银行 D 愿意支付的金额会小于这个数,其中的差额是银行 D 为企业 B 提供贴现服务收取的服务费,服务费与票面金额之比相当于一个利率,这就是"贴现率"。通过这种贴现活动,企业 B 得到了周转资金,虽然少于原货款金额,但毕竟解了燃眉之急;而这张商业票据就到了银行 D 手中。

银行 D 拥有了该商业票据,但同样需要等三个月才能从银行 C 那里拿到货款。同样,银行 D 也是企业,也需要周转资金。于是,在周转资金紧张的时候,银行 D 就可以把这张商业票据拿到中央银行要求兑现,对于这个商业票据来说,这已经是第二次贴现,因此被称为"再贴现"。同样的道理,中央银行也要收取一定的费用,该费用与票面金额之比就是"再贴现率"。因此,"再贴现率"也是一种利率,对于商业银行来说是贴现商业票据的成本。通过再贴现,商业票据到了中央银行手中,而等额的基础货币就从中央银行流入商业银行手中。因此,贴现商业票据本身就意味着中央银行向商业银行注入基础货币。再贴现率越高,商业银行贴现商业票据的积极性越低,因而通过这种方式注入经济的基础货币就越少。因此,中央银行可以通过调节再贴现率的方式调节货币基础,然后通过乘数过程影响货币供给量。

(八) 三种政策工具的比较

调节法定存款准备金率、调节再贴现率和公开市场操作是中央银行货币政策的三大工具。那么,这三大工具各有何优缺点呢?我们从对经济的冲击、政策效果的精确性、政策的灵活性、政策效果的对称性四个方面来讨论。

1. 对经济的冲击

调节法定存款准备金率影响的是货币乘数,对经济的冲击非常大。比如,假定货币基础 B 为 1000 亿元,法定存款准备金率为 10%,且上述货币供给模型成立,那么货币乘数就是 10,经济中的 M_1 总量为 10 000 亿元。如果把法定存款准备金率降低为 9%,那么货币乘数约为 11.1,经济中的 M_1 总量就增加 11%,净增加额为 1 100 亿元。显然,这一冲击是很大的。

调节再贴现率通过影响商业银行贴现商业票据的积极性来影响货币基础,不好判断其对经济的冲击大小,得看具体情况。

公开市场操作对经济的冲击可大可小,这取决于买卖国库券的数量。

2. 政策效果的精确性

正如打靶一样,货币政策在实现自己的政策目标方面也有准不准的问题,这就是实现政策目标的精确度。调节法定存款准备金率影响的是货币乘数,而影响货币乘数的因素很多,这些因素的影响往往随机性很大。因此,在实现政策目标方面,调节法定存款准备金率的精确性很差。调节再贴现率是通过影响商业银行贴现票据的积极性来调节货币基础的,而商业银行贴现票据的积极性同样受到许多因素的影响,因此政策效果的精确性也较差。公开市场操作的精确性较好,只要市场规模足够大,中央银行就可以在不对国库券市场产生较大冲击的情况下想买卖多少就能买卖多少,从而买卖国库券对货币基础的调节可以极为精确;但由于货币供给量还受货币乘数的影响,公开市场操作的精确性就打了折扣,但与其他两种政策工具相比,精确性还是要好得多。

3. 政策的灵活性

由于调节法定存款准备金率对经济的冲击很大,中央银行在使用一般比较谨慎,有的国家甚至要通过一定的法定程序才可以采用,中央银行就不能随意采取这种政策。因此,其灵活性很差,一般只有在形势比较严峻或其他政策力度不够的时候才采取。

调节再贴现率对经济的冲击可能也较大,中央银行在采取时一般也比较谨慎。但相对于调节法定存款准备金率来说,这一政策对经济的冲击还是要小得多,因此灵活性也要大得多。

公开市场操作的灵活性就要大得多。一般而言,各国的货币政策当局都设有公开市场操作委员会,这个委员会有相当大的权力,可以在国库券二级市场开市的时间根据需要随时参与国库券的买卖,因此这一政策的灵活性非常大。

政策灵活性的另外一个体现是政策后果的可逆转性,即政策的后果是否易于被逆转。之所以考虑政策后果的可逆转性,原因有二:第一,经济是在不断发生变化的,随着经济形势的变化,以前采取的政策可能会变得不必要,甚至不合适;第二,政策制定者是人不是神,对经济形势的判断可能会出现错误,一旦采取政策后发现问题,就需要及时补救。

在政策后果的可逆转性方面,同样是公开市场操作非常好,调节再贴现率次之,调节法定存款准备金率最差。原因一样。

4. 政策效果的对称性

同等力度的同一种货币政策,在紧缩和扩张时效果可能会不一样大,这就是所谓的"政策效果的对称性"问题。

在降低法定存款准备金率时,中央银行的目的是希望商业银行多放款,但如果商业银行没有好的投资机会,它就宁愿多持有超额准备金也不愿放款,于是政策可能无效。而在提高法定存款准备金率时,商业银行必须执行,因为这是法律,所以效果较明显。因此,调节法定存款准备金率这一政策在紧缩和扩张时的效果是不对称的。当然,如果在提高法定存款准备金率之前商业银行本身就持有较多的超额准备金,效果可能会不一样。

调节再贴现率的效果的对称性不甚明确。在降低再贴现率时,中央银行的目的是商业银行多贴现手中持有的商业票据,但如果商业银行没有好的投资机会,它就宁愿持有商业票据也不愿贴现,因此货币基础不会增加,政策就可能无效。而在提高再贴现率时,中央银行的目的是商业银行少贴现手中持有的商业票据,但如果商业银行有好的投资机会,它就宁愿多付利息也要贴现,因此货币基础仍然会增加,政策也有可能无效。

公开市场操作的效果的对称性最好。无论是紧缩还是扩张,同等力度的公开市场操作对货币基础的影响基本上是一样的,因而如果货币乘数给定,它们对货币供给量的影响就是对称的。

综合上面所有的分析,公开市场操作最好用,是最常用的一种政策工具。表 5-12 是对上述讨论的一个总结。

表 5-12 三大货币政策工具的比较

	对经济的冲击	精确度	灵活性	对称性
调节法定存款准备金率	大	差	差	差
调节再贴现率	较大	差	较差	不明
公开市场操作	可大可小	好	好	好

三、货币政策的效果[①]

从前面的分析中我们知道,货币政策有可能影响产出。那么,一定的货币政策对产出的影响到底有多大呢?更进一步说,货币政策的效果大小是由什么因素决定的呢?我们可以根据货币政策的传导过程回答这些问题。

为了便于理解货币政策的效果,我们把货币政策的传导过程细分为这样几个环节:第一,货币供给的变动对均衡利率的影响;第二,均衡利率的变动对投资需求的影响;第三,投资需求对总收入的影响;第四,总收入的变动对货币需求的影响;第五,货币需求的变动对均衡利率的影响;第六,均衡利率的变动又将导致投资需求和总收入的变动,而总收入的变动又将导致货币需求的变动;等等。其中,前三个环节为货币政策传导的主过程,此后的若干环节为次生过程,其中的每个环节都对货币政策的效果有影响。这一过程我们总结于图 5-4。我们对每个环节上的决定因素分别予以分析,以货币供给的增加来说明。在下面的图形分析中,为了便于说明问题,我们在需要时把 IS 曲线和 LM 曲线完整地画出来,即标出两条曲线在两个轴上的截距。[②] 在讨论某个因素对货币政策效果的影响时,假定其他因素不变。

[①] 本章中关于货币政策和财政政策效果的分析主要根据苏剑"IS-LM 模型中的政策效果分析:一个重新表述"(《经济科学》1998 年第 6 期)一文改写。

[②] 苏剑"IS-LM 模型中的政策效果分析:一个重新表述"(《经济科学》1998 年第 6 期)一文指出,这样做可以避免一些误解和混淆。

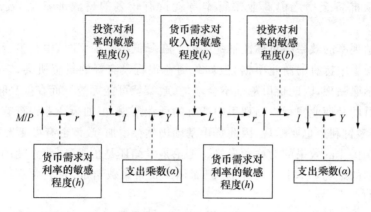

图 5-4 货币政策的传导机制和货币政策效果的决定因素

（一）货币需求对利率的敏感程度（h）

货币供给的变动对均衡利率的影响取决于货币需求对利率的敏感程度。假定货币市场最初处于均衡状态。当货币供给增加一定数量时，货币市场原来的均衡就被打破。要使货币市场重新达到均衡，货币需求就必须等量地增加（注意：这里假定货币供给是无弹性的）。我们知道，货币需求取决于两个因素：一个是总收入，另一个是利率水平。当货币供给刚刚发生变动时，总收入尚未发生变动，要使货币需求量增加，利率就必须下降。那么，利率下降多少才够用呢？这取决于货币需求对利率的敏感程度。货币需求对利率越敏感，意味着一定的利率变动对货币需求量的影响越大。因此，货币需求对利率越敏感，使货币需求增加一定数量所需要的利率变动就越小，如图 5-5 所示。

图 5-5 中，第一种情形下货币需求对利率的敏感程度比第二种情形下大，即 $h_1 > h_2$。货币需求对利率越敏感，货币需求曲线就越平坦。从图中可以看出，面对同样的货币供给的变动，在第一种情形下均衡利率降为 r_2，但在第二种情形下则降为 r_3，下降幅度远远大于第一种情形。因此，货币需求对利率越敏感（即 h 越大），均衡利率的变化越小。

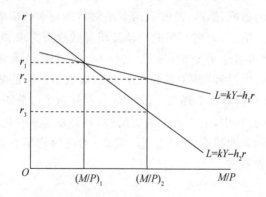

图 5-5 不同货币需求对利率的敏感程度对货币需求的影响

反映在 IS-LM 图形中，h 越大，LM 曲线越平坦，因而货币政策效果越小，如图 5-6 所示。图 5-6 中，LM_1 和 LM_2 是分别对应于 h_1 和 h_2（$h_1 > h_2$）的两条 LM 曲线。从 LM

曲线的方程可以看出，LM 曲线的横截距与 h 的大小无关，因此当 h 变化时，LM 曲线就绕横截点旋转。假定政府采取一定的扩张性货币政策，LM 曲线就会向右移动，假定 LM_1 移动到 LM_1'，横截点从 A 移到 B。那么，如果采取的货币政策是一样的，LM_2 移动到哪儿呢？由于 LM 曲线的横截距与 h 的大小无关，因此 LM_2 曲线就会向右移动，横截点同样会从 A 移到 B。因此，LM_2 就会移动到 LM_2'。假定商品市场情况给定，也就是 IS 曲线不变，从图中可以明显看出，$Y_2' - Y_2 > Y_1' - Y_1$，这表明 h 越大，货币政策效果越小。其经济意义是，h 越大，货币需求对利率越敏感，同样的货币政策所导致的利率变动幅度越小，在其他因素都相同的情况下，对产出的影响就越小，因而货币政策效果越小。

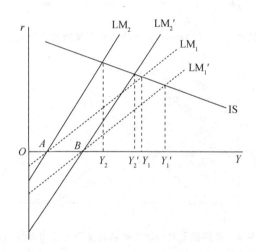

图 5-6　不同货币需求对利率的敏感程度下的货币政策效果

（二）投资对利率的敏感程度（b）

假定除投资对利率的敏感程度以外其他因素都相同，因此同样的货币政策导致同样的利率变动。这时随着利率的变动，投资支出也将发生变动，其变动幅度取决于投资对利率的敏感程度。投资支出对利率越敏感，同样的利率变动导致的投资变动越大，货币政策的效果就越大，如图 5-7 所示。图 5-7 中，第一种情形下投资对利率的敏感程度比第二种情形下大，即 $b_1 > b_2$。因此，利率同样是从 r_1 降为 r_2，但投资在第一种情形下增加到 I_2，但在第二种情形下仅仅增加到 I_3。

反映在 IS-LM 图形上，投资对利率的敏感程度（b）越大，IS 曲线越平坦，$Y_2' - Y_2 < Y_1' - Y_1$，即货币政策的效果越大，如图 5-8 所示。

（三）支出乘数（a）

在其他因素相同的情况下，支出乘数越大，给定的投资变动所导致的均衡产出的增加幅度越大，因而货币政策的效果就越大。反映在 IS-LM 图形上，支出乘数（a）越大，IS 曲线就越平坦，在同样的货币政策作用下，$Y_2' - Y_2 > Y_1' - Y_1$，即货币政策效果越大，如图 5-9 所示。

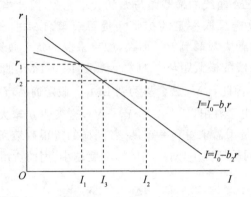

图 5-7　不同投资对利率的敏感程度对投资的影响

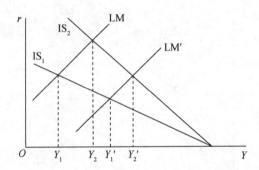

图 5-8　不同投资对利率的敏感程度下的货币政策效果

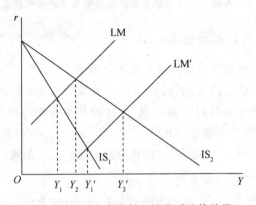

图 5-9　不同支出乘数下的货币政策效果

（四）货币需求对收入的敏感程度（k）

随着货币供给量的增加，利率下降，投资增加，均衡产出增加，从而均衡收入上升。随着均衡收入的上升，货币需求增加，从而利率也会上升。在其他因素不变的情况下，货币需求对收入的敏感程度越大，利率的上升幅度就越大，如图 5-10 所示。图 5-10 中，第一种情形下货币需求对收入的敏感程度比第二种情形下小，$k_1 < k_2$。当收入增加时，货币需求曲线向右移动；货币需求对收入的敏感程度越大，货币需求曲线向右移动的幅度就

越大。图 5-10 中,第一种情形下利率的上升幅度为 $r_1'-r_1$,但第二种情形下利率的上升幅度为 $r_2'-r_2$,远远大于 $r_1'-r_1$,因而第二种情形下投资下降的幅度要大于第一种情形。投资下降的幅度越大,货币政策的最终效果就越小;因此 k 越大,货币政策的最终效果越小。

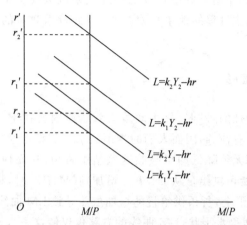

图 5-10　不同货币需求对收入的敏感程度下的货币需求曲线

反映在 IS-LM 图形上,货币需求对收入的敏感程度 k 越小,LM 曲线就越平坦,货币政策效果越大,如图 5-11 所示。图 5-11 中,在同样的货币政策下,两条 LM 曲线在水平方向移动的距离不一样,但是在垂直方向移动的距离是一样的(这与 h 变化时的情形不一样。为什么?)。从图中可以看出,$Y_2'-Y_2<Y_1'-Y_1$,因此货币需求对收入的敏感程度 k 越小,货币政策效果越大。

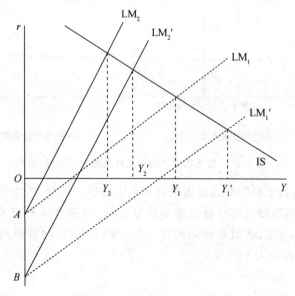

图 5-11　不同货币需求对收入的敏感程度下的货币政策效果

(五) 次生过程的影响

通过分析货币政策的作用过程我们可以发现,上述每一种因素在次生过程中的作用方向都恰好与主过程中相反。也就是说,上述每一种因素在次生过程中都会在一定程度上抵消其在主过程中的作用。货币政策的最终效果就取决于主过程和次生过程效果的相对大小。一般而言,主过程的效果相对更大,因此货币政策的效果大小主要取决于主过程。

四、两种极端情形

当经济处于"流动性陷阱"时,货币政策无效。原因就在于,此时由于利率已经相当低,人们已经不愿意持有债券,因而人们的货币需求对利率已经无限敏感,当中央银行增加货币供给量时,利率无须降低即可吸收这些新增货币,从而使货币市场恢复均衡。如图 5-12 的左图所示,货币供给量从 $(M/P)_0$ 增加到 $(M/P)_1$ 时,利率并没有降低。

反映在 IS-LM 图形上,货币供给量的增加虽然导致 LM 曲线右移,但当经济处于"流动性陷阱"时,LM 曲线呈水平状,LM 曲线的右移仅仅使这一水平段向右稍微延长一点,没有其他影响。假定商品市场的条件给定,因而 IS 曲线(图 5-12 中为 IS_1)给定,均衡收入和均衡利率就都没有因货币供给的增加而发生变化,因而货币政策是无效的。

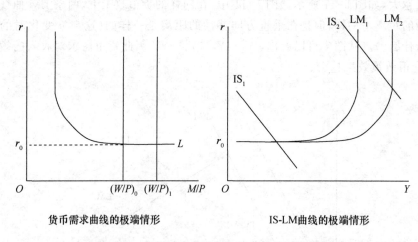

货币需求曲线的极端情形　　　　IS-LM曲线的极端情形

图 5-12　货币需求曲线与 LM 曲线的不同情形

当经济处于"古典情形"时,货币需求对利率不敏感。因此,当货币供给增加时,为了使得货币需求量等幅增加从而使货币市场恢复均衡,利率就得大幅下降,随着利率的大幅下降,投资将大幅增加,从而导致均衡收入较大幅上升,此时货币政策的效果最大,如图 5-12 的右图(IS 曲线为 IS_2)所示。

第二节 财政政策

总需求由政府购买、消费、投资和净出口四个部分构成。因此,各种各样的财政政策工具实际上就是针对总需求的这四个构成部分设计的。比如,调节政府购买直接针对的当然就是政府购买,而调节转移支付和个人所得税针对的是消费需求,调节企业所得税和其他企业税收以及一些面向企业的转移支付政策(如投资补贴等)针对的则是企业的投资需求。还有一些针对净出口的需求管理政策,如通过各种手段减少或削弱其他国家对本国的关税和非关税壁垒等。

财政政策工具种类繁多,针对的对象也不同,但背后的经济学逻辑是相同的。这就是,每一种政策工具首先作用于总需求的某一个部分,然后通过乘数过程影响总需求和总收入。因此,本章以调节政府购买(具体来说就是增加政府购买)为例介绍财政政策对经济的影响。

一、财政政策的传导机制和挤出效应

财政政策的传导机制指的是财政政策影响均衡产出的过程。当政府购买增加时,总需求相应增加。随着总需求的增加,总收入也增加;而随着总收入的增加,总消费也增加;而总消费的增加会导致总需求进一步增加,最后将导致均衡产出成倍增加。这就是我们前面介绍过的"乘数过程"。

在引入金融市场后,经济就变得更复杂了。问题就在于,随着总收入的增加,总消费增加,而总消费的增加则要求消费者持有更多的货币以购买消费品,因而货币需求上升。而在货币供给不变的情况下,货币需求的上升会导致利率上升;随着利率的上升,投资需求又会下降,这又将通过同样的乘数过程降低总需求和均衡产出。上述两个过程循环往复,直到经济最终完全恢复均衡。

因此,在引入金融市场后,财政政策通过两种方式影响总需求:一种是通过政府购买增加导致总需求成倍增加,另一种是通过提高利率降低投资使得总需求成倍下降。政府购买是政府支出,而在市场经济中投资一般是私人部门的支出。因此,政府购买增加会导致私人投资下降。也就是说,政府支出会"挤出"私人部门的支出,这就是财政政策的"挤出效应"。

"挤出效应"可以在 IS-LM 图形中进行分析。如图 5-13 所示,开始时商品市场的情形用曲线 IS_1 表示。此时的均衡收入和均衡利率分别为 Y_1 和 r_1。如果政府增加政府购买,那么 IS 曲线就会右移,假定右移到 IS_2。此时,如果不考虑金融市场,从而利率不上升,那么产出应该增加到 Y_3。但随着收入的增加,利率上升了,因而投资下降了;随着投资的下降,产出就跟着下降,最终在 Y_2 处达到均衡。$Y_3 - Y_2$ 即为挤出效应的大小。

所以,财政政策的效果就取决于挤出效应的大小。如果政府购买挤出的投资额小于政府购买的增加额,财政政策就是有效的;而如果政府购买挤出的投资额等于政府购买的增加额,财政政策就是无效的。那么,挤出效应又由什么因素决定呢?

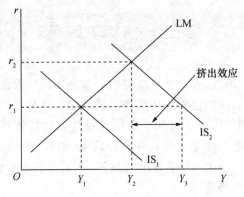

图 5-13　财政政策的挤出效应

二、财政政策的效果

我们现在讨论财政政策的效果的决定因素。如果忽略乘数过程的具体环节和一些次生过程,我们可以比较笼统地把上述财政政策的传导过程简化如下:(1) 政府购买增加导致总需求和总收入成倍增加,总收入增加的幅度取决于支出乘数(α);(2) 总收入增加又导致货币需求增加,货币需求增加的幅度取决于货币需求对收入的敏感程度(k);(3) 在货币供给不变的情形下,货币需求增加导致均衡利率上升,均衡利率上升的幅度取决于货币需求对利率的敏感程度(h);(4) 均衡利率上升导致投资需求下降,投资需求下降的幅度取决于投资对利率的敏感程度(b);(5) 投资需求下降导致总需求和总收入成倍下降,总收入下降的幅度取决于支出乘数(α)。这个过程循环往复,直到经济最终完全恢复均衡。为了论述简洁起见,此处略去后续部分。这一传导过程如图 5-14 所示,我们在有关环节标出了决定这一环节传导效果的因素。与讨论货币政策的效果时一样,在讨论某个因素对财政政策效果的影响时,假定其他因素不变。同样,在下面的图形分析中,为了便于说明问题,我们在需要时把 IS 曲线和 LM 曲线完整地画出来,即标出两条曲线在坐标轴上的截距。①

(一) 自发性支出乘数

自发性支出乘数(α)既放大政府购买的作用,也放大被挤出的私人部门投资的作用。因此,自发性支出乘数对财政政策效果的影响取决于政府购买的增加量与被挤出的私人部门投资的相对大小。如果政府购买的增加量大于被挤出的私人部门投资,那么自发性支出乘数越大,财政政策的效果也越大;如果政府购买的增加量等于被挤出的私人部门投资,那么财政政策无效,自发性支出乘数对财政政策的效果没有影响。②

图 5-15 中,货币市场情况给定,即 LM 曲线不变。自发性支出乘数(α)越大,IS 曲线

---

① 苏剑(1998)指出,这样做可以避免一些误解和混淆。
② 理论上,不能排除政府购买的增加量小于被挤出的私人部门投资这种可能性,但在经济现实中不常见,此处不予讨论。

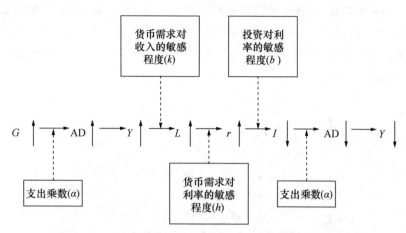

图 5-14　财政政策的传导机制和财政政策效果的决定因素

越平坦。图中,IS_1 和 IS_2 两条曲线对应的自发性支出乘数分别为 α_1 和 α_2,$\alpha_1<\alpha_2$,两条曲线背后的因素除了斜率不同,其他都相同。此时,如果增加政府购买,且 IS 曲线就会向右平移,平移幅度为 $\alpha\Delta G$,因此自发性支出乘数(α)越大,IS 曲线向右平移的幅度也越大(但在这两种情况下,IS 曲线竖直移动的距离是相同的,为什么?)。图中,IS_2 向右平移的幅度大于 IS_1 向右平移的幅度,分别移至 IS_2' 和 IS_1'。从图中可以看出,$Y_2'-Y_2>Y_1'-Y_1$,因此自发性支出乘数越大,财政政策效果越大。

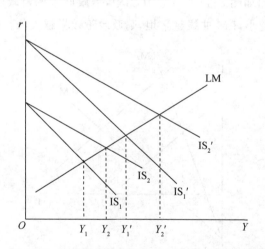

图 5-15　不同自发性支出乘数下的财政政策效果

(二) 货币需求对收入的敏感程度

在其他因素给定的情况下,货币需求对收入越不敏感,等量收入增幅所引起的货币需求增幅越小,所导致的利率上升幅度就越小,如图 5-16 所示。在图中,货币供给固定为 $(\overline{M}/P)_0$。假定货币需求对收入的敏感程度可以取两个不同值 k_1 和 k_2,其中 $k_1<k_2$。当初始收入为 Y_1 时,两个不同的 k 值生成两个不同的货币需求函数,分别为 $L_1=k_1Y_1-hr$ 和 $L_2=k_2Y_1-hr$。显然,由于 $k_1<k_2$,L_2 在 L_1 的右方。假定由于财政政策的作用,均

衡收入有了一定的增加,这样货币需求就相应增加。当 $k=k_1$ 时,货币需求增加的幅度为 $\Delta L_1=k_1(Y_2-Y_1)$;当 $k=k_2$ 时,货币需求增加的幅度为 $\Delta L_2=k_2(Y_2-Y_1)$。由于 $k_1<k_2$,可知 $\Delta L_2>\Delta L_1$。在货币供给不变的情况下,货币需求增加越多,利率上升的幅度越大,因此 $r_2'-r_2>r_1'-r_1$。

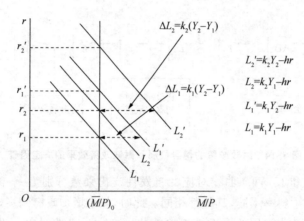

图 5-16　不同货币需求对收入的敏感程度下的货币需求函数

利率上升的幅度越大,投资下降的幅度越大,在其他因素不变的情况下意味着等量的政府购买对私人部门投资的挤出作用越大,因而财政政策的效果就越小。我们也可以用 IS-LM 模型来分析,如图 5-17 所示。在图中,当政府采取财政政策时,IS 曲线从 IS_1 右移至 IS_2。这时,k 越小,LM 曲线越平坦,财政政策效果越大($Y_1'-Y_1>Y_2'-Y_2$)。

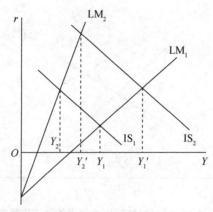

图 5-17　不同货币需求对收入的敏感程度下的财政政策效果

(三) 货币需求对利率的敏感程度

当货币供给不变而货币需求随收入增加时,利率将上升,这将降低货币需求量,最终使货币市场恢复均衡。那么,利率上升多少才够呢?这就取决于货币需求对利率的敏感程度。货币需求对利率越敏感,要带来一定货币需求量的下降所需要的利率上升幅度就越小,如图 5-18 所示。货币需求对利率越敏感,货币需求曲线越平坦。图 5-18 中,$h_1>h_2$,左右两幅图除货币需求曲线的斜率不一样之外,其他完全一样,包括货币需求曲线右移的幅度。左图对应 h_1，右图对应 h_2。假定在一定的财政政策的作用下，货币需求增加了 $\Delta L = k(Y_2 - Y_1)$。于是，货币需求曲线越平坦，利率上升的幅度越小。

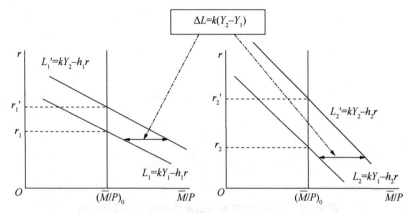

图 5-18　不同货币需求对利率的敏感程度下的财政政策效果(1)

利率的上升幅度越小，对投资的挤出作用也就越小，因而财政政策效果越大。我们也可以用 IS-LM 模型来分析，如图 5-19 所示。图 5-19 中，当政府采取财政政策时，IS 曲线从 IS_1 右移至 IS_2，这时 h 越大，LM 曲线越平坦，财政政策效果越大（$Y_1' - Y_1 > Y_2' - Y_2$）。

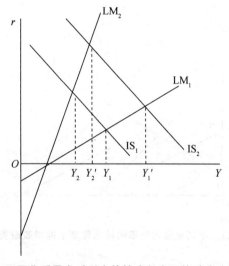

图 5-19　不同货币需求对利率的敏感程度下的财政政策效果(2)

（四）投资对利率的敏感程度

当利率上升的幅度一定时，投资对利率越敏感，导致投资下降越多。反映在图形上，投资需求对利率越敏感，投资曲线越平坦。图 5-20 中有两条投资曲线，这两条曲线除了斜率不同（分别为 b_1 和 b_2，其中 $b_1 < b_2$），其他完全一样。其中，右边的投资曲线更平坦，表明此时投资对利率更敏感。在财政政策的作用下，利率从 r_1 上升到 r_2，如果投资对利

率的敏感程度为 b_2,投资的下降幅度即为 $I_2'-I_2$;而如果投资对利率的敏感程度为 b_1,投资的下降幅度即为 $I_1'-I_1$;显然,$I_2'-I_2 > I_1'-I_1$。

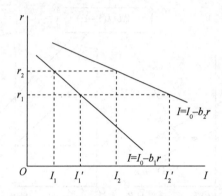

图 5-20 不同投资对利率的敏感程度下的投资函数

投资下降越多,均衡收入的下降也就越多。因此,投资对利率越敏感,意味着同样的财政政策的挤出效应越大,财政政策的效果越小。这同样可以用 IS-LM 模型来分析,如图 5-21 所示。图 5-21 中,假定货币市场条件给定,当政府采取一定的扩张性财政政策时,IS 曲线就会右移。这时,不管投资对利率的敏感程度如何,只要乘数相同,IS 曲线右移的距离就相同。投资对利率越敏感,IS 曲线越平坦,则财政政策效果越小($Y_2'-Y_2 < Y_1'-Y_1$)。

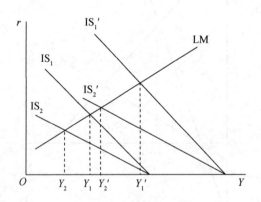

图 5-21 不同投资对利率的敏感程度下的财政政策效果

三、两种极端情形

假定货币供给不变。如果收入增加导致货币需求增加,那么要使货币市场恢复均衡,就必须使利率上升从而使得货币需求等量下降;此时,如果货币需求对利率很敏感,那么利率只要稍有上升即可使货币需求量下降,因此挤出效应就很小。如果经济处于"流动性陷阱",货币需求就对利率无限敏感,利率几乎无须上升即可使货币需求量下降,几乎没有挤出,此时财政政策的效果最大,如图 5-22 所示。

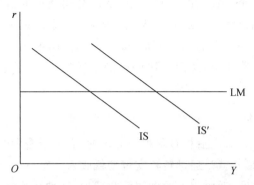

图 5-22　LM 曲线水平情况下的财政政策效果

当经济处于"古典情形"时,由于货币需求对利率不敏感,就必须使利率大幅上升才能使得货币需求等量下降,存在完全的挤出,此时财政政策无效,如图 5-23 所示。

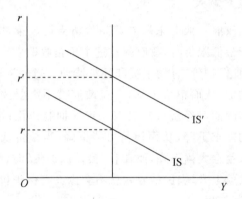

图 5-23　LM 曲线垂直情况下的财政政策效果

四、自动稳定器

"自动稳定器"又称"内在稳定器",是经济体系内部本身就具备的一种对经济的变化随时做出反应从而缓和经济波动的机制。在一个经济单位中,常见的"自动稳定器"有以下几种[①]:

(一) 累进税

这里所说的税收指的是所得税。所谓"累进税",指的是税率随着收入的增长而提高的税收规则。如果税率不随收入变化,就是"比例税"。如果实行的是累进税,那么随着收入的增长,增加的收入中被以税收形式征走的比例越来越大,因而个人可支配收入占总收入的比例就越来越小。因此,当经济过热从而个人收入增加时,累进税的存在就使得个人可支配收入的增长比率小于个人收入的增长比率;如果消费倾向不变,就会使个

---

① 实际上,市场经济中最常见也最有效的"自动稳定器"是价格机制,这是整个经济单位的基本制度,是微观经济学研究的主要内容。此处所说的"自动稳定器"指的是经济体系中存在的那些只起到辅助性作用的因素。

人消费的增长比率小于个人收入的增长比率,从而与比例税的情形相比,对经济过热具有一定的抑制作用。当经济过冷从而个人收入下降时,累进税下税率就会下降,因而个人收入中个人可支配收入所占的比例增加;如果消费倾向不变,就会使个人消费的下降比率小于个人收入的下降比率,从而与比例税的情形相比,对经济过冷具有一定的抑制作用。

(二) 政府转移支付

政府转移支付一般针对生活相对困难的群体的,有助于缓和经济波动。比如,"低收入者保护政策"的主要形式就是通过转移支付使低收入者维持一定的生活水平。当经济过热从而个人收入增加时,低收入者的人数就会减少,这种转移支付总额就会下降,从而个人消费不会增加过快;相反,当经济过冷从而个人收入下降时,低收入者的人数就会增加,这种转移支付总额就会上升,从而个人消费不会下降过快。

(三) 农产品价格支持政策

为了保证粮食供应,政府一般会采取农产品价格支持政策,即为农产品设定一个最低限价,当市场价格低于最低限价时,政府就按这个价格收购农产品。中国的"粮食保护价"就是一例。这种"粮食保护价"有助于缓和经济波动。当经济过热从而个人收入增加时,人们对粮食的需求增加,从而粮价上涨,于是政府就不需要按保护价购买粮食,这种形式的政府购买就下降,因而对经济过热具有一定的抑制作用;当经济过冷从而个人收入下降时,人们对粮食的需求下降,从而粮价可能下降,当粮价低于保护价时,如果没有"粮食保护价",农民收入就会大幅下降,而在有"粮食保护价"时,政府就按保护价购买粮食,这种形式的政府购买就上升,农民的收入就不会像没有保护价那样下降过快,因而对经济过冷具有一定的抑制作用。

第三节 政策组合的选择

一、财政政策和货币政策对均衡的影响

当经济的均衡状态偏离政策制定者的目标时,就需要政府采取一定的宏观经济政策。在短期波动的调节中,财政政策和货币政策是最常用的。从理论上说,在不太极端的情形下,财政政策和货币政策任意一个都可以实现给定的政策目标。如图 5-24 所示,假设经济的均衡产出是 Y_0,但充分就业的产出水平是 Y^*。那么,怎样才能实现充分就业呢?

要实现充分就业有三种办法:第一种办法是仅采取货币政策,使 LM 曲线从 LM 移到 LM′。这种货币扩张的结果是均衡收入上升,均衡利率下降。

第二种办法是仅采取财政政策,使 IS 曲线从 IS 移到 IS′。这种财政扩张的结果是均衡收入和均衡利率同时上升。

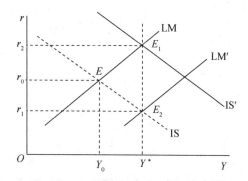

图 5-24 财政政策和货币政策对均衡的影响

第三种办法是采取一个财政政策和货币政策的组合。也就是说,同时移动 LM 曲线和 IS 曲线,只要使得新的均衡收入等于 Y^* 就行。这就产生三种政策组合:财政政策和货币政策同时扩张;财政政策扩张,货币政策紧缩;财政政策紧缩,货币政策扩张。我们分别看看这三种政策组合对均衡收入和均衡利率的影响。

(一)财政政策和货币政策同时扩张

这种政策组合的一个好处是在实现充分就业的同时,对均衡利率的影响较小(相对于仅采取一种政策);另一个好处是每一种政策的力度都无须太大,便于操作,如图 5-25 所示。

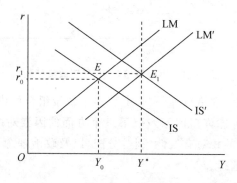

图 5-25 财政政策和货币政策同时扩张

(二)财政政策扩张,货币政策紧缩

这种政策组合的结果是在实现充分就业的同时,对均衡利率的影响较大(相对于仅采取财政政策扩张),同时要求更大幅度的财政政策扩张(相对于仅采取财政政策扩张),如图 5-26 所示。

(三)财政政策紧缩,货币政策扩张

这种政策组合的结果是在实现充分就业的同时,对均衡利率的影响较大(相对于仅采取货币政策扩张),同时要求更大幅度的货币政策扩张(相对于仅采取货币政策扩张),如图 5-27 所示。

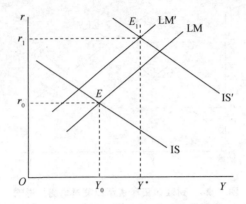

图 5-26　财政政策扩张,货币政策紧缩

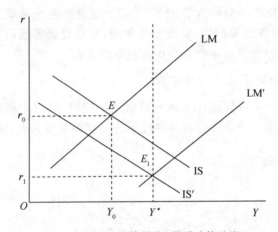

图 5-27　财政政策紧缩,货币政策扩张

综上所述,要实现同一政策目标,实际上有多个政策组合可供选择。那么,到底采取哪一个组合呢?这就要考虑许多因素。以下三个方面的因素对政策组合选择也影响最大:货币政策和财政政策的相对有效性、利益分配,以及政治理念。这些因素的综合作用最后决定了政策组合的选择。

二、货币政策和财政政策的相对有效性

一般而言,应该优先采取效果相对较大的政策。如果经济处于"流动性陷阱",货币政策无效,那么唯一能选择的就是财政政策;相反,如果投资对利率非常敏感,此时货币政策效果很大,但很大的挤出效应使得财政政策效果很小,显然应该选择货币政策分量较重的政策组合。

三、利益分配

任何一项政策都涉及有关各方的利益,因此采取哪项政策、不采取哪项政策就受到政治利益格局的影响。当然,由于乘数效应的存在以及经济单位中产业间、地区间、企业

间以及个人间千丝万缕的联系,任何一项政策都会使无数人的利益直接或间接受到影响。但是,在这无数个利益相关者里总有个主次的问题。因此,每一项政策的主要或直接受益者或受害者是谁就至关重要了。我们以扩张性政策为例加以说明。

扩张性货币政策的直接受益者是厂商。利率的降低导致投资成本下降;同时,那些希望通过贷款购买耐用消费品(如住房和汽车)的居民户也是受益者。

扩张性财政政策的直接受益者因具体的政策而不同。如果是增加政府购买,那么买什么?买军火、粮食还是办公大楼,或者买别的什么东西?如果买军火,那么买什么军火?飞机、大炮还是核武器?如果买飞机,又买谁的?等等。每一项具体政策的直接受益者不同,买谁的产品谁受益。

如果减税,那么减什么税?个人所得税还是企业所得税?还是别的什么税?是减少自发性税收还是降低税率?是提高起征点还是降低最高税率?等等。同样,每一项具体政策的直接受益者不同,减谁的税谁受益。

如果是增加转移支付,问题也一样。增加给谁的转移支付?是给失业者、贫困者还是给退伍军人?同样,增加给谁的转移支付谁受益。

因此,到底采取哪项政策?这就看各项政策的直接受益者的政治影响了。一个团体的政治影响越大,对它有利的政策越有可能被采取。

四、政治理念

政策组合选择还受到政策制定者的政治理念的影响。比如,就市场与政府在调节经济方面的作用,不同的人有不同的看法,有的人看重市场,有的人强调政府干预。看重市场的人总是希望缩小政府规模,于是萧条时减税,过热时削减政府支出,随着时间的推移,政府部门就越来越小;而强调政府干预的人则相信政府在解决经济问题方面的能力,并认为政府应当做的事情很多,比如能源供应、环境保护、就业培训、基本建设、国防等,因而希望扩大政府规模,于是萧条时增加政府支出,过热时增税,随着时间的推移,政府规模越来越大。

五、货币政策和财政政策的局限性

我们最后谈一谈货币政策和财政政策的局限性。在设计宏观经济政策时应该给这些局限性以足够的重视。这些局限性主要体现在以下几个方面[①]:

(一) 时滞

任何政策都需要一定的时间才能起作用,包括认识时间、决策时间、政策作用时间。所谓"认识时间",就是说发现和确认经济出现问题是需要时间的。一般来说,当经济出现一些不利现象的时候,可能并不意味着经济存在大的问题,或者即使有问题,经济本身的自动调节功能就可以自己解决,可能并不需要政府采取什么政策。而当经济刚开始出现问题的时候,可能还有一个潜伏期,在这段时间内可能还不能发现问题。因此,政府认

---

① 货币政策和财政政策还有更大的局限性,我们在第七章进一步讨论。

识到需要采取行动是需要时间的。

当政策制定者确认需要采取行动后,决策过程本身也需要时间,包括政策组合的设计和选择、论证,甚至政府内部各部门的意见沟通和协调时间,等等。这就是决策所需时间。

当政策制定者选择了政策组合并付诸实施后,从付诸实施到政策发生作用也需要时间,这就是政策作用时间。不同政策发生作用所需的时间也不一样。

因此,任何政策从经济出现问题到最终起作用都是需要时间的,这就是政策作用的"时滞"。政策制定者在决策时应考虑这种时滞的存在。

(二)作用效果的不确定性

经济政策作用的效果也不像我们想象的那样是完全确定的,甚至一项经济政策可能会起不到我们预计的作用,这就是政策作用效果的不确定性。导致这种不确定性的原因主要有以下几种:

第一,见效时间的不确定性,这是由于时滞的存在,而且这种时滞的长短也是经常变化的。

第二,外部随机因素的冲击。经济随时会受到一些预料不到的事件的冲击,地震、海啸、水灾等自然灾害,以及动乱、战争等社会问题,甚至国外的一些政治、经济事件都会对本国经济产生冲击,比如1997年爆发的亚洲金融危机和2008年的全球金融危机。因此,经济时时刻刻面临一些随机的外来冲击。这些随机冲击会使宏观经济政策的效果产生不确定性。比如,1997年之前,中国政府一直致力于降低通货膨胀,那时的宏观经济政策的倾向是偏紧缩的。本来政府认为这些宏观经济政策的效果能够实现经济的软着陆。亚洲金融危机一爆发,之前那些宏观经济政策的紧缩作用马上被加强,结果经济迅速陷入通货紧缩。同样,2007年之前,中国政府一直在应对流动性过剩问题,那时的宏观经济政策的倾向也是偏紧缩的。然而,全球金融危机的到来一下子就使得中国经济陷入通货紧缩。

第三,影响经济政策效果的许多因素时时刻刻发生着变化。比如"乘数效应",这是所有经济政策之所以有效的基础。但乘数的大小取决于边际消费倾向,而后者却恰恰经常在发生变化。此外,货币需求对收入的敏感程度、货币需求对利率的敏感程度,以及投资对利率的敏感程度也经常在变。这些都会导致经济政策效果的不确定性。

第四,预期的变化。厂商、消费者甚至政府的决策依据实际上是自己对经济形势的预期,而预期恰恰最容易受到决策者主观倾向的影响,而且是随着不断出现的新信息而随时调整的,这就导致经济政策效果的不确定性。

(三)作用效果的不对称性

同等幅度的经济政策在扩张和紧缩时的效果往往是不对称的,比如调节法定存款准备金率。在提高法定存款准备金率时,商业银行必须执行,效果明显;而在降低法定存款准备金率时,商业银行未必执行,效果就不一定明显。一般来说,同等幅度的经济政策在扩张时的效果要小于紧缩时的效果,因为紧缩性政策往往要求受政策影响的人必须执行,而扩张性政策往往是由后者按自己的意愿自愿执行。

第四节 案例分析:全球金融危机下中美经济形势的差异与政策选择[①]

2008年爆发的全球金融危机源于2006年年底出现的美国次贷危机。随着次贷危机引发的金融危机向全球逐步扩散,世界经济形势迅速恶化。面对严峻的世界经济形势,世界各主要经济体采取了共同行动。2008年10月8日,美国联邦储备委员会、欧洲央行、英国英格兰银行以及加拿大、瑞士和瑞典等西方主要国家的央行宣布将基准利率降低0.5个百分点。当天,中国人民银行宣布存贷款利率与存款准备金利率同时降低,国务院决定对储蓄存款利息所得暂免征收个人所得税。2009年4月举行的G20伦敦峰会上,全球联手应对金融危机成为主要议题,G20国家领导人同意为IMF和世界银行等多边金融机构提供总额1.1万亿美元的资金,其中IMF资金规模将扩大至当时的3倍,由2 500亿美元增加到7 500亿美元,以帮助陷入困境的国家。为促进贸易以帮助全球经济复苏,G20领导人同意在此后两年内提供2 500亿美元用于贸易融资。可以说,全球联手应对金融危机,是这次金融危机最大的特色之一。世界各国在很短的时间内达成了如此协调一致的意见,采取了如此协调一致的行动,可说是史无前例。

为什么会出现全球联手应对金融危机的局面?这种现象反映了人们对这次金融危机的哪些认识?首先,人们普遍认为,在这次全球金融危机中,没有哪个国家可以独善其身。这次危机来势凶猛,也没有哪个国家能够独立应对。其次,人们认为,在这次全球金融危机中,既然所有国家同时受到严重的冲击,世界各国的应对措施也应一致。因此,在这个观点的支配下,世界各国采取了统一行动,而且采取的措施都是扩张性的,其中最大的特点就是全球统一采取了扩张性的货币政策。

那么,这种一致的货币政策是否合理?世界各国是否应采取完全一致的货币政策?换句话说,世界各国面对的经济形势在总需求下降这个共同的现象背后,有没有重要的差别,从而要求各个国家采取不同的甚至相反的货币政策?本节讨论这些问题,同时予以介绍作为理解政策组合选择的两个案例。

一、美国的经济危机

美国的经济危机是从金融体系开始的。开始是次贷危机的爆发。次贷危机爆发后,如果没有政策干预,银行体系为了保证自己的安全,就会开始大量持有超额准备金,这就将导致货币紧缩,放贷量必然相应减少,金融危机就会转化为经济危机。图5-28给出了美国经济危机演化的时间和逻辑顺序。

[①] 本节内容根据苏剑、林卫斌、叶滠尹的"金融危机下中美经济形势的差异与货币政策选择"(首发于《经济学动态》2009年第9期)改编。

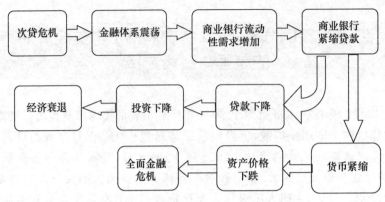

图 5-28 美国经济危机的传导机制

(一)美国的经济形势与政策需求

金融体系出问题后,金融机构对流动性的需求猛增。如果任由经济自行调整,将会导致美国货币紧缩,从而投资和消费减少,对实体经济产生威胁,并引发系统性金融危机,要想稳定经济,美国就必须保证金融体系有足够的准备金。所以,美国必须采取宽松的货币政策。

(二)美国实际采取的政策

金融体系出问题之后,就需要大量的流动性,如果得不到充足的流动性,银行体系就必然会紧缩贷款,从而把经济拖入衰退。因此,美国政府的正确应对措施就是增加货币供应量,而美国央行的确这样做了。从2008年9月起,美联储开始向经济中大量注入基础货币,2008年9月增加货币基础620多亿美元,其中大部分变成了商业银行的超额准备金,使得商业银行的超额准备金在一个月内增加了29.5倍,2008年10月再比上月增加3.5倍,2008年11月再比上月翻一番。到2009年1月,5个月的时间内,美国的基础货币增加了1倍,这使得商业银行的超额准备金同期增加了400多倍,如图5-29所示。

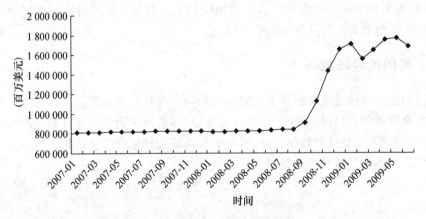

图 5-29 美国货币基础变动情况

资料来源:Federal Reserve Economic Data,March 2020。

(三)美国政策的效果

应该说,美国的货币政策是非常及时、非常到位的,成功地避免了实体经济的大幅震荡。美国的货币政策不仅稳定了实体经济,也稳定了资产市场。本来,在金融危机的冲击下,美国股市应该猛跌,但美国的货币政策成功地阻止了这种情况的发生。近一年的道琼斯工业平均指数虽然在 2008 年 10 月有一个很大的跌幅,但之后的走势因货币政策的调整而逐渐趋于平稳,进入 2009 年 3 月之后股指还有稳步上升的趋势,如图 5-30 所示。

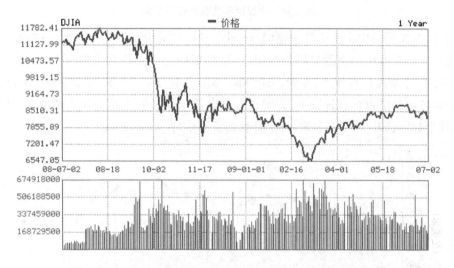

图 5-30　2008 年 7 月至 2009 年 6 月道琼斯工业平均指数走势
资料来源:新浪财经,https://stock.finance.sina.com.cn/usstock/quotes/DJI.html,访问时间:2021 年 3 月 27 日。

因此,在本轮金融危机的调控下,美国央行的政策成功地把危机限制在银行体系之内,没有对实体经济和资产市场产生大的冲击,避免了"大萧条"时期那种股市崩盘、经济崩溃的局面。

二、中国的经济下滑

在这次全球金融危机中,中国的经济下滑是从出口下降开始的。美国次贷危机爆发后,美国的投资和消费能力下降,进口减少,从而影响到中国的出口企业。中国出口下降导致实体经济的衰退,投资和消费下降,这就影响到交易性货币需求;交易性货币需求的下降使多余的货币大量涌入资产市场,造成资产市场的泡沫化。图 5-31 给出了没有政策干预的情况下本次中国经济下滑演化的时间和逻辑顺序。

(一)中国的经济形势

在美国金融危机的打击下,中国出口形势非常严峻。从 2009 年 10 月起,中国出口逐月下降,在 2009 年 4 月最低降到了 649 亿美元,如图 5-32 所示。出口形势不景气导致许多企业尤其是外向型企业经营困难。比如,据广东省中小企业局报道,进入 2008 年 10

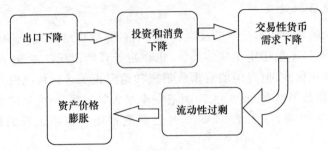

图 5-31　中国经济危机的传导机制

月以后,广东关闭的中小企业数量剧增,10月全省停产的中小企业多于2008年前三个季度的总和。广东省中小企业局局长介绍,根据各市中小企业行政主管部门上报的情况,2008年前三个季度广东停产、歇业、关闭和转移的企业为 7 148 家;但进入 10 月后,全省中小企业各项经济指标急转直下,关闭、停产、歇业和外迁的中小企业不断增多,截至 10 月底,这个数字已升为 15 661 家,一个月就翻了一倍(梁钢华,2008)。

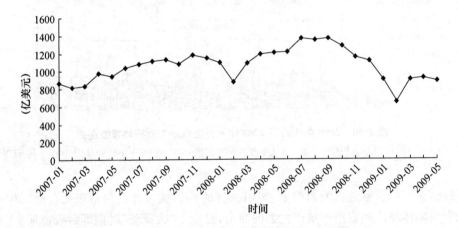

图 5-32　2007 年 1 月至 2009 年 5 月中国出口总值的变化

资料来源:中华人民共和国海关总署网站,http://www.customs.gov.cn/customs/302249/302274/302277/index.html,访问时间:2009 年 6 月 1 日。

在金融危机的打击下,中国的失业问题也日趋严重,大量农民工返乡。据《人民日报》报道,由于国际金融危机影响加剧,沿海企业遭遇困难,2009 年上半年,河南全省返乡农民工达 950 多万人,占外出就业总人数的 52%(罗盘和曲昌荣,2009)。这意味着,在以劳动密集型产业为主的中国东南沿海地区,农民工的失业率很可能高达 50%。其他类型的劳动力的失业状况没有数据,但可以肯定的是,所有类型的劳动力的就业状况都有所恶化。

实体经济不景气的直接后果就是交易性货币需求下降。企业销售额下降,投资额必然随之下降,居民户收入水平或收入增长率也会跟着下降,这就会降低居民的消费水平或消费增长率,交易性货币需求自然也会跟着下降。在货币供给一定的情况下,交易性货币需求的下降就意味着经济中存在流动性过剩的现象。流动性过剩且对商品和服务的需求又不足,于是多余的货币必然流向资产市场,就会导致资产价格膨胀。这就出现了实体经济与虚拟经济背离的局面:实体经济面临通货紧缩,而虚拟经济面临通货膨胀。

(二)中国应该采取什么样的政策组合?

如前所述,中国的经济危机是国际经济形势的恶化导致出口大幅下降,从而直接作用于实体经济引发的。其结果是,中国的交易性货币需求下降,在货币供给不变的情况下,中国实际上出现了流动性相对过剩的现象。这些过剩的流动性不会被用于购买商品和服务,因为它本就是由于对购买商品和服务的需求下降导致的,不会引起商品市场的通货膨胀;但这些过剩的流动性必然会有个去处,在当时的情况下,自然就只能流向资产市场了,因而会导致资产价格膨胀,形成资产泡沫。

因此,中国面临的问题不是货币不足,而是货币过多,这跟美国恰好相反。扩张性的货币政策非但不能刺激投资、扩大总需求,反而会加重流动性过剩的问题,导致资产价格进一步上涨、资产泡沫更大的局面。所以,中国应该采取财政扩张、货币紧缩的政策组合,用财政政策刺激投资和消费,增加总需求,用货币政策吸收过多的流动性,防止资产价格的过度上涨和资产泡沫的加大,预防金融危机。

(三)中国实际上采取了什么样的政策组合?

面对美国金融危机的冲击,中国采取了财政政策、货币政策双扩张的政策。2008年11月9日召开的国务院常务会议认为,世界经济金融危机日趋严峻,为抵御国际经济环境对中国的不利影响,必须采取积极的财政政策以应对复杂多变的形势。会议具体部署了一系列持续到2010年年底、投资总额约为4万亿元的经济刺激方案。从2008年10月到年底,中国人民银行分3次共计下调基准利率1.63个百分点;从2008年12月25日起,下调金融机构人民币存款准备金率0.5个百分点。2009年7月,中国人民银行再次强调下半年的货币政策要保持连续性和稳定性,继续实施适度宽松政策。

(四)中国的政策组合的效果

中国财政政策、货币政策双扩张的政策组合有力地刺激了总需求,同时也导致了资产价格迅速上涨。中国的投资稳定增长,消费增长率到2009年第一季度仍维持在2007年的水平上,经济增长率相对比较稳定,没有出现大幅下滑的情况,到2009年第一季度CPI上涨率变为负数,各项指标基本上处于可以承受的范围内。

在实体经济基本上稳定的同时,中国的资产市场火爆异常。美国金融危机2008年9月总爆发,2008年11月之后中国股市就进入了一个高涨期,上证指数从最低点的1 686点一路走高,至2009年7月突破3 300点,涨幅接近100%,1/3左右股票的价格在这段时间翻倍。与股票市场走势相一致的还有房地产市场的走势。2009年上半年全国各大中城市房价均大幅上扬,北京的房价已经恢复到此前的最高水平,2009年一年时间北京的房价翻了一倍左右。

总而言之,中国财政政策、货币政策双扩张的政策组合从客观上抑制了经济危机的加剧,但也进一步加剧了资产泡沫。

（五）小结

综上所述，在稳定实体经济方面，中美两国做得都很好，毕竟在这样严重的金融危机面前，能做到这个程度已经很不错了。但中国在稳定资产市场、防止资产价格泡沫方面做得不够完美。究其原因，就在于没有注意到中国经济形势与美国经济形势的差异，从而没有及时采取紧缩性的货币政策。表 5-13 是对中美两国经济形势、应该采取的政策组合、实际采取的政策组合及其政策效果的对照。

表 5-13 中美两国宏观经济政策的对照

	经济形势	应该采取的政策组合	实际采取的政策组合	政策效果
美国	金融危机，货币需求过大，供给相对不足	货币政策扩张，财政政策扩张	货币政策扩张，财政政策扩张	不仅稳定了实体经济，也稳定了资产市场
中国	实体经济危机，货币需求不足，供给相对过大	货币政策紧缩，财政政策扩张	货币政策扩张，财政政策扩张	稳定了实体经济，但资产价格猛涨

基本概念

货币政策　　　　　　财政政策　　　　　　挤出效应
流动性陷阱　　　　　自动稳定器　　　　　政策组合

本章小结

1. 货币政策通过改变利率影响总需求从而影响经济单位。

2. 财政政策的挤出效应指的是政府购买的增加会导致私人投资的下降。财政政策效果大小的决定因素之一就是"挤出效应"。

3. "流动性陷阱"指的是在较低的利率水平下，公众愿意持有任意数量的货币，因而货币供给量的变化并不能影响利率，从而货币政策失去作用；此时财政政策对产出的影响达到最大。

4. "古典情形"指的是公众的货币需求不依赖于利率，因此货币政策的变化将非常有效；但此时财政政策对收入没有影响，政府支出将完全挤出私人部门支出。

5. "自动稳定器"又称"内在稳定器"，是经济体系内部本身就有的一种对经济的变化随时做出反应从而缓和经济波动的机制。在一个经济单位中，常见的"自动稳定器"包括累进税、政府转移支付和农产品价格支持政策等。

6. 政府必须根据经济增长、收入分配等目标出发制定合意的政策组合。

练习与思考

1. 假定经济处于充分就业状态。现在政府企图调整需求结构，增加投资而减少消费,但不能使总需求超过充分就业水平。请设计政策组合,用 IS-LM 图形说明你的选择。

2. 政府转移支付增加会导致均衡收入变化。请说明 α、b、h、k 等参数在转移支付政策传导机制中的作用,即任一参数变化对政策效果的影响。在解释一个参数的作用时假定其他因素不变。

3. 假定政府降低自发性税收,用 IS-LM 模型说明在下列各种情况下,政策效果的差别:

(1) 调整货币量,保持利率不变。

(2) 保持货币量不变。

4. 分别讨论在什么情况下,货币政策乘数和财政政策乘数为 0。用文字描述原因。

5. 考虑紧缩经济的两种方法:

(1) 取消投资优惠。

(2) 提高所得税税率。

试分析二者对收入、利率、投资的影响有什么区别。

6. 假定 $k=0.5$,$\alpha=2$,$\Delta G=10$ 亿元。为使利率不变,要增加多少真实货币?

7. 公开市场操作包括公开市场购买与出售两种,分别分析这两种方式对产出和利率的影响。

8. 自己选择一个目前重要的宏观经济问题(比如通货膨胀或者就业)进行分析。

9. 考虑一个三部门经济,其中货币需求 $L=0.3Y$,真实货币供给 $MS/P=450$,消费 $C=90+0.9YD$,税收 $T=60$,投资 $I=160-500r$,政府购买 $G=80$。

(1) 推导 IS 曲线和 LM 曲线方程,求出均衡收入、利率和投资。

(2) 若其他情况不变,政府购买增加 30,求出此时收入、利率和投资的变化。

(3) 根据以上结果解释是否存在"挤出效应"。

10. 换个角度考虑财政政策的传导机制和效果:作图说明减税对均衡利率产生影响的传导机制及该政策效果的决定因素。

11. 请简述经济体系内部的"自动稳定器"及其发挥作用的机制。

第三部分
总供求分析

本部分研究总供给及其决定因素,包括三章。第六章首先在以前各章节的基础上引入总需求曲线,然后引入短期总供给曲线和长期总供给曲线,形成完整的总供求模型。但本章把长期总供给看作外生给定,主要进行短期分析。第七章在总供求模型的基础上介绍一个包括需求管理、供给管理和市场环境管理的宏观调控体系。第八章讨论长期总供给曲线位置的决定因素,研究经济的长期增长及促进长期经济增长的政策。

第六章 总供求分析

到目前为止,我们还没考虑过通货膨胀。我们在分析时假定价格水平是不变的,在现有价格水平下,不管需求数量是多少都可以得到满足。但是,现实的问题是,价格是经常变动的,通货膨胀是公众、政策制定者和宏观经济学家都十分关心的问题。因此,假定价格水平不变虽然有助于我们理解产量的变动,但却无助于理解价格水平的变动,即通货膨胀。因此,如何理解和治理通货膨胀就是我们要解决的下一个问题。

在宏观经济学中,我们采用总供求均衡分析法研究产量水平和价格水平的同时决定。因此,要分析价格水平的变动,就需要推导出总需求曲线和总供给曲线。本章我们推导总供给曲线和总需求曲线,然后介绍总供求分析法。

总需求曲线表示的是价格水平对总需求量的影响,它是商品市场和货币市场同时达到均衡时的产出水平和价格水平的各种组合所构成的曲线。总供给曲线表示的是总供给量与价格水平之间的关系。在目前的宏观经济学中,总供给曲线有两种:长期总供给曲线和短期总供给曲线。

宏观经济学中的长期和短期与微观经济学中的长期和短期不一样。在微观经济学中,长期指的是所有生产要素都可变的时期,而短期指的是只有一种生产要素可变的时期。在宏观经济学中,实际上是把微观经济学所说的短期又进一步划分为长期和短期,依据是价格能否灵活调整。若在某一时期内价格能够灵活调整,则该时期被看作长期;否则,被视为短期。

第一节 总需求曲线

在 IS-LM 模型中,描述商品市场和货币市场均衡的两个方程分别是:

IS 曲线: $\quad Y = \alpha(A_0 - br) \quad$ (6-1)

LM 曲线: $\quad \dfrac{M_0}{P_0} = kY - hr \quad$ (6-2)

在关于金融市场的均衡中,我们要求真实货币供给量等于真实货币需求。而真实货币供给量取决于两个因素,即名义货币供给量和价格水平(M/P)。我们在第四章介绍金融市场的均衡(即推导 LM 曲线)时,假定价格水平是固定不变的,因而真实货币供给量就唯一取决于名义货币供给量。现在,我们放弃这一假定。不过,在本节,我们认为虽然价格水平可能会变,但这种变动是外生的。也就是说,我们假定价格水平是一个外生变量。这样,价格水平就可以影响真实货币供给量了。比如说,对于真实货币供给量而言,价格水平10%的上涨与名义货币供给量10%的下降作用是一样的。

一、总需求曲线的推导:数学法

如果价格可变,那么LM曲线的方程就变为:

$$\frac{M_0}{P} = kY - hr \tag{6-3}$$

把它与IS曲线的方程联立求解,可得均衡收入与价格水平之间的关系式为:

$$Y = \gamma h A_0 + \gamma b \frac{M_0}{P} \tag{6-4}$$

其中,$\gamma = \frac{\alpha}{b\alpha k + h}$,这就是总需求曲线的方程。从式(6-4)可知,按照本书前几章对投资函数、货币需求函数以及货币供给函数的假定,总需求曲线实际上不是一条直线,而是一条双曲线。①

二、总需求曲线的推导:图形法

(一)价格水平与LM曲线

与名义货币供给量一样,价格水平变动影响的是LM曲线的位置,如图6-1所示。

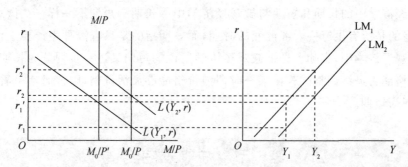

图 6-1 价格水平与 LM 曲线

在图6-1中,货币需求曲线的位置由收入水平决定。当价格水平为P、收入水平为Y_1时,相应的利率水平为r_1。假定其他因素不变,而价格水平上升为P',此时真实货币供给下降到M_0/P'。为了让货币市场恢复均衡,货币需求量必须等量下降。因此,在相同的收入水平下,利率水平必须上升到r_1',反映在Y-r坐标系上,即为LM曲线位置的上移。

---

① 在本书中,为简单起见,我们经常把总需求曲线画成直线。

(二) 总需求曲线的推导

图 6-2 根据商品市场和货币市场的均衡推导总需求曲线。设初始价格水平为 P_1。图 6-2 上图中 IS 曲线和以前一样是负斜率的,而 LM 曲线则与价格水平 P_1 对应。此时商品市场和货币市场同时达到均衡时的收入为 Y_1,这就是对应于价格水平 P_1 的总需求水平。在图 6-2 下图的 $P\text{-}Y$ 坐标系上,我们就可以得到一个相应的价格-总需求组合 (P_1, Y_1)。

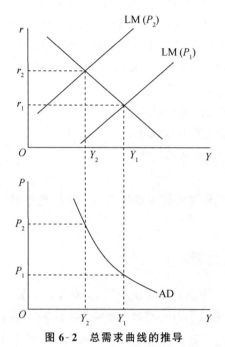

图 6-2 总需求曲线的推导

假定在某一时刻,价格水平上升到 P_2 而其他因素均不变。此时,真实货币供给量下降,反映在图形中即为 LM 曲线的上移:在每一产出水平下,真实货币供给量下降,从而利率上升了。利率上升的结果是投资需求下降,从而均衡收入下降。这样就得到另一个价格-总需求组合 (P_2, Y_2)。如果我们不断地调整价格水平,就可以得到无数个使得商品市场和货币市场同时达到均衡的价格-总需求组合。在 $P\text{-}Y$ 坐标系上,将所有代表这些价格-总需求组合的点连接起来,就得到总需求曲线,即 AD 曲线。

总需求曲线的直觉含义:随着价格的上升,真实货币供给量下降,从而利率上升;利率上升导致投资需求下降,最终通过乘数过程导致均衡收入的下降。因而,总需求曲线是负斜率的。

三、总需求曲线的斜率

根据 AD 曲线的方程:

$$Y = \gamma h A_0 + \gamma b \frac{M_0}{P} \tag{6-5}$$

其中，$\gamma = \frac{\alpha}{b\alpha k + h}$。AD 曲线的斜率由四个因素决定：投资对利率的敏感程度(b)、自发性支出乘数(α)、货币需求对收入的敏感程度(k)，以及货币需求对利率的敏感程度(h)。

AD 曲线的斜率是由真实货币余额的变化对均衡支出和产出的影响决定的，决定货币存量的变化对均衡支出和产出的作用的那些因素同时也决定了 AD 曲线的斜率。如果真实货币余额的一定变化对均衡支出的作用较大，那么 AD 曲线将比较平坦，因为价格的较小变化将导致均衡支出的较大变化；相反，如果真实货币余额的变化对均衡支出和产出的影响较小，那么 AD 曲线将比较陡峭，此时价格水平的给定变化将导致均衡收入的较小变化。因此，在上一章讨论过的货币政策的效果的决定因素同样也影响了总需求曲线的斜率。我们在这里直接把上一章的讨论结果移植到这里。

在下列情况下，AD 曲线越平坦：

a. 货币需求对利率的反应程度越小；

b. 货币需求对收入的反应程度越小；

c. 投资需求对利率的反应程度越大；

d. 乘数越大。

简言之，使货币政策效果变大的因素使得 AD 曲线变平坦。这里就不再用图形法进行推导了。

四、总需求曲线的位置

AD 曲线的位置由三个方面的因素决定：(1) 自发性投资支出，即 A_0；(2) 货币供应量；(3) 模型参数 b、α、k 和 h。在宏观经济学中，由于我们关心的是经济政策，而第三类因素不好调控，因此我们尤其重视前两类因素。这里仅讨论前两类因素对 AD 曲线位置的影响。在本节，我们以财政政策扩张和货币政策扩张为例说明自发性投资支出的变化对总需求曲线位置的影响，而在财政政策扩张中，又以政府购买的增加为例。

（一）财政政策扩张

财政政策扩张影响的是自发性投资支出 A_0。假定财政政策扩张是通过政府购买的增加实现的。当政府购买增加时，对商品的需求就相应增加，反映在 Y-r 坐标系上即为 IS 曲线的移动，移动的幅度为 $\alpha \Delta G$。假定价格水平不变（即 LM 曲线的位置不变），总需求就将增加，反映在图形上即为 AD 曲线的右移，移动的幅度等于 $\alpha \Delta G$ 减去挤出效应所导致的总需求的下降（从此开始总需求曲线被简单画为直线）(见图 6-3)。

（二）货币政策扩张

当价格水平不变而名义货币供给量增加时，要使货币市场恢复均衡，利率必须下降从而使得货币需求上升。利率下降将导致投资需求的上升，总需求因而上升。反映在图形上即为 AD 曲线的右移，移动的幅度等于货币政策乘数乘以真实货币余额的变动量（见图 6-4）。

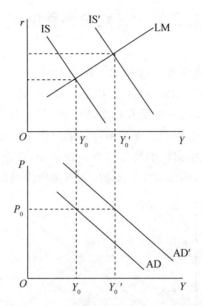

图 6-3 AD 曲线的位置与财政政策扩张

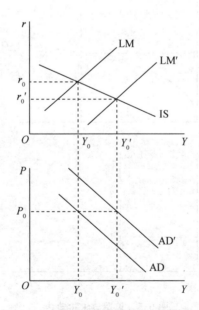

图 6-4 AD 曲线的位置与货币政策扩张

第二节 长期总供给曲线

前面我们说过,宏观经济学考虑的问题实际上是微观经济学所说的短期问题,也就是只有一种要素可变的情形。因此,在本节和下一节,不管是推导长期总供给曲线还是短期总供给曲线,我们都只考虑一种要素可变的情形;只不过在长期内,我们认为价格是灵活的,而在短期内,价格是刚性的。本节推导长期总供给曲线。

图 6-5 显示了长期总供给曲线的推导过程。在长期,价格和工资都是灵活的。上图表示的是劳动力市场的情形,中图是生产函数,下图是所得到的长期总供给曲线。

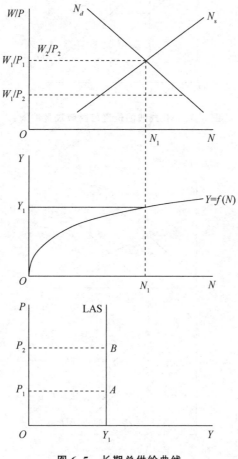

图 6-5　长期总供给曲线

我们先从图 6-5 的上图说起。假定开始时劳动力市场处于充分就业状态。此时价格水平为 P_1,真实工资为 W_1/P_1,而均衡的劳动力就业量为 N_1。根据生产函数,此时的总供给量为 Y_1(中图)。也就是说,当价格水平为 P_1 时,总供给量为 Y_1。这样,我们就得到了长期总供给曲线上的一个点——A 点(下图)。

假定在某一时刻,价格水平上升到 P_2,从而真实工资下降到 W_1/P_2。由于真实工资低于均衡工资,此时劳动力市场上存在过度需求。于是在厂商之间就会出现竞争。由于工资是灵活的,厂商之间的这种竞争就会导致均衡名义工资上升。名义工资的上升将最终使得真实工资恢复到原来水平,即 $W_2/P_2=W_1/P_1$。此时就业量也恢复到原来的水平,因而总供给量也将仍然是 Y_1。这样,我们就得到了长期总供给曲线上的另一个点——B 点。假定有无数个不同的价格水平,我们就可以得到无数个相应的总供给量,也就得到了总供给曲线上的无数个点。将这些点连接起来,就得到了长期总供给曲线。由于不管价格水平如何,总供给量都是一样的,因此长期总供给曲线是一条垂直的线。实际上,只要价格是灵活的,总供给曲线就是垂直的,因此对于古典学派来说,不管是长期还是短期,总供给曲线都是垂直的。

第三节 短期总供给曲线

短期总供给曲线的推导比较复杂。我们需要的是短期总供给量与价格水平之间的关系,但要得到这一关系,我们需要采取三个步骤:第一步,找出产出和就业之间的关系,这就是生产函数;第二步,给出就业与工资之间的关系,这就是所谓的"菲利普斯曲线";第三步,我们要用到价格与工资之间的关系,这就是所谓的"加成定价法"。这样,我们就通过就业和工资把短期总供给量和价格水平联系起来了,如图 6-6 所示。

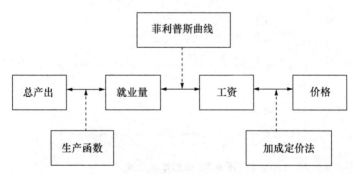

图 6-6 短期总供给曲线的推导

一、生产函数

生产函数将劳动力就业量与产出水平联系起来。生产函数的形式为:
$$Y = F(K,N) \tag{6-6}$$
其中,K 表示资本,由于我们只考虑一种要素可变的情形,假定 K 不变,因而可将 Y 看作 N 的函数。在此选择一种最简单的生产函数形式:
$$Y = aN \tag{6-7}$$
其中,a 为劳动生产率,即产出与劳动力投入量之比——单位劳动力的产量。比如,$a=3$ 意味着 1 单位的劳动力可生产 3 单位产品。

二、菲利普斯曲线

宏观经济学的古典模型认为,经济总是处于充分就业状态,任何失业都是纯粹摩擦性的,即工人正在从一个工作转向另一个工作。另外,由于价格能够灵活调整,因此在工资上涨率和失业率之间就不该存在系统性联系:只要有非摩擦性失业,工资上涨率就应该是无穷大,与失业率的大小没有关系。

然而,古典模型的预言与经济现实不符。关于劳动力市场,有两个重要的事实:第一,失业率波动的情况与"所有失业都是摩擦性失业的观点"大不一样。例如,美国1933年失业率为25.0%,1982年年底为10.8%,2009年10月高达10.0%,2019年年底为3.5%左右。① 因此,不能认为劳动力市场总是在充分就业状态下达到均衡。第二,在工资变动率和失业率之间似乎有一种系统性联系,这就是所谓的"菲利普斯曲线"。

菲利普斯曲线表示的是货币工资变动率与失业率之间的反向变动关系。失业率越高,工资变动率越低。换句话说,在工资变动率与失业之间有一种交替关系,如图6-7所示。

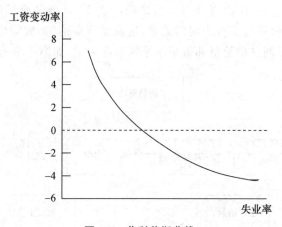

图 6-7 菲利普斯曲线

如果用 W 表示本期工资,W_{-1} 表示上期工资,g_w 表示工资上涨率,那么

$$g_w = \frac{W - W_{-1}}{W_{-1}} \tag{6-8}$$

用 u 表示失业率,u^* 表示自然失业率,那么可将菲利普斯曲线简单地用下述方程表示:

$$g_w = -\varepsilon(u - u^*) \tag{6-9}$$

其中,ε 表示名义工资增长率对失业率的敏感程度。$\varepsilon = +\infty$ 时意味着工资完全灵活,而 $\varepsilon = 0$ 则意味着工资完全是刚性的。方程(6-9)表明,如果实际失业率大于自然失业率,即

---

① https://www.bls.gov/charts/employment-situation/civilian-unemployment-rate.htm,访问时间:2020年6月3日。

$u > u^*$,则工资下降;相反,工资上升。

定义 $u = \dfrac{N^* - N}{N^*}$,其中 N 表示实际就业量,N^* 表示充分就业时的就业水平,并设 $u^* = 0$,则式(6-9)变为:

$$g_w = -\varepsilon\left(\dfrac{N^* - N}{N^*}\right) \qquad (6\text{-}10)$$

按 g_w 的定义式(6-8),可得:

$$\dfrac{W - W_{-1}}{W_{-1}} = -\varepsilon\left(\dfrac{N^* - N}{N^*}\right) \qquad (6\text{-}11)$$

从而可得:

$$W = W_{-1}\left[1 + \varepsilon\left(\dfrac{N - N^*}{N^*}\right)\right] \qquad (6\text{-}12)$$

这就是工资与就业量之间的关系式,画在 W-N 坐标系上,我们称之为工资-就业曲线——WN线,如图6-8所示。

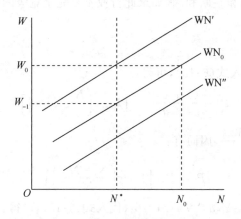

图6-8 工资-就业曲线

WN线有如下三个特点:

第一,WN线必过 (W_{-1}, N^*) 这一点。也就是说,如果经济在本期处于充分就业状态,工资就不会变化。

第二,每一期的本期工资由当期的就业量决定。在任一期,如果就业量不等于充分就业水平,那么该期工资就会沿着WN线移动;如果就业量大于充分就业水平,该期工资就比上期上升,否则下降。比如,如果某期的WN线为 WN_0 且就业量为 N_0,那么该期的工资水平就会上升到 W_0。

第三,对于每一期来说,上期工资决定了当期WN曲线的位置。如果在某一期工资水平比上一期有所变化,那么下一期的WN线的位置就将相应变化,位置变化的规则同样是"WN线过 (W_{-1}, N^*) 这一点"。比如,如果某期的WN线为 WN_0 且工资水平为 W_0,那么在下一期,WN线的位置就会上移至 WN',经过 (W_0, N^*) 这一点。

三、成本与价格

在微观经济学中，我们知道企业定价的原则是边际成本等于边际收益。但在实际经济中，企业在确定价格时根本就无法预知自己面临的需求曲线，也就不知道自己的边际收益曲线，因而无法运用这一原则。因此，企业往往采取"加成定价法"，也就是在平均成本的基础上加上一定比例的利润，从而确定自己产品的价格。对于宏观经济来说，劳动力成本是总成本的主要部分。假定企业定价以劳动力成本为依据。根据我们前面设定的生产函数，由于每单位劳动力生产 a 单位产出，则单位产出的工资成本为 W/a。比如，若工资为 15 元/小时，而 a 是 3，则每单位产品的劳动力成本为 5。假定企业采用加成定价法，即在成本之上增加一定比例即为价格：

$$P = \frac{(1+z)W}{a} \tag{6-13}$$

其中，z 为加成，它包括企业采用的其他生产要素（如资本、原材料、能源）成本以及企业的目标利润，包括正常利润和垄断利润（如果此行业不是完全竞争的）。

四、总供给曲线

把 WN 线的方程代入式(6-13)，可得：

$$P = \frac{(1+z)W_{-1}}{a}\left[1+\varepsilon\left(\frac{N-N^*}{N^*}\right)\right] \tag{6-14}$$

由于 $P_{-1} = \frac{(1+z)W_{-1}}{a}$，因而有：

$$P = P_{-1}\left[1+\varepsilon\left(\frac{N-N^*}{N^*}\right)\right] \tag{6-15}$$

由生产函数可知 $N=Y/a$，$N^* = Y^*/a$，代入式(6-15)，可得：

$$P = P_{-1}\left[1+\varepsilon\left(\frac{Y-Y^*}{Y^*}\right)\right] \tag{6-16}$$

令 $\lambda \equiv \varepsilon/Y^*$，即得总供给曲线 AS 的方程为：

$$P = P_{-1}[1+\lambda(Y-Y^*)] \tag{6-17}$$

五、总供给曲线的特点

（一）总供给曲线的斜率

从方程(6-17)可以看出，总供给曲线的斜率取决于 λ，而 $\lambda = \varepsilon/Y^*$，因此就业变化对当期工资的影响越小，总供给曲线越平坦。如果工资对就业变化的反应很小，那么总供给曲线将十分平坦。当 $\lambda=0$ 时，总供给曲线将成为水平线，即为价格刚性的情形。

（二）总供给曲线的位置

如图 6-9 所示，总供给曲线的位置取决于上期价格水平，曲线在 $P=P_{-1}$ 处通过充分就业的产量水平 Y^*。这一点与 WN 线相似。如果产量水平较高，存在过度就业，本期的价格高于上期价格;相反,如果失业率较高,那么本期价格将低于上期价格。

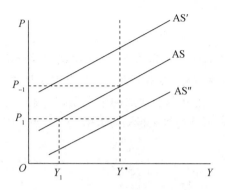

图 6-9　总供给曲线的特点

（三）随着时间的推移,AS 曲线的位置会移动

若本期产出大于充分就业水平,即 $Y>Y^*$,则本期价格将高于上期价格,下期总供给曲线将上移;若 $Y<Y^*$,则总供给曲线将下移。

第四节　需求冲击对均衡的影响

在得到长期总供给曲线、短期总供给曲线和总需求曲线之后,我们就可以用总供求分析法分析各种经济问题了。一个经济单位可能面临的各种经济问题的根源无非就是各种外来冲击,这些外来冲击要么作用于供给侧,要么作用于需求侧,要么同时对两侧起作用。在本节,我们分析需求冲击对经济的影响以及针对需求冲击的政策。需求冲击又可以分为两类:一类是货币冲击,另一类是支出冲击,包括各种因素引起的自发性投资支出的变化和各种参数(如边际消费倾向等)的变化。

在图 6-10 中,我们给出了总需求曲线、长期总供给(LAS)曲线和短期总供给(SAS)曲线。SAS 曲线在 $P=P_{-1}$(上期价格)时通过充分就业的产出水平 Y^*。假定经济开始时处于 E 点,此时经济同时处于长期、短期均衡状态。所谓长期均衡指的是总需求等于长期总供给,短期均衡指的是总需求等于短期总供给。

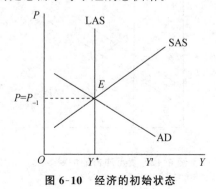

图 6-10　经济的初始状态

一、货币冲击

（一）短期效应

假定在某一时刻，名义货币供给量增加，那么在现有的价格水平下，真实货币供给量同比例增加。这将导致利率下降、投资增加，从而总需求增加，反映在图形上，即为 AD 曲线右移，如图 6-11 所示。在总需求增加的情况下，厂商一边提价一边增加产量，结果本期价格和产出同时上升，最终达到新的短期均衡点 E_1 点。因此，货币扩张在短期内导致产出的增加。

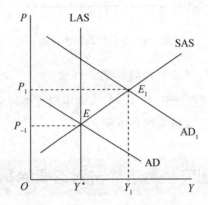

图 6-11 货币冲击的短期效应

（二）中期调整

如图 6-12 所示，在 E_1 点，产出大于正常水平，即 $Y_1 > Y^*$，此时的就业量大于充分就业水平，工资就会有所上升，随着工资的上升，价格也开始上升。所以，本期价格 P_1 将大于 P_{-1}。到下一期，$P_{-1} = P_1$，因而总供给曲线上移至 SAS_1，这一新的 SAS 曲线在 $P_{-1} = P_1$ 处经过 $Y = Y^*$。新的短期均衡点为 E_2 点，此时相对于上一期，价格水平上升，产出下降。

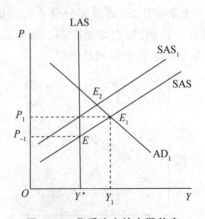

图 6-12 货币冲击的中期效应

(三) 长期调整

只要产出高于潜在水平，就业就高于充分就业水平，工资就会上升。其结果本期价格就高于上期价格，在下一期，SAS 曲线就会继续上移。这样一期一期进行下去，经济最终将达到一个新的长期、短期均衡点 E_3，如图 6-13 的上图所示。此时，由于均衡产出等于潜在产出，价格不再调整，因而 SAS 曲线也将不再移动。与最初的均衡点 E 点相比，在新的长期、短期均衡下，价格水平上升，而均衡产出未变。在 E_3 点，价格上升的比例与名义货币存量的上升比例相同，因而真实货币存量 M/P 与初始一样，利率、总需求、总产出水平、总就业也回到初始状态。

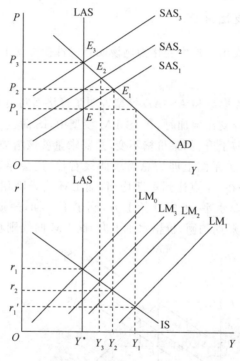

图 6-13 货币冲击的调整过程

（四）对调整过程的总结

图 6-13 结合 IS-LM 模型和 AS-AD 模型说明了经济面对货币冲击的调整过程。当货币供给量增加时，在 IS-LM 模型中，假定 LM 曲线右移至 LM_1，利率就该降低到 r'_1；然而货币供给量的增加会导致总需求曲线右移，这会导致价格水平上升到 P_2，经济在 E_1 点达到短期均衡，但就业量大于充分就业水平。随着价格水平的上升，真实货币余额下降，于是 LM 曲线回调至 LM_2，利率就回升到 r_2。随后，由于就业量大于充分就业水平，工资就开始上升，到了下一期，短期总供给曲线就上移至 SAS_2，经济在 E_2 点达到短期均衡，价格水平上升，而 LM 曲线则相应上移至 LM_3。此时，由于就业量仍然大于充分就业水平，工资将继续上涨，短期总供给曲线将继续上移，直至上移到 SAS_3，经济在 E_3 点达到短期均衡，此时经济达到新的长期、短期均衡，就业量达到充分就业水平，LM 曲线也回到 LM_0，经济将不再调整。

(五) 货币中性

从上述分析过程可以看出,在长期,工资与价格有时间充分调整,名义货币存量的增加只影响名义量,对产出、就业等真实变量没有影响,这被称为"货币中性"。在这里的总供求模型中,在长期货币是中性的,但在短期内不是。从上述分析过程可以看出,在短期,真实产出、就业量等都会发生变化。

因为工资和价格的调整实际上是比较慢的,短期和长期调整就成为宏观经济学的一个重要方面。不同的宏观经济学对此有不同的观点。凯恩斯主义者认为在长期货币是中性的,但在短期内不是;而古典学派则认为货币在长期、短期都是中性的。

二、自发性投资支出冲击

我们以自发性投资支出的外生变化为例说明自发性投资支出冲击对经济的影响。

(一) 调整过程

图 6-14 结合 IS-LM 模型和 AS-AD 模型说明了经济面对自发性投资支出冲击时的调整过程。当自发性投资支出增加时,在 IS-LM 模型中,IS 曲线右移,假定 IS_1 曲线右移至 IS_2,那么利率就该相应上升;如果价格不变,总需求量就该增加到 Y_1;而与此同时总需求也会增加,反映在供求关系图上即为总需求曲线右移,这会导致价格水平的提高。随着价格水平的提高,经济在 E_1 点达到短期均衡,而 LM 曲线则相应上移至 LM_2。随后,由于就业量大于充分就业水平,工资开始上升,到了下一期,短期总供给曲线就上移至 SAS_2,经济在 E_2 点达到短期均衡,价格水平上升,而 LM 曲线则相应上移至 LM_3;此时,

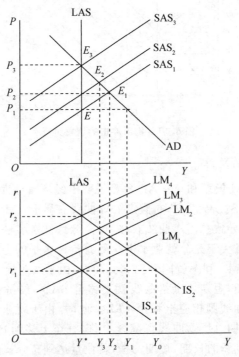

图 6-14 自发性投资支出冲击的调整过程

由于就业量仍然大于充分就业水平,工资将继续上涨,短期总供给曲线将继续上移,直至上移到 SAS_3,经济在 E_3 点达到短期均衡,此时经济达到新的长期、短期均衡,就业量达到充分就业水平,LM 曲线也上移到 LM_4;经济将不再调整。经济做出调整后的最终结果是,就业量和真实产出没变,但价格水平和真实利率则上升了;由于利率发生了变化,经济的产出组合变了,那些对利率比较敏感的产品在 GDP 中的比重下降了。

(二) 再论挤出

在 IS-LM 模型中,我们说过财政政策可能会有挤出效应。假定上述例子中自发性投资支出冲击的原因不是自发性支出的变动,而是政府购买的变动。上述分析完全一样。我们仍用图 6-14 说明 AS-AD 模型中的挤出效应。首先看 IS-LM 模型,也就是图 6-14 的下图。当政府购买增加时,IS_1 曲线右移至 IS_2,由于利率上升,结果挤出效应为 Y_0-Y_1。但是,一旦引入总供求模型,随着总需求的增加,价格水平也会上升,于是在 E_1 点达到均衡;而随着价格的上升,LM 曲线向左移动,于是产出进一步下降到 Y_2,产生了新的挤出,即 Y_1-Y_2。此时就出现了两种挤出效应:一种是 LM 曲线位置未动,利率上升导致的挤出;另一种是价格水平的上升导致的 LM 曲线位置的移动所产生的挤出。当然,随着价格的进一步调整,第二类挤出还将继续,直到经济达到最终的长期、短期均衡点 E_3,此时就实现了完全的挤出。

(三) 短期总供给曲线的特殊情形

当短期总供给曲线处于凯恩斯情形时,价格水平和利率水平均不随总需求的增加而改变,此时没有挤出,需求管理政策效果最大,如图 6-15 所示。

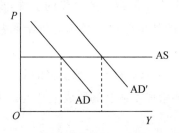

图 6-15 短期总供给曲线的特殊情形(1)

相反,当短期总供给曲线处于古典情形时,价格水平和利率水平均随总需求的增加而做充分调整,此时有完全的挤出效应,需求管理政策无效,如图 6-16 所示。

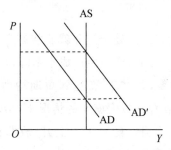

图 6-16 短期总供给曲线的特殊情形(2)

第五节 供给冲击

20世纪30年代到60年代末，人们一般认为产量和价格的运动是由总需求曲线的变动引起的。但到了70年代，美国和其他西方国家出现了"滞涨"现象。这种现象被认为主要是由供给冲击引起的。所谓"供给冲击"，指的是使得总供给曲线的位置发生移动的外来因素。70年代的滞涨现象就是由当时的石油危机引起的。本节分析供给冲击对经济的影响。我们首先把原材料价格引入短期总供给曲线，然后根据新的短期总供给曲线分析供给冲击的影响以及应对措施。

一、总供给曲线中供给冲击的引入

前面我们引入了如下的价格-工资关系：

$$P = \frac{(1+z)W}{a} \tag{6-18}$$

其中，W 和 z 是价格的决定因素。如前所述，z 为加成，包括企业采用的其他生产要素（如资本、原材料、能源）成本和企业目标利润（包括正常利润和垄断利润）。这些投入品价格（包括工资）和企业目标利润的外生变化对最终产品的价格都是有影响的。这些外生变化即为供给冲击。这些供给冲击会导致价格的上涨，反映在图形上，即为总供给曲线的上移。因此，这些供给侧的外生变化不影响总供给函数的形式，但会影响总供给曲线的位置。

供给冲击的可能来源有：(1) 原材料或能源价格的变化；(2) 工资的外生变化；(3) 加成的变化，比如地租、利息等要素成本或利润留成上升；(4) 技术的变化；(5) 管理方式的改变或者制度变迁。[①]

二、有利的供给冲击

有利的供给冲击指的是使得平均成本下降的供给冲击，反映在图形上即为SAS曲线的下移。

如图6-17所示，假定开始时经济处于充分就业状态。然后，经济遇到一次有利的供给冲击，比如能源价格的下降。此时，产品生产成本下降，短期总供给曲线从SAS下移至SAS′，经济由此偏离了长期均衡，并在 E' 点达到短期均衡，价格水平下降，均衡产出上升，经济中有过度就业存在。在存在过度就业的情况下，劳动力市场开始缓慢的调整，厂商之间的竞争最终会导致工资上升。随着工资上升，短期总供给曲线上移，于是价格也

---

① 我们假定供给冲击不影响潜在产出水平。

开始上升。就这样,通过漫长的调整过程,经济将回到原来的均衡状态。此时,虽然价格水平和均衡产出与未出现供给冲击时一样,但由于名义工资上升,真实工资增加了。均衡利率未发生变化。当有利的供给冲击出现时,总价格水平也下降,从而导致真实货币供给量上升,均衡利率下降。但此后工资的上调又导致价格上升,最终使得 LM 曲线又回到原来的位置。

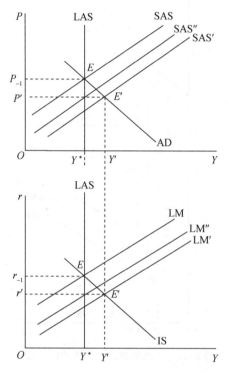

图 6-17 有利的供给冲击下的调整过程

当然,这种调整过程是漫长的。政府也可以通过财政政策或货币政策来迅速实现长期、短期均衡。但由于这种情况下通货膨胀率和失业率都较低,二者都符合各方的目标,因此从政府到民间都没有政府介入的诉求,不需要政府采取任何调控政策。

三、不利的供给冲击

不利的供给冲击指的是使得平均成本上升的供给冲击,反映在图形上即为 SAS 曲线的上移。[①]

如图 6-18 所示,假定开始时经济处于充分就业状态。然后,经济遇到一次不利的供给冲击,比如能源价格的上升。此时,产品生产成本上升,短期总供给曲线从 SAS 上移至 SAS′,经济由此偏离了长期均衡,并在 E' 点达到短期均衡,价格水平上升,均衡产出下

---

① 假定供给冲击不影响潜在产出水平。

降,经济中有失业存在。在存在失业的情况下,劳动力市场开始缓慢的调整。在工资下降的情况下,短期总供给曲线下移,于是价格也开始回落。就这样,通过漫长的调整过程,经济将回到原来的均衡状态。此时,虽然价格水平和均衡产出与未出现供给冲击时一样,但由于名义工资降低,真实工资下降了。

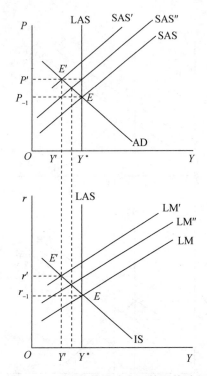

图 6-18 不利的供给冲击下的调整过程

那么,利率是如何变动的呢?参看图 6-18 的下图。当不利的供给冲击出现时,价格水平上升,从而真实货币供给量下降,导致均衡利率的上升。随着价格水平的逐步回落,真实货币供给量也逐步增加,均衡利率也就逐步下降。最后,当价格水平恢复到原来的水平时,真实货币供给量也恢复到原来的水平,从而 LM 曲线也回到原来的位置,利率也就恢复到原来水平。因此,不利的供给冲击不影响长期均衡利率,但影响均衡利率的动态过程。

四、政府的介入

当出现不利的供给冲击时,通过经济的自动调整恢复充分就业可能需要很长时间,因此经济可能会经历长时间的衰退和失业。要避免这种长时间的衰退和失业,就得采取别的办法,这就给政府政策留下了余地。

在这种情况下,由于经济出现的问题是滞胀,而"滞"和"胀"都不是我们希望见到的,都是我们希望治理的目标。到目前为止,世界各国宏观调控的手段主要还是需求管理;

但需求管理应对供给冲击有很大缺陷,不能同时解决"滞"和"胀"的问题,一次只能解决一个,而且解决一个问题的时候会恶化另一个问题。比如,如果政府确定首先解决失业问题(即"滞"的问题),那就需要采取扩张性需求管理政策,如图 6-19 所示。如果政府此时通过货币政策增加总需求,从而使得总需求曲线右移至 AD′。这样就可以使经济迅速回到充分就业状态。在新的长期、短期均衡处,失业问题的确被解决了,但价格水平上升得更高(从 P_1 进一步上升到 $P′$)。

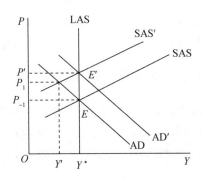

图 6-19 不利的供给冲击下的政府政策(1)

如果政府希望解决通货膨胀问题,就需要采取紧缩性需求管理政策。如图 6-20 所示,不利的供给冲击导致物价上涨至 $P′$,产出下降到 $Y′$,同时出现通货膨胀和失业。政府要消除通货膨胀,于是紧缩需求,总需求曲线左移至 AD′,物价回到 P^*,但产出进一步下降到 $Y″$,失业率进一步上升。

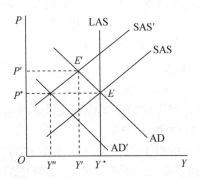

图 6-20 不利的供给冲击下的政府政策(2)

所以,在这种情况下,政府需求管理政策会顾此失彼。

第六节 供给管理政策[①]

一提起宏观经济政策,人们往往自然地把它等同于需求管理政策。供给管理政策虽然也是宏观经济政策的一部分,而且在经济实践中被经常采用,但总是被人们忽视。到目前为止,虽然宏观经济理论已经发展到总供求模型,但政策的理论基础还停留在 IS-LM 模型上,人们仍然依靠 IS-LM 模型来设计宏观经济政策。本节讨论供给管理政策在调节短期经济波动中的应用,试图在总供求模型的基础上讨论宏观经济政策问题。

一、供给管理为何可被用于短期宏观调控?

在许多人的心目中,总供给取决于一个经济单位的可用资源总量和技术水平,而一个经济单位的可用资源总量和技术水平是个存量,短期内难以发生大的变化。因此,供给管理被许多人认为只能用于长期调控,如促进经济增长等,在短期内则不适用。这种观点是不对的。

一个经济单位的可用资源总量和技术水平短期内难以发生大的变化,因此无法作为短期调控的变量,这一点没有问题。然而,一个经济单位的可用资源和技术水平的利用率及利用效率在短期内是可以发生大的变化的,也是可以通过政府政策进行调控的;而一个经济单位的可用资源和技术水平的利用率及利用效率则取决于经济活动参与者所面临的激励。一个经济单位的资本、劳动力、自然资源、技术等在短期内可能无法发生变化,但生产者的激励却是可以随时变化的。正如供给学派的代表人物阿瑟·拉弗(Arthur Laffer)所说:"一旦人们面临的激励发生变化,其行为就会随之改变。正的激励吸引人们做一些事情,而负的激励阻止人们做一些事情。处于这种情境中的政府的作用就在于改变人们面临的激励,从而影响社会行为。"因此,调节生产者面临的激励是短期供给管理政策的核心。

作为一个正在从计划经济向市场经济转轨的发展中国家,中国对激励在宏观经济运行中的作用可谓体会至深。实际上,从中华人民共和国成立以来的任何一次大的经济波动的背后都可以看到激励变动的影子。20 世纪 80 年代初的农村改革实际上就是激励机制的改革,这一改革大大提高了农民的生产积极性,为解决温饱问题奠定了基础,而屡次提高粮价实际上也是在提高农民种粮的积极性。可以说,中国的农村改革是最成功的供给管理实践之一。此后的国有企业改革、金融体制改革、财税体制改革等,按照官方的说法,目标都是提高经济活动参与者的积极性。

因此,不论是从理论还是从实践来看,经济活动参与者的激励都是可以迅速发生变化的,因而会导致总供给的迅速变化。近几十年来,信息经济学和机制设计理论深入细致地研究了激励对经济活动的影响以及如何对激励进行调节。这些就构成了供给管理

[①] 本节内容根据苏剑"供给管理政策及其在调节短期经济波动中的应用"(发表于《经济学动态》2008 年第 6 期)改编。

的理论基础和实践基础。

二、供给管理政策工具

供给管理政策工具指的是那些能够使得总供给曲线发生移动或者使总供给曲线的斜率发生变动的,并且能够由政府控制的因素。在现实经济中,同一个政策,如果作用于总需求侧,就会导致总产出和价格水平的同向变动;而如果作用于总供给侧,就会导致总产出和价格水平的反向变动。因此,如果我们同时关心经济增长和通货膨胀的话,认清一个政策是供给管理政策还是需求管理政策就至关重要。

供给管理政策要么影响企业的生产率,要么影响企业面临的要素价格,要么影响企业的其他负担如税收,还有就是调节企业的市场准入资格或权限。因此,供给管理政策工具就可以从三个方面来讨论。

(一) 要素价格政策

要素价格的变化可以影响企业的生产成本,从而影响总供给。要素价格政策有以下几类:

1. 货币政策

在传统的宏观经济学理论中,货币政策是被看作需求管理政策的。实际上不尽然。货币政策的目的是调节利率,而利率对经济有两个方面的影响。我们以降低利率来说明:首先,利率的降低使得投资增加,从而增加总需求,这是需求管理政策;其次,利率同时也是资本使用成本的主要部分,因此利率的降低也使得生产要素成本降低,从而使得总供给曲线右移,这是供给管理政策。利率的降低影响的是现有资本的使用成本,而现有资本是个多年历史累积起来的存量,因此其对成本的降低作用是巨大的。

货币政策同时也是供给管理政策。既然货币政策也是供给管理政策,那么所有的货币政策工具同时也是供给管理政策工具。

对于货币政策对总成本的影响,北京大学中国经济研究中心宏观组(以下简称"宏观组")曾经根据 1997 年前后中国的实际情况做出估计。据宏观组分析,1996—1997 年,贷款利率下降了 5.17 个百分点,如果以 1995 年年底金融机构各项贷款余额 5 万多亿元为基础,这将减少企业利息负担 2 400 亿元左右。他们认为,降息的作用在一定意义上相当于减税,而且数量肯定要大于减税(主要是减费)。

货币政策对宏观经济的影响如图 6-21 所示。随着货币供给量的增加,利率下降,这会产生两个方面的影响:首先,随着利率下降,投资需求增加,从而总需求曲线右移至 AD',我们不妨把这种影响称为利率变动的总需求效应;其次,随着利率下降,资本的使用成本也下降,从而平均生产成本下降,反映在图形上即为短期总供给曲线右移至 SAS',我们不妨把这种影响称为利率变动的总供给效应。利率变动的这两种效应都使得均衡产出增加,但对价格水平的影响不同,总供给效应使得价格水平下降,而总需求效应使得价格水平上升。价格水平最终是上升还是下降取决于这两种效应的相对大小。从货币政策的实际作用效果来看,总需求效应应大于总供给效应,因为总体来说宽松的货币政策一般会导致价格水平上升。

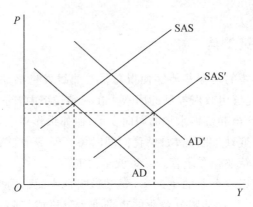

图 6-21 货币政策对宏观经济的影响

那么,货币政策的总供给效应的大小到底由什么因素决定呢?货币政策对总供给的影响可以分为三个环节:货币的变动影响利率,利率的变动影响生产成本,生产成本的变动影响总供给。这样,货币政策的总供给效应就取决于这三个环节:首先,货币政策对利率的影响有多大?在其他因素不变的情况下,货币政策对利率的影响越大,货币政策的总供给效应就越大。而货币政策对利率的影响又取决于货币需求对利率的敏感程度。货币需求对利率越敏感,货币政策对利率的影响越小。因此,在其他因素不变的情况下,货币需求对利率越敏感,货币政策的总供给效应越小。

其次,利率的变动对生产成本的影响有多大?这取决于一个经济单位中的总资本存量。我们知道,资本的使用成本等于总资本存量乘以利率。[①] 因此,一个经济单位中的总资本存量越大,利率的变动对生产成本的影响越大。

最后,生产成本的变动对总供给的影响有多大?这取决于总供给曲线的斜率。如图 6-22 所示,假定生产成本变化使得产出为 Y_1 时的价格从 P_1 下降到 P_2。此时,总供给曲线的斜率不同,总供给曲线右移的距离就不同。从图中我们可以看出,$Y_3 - Y_1 > Y_2 - Y_1$,表明总供给曲线越平坦,给定的生产成本的变动对总供给的影响越大,因而货币政策的总供给效应就越大。

2. 工资政策

工资政策的目的当然是调节企业面临的工资成本。历史上实际采用过的工资政策有工资补贴、最低工资标准的确定和调整、工资冻结、灵活工资制度、顺周期调整企业缴纳的社保支出等。在这几种工资政策中,灵活工资制度和顺周期调整企业缴纳的社保支出有助于缓和工资刚性,有助于促进市场机制作用的发挥;工资补贴不影响工资刚性;而工资冻结和最低工资标准的确定和调整则强化了工资刚性,不利于市场机制功能的发挥,应该尽量避免采用。

工资政策是凯恩斯最反对的一种供给管理政策。在他看来,由于工会的存在以及人的本性,工资是刚性的,至少是不可降低的。因此,工资很难被用作政策工具。实际上,在现代经济中,对工人支付报酬的方式也从单纯的工资发放发展到包括奖金、各种福利、

---

① 为便于论述,本书忽略折旧和资本价格的变动对资本的使用成本的影响。

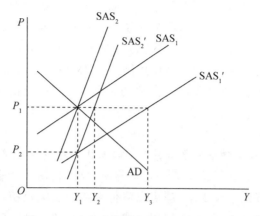

图 6-22 生产成本的变动对总供给的影响

各种社会保障支出等,凯恩斯当时担心的问题就有了新的解决办法:

第一,工资冻结。工资冻结就是政府通过强制命令的方式要求企业不得调整工资。这种政策在经济现实中被经常用到,不过常常被用反。例如,美国20世纪70年代在石油危机的冲击下出现了滞胀现象。此时,如果经济自动调整的话,工资水平本应下降,从而使得总供给回到原来的状态。但由于工资刚性的存在,这种自动调节过程非常缓慢。因此,要想通过调节工资使经济恢复充分就业,美国政府应促进工资的向下调整。但美国政府选择的却是工资冻结,实际上加剧了工资刚性,使得经济波动加剧,衰退持续时间延长。

工资冻结政策适用于非经济因素使得工资外生增长过快的情形。在其他因素不变的情况下,工资增长过快短期内将导致滞胀,长期内随着企业利润下降、投资减少、竞争力减弱,最终会减缓经济增长速度。如图 6-23 所示,如果任由工资外生增长,短期总供给曲线将上移至 SAS′,均衡产出下降到 Y_1,失业相应上升,物价也将上升到 P_1。此时,如果由政府出面进行工资冻结,从而将短期总供给曲线控制在 SAS′ 的右边,甚至使之调回 SAS,失业率和通货膨胀率就可得到控制。

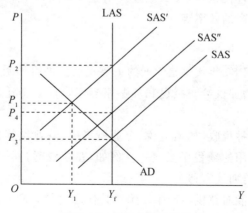

图 6-23 工资冻结的影响

第二，工资补贴。在经济由于总需求不足而陷入衰退的情况下，理论上说降低工资是可以使经济恢复充分就业。然而，降低工资一方面可能导致社会不稳定，另一方面可能会由于居民收入水平下降而导致总需求进一步下降，从而使得经济衰退加剧。此时，工资补贴政策可以同时解决这两个方面的问题。具体而言，企业保持工人的工资水平不变，由政府按工人人数或工资总额的一定比例对企业支付一定的工资补贴。这样，工人的收入水平未变，不影响其消费；而企业实际支付的工资成本却下降了。这种政策实际上也是财政政策的一种。

第三，取消或降低雇主缴纳的部分社会保障费用。在现代经济中，在工资报酬之外，企业往往需要以其他形式支付给工人一定的报酬，比如住房公积金、社会保障费等。如果以法律形式取消或降低这些支出，就可以降低企业的实际负担，从而使得总供给曲线右移。而对于工人来说，这些收入的使用方式或方向往往受到一定的限制，因此这些收入的降低对工人现期消费的影响可能不大。1997年亚洲金融危机期间，新加坡就曾采取这样的政策。在新加坡，企业必须在工资之外，再向工人的住房公积金账户支付工资的10%。亚洲金融危机期间，新加坡政府宣布暂时取消这一要求，从而使得企业的工资成本降低了同一比例。

3. 原材料价格政策

原材料价格的变化也会影响企业的生产成本。原材料价格政策的基调应该是促进原材料价格的灵活性，促进市场机制功能的发挥。具体政策包括原材料价格管制、调整原材料市场的对外开放度及关税、原材料创新（或者资源创新）等。其中，原材料价格管制显然强化了原材料价格的刚性，应该尽量避免采取；后二者只影响原材料的供应，不影响价格调整本身，对市场机制功能的发挥没有抑制作用。

对于中国这样资源相对贫乏的国家来说，原材料的对外依存度很大，可用原材料的供应和价格调整受到原材料市场的对外开放度及关税的直接影响，从而影响总供给。当然，正常情况下应该更多采取扩大原材料市场开放、降低关税的政策。

在资源约束的情况下，可以通过资源创新或者原材料创新来降低原材料成本，要么对现有的稀缺资源找到替代原料，要么通过技术进步减少现有原材料的消耗，要么通过技术进步提高原材料生产的效率等。

（二）税收和补贴政策

税收政策是20世纪80年代供给学派的主要观点。供给学派认为，减税可以提高企业的生产积极性，从而增加供给。减税和补贴相当于降低了企业的生产成本，显然有助于促进供给。

调节企业缴纳的各种税收（如增值税、企业所得税、营业税等）可以影响企业的实际成本。出口退税是最常用的减税手段之一。例如，在减税时，同一价格水平下企业的实际成本下降，因而总供给曲线右移。

调节个人所得税也能对总供给产生影响。其作用途径有两条，我们以减税为例来说明：首先，个人所得税降低将导致私人储蓄增加，利率下降从而使得平均资金成本下降；其次，个人所得税降低会导致工人的劳动积极性上升，从而生产率上升，平均成本下降，或者劳动力供给增加,导致总供给增加。

问题在于,减税同样也可以刺激总需求。比如,减税后,随着可支配收入的增加,个人可能会增加消费需求,而企业也可能增加投资支出。那么,减税到底是需求管理政策还是供给管理政策?或者说,减税对需求的刺激更大还是对供给的刺激更大?这个问题自从供给学派出现起就没有得到完全的解决。例如,1964年和1965年,美国肯尼迪政府采取了减税政策,这种政策导致了美国经济的高涨。对此,有人认为减税刺激了总需求,是凯恩斯主义的需求管理政策;有人认为减税刺激了总供给,是供给管理政策。供给学派经济学家保罗·罗伯茨(Paul Roberts)认为,这次减税对供给的刺激更大。罗伯茨认为,如果它是需求管理政策,那么消费需求就该增加。而实际情况是,到1976年,消费支出至少比"凯恩斯主义"预期的少175亿美元,比减税(按不变价计算)的数额还大。另外,按照"凯恩斯主义"预期,减税将导致政府财政状况的恶化;而在供给学派看来,减税将导致政府财政状况的改善。实际情况是,1964年减税后,经过一年时间,政府收入就已高于减税前的水平,并且预算盈余增加了30亿美元。因此,罗伯茨认为,这次减税对供给的刺激更大(尹伯成和华桂宏,1996)。

(三)创新支持政策

约瑟夫·熊彼特(Joseph Schumpeter)把创新活动分为五种,即产品创新、工艺创新、制度创新、资源创新(熊彼特称之为"原料创新")、市场创新。目前学术界在讨论创新的时候直接谈这五种创新,不区分它们对经济的影响机制或途径。实际上,按照这五种创新对经济的主要影响机制或途径,可以把它们分为两大类:一类首先作用于需求侧,包括产品创新和市场创新,还包括部分类型的制度创新,我们称之为"需求型创新";另一类首先作用于供给侧,包括工艺创新、资源创新以及部分类型的制度创新,我们称之为"供给型创新"。

需求型创新和供给型创新都是创新,但前者首先和主要作用于需求侧,后者首先和主要作用于供给侧,对宏观经济的影响不一样。前者导致产出和价格同向变动,后者导致产出和价格反向变动。因此,区分这两类创新对于理解宏观经济运行非常重要。

供给型创新包括工艺创新和资源创新。工艺创新就是企业生产技术的提升。在企业的资本存量、劳动力雇用量等要素投入给定的情况下,企业的生产技术水平越高,平均生产成本就越低,因而生产能力就越大,供给就越大。资源创新能够使得企业摆脱对成本较高的资源的依赖,用便宜的原材料或资源进行生产,从而降低生产成本、增加供给。因此,也可以通过促进工艺创新和资源创新来增加总供给。

(四)供给侧改革

严格地说,改革也是创新的一种,属于熊彼特所说的"管理创新"。但由于科技创新与制度创新的差异很大,且在中国制度创新中具有特别重要的地位,我们在此将改革与科技创新分开论述。

制度对经济单位中人的劳动积极性、投资积极性和资源使用方向有着强烈的影响。在供给侧,制度变迁对企业和工人的生产积极性有着巨大的影响,从而也能够影响总供给。制度变迁对总供给的影响可以是正面的,也可以是负面的。20世纪80年代初"家庭联产承包责任制"在农村的推广,极大地解放了农村生产力,使得农业生产得到了迅速发展,并因而基本解决了中国的粮食短缺问题。此后的企业改革、金融体制改革、投资体制改革等无一不是针对经济单位中人的劳动积极性、投资积极性和资源使用方向。这些改革措施或多或少都提高了工人、企业管理人员和政府工作人员的积极性,提高了资源配置的效率,刺激了中国的总供给。

目前,中国经济到了一个转折的关头,高端服务业、高端制造业将成为下一步产业升级的方向。但这些产业的发展需要一套相应的法律体系、政治制度、知识产权保护制度、文化体系等制度的支撑,全面深化改革就成为中国经济进一步发展的前提(苏剑,2015)。因此,供给侧改革就成为中国经济的当务之急。

(五)调整企业负担的其他政策

还有其他一些政策可以调整企业的运营成本:

1. 法律手段

法律的调整可以影响企业的成本,比如提高生产的安全标准、产品质量标准、环保标准等都可以影响企业的生产成本,从而影响总供给。

2. 降低企业的政策性负担

这一点主要适用于国有企业。传统的国有企业承担了大量的社会功能,包括教育、医疗、养老、失业保障等,降低这些负担有助于降低国有企业的成本,增加国有企业的供给。

(六)行政手段

一些行政手段也可用于调整总供给。这些手段在计划经济和市场经济中都经常用到,只不过使用的频率、场合、方式不同。

1. 许可证制度

这种政策在许多国家都被采用,尤其在中国用得非常普遍,许多事情都需要政府审批。没有政府批准,企业和个人不能进入某个行业、不能进行某项投资、不能进入某个市场,这种事情在中国很常见。比如,各个高等学校的专业设置需要教育主管部门许可。

2. 配额

配额是指由政府确定一个总的生产规模,然后规定各个生产者的生产规模。比如,美国的农业生产中就用到这一政策;欧佩克组织在各产油国之间也分配产油配额;在高校招生方面,中国政府首先确定每年的招生规模,然后对各个高校分配招生名额;等等。

3. 行政命令

在有些情况下,通过行政命令的方式限制或增加某种产品的产量,这也是一种供给管理政策。这种政策在计划经济下用得很多,近年来也经常用到。比如,20世纪90年代中后期的"限产压锭"就是这种政策的应用,2017年以来的"去产能"以及环保措施都属于行政命令手段。

三、采取供给管理政策时的注意事项

采取供给管理政策时,要注意避免滑向计划经济,因此要对供给管理进行系统的改造。所谓"系统的改造",主要是指把供给管理政策中与计划经济相似或有可能导向计划经济的因素加以系统的纠正,这种纠正至少包含以下四方面的内容:

（一）以间接调控代替直接调控

这是指运用供给管理政策调节激励、约束生产者,并且这种调节是在公平竞争的市场秩序和政府行为法治化、民主化的规范下展开,而不是直接干预和否定生产者本身的行为。

（二）以价格调节代替数量调节

在计划经济条件下,价格信号（即市场的作用）被否定,数量信号与配额指标成为经济的主要调节信号和基本方式;而在市场经济条件下,对于资源配置来说市场是基础性的,价格信号是基本的。因此,在进行供给管理时应以价格调节为主要手段。当然,这种价格调节不能是直接的价格管制,而是以税收、补贴等形式出现的间接影响生产成本的价格调节方式。在市场经济中,企业拥有产品定价权,政府一般不应直接规定产品价格,而应对产品价格进行间接调控。企业应当在制度上,特别是企业产权制度上具有发现价格信号的动力和能力,也应当面对竞争性市场价格的硬约束。

（三）以宏观调控代替微观调控

在市场经济条件下,政府在运用供给管理政策对企业（生产者）进行调控时,不应直接干涉特定企业的具体运营,而应当一方面尽可能使政策针对某一类企业（比如某一行业、某一产业、某一地区或某种具有相同特征的同类企业）,另一方面尽可能影响这类企业共同面临的竞争条件和环境,而不是直接影响企业行为本身。也就是说,供给管理政策虽然是针对企业的,但应当尽可能使其"宏观化""普遍化"。

（四）以法律手段代替行政手段

法律手段的优势在于它包含了政策执行者和政策作用对象之间的互动机制,既包含了对政策作用对象（企业）的法律约束,同时也包含了对政策执行者（政府）的法律规范。市场经济条件下运用供给管理政策,重要的条件之一是规范政府行为,使政府行为规范化、法治化、程序化,否则供给管理很可能导致政府过度行政集权。而且,任何政策都可能有漏洞,一方面,政府有可能对经济不了解或对经济某些方面缺乏足够的信息;另一方面,个别企业也可能的确面临特殊情况,因而相互之间的互动机制的存在就极为重要。如果说市场经济是法治经济,那么法治化深入的关键不仅在于针对一般市场经济中的私人主体行为建立和健全法律约束,更重要的在于针对公权行为主体行为形成有效的法律约束。否则,以行政手段为主,在政府与企业间只是垂直的行政性管制,而不能形成互动机制,供给管理政策的实施便可能导致管理体制的行政化（刘伟和苏剑,2007）。

四、需求管理政策与供给管理政策的组合及其效果

在选择需求管理政策与供给管理政策的组合时,需要考虑经济出现问题的原因。假定经济一开始处于充分就业状态,但由于负的需求冲击导致均衡产出和物价水平下降,如图 6-24 所示。此时,既可采用需求管理政策,也可采用供给管理政策使经济恢复到充分就业状态,但二者的后果是不一样的。供给管理政策将使得价格水平进一步下降到 P_2,这意味着通货紧缩,对私人部门的总需求可能会有负面影响,从而使经济陷入恶性循环。而需求管理政策则使得价格水平从 P_1 恢复到 P_0,这一过程既稳定了就业,又稳定了物价。因此,此时应更多地采用需求管理政策。

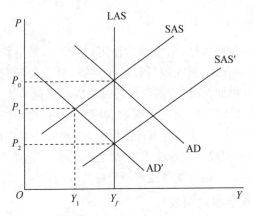

图 6-24 负的需求冲击

假定经济一开始处于充分就业状态,但由于负的供给冲击导致均衡产出和物价水平上升,如图 6-25 所示。同样,此时既可采用需求管理政策,也可采用供给管理政策使经济恢复到充分就业状态,但二者的后果是不一样的。需求管理政策将使得价格水平进一步上升到 P_2,这意味着在失业逐渐消除的同时通货膨胀率更高。而供给管理政策则使得价格水平从 P_1 恢复到 P_0,因而经济可以在不经受或少经受通货膨胀的情况下恢复充分就业。因此,此时应更多地采用供给管理政策。

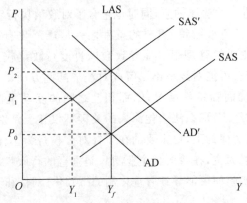

图 6-25 负的供给冲击

因此，在稳定经济时，应尽量用需求管理政策对付需求冲击，用供给管理政策对付供给冲击。用需求管理政策对付供给冲击或用供给管理政策对付需求冲击，虽然都能使经济恢复充分就业或者消除通货膨胀，但都会对经济产生负面影响，这种负面影响主要体现为目标变量之外的变量会更不稳定。

五、总结

随着以技术进步为特征的新经济的到来，新产品不断涌现，任何一个经济单位的产业结构都在不断调整。而对于中国来说，经济的迅速发展更要求产业结构的迅速调整和升级，设计和实施适当的产业政策就成为中国经济政策的重点之一。由于几乎所有的产业政策都是供给管理政策，因此供给管理政策在中国今后将扮演重要的角色。

区域经济政策是供给管理政策的另一个重要组成部分。作为主权国家的一部分，地方政府无法施行主权国家政府那样的经济政策手段。比如，一个地区不可能执行货币政策。而如果通过财政政策增加总需求，那么增加的也只是本地区居民的总需求，而本地区居民的总需求中很可能只有一小部分是对本地产品的需求，因而对本地经济的刺激作用有限。其结果是，一个地方政府花了钱，很可能是促进了其他地区经济的发展。因此，需求管理政策对于地区来说是不适合的，供给管理政策就成为唯一选择。

经济全球化使得一个个国家和地区越来越像主权国家管辖的地区了，各国的经济政策不再独立。商品市场、资本市场的逐步开放都使得需求管理政策的效果越来越差，一国政府的需求管理政策刺激起来的总需求很可能不是对本国产品的总需求。但供给管理政策就不一样了。供给管理政策的直接受益人就是位于本国主权范围内的相关企业，因此受益最大的是本国企业。其他国家的居民可能也会享受到本国供给管理政策的好处，但毕竟是第二位的。

因此，在调节经济方面，供给管理政策有着独特的优势。可以预期，随着产业结构的不断调整和经济全球化的不断加速，供给管理政策将越来越受到政策制定者的重视，也将在调节短期经济波动中起到越来越大的作用。

专栏6.1　历史上的需求管理与供给管理

需求管理与供给管理都是宏观调控手段。二者的历史都源远流长，但不同历史时期的宏观调控对二者的倚重不同。在古代，生产力低下，物资贫乏，增加生产、促进供给就是那时的主要任务，所以供给管理是主要的宏观调控手段。但需求管理在古代也没有被忽视，由于物资贫乏，因此需求管理的重点就是抑制需求。中国"勤俭持家"的传统实际上就兼顾了需求管理和供给管理。"勤"的目的是促进生产，属于扩张性供给管理政策；"俭"的目的是降低消费，尤其是杜绝浪费，属于紧缩性需求管理政策。"勤俭持家"虽然是针对家庭而言的，但实际上也反映了古代的治国理念。因此，"勤俭"的意思就是供给扩张、需求紧缩这样的宏观经济政策组合。

在中国历史上，供给管理的成功案例之一就是春秋战国时期管仲对齐国的治理。为了齐国的富强和齐桓公的霸业，管仲采取了大规模的供给管理措施。据《管子·大匡》所述:"桓公践位十九年,弛关市之征,五十而取一,赋禄以粟,案田而税,二岁而税一,上年什取三,中年什取二,下年什取一,岁饥不税。"意思是说,在齐桓公在位的 19 年中,降低关税率和商业税率至 2%,农业税按土地面积征收,且改为两年征收一次,收成好时农业税税率为 30%,收成中等时税率为 20%,收成差时税率为 10%,收成再差就免去农业税。这些税负相对于当时其他国家来说已经很轻了。这种扩张性的供给管理政策有力地促进了齐国经济的发展,为齐国的迅速崛起奠定了经济基础,齐桓公也由此成为"春秋五霸"之首。

到了近代,随着资本主义经济的发展,人类的生产力突飞猛进,出现了生产过剩的现象;到了现在,包括中国在内的大部分国家都存在产能过剩的现象,因此需求管理的重要性就越来越大,而且方向也从紧缩变为扩张。

基本概念

总需求曲线　　　　扩张性财政政策　　　　扩张性货币政策
总供给曲线　　　　凯恩斯供给曲线　　　　古典供给曲线
菲利普斯曲线　　　供给管理

本章小结

1. 为了说明产量与价格均衡,在本章的分析中,我们把价格变动纳入分析框架。

2. 总需求曲线是指在价格水平可变的情况下,商品市场与货币市场达到均衡状态时的价格与产品需求量的组合形成的曲线。

3. 总需求曲线的位置取决于一定的财政政策与货币政策。扩张性财政政策或名义货币存量的增加使得 AD 曲线向右上方移动。

4. 总供给曲线的含义是指在每个价格水平上,厂商愿意供给的实际产出。短期总供给曲线是根据生产函数、加成定价法以及菲利普斯曲线推导得到的。

5. 凯恩斯供给曲线是水平的,古典供给曲线是垂直的。在前一种情况下,价格与工资具有刚性;在后一种情况下,价格与工资具有完全灵活性。

6. 菲利普斯曲线表明,名义工资随着就业水平缓慢变动。就业率高时工资趋于上升,就业率低时工资趋于下降。菲利普斯曲线是总供给曲线推导的基础。

7. 原材料与工资决定了成本与价格,原材料价格的变动转化为价格的变化以及相应的实际工资的变化。原材料价格变化是总供给冲击的重要途径。

8. 供给管理可以用于短期调控。

9. 在设计宏观经济政策组合时,应该尽量用供给管理政策应对供给冲击,尽量用需求管理政策应对需求冲击。

练习与思考

1. 讨论下列情况下总需求曲线的斜率与位置：
(1) 政府降低个人所得税税率。
(2) 自发性支出乘数增大。
(3) 政府采取扩张性财政政策。
(4) 政府增加名义货币供给量。

2. 讨论下列情况下短期总供给曲线的斜率与位置：
(1) 工资对就业变化的反应变小。
(2) 劳动生产率提高。
(3) 原材料价格上涨。

3. 用图形法证明，在下列情况下，AD 曲线越平坦：
(1) 货币需求对利率的反应程度越小。
(2) 货币需求对收入的反应程度越小。
(3) 投资需求对利率的反应程度越大。
(4) 乘数越大。

4. 考虑一个两部门经济，消费函数为 $C=200+0.6Y$，投资函数为 $I=150-600r$，货币需求函数为 $L=0.3Y-300r$，货币供给 $MS=180$，设价格水平为 P。
(1) 试求总需求函数。
(2) 价格水平 $P=1$ 时的均衡收入和利率。
(3) 若该经济的总供给函数为 $AS=330+100P$，求均衡时的收入和价格水平。

5. 在总供求模型中讨论原材料价格下降对经济的冲击：
(1) 试用图形解释短期调整过程。
(2) 试用图形解释长期调整过程。

6. 在不利的供给冲击下，如果政府采用财政政策或货币政策来迅速实现长期、短期均衡，那么该采取什么样的财政政策或货币政策？调整过程如何？在通过这些政策达到新均衡后，与未出现这一供给冲击时的均衡相比，真实工资和均衡利率有何不同？

7. 解释古典供给曲线为垂直线的原因，此时什么样的机制能够确保劳动力充分就业？

8. 考虑货币需求降低的情况：
(1) 在古典情形下，这对产量和价格分别有什么影响？
(2) 在凯恩斯情形下，这对产量和价格分别有什么影响？

9. 总需求曲线描述的是什么？它为什么是向右下方倾斜的？

10. 货币中性理论的内容是什么？不同学派对货币中性的理解有什么不同？

11. 总供给曲线描述的是什么？请讨论导致总供给曲线移动的主要因素。

12. 请尝试说明降低工资对总需求和总供给的影响。

13. 假定经济开始时处于长期、短期均衡，然后货币需求突然外生增加（即货币需求的增加与收入、利率等变量无关）。请在总供求模型中考虑货币需求冲击对均衡的影响及相应的政府政策，并以图形说明。

14. 需求管理政策与供给管理政策在内容和作用机制方面有什么不同？

第七章　宏观经济政策

在第五章,我们讨论了凯恩斯主义需求管理政策,这个政策的理论基础就是 IS-LM 模型。现在,宏观经济学已经发展到 AS-AD 模型,因此从理论上说,就该以 AS-AD 模型为基础建立一个新的宏观调控政策体系。本章的任务就在于此。

第一节　现有的宏观调控体系的局限性

自"大萧条"开始,西方的宏观调控采取的就是凯恩斯主义需求管理政策。不论是针对经济衰退还是经济过热,西方的宏观调控都是针对总需求做文章。但是,凯恩斯主义需求管理具有非常严重的局限性。

一、政策框架的局限性

在目前的主流宏观经济学教材以及宏观调控实践中,宏观经济政策分析方面的主要分析框架还是 IS-LM 模型,强调的是需求管理,政策工具是财政政策和货币政策。我们知道,IS-LM 模型是 20 世纪 50—60 年代发展起来的理论,那时的宏观经济学主要研究需求侧,对供给侧缺乏了解,也不甚重视。因此,基于 IS-LM 模型的政策体系就被称作"需求管理政策"。80 年代之后,经济学界对总供给越来越重视,理解也越来越深刻,最后在 IS-LM 模型的基础上发展出总需求理论,在菲利普斯曲线的基础上发展出总供给理论;二者结合起来,就形成总供求模型,即 AD-AS 模型。总供求模型迅速为经济学界所接受,取代 IS-LM 模型成为宏观经济学的主要理论和分析框架。

虽然宏观经济理论已经取得这样的进展,但宏观经济政策体系依然依据 IS-LM 模型,强调和倚重"需求管理政策",对"供给管理政策"不理不睬。在宏观经济学已经发展到总供求模型的今天,宏观经济政策的理论依据却依然是古老的 IS-LM 模型,宏观经济政策体系的发展显然严重滞后于宏观经济理论体系的发展。因此,在总供求模型的基础上重新建立宏观调控理论体系和宏观调控政策体系,就是一件顺理成章的事情了。

二、政策效果的局限性

(一) 治标不治本

凯恩斯主义经济学认为,西方市场经济之所以出现产能过剩,就是因为存在价格刚性,使得价格在短期内高于市场出清水平且无法调整,从而妨碍了市场功能的发挥。针对产能过剩,凯恩斯主义强调需求管理,通过扩大需求来应对这一问题;但这一政策隐含的前提是接受刚性价格的存在,并在此前提下采取扩大需求的方式,使得供求达到均衡。问题是,既然产能过剩的根源是价格刚性,为什么不设法消除?一旦消除了价格刚性,市场功能就恢复了,价格机制就会重新发挥作用,自动使经济恢复均衡。但凯恩斯主义不这样做,它对这个根本原因不予理睬,只用需求管理恢复均衡。这显然是治标不治本的办法。

(二) 无法同时针对多个政策目标

目前正统的宏观经济学中存在所谓的菲利普斯曲线,也就是通货膨胀和失业之间的交替关系。要想解决失业问题,就必须忍受较高的通货膨胀;而要解决通货膨胀问题,就得忍受高失业。这是需求管理的必然结果。

而在经济面临滞胀的情况下,需求管理政策的效果更差。面对滞胀,如果想用需求管理对付"滞",就得扩大需求,其结果是通货膨胀率更高;如果对付"胀",则要紧缩需求,失业率会更高。因此,在这种情况下,解决一个问题的代价是另一个问题更严重。

另外,随着经济的发展,经济本身越来越复杂,宏观调控的目标也越来越多,比如结构调整和升级、资产价格的调控尤其是对资产价格泡沫的防范,以及国际收支平衡等。面对如此多的目标,单纯的需求管理无法兼顾,往往是解决一个问题的同时制造了更多问题。

(三) 没有考虑经济运行质量,导致经济"肥胖症",最终引发金融、经济危机

凯恩斯主义政策的一个巨大缺陷是只考虑需求的数量,不考虑需求的质量。因此,只能在短期救急时使用,不能长期采用,长期采用的结果就是金融危机或者其他形式的经济危机。

首先看货币政策。货币政策调控的是利率,但低利率刺激出来的投资的边际收益率也越来越低。因此,投资需求的质量越来越差,最后当经济陷入流动性陷阱的时候,利率很低,就像目前的发达经济,利率已经接近于0,这种低利率刺激出来的投资的质量就非常差。在这种政策的刺激下,经济的规模是扩大了,但经济并没有变得更强壮,而是变得更"肥胖"、更虚弱(苏剑和林卫斌,2015)。一旦出于某种原因利率突然以较大幅度上升,这些投资项目就会出现亏损,亏损面一大,就会出现金融危机。实际上,2008年的美国次贷危机就是这么来的(苏剑和刘斌,2009)。

其次看财政政策。财政政策在刺激需求时,无非是要增加政府支出、降低政府收入,其结果必然是政府债务负担越来越重,最终引发债务危机。美国金融危机之后,欧洲爆发了债务危机,美国政府债务占GDP的比例2019年年底就已经达到110%,日本的这个

比例在 2018 年更是高达 201%[①],中国的政府债务问题从官方数字看虽然没有那么严重,但问题也不小,中央、地方债务总和占 GDP 的比例已经高达 50% 左右,部分地方政府的债务问题异常严重。凡是采取凯恩斯主义宏观调控政策的国家都不同程度地面临债务危机的威胁。

如果用财政政策刺激消费,那么刺激出来的是边际效用越来越低的消费甚至是浪费性消费,同样意味着经济出现"虚胖"。

（四）"毒瘾"难戒

一旦采用凯恩斯主义政策,往往会"上瘾"。凯恩斯主义政策本来是用来对付"大萧条"这样的经济危机的,是用来救命的。但凯恩斯主义政策天然地符合宏观调控当局扩大自身权力的需求,也符合相关利益群体寻租的需求,因此存在一种"自促进"机制。其结果是,凯恩斯主义政策让宏观调控当局难戒"毒瘾"。

正常情况下,我们应该相信市场机制的功能。市场机制能够自动稳定经济、保证经济的正常运行,只有在比较极端的情况下,市场可能无法自动恢复均衡,此时才需要宏观调控把经济从危机中挽救出来。比如"大萧条"这样的经济危机,离开政府调控可能无法自愈。在宏观调控中,一定要相信市场经济的决定性作用,一定要相信在大多数情况下、大多数时间市场机制是能够顺畅运行的。就跟一个人一样,他一生的绝大部分时间是健康的,身体自身的免疫功能能够发挥作用,遇到一些小的疾病能够自动康复,因此他一生的大多数时间是不需要医生的;但人终归还是有生病的时候,在这些情况下就需要看医生,就需要吃药等。但不能因为人生过一次病,从此就得一辈子吃药、离不开医生。一旦治好病,就不再需要吃药,不再需要医生看护。经济也一样。正常情况下应该由市场自动运行,只有在少数极端情况下才需要政府进行宏观调控。

"大萧条"过后,凯恩斯主义政策成为"熨平"经济波动的工具,人们试图利用凯恩斯主义政策驯服经济周期。于是,第二次世界大战结束以来的七十多年时间里,凯恩斯主义需求管理政策被长期化、常态化。人们似乎忘记了市场经济的自动调节功能,经济每出现一点问题,人们就试图采用宏观调控政策稳定经济。其结果是,经济变成了一个时时刻刻需要"医生"关照的病人,甚至变成"植物人",离开"医生"就无法正常运行。

（五）效果外溢

随着经济全球化的推进,需求管理效果的外溢性越来越大。比如,一个国家采取了扩大需求的政策,但老百姓可能购买的不是本国产品,其结果是,本国政府花了钱,其他国家受益了。这对于本国政府来说显然不是最理想的结果。而供给管理则不一样。供给管理针对的是本国企业,通过减税等其他方式进行的供给管理受益的主要是本国企业,因此政策效果的外溢性就不大。在全球化程度日益加深的情况下,供给管理相对于需求管理的优越性越来越大。

---

① 数据来自 Wind 数据库。

三、没有照顾到中国特色

对于中国来说，宏观调控的对象当然是中国经济，但目前流行的宏观调控理论体系是以西方经济为基础建立起来的，没有照顾到中国特色。

首先，在宏观调控理论体系中没有考虑到改革开放。众所周知，最近四十多年来，改革开放是推动中国经济快速增长最重要的推动力，家庭联产承包责任制、价格改革、国有企业改革、财税体制改革、金融体制改革、外贸体制改革以及对外开放等都迅速改变了中国经济的运行环境和运行机制，持续推动了中国经济的高速增长。但是，这些改革开放举措是如何影响宏观经济的？改革开放显然是中国政府调节宏观经济的手段，那么在宏观调控中如何理解改革开放，或者说如何把改革开放纳入宏观调控理论体系中，以及如何更好地利用改革开放来促进经济的发展。目前正统的西方宏观经济学没有这些内容。

其次，没有考虑中国宏观经济本身的特点。中国宏观经济的特点很多，这里仅列举三个：第一，跟西方国家相比，政府权力的覆盖面和政府的执行力明显要大得多，这使得中国政府具有大量西方国家所没有的政策工具，而即使是同样的宏观经济政策在中国也具有完全不同的效力，甚至具有完全不同的政策传导机制；第二，中国特有的所有制结构以及政府对国有部门的严格控制，使得经济运行具有中国特色，在宏观调控方面也能够通过国有企业来实施和贯彻政府意图；第三，中国社会和经济的二元结构使得同一个宏观调控政策在不同地区、不同人群之间的效力大不相同，户籍制度等人为割裂了社会和经济，也扭曲了宏观调控政策的传导，降低了宏观调控政策的效力。

最后，没有考虑到中国的发展阶段。目前正统的宏观经济理论和宏观调控理论都是以成熟的发达市场经济为基础建立起来的，适合这些发达国家，而可能未必完全适应用于发展中国家。发达国家的产业结构、科技水平、老百姓的消费需求结构、劳动力的文化素质、制度结构、对外开放度等都与发展中国家不一样，两类国家对同一项宏观经济政策的接受能力也不一样。

四、对创新考虑不足

创新是现在世界各国都非常重视的经济活动，许多国家甚至把创新上升到国家战略的高度。在中国，"双创"近年来更是被作为宏观调控的重要手段。但在宏观经济学和宏观调控中如何把创新纳入进来？目前的宏观经济学在经济增长理论中确实考虑了创新，新古典经济增长模型明确提出了人均产出增长率取决于科技进步率，内生增长理论进一步研究了科技进步率的决定因素，真实经济周期理论倒是在短期经济波动的分析中考虑了技术进步，但对技术进步的短期影响以及如何利用这些技术进步调控经济则讨论甚少。即使讨论技术进步，理解也过于笼统，把产品创新、工艺创新等混为一谈，没有很好地理解这些创新在影响宏观经济方面的传导机制以及效果的差异。

第二节 基于 AS-AD 模型的宏观经济政策体系:总体框架

如前所述,现在的宏观经济学已经发展到总供求模型,所以宏观经济政策也应该以这个模型为基础,而不是继续依靠 IS-LM 模型。按照总供求模型,宏观经济政策体系应该包括三大类,即需求管理、供给管理和价格管理,如图 7-1 所示。

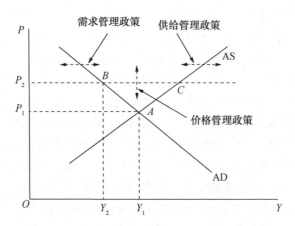

图 7-1 以总供求模型为基础的宏观调控理论体系

需求管理就是在价格不变的情况下增加需求的政策。反映在图形上,需求管理就是使得总需求曲线的位置或者斜率发生变动的政策。

类似地,供给管理就是在价格不变的情况下增加供给的政策。反映在图形上,供给管理就是使得总供给曲线的位置或者斜率发生变动的政策。

价格管理就是通过调整价格来稳定经济的政策。这个政策在计划经济下被经常用于实现其他经济或非经济目的。

在目前正统的宏观调控理论中,凯恩斯主义需求管理政策之所以存在,原因是市场经济中存在价格刚性。[1] 市场经济之所以具有自动调节功能,核心要素和必要条件之一就是价格能够自由调整,从而均衡需求。因此,在经济自由主义者眼里,不需要政府干预经济,市场机制就能够协调好经济运行,使得经济处于充分就业状态。但凯恩斯主义认为,即使在成熟的市场经济中,价格也不是能完全灵活调整的,这被称作"价格刚性"或者"价格黏性"。这就导致了"市场失灵"。[2] 如图 7-1 所示,假定某一时刻价格为 P_2,此时供大于求,价格应该下降从而均衡供求,但如果价格不能灵活调整,比如价格在 P_2 处固

---

[1] 新凯恩斯主义经济学建立了大量模型论述现代发达的市场经济中价格刚性出现的原因(参见〔英〕布莱恩·斯诺登、霍华德·R.文著,佘江涛等译:《现代宏观经济学:起源、发展和现状》。南京:江苏人民出版社 2009 年版,第 308—343 页)。

[2] "市场失灵"的原因有好多,比如信息不对称、外部性、规模经济等,但凯恩斯主义强调的市场失灵是"价格刚性",因而价格刚性就成为凯恩斯主义经济学的前提条件。可以说,按照目前的宏观经济学理论,没有价格刚性就没有凯恩斯主义经济学,也就不需要凯恩斯主义政策,当然也就不需要宏观调控。

定下来,此时供大于求的状态就会持续存在,最后在 B 点达到均衡。此时的均衡不是瓦尔拉斯均衡,经济中存在失业。只要价格不能调整,这种情形就将持续存在。

在这种情况下,凯恩斯主义认为,需求决定了经济的均衡产出和就业,为了扩大就业,就应采取扩张性需求管理政策,右移总需求曲线,使得新的总需求曲线与总供给曲线相交于 C 点,这样就能够消除失业,解决产能过剩的问题。

当然,在这种情况下,也可以设法压缩产能,使得总供给曲线左移,与总需求曲线相交于 B 点,也能实现均衡。这就是供给管理政策的使用。但在这个情况下,有几个问题需要回答:第一,压缩产能后的产出 Y_2 能否保证充分就业?由于这种政策导致的是整条短期总供给曲线的左移,此时实现的均衡在 B 点,产出是 Y_2,而开始时充分就业的产出水平是 Y_1,应该难以在那个就业水平上保证充分就业。因此,这种情况下就要求自然失业率或者劳动力数量能够灵活调整,才可能在 Y_2 处实现充分就业。第二,应该压缩哪个行业或企业的产能?在私有产权受到良好保护的情况下,是否去产能是企业自己的事情,政府没有办法指令某个特定的企业去产能,由此可能形成囚徒困境,最后大家都不去产能,各个企业最终都被配给。也就是说,此时供给管理政策的实施难度很大。第三,能否保证去掉的是劣质产能?价格维持在高位意味着大多数企业只要能把产品销售出去就多少会有盈利,竞争已经不再是价格竞争和成本竞争,而是市场份额的竞争。此时成本低的企业未必就有竞争优势,最终被淘汰的可能是优质产能。因此,此时如果要实施紧缩性供给管理政策实现均衡,就要慎重设计供给管理政策,确保去产能且去掉的是劣质产能。

显然,上述两种政策都是治标不治本的。因为既然产能过剩出现的原因是价格刚性,为什么不设法消除价格刚性呢?如果消除了价格刚性,价格从 P_2 降到 P_1,经济就会自动回复到瓦尔拉斯均衡点 A。此时,随着价格的下降,需求量增加、供给量下降,也就是一边通过价格机制扩大需求,一边通过价格机制去产能或者至少压缩产量,最终实现均衡。一旦价格刚性被消除,市场机制的自动调节功能就会自动恢复,就不再需要凯恩斯主义需求管理,也不再需要供给管理。

但是,价格刚性一旦出现,往往很难在短期内消除。中国价格改革的艰难实践表明了这一点。所以,在短期调控中往往还是需要需求管理和供给管理的。

因而,按照总供求模型,宏观调控政策体系应该包括需求管理、供给管理、价格管理三大类(见图7-1)。其中,价格管理的目的是消除价格刚性、恢复市场机制的功能,一旦市场机制的功能得以恢复,就不需要需求管理政策和供给管理政策,因此价格管理是宏观调控中的治本之策;需求管理和供给管理是在价格刚性短期内无法被完全、快速消除的情况下的治标之策。

市场失灵不仅包括价格刚性一种,尤其是对于中国这样的各种制度还不完全成熟的发展中经济来说,市场失灵的形式就更多,甚至在经济转轨的特定时期市场本身都不完善,某些市场还不存在,所以宏观调控就不仅要针对价格刚性,还要针对其他各种市场失灵和市场不完善。

完善的市场经济应该包括三个部分:一是供给方,二是需求方,三是市场。就跟演戏一样,需要三方才能正常进行,一是演戏的(供给方),二是看戏的(需求方),三是戏院(为供求双方的活动提供场所)。市场作为交换所需要的基础设施,为供需双方的交易行为提供交易场所或交易所需要的其他各种条件,比如通信体系、交通体系、法制环境、政策环境、文化环境、信用体系、金融环境等。

因此,在宏观调控中,就存在三类政策:第一类是市场环境管理,主要目的是提供市场机制所需的各种基础设施,并消除市场失灵或者完善市场,实现市场机制的功能,让市场机制充分发挥作用;第二类是需求管理,这是在价格刚性或其他形式的市场失灵在短期内无法完全被消除的情况下可以采取的政策,主要是通过扩大需求来消除产能过剩和失业;第三类是供给管理政策,这也是在价格刚性或其他形式的市场失灵在短期内无法完全被消除的情况下可以采取的政策,目的是通过压缩产能来消除产能过剩和失业。

目前正统的西方宏观经济学教科书中以及宏观调控的实践中,人们普遍认为宏观调控的唯一政策就是凯恩斯主义需求管理政策。现在宏观经济学已经发展到总供求模型,但目前的宏观调控理论却还继续以 IS-LM 模型为基础,不能不说这是西方宏观经济学的一大缺陷。

中国在学习西方宏观调控的同时,并没有丢掉自己传统的宏观调控手段,并出于经济转型的需要而发展出以改革开放为核心的"市场环境管理政策",形成了包括供给管理、需求管理、市场环境管理的三维宏观调控体系。这种宏观调控体系恰好跟目前西方宏观经济学中的总供求模型一致,可以从总供求模型中推导出来。因此从理论上说,中国的宏观调控体系应该是领先于西方的宏观调控体系的。

西方宏观调控理论中虽然只有凯恩斯主义需求管理政策,但在实践中实际上也包括这三大类政策(见本章第七节)。

在这三类政策中,供给管理政策已经在第六章论述,本章不再重复;需求管理中的凯恩斯主义政策已经在第五章论述,本章也不再论述。本章主要论述其他需求管理政策和市场环境管理政策。在以下几节中,我们首先论述市场环境管理政策,接着论述其他需求管理政策,然后讨论各种政策的组合方式,以 2019 年中国的宏观调控政策为例介绍中国特色的宏观调控体系,最后介绍美国近年来实际采用的宏观调控政策体系。

第三节 市场环境管理政策

一、市场失灵与市场环境管理

在某些情况下,市场机制不能有效地进行资源的配置,帕累托最优的状态无法实现,这被称为"市场失灵"。导致市场失灵的原因主要有价格刚性、垄断、信息不对称、外部性以及公共产品的存在等。因此,市场环境管理指的是消除价格刚性、垄断、信息不对称、外部性等一系列市场失灵以恢复市场功能的政策。例如,通过推动要素价格的市场化来打破价格刚性;通过规范行业竞争、扩大开放程度、鼓励中小企业发展来打破行业和地区垄断;通过加强诚信建设、健全信息披露制度、培育公正的第三方中介机构等来减轻信息的不对称;通过对污染企业征收排污税将负外部性内部化;通过明确资源的产权、发放许可证等方式促进公共资源的合理使用,避免"公地悲剧";等等。

健全的市场机制是提高宏观经济运行效率的核心。如果市场失灵的问题得到解决,就可以减轻供给管理和需求管理的压力,甚至可以不需要二者。中国的宏观调控体系一直比较重视市场化改革,其原因在于中国由计划经济向市场经济转轨的过程中仍有一些遗留问题。例如,要素(劳动力、土地、资本、自然资源等)市场化的程度仍有待提高,法律制度建设有待完善,市场开放程度仍需进一步扩大。因此,中国政府有必要通过市场环境管理,规范市场秩序,提高竞争效率,恢复市场功能,最大限度地发挥市场配置的有效性。

二、案例分析:共享经济中市场功能是如何被恢复的?[①]

本节以案例分析的形式介绍在市场失灵的情况下如何恢复市场功能。近年来流行的"共享经济"就是一个非常好的案例。

(一)为什么可以共享?

在对经济中的各种物品进行分类时,人们常常依据两个指标:可排他性和竞争性。就某种物品而言,如果能够排除他人使用该物品,我们就认为这种物品具有可排他性;如果一种物品在被一个人使用时他人就不能使用,我们就认为这种物品具有竞争性。

可排他性决定了一种物品可否由市场提供。如果一种物品是可排他的,这种物品的所有者就可以针对这种物品的使用收费,通过提供这种物品谋利;相反,如果一种物品不具有可排他性,也就是所有者无法阻止别人使用这种物品,那他就无法收费,也就没有积极性去提供这种物品。因此,这种物品就无法通过市场来提供,如果这种物品必不可少,那就只能由政府或者其他公益性组织提供。

竞争性决定了一种物品能否被多个消费者共享。如果一种物品的使用具有竞争性,那就无法共享,否则就可以。无法共享的物品当然只能由消费者自己买单,不能指望"搭便车"。当然,在现实经济中,竞争性不是绝对的,也不是每时每刻都存在。许多私人品的利用率很低,大部分时间是闲置的。在物品被闲置的时间里,其实是可以让别人共享的。比如私人自行车,每天的使用时间可能就是几十分钟,在其余的时间里都是闲置的。如果在自行车被闲置的时间里,用车的人能够及时找到它,就可以共享自行车,其竞争性就被削弱。因此,竞争性往往取决于共享的成本和风险,如果成本或风险很大,竞争性就很强。

根据这两种特点,可将一个经济单位中存在的物品分为四种类型,如图7-2所示。

[①] 本节改编自苏剑:《共享经济:动因、问题和前景》,《新疆师范大学学报(哲学社会科学版)》,2018年第2期,第126—131页。

	竞争性	
	有	无
可排他性 有	私人品	自然垄断品
无	公共资源	公共品

图 7-2　四种类型的物品

第一种物品是私人品。如果一个物品同时具有可排他性和竞争性,我们就称之为私人品,这种物品可以由市场提供且不能共享。这种物品在经济中的占比最大。第二种物品是公共品。同时不具有可排他性和竞争性的物品被称作公共品,这种物品不可排他,必须由政府或其他公益性组织提供,但由于没有竞争性,可以大家共享。这种物品在经济中也普遍存在,比如国防、外交、一些不可排他的基础设施等。第三种物品是公共资源。不可排他但具有竞争性的物品是公共资源,这类物品往往是冲突的根源,最终可能会通过战争或别的手段使其具有可排他性,要么就设法降低其竞争性从而可以至少在一定程度上共享。因此,这种物品的存在时间可能比较短暂。第四种物品是自然垄断品,也被称为"俱乐部物品"。这种物品可排他,因此可以用来谋利;同时又没有竞争性,所以使用的人可以很多,使用者越多收益率越大,具有规模经济。这种物品的生产最终会形成自然垄断。

我们在谈到"共享经济"时,往往指的是私人企业的行为,也就是私人企业可以提供这种产品以谋利,从而通过市场来提供这种产品。因此,共享经济涉及的产品必须具有可排他性和非竞争性,前者使生产者可以谋利,后者使产品可以共享。因此,共享经济涉及的产品就只能是上述第四种物品,也就是自然垄断品(俱乐部物品)。

共享经济的发展主要有两条途径:一是使私人品可共享,即弱化私人品的竞争性;二是使公共品可排他,也就是提高公共品的可排他性,让私人部门有激励进入。当然,也可以使第三种物品同时具有可排他性和非竞争性,但这种物品本身可能就很少,重要性不大。

(二)共享经济发展的原因:技术进步

近年来共享经济的蓬勃发展是技术进步的结果。技术进步尤其是信息技术的进步,降低了排他和共享的成本,也就是提高了物品的可排他性,降低了物品的竞争性。

1. 技术进步对产品竞争性的影响

技术进步弱化竞争性,主要是通过降低共享的成本来实现的。这种竞争性产品之所以能够共享,是因为使用者的使用时间有差别。对于很多具有竞争性的产品来说,在同一时间段只能由一个人使用,是具有竞争性的,然而在不同的时间段则是不具有竞争性的。共享单车就是明显的例子。

技术进步通过四条途径强化了竞争性产品的共享问题:第一,技术进步解决了信息和匹配的问题,互联网平台向消费者有效传递了什么时间、什么地点有闲置物品,什么时间、什么地点有需求信息,解决了信息不对称的问题。这在以前是不可想象的。第二,技术进步解决了信任的问题。在共享平台出现之前,产品的共享也是存在的,但往往是仅限于亲友等相互信任的人之间。随着技术进步,人们可以通过评价、信用积分等方式了解到对方的可信程度,解决信任问题。第三,技术进步解决了收费问题。在共享平台和线上支付出现以前,很多共享产品的使用无法收费或者收费成本太高,如今很多共享产品单次使用收费低廉,在共享平台出现之前这类产品的收费成本可能要远高于其共享收益。第四,技术进步下一些共享平台产生,相应地设计了一些监督和惩罚机制,有助于保障共享产品供给者和消费者的人身及财产安全。

2. 技术进步对产品可排他性的影响

技术进步也降低了排他成本,以前不可排他的产品变得可排他。如软件、电影等知识产品,排他的难度很大,但随着技术的进步,识别这些产品的使用者和使用次数的成本就很低,尤其是一些需要联网或经常更新的产品。比如电影,要么需要在网上播放,要么需要通过网络传播,这就可以跟踪其使用情况,降低排他成本。这对于知识密集型经济来说是必不可少的。实际上,知识是不具有竞争性的产品,可以共享,但以前可排他性很弱,无法收费或者收费成本很高,从而导致知识产权被侵犯的情况大量发生。技术进步为知识的使用提供了可排他性,有助于保护知识产权,刺激技术进步。

排他成本的降低把本来不可排他的产品变成可排他的产品,这些产品的生产者就可以通过收费来取得收益,从而这些产品可以由市场提供。这就为私人部门进入这些行业提供了激励。

3. 技术进步通过制度变迁降低共享成本

技术进步也导致了社会和生产组织方式的变化,从而降低了共享成本。首先,共享平台的出现使相关行业得以去中介化或再中介化,把过去的个人与企业的雇佣关系转变为供求双方个人与共享平台的合约关系,实际是用一种合约取代另一种合约,而新的合约可以降低交易成本。其次,共享平台改变了劳动者或供给者与消费者之间的关系,经济活动由"劳动者—企业—消费者"的传统商业模式转向"供给者—共享平台—消费者"的共享模式,而共享平台的运营成本和中介费用往往比企业低,这样就降低了交易成本。在现实市场中,很多产品都由"以买为主"转变为"以租为主",这正是交易成本降低的很好体现。

(三)共享经济的经济效果

共享经济近年来迅速发展,涉及众多消费者。随着信息技术的进一步发展,共享经济在各方面的优势都将扩大,因此共享经济的迅速发展、不断扩张是不可避免的趋势,主要原因如下:

1. 节约资源,降低经济活动的环境损耗

随着人口的增加和人民生活水平的提高,对各种产品和服务的需求增加,由此也增加了对各种资源的需求。共享经济的新模式可以很好地解决资源无法被充分利用的问题。以合理的方式进行产品共享,使得一份资源在每个时间段、资源的每一部分都被充分利用,既保留了私有产权的特性,也提高了资源的利用效率。共享是节约资源、降低经济活动的环境损耗的有效途径。

2. 提高经济效率

共享经济使得市场作用加大、市场范围扩大,对政府有替代作用,而市场提供产品的效率要比政府高,因此可进一步促进经济效率的提高。

以共享出行(如顺风车等)为例,共享经济使个人可以以低边际成本的方式进入服务行业,降低了服务业的进入门槛,充分的竞争将使服务供给的质量得到改善,降低服务的价格。对于供给者而言,他只是将闲置的物品在闲置的时间提供给市场,因此其提供服务的边际成本很小,这使得市场中可供给者数量大幅增加,提供的产品和服务价格降低并且具有个性化和差异化。在这样的市场经营模式下,低成本高质量的产品和服务的提供定将促使经济效率提高。

3. 满足消费者的临时性和个性化需要

随着生活水平的提高和全球化,人口流动增加,对各种资源的临时性和个性化需求增加。共享经济具有独特的优势,它将"以买为主"的消费方式转变为"以租为主",人们占有或可使用一种商品或服务的时间缩短,便利的租赁可以满足消费者短时间、临时性的需要。以共享单车为例,它满足了消费者通勤时可快速地从地铁站到公司的需要,享用该产品的时间可能仅为10分钟左右,人们因此不用自己购买自行车。

4. 扩展收入分配方式,有助于改善社会分配结构

在传统经济的收入分配结构中,往往由企业进行收入分配,生产者分配得到的收入也以劳动型收入(如工资)或转移性收入为主。但是在共享经济的模式下,共享收入及财产性收入将会在总收入中占到越来越大的比重。

5. 促进市场的整合和扩大以及市场结构的调整

共享经济的产品必然是具有自然垄断性质的,同时共享经济以互联网为平台和基础,因此共享经济必然是网络经济。作为一种网络经济,其市场规模越大,平均成本越低,收益率越高,具有规模经济的特点。在降低成本、扩大收益的激励下,共享经济将促进市场的整合及扩大。

在市场结构方面,共享经济内在地具有削弱市场竞争、产生垄断的倾向,因此市场结构必然是不完全竞争的,最终将以垄断市场或者寡头垄断市场为主。

因此,垄断和反垄断就成为共享经济领域的显著特点。

(四)共享经济对政府、市场以及二者关系的影响

政府与市场之间的关系在经济学中是一个重大问题,经济自由主义和国家干预主义的较量一直是经济研究的核心问题。共享经济的发展对政府的经济职能、市场的效率和适应范围,以及政府与市场之间的关系都产生了影响。

1. 政府提供还是市场提供?

传统上,有些产品是公共品,无法排他,市场没有激励提供,只能由政府提供。那么,为什么市场没有激励呢?是因为无法排他,因而无法收费。随着信息技术的发展,排他成本越来越低,这就为民营企业进入这些行业提供了条件。

在国际学术界有一个共识,就是应该尽量发挥市场的力量,能由市场提供的尽量不要让政府参与。随着排他技术的提高和排他成本的降低,市场的适应范围将越来越

广阔。

共享经济中市场功能被强化,对政府直接参与经济活动的需要减弱。原先必须由政府提供的公共品在共享经济下可以由私人部门提供。比如在共享经济的某种运营模式中,产品的提供者为零散的个人,消费者也以个人为主,由纯市场化平台企业进行管理和监督。在这样的运营模式中,供给和需求完全由市场控制,由共享平台进行协调,产品价格也是市场竞争的结果,不需要政府的参与。为了保障产品的质量和交易的实现,运营平台有对产品供求双方进行监督的激励,因此对政府的监督需求也相应减弱。

2. 还要不要宏观经济政策?

现代宏观经济中各个国家都有宏观调控,其主要政策工具是财政政策和货币政策。这种宏观调控的理论基础是凯恩斯主义经济学。但凯恩斯主义经济学成立的一个前提是价格刚性的存在。价格刚性是市场失灵的一种,指的是价格不能灵活调整的情形。

在市场经济中,价格调整能够起到均衡供求的作用,保证经济的平稳运行,从而不需要政府干预。但是,如果价格不能灵活调整,那么在经济出现失衡的情况下,经济就无法凭借自己的力量实现均衡,这时就需要政府干预,而政府干预的政策工具就是财政政策和货币政策。这就是凯恩斯主义宏观调控理论的核心。

当然,作为凯恩斯主义宏观经济学的基本前提,价格刚性的假定受到了许多宏观经济学家的批评,但新凯恩斯主义经济学家提出了许多证据和理论证明价格刚性存在的现实性与合理性。

问题在于,即使价格刚性在市场经济中是存在的,也会受到共享经济的影响。共享经济的出现使得价格调节更为灵活。首要的原因是供求信息的出现和匹配更为灵活,其次是供求双方讨价还价的成本降低,谈判成功的可能性加大,再次是存量资产被投入市场进行共享,导致供给增加,最后使得特定资产的内在特点(如地理位置、装饰、内部设施、大小等)能够被更好地反映在价格中,这些都导致价格的多样性、个性化特征增强。

随着价格灵活性的提高,政府宏观调控存在的理由越来越少,市场功能的发挥就越来越充分。

3. 克服外部性

外部性是市场失灵的一种,也是约束共享经济发展的因素之一。不管是正的外部性还是负的外部性,其根源其实都是排他成本太高。通过降低排他成本,外部性就可以被消除,相关各方就可以按照市场规则来运作,进而提高经济效率。

4. 政府在共享经济运行和发展中的作用

然而,共享经济从另一个角度强化了对政府的需要。在实际运营的过程中,很多共享经济平台由于缺少相应的行业规范、法律政策、监督机制等,出现了市场运行不畅的状况。比如在共享单车市场上,频繁出现恶意破坏竞争对手车辆、乱停车等不良现象,这就需要政府提供相应的服务,消除或者至少缓解这类问题。同时,这些新产生的共享平台有可能与现有行业制度发生冲突或存在法律监管空白,包括规避税收、信息共享的数据安全、机会主义行为等,同样需要政府协调。

另外,共享经济必然存在走向垄断的倾向,因此需要政府在反垄断方面有所作为。

（五）总结

本节从产品的性质出发分析了共享经济出现的原因、其对经济可能产生的影响以及对政府和市场运行的影响。本节认为,"共享经济"中"共享"的关键是消除产品使用的竞争性,而"经济"的核心是由民营部门来提供,这就需要民营部门能从中获益,因而其关键是要提高产品使用的"可排他性"。"可排他性"使得企业可以收费,削弱"竞争性"使得产品可以共享,二者结合就构成了共享经济。

共享经济历史悠久,但之所以近年来得到快速发展,主要原因是信息技术的进步,使得提高产品的"可排他性"、削弱产品使用的"竞争性"成为可能,这就降低了排他和共享的成本,便利了共享经济的发展。

共享经济对于经济运行和宏观调控会产生广泛的影响,尤其是将给予重新界定政府与市场的关系以及二者的作用边界。

因此,共享经济就成为消除市场失灵、恢复市场功能的一个非常典型且成功的案例。

三、价格管理及相关工具

目前的宏观经济学关注的市场失灵是价格刚性。因此,本书在市场环境管理政策中就有必要突出价格管理。历史上曾出现两种类型的价格刚性:一种是市场经济下的价格刚性,另一种是计划经济下的价格刚性。图7-3显示了这两种情况。

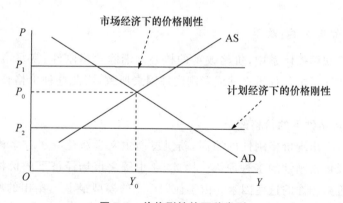

图7-3 价格刚性的两种类型

（一）两种价格刚性

1. 市场经济下的价格刚性

在市场经济下,价格是由市场决定的,说市场经济中存在价格刚性似乎有些缺乏理论基础。真实经济周期学派和新古典宏观经济学就不承认价格刚性的存在。但新凯恩斯主义经济学家的实证研究发现,在市场经济中的确存在价格刚性,并把价格刚性作为美国经济的一个特征事实。他们随后提出了许多模型,论述了市场经济中价格刚性存在的理由,从人的理性行为出发解释了价格刚性的存在。

在市场经济中,如果存在价格刚性,那么相应的刚性价格往往高于均衡价格,由此会出现生产过剩,如图7-3所示。因此,按照凯恩斯主义经济学,经济衰退或危机的根源就是价格刚性。如果价格是灵活的,市场经济就能自动出清,无须政府干预,因此什么财政政策、货币政策都不需要。

2. 计划经济下的价格刚性

计划经济下同样存在价格刚性,而且价格刚性的问题更严重。在计划经济下,所有价格都被政府完全控制,价格刚性完全是政府造成的;而且政府确定的价格一般低于均衡价格,结果生产者缺乏生产积极性,而消费者需求却很大,由此出现严重短缺,如图7-3所示。因此,同样是价格刚性,市场经济下导致生产过剩,而计划经济下导致商品短缺。

(二) 价格政策的核心

不管是计划经济还是市场经济,都会出现价格刚性,价格刚性的存在导致价格机制失灵,无法起到自动调节经济的作用。因此,价格政策的核心是保证价格的灵活性,消除价格刚性,恢复市场机制的功能。理论上说,只要市场机制的功能得以恢复,就不需要其他宏观经济政策了。因此,价格管理就是治本之策。

需要注意的是,此处所说的价格政策与历史上目标在于调控价格的价格管理或者价格管制不一样。历史上的价格管理或者价格管制包括工资-物价冻结、工资指数化等,一般是为了防止价格大幅波动的,是形成或加剧价格刚性的;而此处的价格政策恰恰相反,是要促进价格的灵活调整、消除价格刚性的。前者妨碍市场功能的发挥,而后者促进市场功能的发挥。

(三) 价格管理工具:改革

在本节的宏观调控体系中,价格改革的核心是消除价格刚性、恢复市场功能。而价格刚性的形成往往是由各种历史性或者制度性因素所致,因此这种价格管理就需要靠改革来完成。

1. 市场经济条件下的价格改革

就市场经济下出现价格刚性的原因,新凯恩斯主义学派建立了许多模型,实际上是给出了可能形成价格刚性的多种原因。因此,要想解决市场经济下的价格刚性问题,就需要消除形成价格刚性的这些因素。由于他们提出的模型很多[①],给出的原因也很多,限于篇幅,此处我们针对他们提出的两种最重要的原因分别论述如下:

(1) 斯坦利·费希尔(Stanley Fischer)和约翰·泰勒(John Taylor)提出了长期劳动合同理论来解释名义工资刚性的存在。他们认为,长期劳动合同导致名义工资不能随总需求状况灵活调整,从而导致就业和产出的波动。因此,要针对这种情况消除名义工资刚性,就需要针对长期劳动合同进行相应改革。可能的办法有以下几种:第一,缩短长期劳动合同的有效期,这显然有助于缓和工资刚性;第二,可以在工资合同中规定工资调整的条件和方式,增强工资的灵活性;第三,可以采取灵活工资制度,比如采取"底薪+提成"或者"固定工资+奖金"等方式;第四,对劳动法等法规进行修改以降低解除劳动合同

---

① 详情请参见本书第十二章。

的成本,也有助于缓和工资刚性的程度。

(2) 格里高利·曼昆(Gregory Mankiw)等人提出了"菜单成本"[②]理论来解释名义价格刚性的存在。这种理论的核心思想如下:第一,价格调整是有成本的,这种成本很小,是一个二阶的量;第二,在不完全竞争条件下,企业如果调整价格(以下简称"调价"),其销量就会反向变化,因此总的销售收入可能变化不大,其结果调价和不调价相比,净收益可能很小,也是一个二阶的量;第三,企业是否调价取决于净调价收益和菜单成本的相对大小,如果调整价格的边际收益小于菜单成本,企业就会选择不调价,这就出现了价格刚性。既然如此,那么按照这一理论,消除价格刚性的办法当然就是设法提高调价收益并降低菜单成本。就提高调价收益而言,就需要加强竞争,缓和甚至消除不完全竞争[①],这就需要加强反垄断立法和执法,以及使用其他办法加强竞争。就降低菜单成本而言,就需要改进企业内外部的协调方式,加强信息沟通,降低信息成本等。[②]

2. 计划经济下的价格改革

计划经济下的价格刚性是政府管制造成的,因此消除这种价格刚性的主要手段就是放松管制,即价格的市场化,这在中国叫作价格改革。到目前为止,中国的商品价格改革基本上已经完成。但是,要素价格体系改革还在进行之中,有些领域的价格还处于政府的严格控制之下,而且政府还经常采用传统的价格管理来强化价格刚性。有些情况下,政府确定的价格低于市场均衡价格,比如原材料价格和火车票价格[③];有些情况下,政府确定的价格高于市场均衡价格,比如成品油价格。所以,目前中国的价格刚性就同时具有西方市场经济下价格刚性的特征和计划经济下价格刚性的特征。

第四节 再谈需求管理政策

前面说过,凯恩斯主义需求管理只考虑需求的数量,不考虑需求的质量,会埋下金融危机的隐患。一个好的需求管理政策体系,应该兼顾需求的数量和质量。

一、需求的质量

所谓"需求的质量",指的是宏观经济中各具体需求给相关消费者或投资者带来的效用或者收益率的高低,其衡量指标是消费的边际效用或者投资的边际收益率。因此,所谓的优质消费需求,就是能够给消费者带来较高边际效用的消费需求;所谓的优质投资需求,就是能够给投资者带来较高投资收益率的投资需求。

在产能过剩的背景下,需求的质量直接决定了经济的健康状况。比如,如果是边际效用较低的消费,那么一旦消费者的经济状况变差,他就会立即减少这种消费,从而导致

---

① 在完全竞争条件下,企业面临的需求曲线是水平的,随着企业的产量增加,边际收益不下降。
② 按照新凯恩斯主义学派的观点,菜单成本包括调整价格涉及的所有成本,比如重新设计和印刷菜单(这也是"菜单成本"这个名词的由来)、内部沟通和协调的成本、与客户沟通和协调的成本等。
③ 尤其是春运期间一票难求的状况。

经济衰退；如果边际效用比较高，那么即使遇到不利的经济状况，消费者减少这种消费的积极性也不大，因而可以缓和经济的波动。投资也一样。比如说，假设一个投资项目的预期收益率是5%，如果利率忽然提高到6%，这个项目就会出现亏损，亏损面过大就可能出现金融危机；但如果该项目的预期收益率是10%，那么即使利息率提高到9%，这个项目也不亏损，经济还可以正常运行，大不了相关企业少赚点。

目前在宏观调控中占据统治地位的凯恩斯主义需求管理政策的一个很大的缺陷就是只关注需求的数量，不关注需求的质量。凯恩斯主义政策鼓励消费甚至浪费。现代西方经济学的基础是资源的稀缺性，在这样一个以资源稀缺性为基础的经济学框架里，浪费竟成为宏观经济政策可以接受的目标，实在是一个巨大的讽刺。同样，凯恩斯主义政策通过降息来刺激投资，以牺牲投资需求的质量来扩大投资需求的数量。

二、刺激需求的两条思路

刺激需求有两条思路：一条是提供能够给消费者或投资者带来更高的边际效用或者边际收益的消费品或者投资项目，另一条是降低需求的成本。

（一）传统的需求管理

传统的需求管理政策通过降低需求的成本来刺激需求。货币政策通过降低利率（也就是投资的成本）来刺激投资。但是，随着利率的降低，刺激出来的投资的预期收益率越来越低，因而刺激出来的是劣质投资。刺激消费的财政政策也类似。比如，降低个人所得税的政策或者别的扩大消费的政策虽然能扩大消费，但刺激出来的消费的边际效用越来越低，尤其是一些耐用品，总有饱和的时候，一旦饱和，扩张性政策往往是无效的。另外，扩张性财政政策还会导致政府债务规模的扩大，埋下债务危机的隐患。因此，传统的需求管理的后果是需求的质量越来越低，经济的健康状况每况愈下。[①]

（二）创新支持政策

刺激需求的另一条思路是提高投资的边际收益或者消费的边际效用，这就是我们前面说过的需求型创新。投资的边际收益增加了，经济中有了高质量的投资机会，其预期收益率较高，那么即使利率不变，企业也愿意投资，这种情况下，新的投资项目的质量就较高，需求的质量就能得到保证。就消费而言，假定经济中出现了一种新的消费品，这种新的消费品能够给消费者提供新的性能，比如电脑、互联网、无线通信等刚刚进入居民日常生活的时候，对于消费者来说这些新产品的边际效用很高，就会成为新的消费热点，于是消费自然就会增加。随着这些消费品消费量的增加，它们的边际效用也开始降低，慢慢地它们就从一开始的奢侈品变为生活必需品，固化为整个经济的日常总消费的一部分，此时其边际效用就较低了。一旦达到饱和，其边际效用就降为0，或者降到跟货币的边际效用相等。此时，如果要进一步扩大优质消费，就需要给消费者继续提供新的消费

---

① 政府购买虽然也是总需求的一部分，但我们此处不考虑它。因为经济的健康持续发展必须是自然的发展，而不是靠政府购买来维持的发展。我们此处仅考虑投资和消费。政府购买其实是维护现有劣质产能的政策，这种需求一般也是劣质需求。

品。而要不断为经济提供新的优质投资机会和优质消费品,就需要持续的创新流,因此就需要鼓励创新,这种政策我们称之为"创新支持政策"或者"创新政策"[①]。这种政策能够保证经济的持续、健康发展,是本书此处强调的主要的需求管理政策。

需求型创新包括产品创新、市场创新和部分制度创新。

产品创新有助于扩大消费。适销对路的新消费品会给消费者带来新的、优质的消费项目,自然会刺激消费。但随着这种产品的普及,消费者的消费量越来越大,边际效用就越来越低,一旦达到饱和状态[②],对这种产品的消费就不再增长,它对经济增长的拉动作用就基本上消失了。这时,就需要新的消费热点来带动经济增长;如果产品创新的速度跟不上,就会出现衰退。

市场创新的目的是为现有产品找到新的市场。就宏观经济而言,要么是发现现有产品的新性能(用途),要么是激活潜在的市场。比如中国1999年的高校扩招,就是激活潜在市场需求的一个突出案例。当时中国高校的招生规模很小,但老百姓都希望自己的孩子能够接受高等教育,对高等教育的需求很大,因而一旦扩大招生规模,这种需求马上就被激活,拉动了老百姓的教育消费支出。这种方式得到的消费需求是优质的。一方面,老百姓从高等教育中得到的投资收益率较高;另一方面,劳动力教育程度的提高也有助于经济的长期发展和社会文明程度的提高。

市场创新的另一种方式是扩大对内、对外开放。对内、对外开放可以增加消费者面对的产品的数量。以旅游业为例,对内、对外开放使得每一个消费者面对的特色旅游产品数量都大大增加,因而消费需求就会增加,而且增加的是优质消费。不管国内还是国外市场的一体化,都有助于给每一个消费者提供更多的消费品,因而能够刺激优质消费。其政策含义很明显,就中国而言,要加速国内市场的一体化,比如通过放开户籍制度、加快农村土地制度改革、改善基础设施实现各地的互联互通等方式降低要素尤其是人口流动的成本或机会成本;在国际上进一步扩大对外开放,降低人员、商品以及各种要素的出入境成本,提高跟世界经济的一体化程度。

不仅需求型创新能够带来优质需求,供给型创新也存在需求效应。供给型创新或者提高了企业的生产效率,或者降低了企业的生产成本,在价格不变的情况下都提高了企业的投资收益率,因此一方面提高了现有投资的质量,另一方面提高了企业进一步投资的积极性,有助于扩大优质投资需求。这就是供给型创新的需求效应。但供给型创新创造的这种需求会形成生产能力,在需求型创新不足的情况下,最终会让经济陷入产能过剩的困境。因此,扩大优质需求的根本办法还是需求型创新。

(三)需求侧改革

一些制度创新也有助于扩大优质需求,可以称之为"需求侧改革"。比如,在中国,放开计划生育政策有助于扩大消费;改革收入分配制度、促进收入分配的均等化有助于提高全国的边际消费倾向;建立健全社会保障制度有助于消除居民消费的后顾之忧,提高

---

① 当然,"创新支持政策"也包括促进供给型创新的政策。
② 或者边际效用等于该消费的边际机会成本,比如持有现金、持有其他资产的边际收益,或者消费别的产品的边际效用;此处为简化论述,假定达到饱和,即边际效用为0。

全国的边际消费倾向;等等。

三、创新支持政策与传统需求管理政策的优缺点

传统需求管理政策和创新支持政策都能够扩大需求,但二者对需求的影响效果不一样。具体来说,就是扩大出来的需求的质量不一样,因而对宏观经济的影响也不一样。创新支持政策通过提高需求的边际收益或边际效用来扩大需求,而传统需求管理则通过降低需求的成本来扩大需求,二者就在经济的健康状况、政策效果的不确定性、政策效果的滞后程度、政策效果的对称性四个方面产生不同的影响。[①]

(一)经济的健康状况

所谓"经济的健康状况",指的是经济保持正常、平稳运行的能力,从另一面说就是经济的抗打击能力,或者应对各种外来负面冲击的能力。当今世界面临的问题主要是产能过剩,因此需求的质量就与经济的健康状况直接相关。显然,创新支持政策是通过提高需求的收益来扩大需求的,因此扩大出来的需求的质量就较高,遇到负面冲击时抗打击能力就较强。而传统需求管理政策是通过降低需求的成本来扩大需求的,随着成本的降低,扩大出来的需求的质量也跟着降低,一旦负面冲击使得需求的机会成本上升,这种需求的成本就可能大于收益,需要就会被放弃,从而导致经济衰退甚至经济危机。

(二)政策效果的不确定性

创新活动不确定性很大。政府即使采取了创新支持政策,也无法确定会不会有期望的科研成果、科研成果的经济效益如何,因此作为宏观经济政策的创新支持政策的效果不确定性很大。而传统需求管理政策针对的是现有的产品或者服务,政策指向往往是易于控制的指标如利率、税收、政府支出等,因而不确定性要小得多。

(三)政策效果的滞后程度

传统需求管理政策调控的是需求的成本(比如利率)、支出或预算,这种政策的传导过程相对较快。而创新支持政策首先影响的是企业或科研人员从事创新活动的积极性,或者扩大的是相关人的可用资源,这个可以很快;但创新活动本身从开始计划到最终完成再到实际应用都需要时间,最后才会导致需求的增加,这个过程可能会比较漫长。因此相对来说,创新支持政策效果的滞后时间可能会比传统的需求管理政策效果的滞后时间长得多。

(四)政策效果的对称性

在用货币政策调节投资时,理论上说,利率的提高是没有上限的,但利率的降低却有一个下限,这就是所谓的"流动性陷阱",因此货币政策效果的对称性比较差。创新活动取决于我们对世界的认识的深化,世界是无限的,人类对世界的认识当然也就是无限的,创新活动就没有极限,创新活动的预期收益率也就既没有上限也没有下限,因此创新支

[①] 刘伟、苏剑:《如何刺激投资?兼谈创新支持政策与货币政策的关系以及宏观调控方式的未来走向》,《中国工商管理研究》,2009年第3期,第22—25页。

持政策的效果的对称性比较好。

四、创新支持政策与传统需求管理的组合

综上所述,在调节需求方面,传统需求管理政策和创新支持政策各有利弊。传统需求管理政策经过长达八十多年的实践,在宏观调控中曾经起到很大的作用,在宏观调控中一定有其存在的理由。而创新支持政策也有其独特的优缺点。因此,我们应该将二者结合起来,取长补短,合理搭配,面对不同经济形势采取不同的需求管理政策组合,更好地进行宏观调控。

创新支持政策在保持经济健康和政策效果的对称性方面优于传统需求管理政策,而后者在政策效果的滞后性和不确定性方面优于创新支持政策。因此,我们应该尽可能利用二者各自的优点,抑制其缺点。总体来说,具体原则应该是"创新支持政策为主,传统需求管理政策为辅"。考虑到宏观调控的最终目标是经济的健康、持续发展,在政策组合方面,就应该优先考虑创新支持政策;同时,如果创新活动持续进行、创新成果不断大量出现的话,经济中就不缺乏优质需求,经济可以在优质需求的拉动下处于充分就业状态;此时,投资的预期收益率就会被保持在一个比较高的水平上,利率也就可以更高一些,经济面临"流动性陷阱"的可能性就会大大降低,这种情况下就不需要传统需求管理政策来扩大需求。而如果创新成果过多,从而优质需求过大,导致经济过热,我们就可以用传统需求管理政策紧缩需求;如前所述,传统需求管理政策在扩张方面的效果远不如在紧缩方面的效果大,这样正好发挥了传统需求管理政策的长处。而传统需求管理政策的辅助作用也有利于克服创新支持政策效果的滞后性和不确定性方面的缺陷。比如,如果创新成果过多,导致经济过热,可用降低创新支持度的办法消除经济过热,但此政策效果滞后太长,且不确定性太大;而采取货币政策就可迅速降低投资,政策效果的不确定性也相对要小得多。

由于创新支持政策的不确定性较大和滞后时间较长,适用于长期调控及粗调;同时创新支持政策能够从根本上保证经济的健康、持续发展,适合解决系统性问题。因此,"创新支持政策为主,传统需求管理政策为辅"的具体含义是:"以创新支持政策扩张,以传统需求管理政策紧缩;以创新支持政策粗调,以传统需求管理政策微调;以创新支持政策应付中长期问题,以传统需求管理政策应对短期问题;以创新支持政策解决系统性问题,以传统需求管理政策应对随机性问题。"(刘伟和苏剑,2009)

五、案例分析:从美国金融危机看经济的高质量增长

高质量发展是中国经济现在面临的重要问题。如何理解高质量发展?经济发展包括多个维度,比如经济增长、收入分配、环境保护等,其中最核心的就是高质量增长。因此,本节仅局限于研究经济的高质量增长。

经济高质量增长的最基本要求是经济的健康、持续增长。所谓"经济健康",就是不出现系统性、全局性的经济和金融危机;"持续"的意思就是在相当长一段时间内不出现经济和金融危机,最好永远不出现。

如何实现高质量增长取决于经济形势。从大的方面来说,经济形势可以分为短缺经

济和过剩经济两类。这两种情况下经济高质量增长的决定因素也不一样。

在短缺经济中,生产能力不足,人们的需求得不到满足,此时决定经济运行质量的主要是供给的质量。正如中国计划经济时期,生产力较为落后、物资匮乏,需求远远大于供给。此时经济的均衡产出取决于供给侧,供给的质量也就决定了经济运行的质量。在短缺经济阶段,经济增长的质量主要取决于优质供给能力的提升。

而在产能相对过剩的经济中,需求决定了均衡产出,因此需求的质量就决定了经济运行的质量。所谓优质需求就是能够保证经济健康、持续增长的需求,凡是不利于经济健康、持续增长的需求都是劣质需求。一个经济单位中,非政府部门的总需求由消费、投资、出口三部分构成。其中,出口的质量是最高的,因为出口的商品在国外被使用,对本国的经济运行没有影响,本国只要能够顺利得到销售收入就可以了。消费的质量取决于其边际效用,而投资的质量取决于其预期收益率。如前所述,所谓的优质消费需求,就是能够给消费者带来较高的边际效用的消费需求;而所谓的优质投资需求,就是能够给投资者带来较高的投资收益率的投资需求。

2008年爆发的金融危机前后美国经济的发展历程是关于经济增长质量的一个非常好的案例。先是美国经济在新产品的拉动下高质量增长,随后新产品不足导致经济衰退,然后美国宏观调控当局采取凯恩斯主义需求管理政策扩大需求,但扩大出来的是劣质需求,导致低质量增长,最终引发金融危机。

冷战期间,美苏两国集中人力财力投入尖端武器的研发,结果美国的通信、计算机互联网等新技术在美苏争霸期间迅速发展起来,这些技术逐渐扩散到民间,成为20世纪90年代新经济时代的引擎。1991年,苏联解体,冷战结束,美国成为世界上唯一的超级大国,无须再像冷战时期那样对尖端武器的研发继续大量投入。冷战结束后的10年中,美国的科研投入尤其是国防科研投入增长放缓,如图7-4所示。

图7-4 1970—2017年美国科研投入同比增长率

资料来源:National Science Foundation,https://www.nsf.gov/statistics/srvyfedfunds/#tabs-4,访问时间:2019年3月30日。

到了 2000 年,冷战时期所积累的科技成果潜力被民间挖掘殆尽。其结果是,从 2000 年年中开始,也就是军事科研投入开始减缓后的 10 年左右,美国经济开始陷入衰退。互联网泡沫的破裂和"9·11"事件使得美国经济雪上加霜。2001 年,美国真实 GDP 增长率仅为 1%。① 为了防止美国经济的进一步衰退,美联储从 2000 年 1 月至 2003 年 6 月间连续 13 次降低联邦基金利率,目标利率从 6.5%一直下调到 1%,如图 7-5 所示。

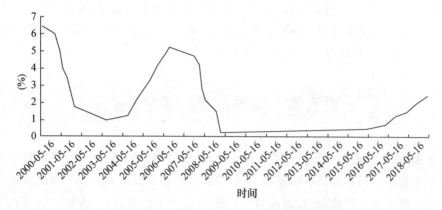

图 7-5 2001—2018 年美国的联邦基金目标利率
资料来源:Wind 金融终端。

随着商业银行资金借入成本的下降,商业银行的贷款利率也随之下降,释放了大量的信贷。然而,低利率并没有刺激出优质投资,相反,在住房抵押贷款市场上,原本没有贷款资格的购房者获得了贷款,首付比例也被采取各种各样的变通方式从 20%几乎变成了 0,这就是所谓的"次级贷款"。随后,美国的次级抵押贷款市场迅速发展。

宽松的货币政策刺激了美国的住房投资,美国 GDP 增长率在 2003 年第四季度达到 4.33%。② 受放贷条件宽松的影响,美国购房需求增加,房价大幅上涨。2003 年新屋销售 108.6 万套,同比上涨 11.6%;新屋开工 184.8 万套,同比上涨 8.38%;新建住房平均价为 24.63 万美元,比 2002 年上涨 7.7%。③ 到 2004 年第二季度,美国经济出现过热迹象,于是从 2004 年 6 月至 2006 年 6 月,美联储逐渐将联邦基金目标利率从 1%提高到 5.25%,次贷还款利率也大幅上升,利率的提高使得当初以较低利率获得贷款的购房者的还款压力增加,家庭负债率不断上升,出现大量断供的现象,而商业银行大量的"次级贷款"成为坏账。同时,住房市场的持续降温也使购房者出售住房或者通过抵押住房再融资变得困难。这种局面直接导致大批次贷的借款人不能按期偿还贷款,银行收回房屋却卖不到高价,大面积亏损,引发了次贷危机。2007 年,美国新屋销售仅为 77.6 万套,比 2006 年下跌 26.2%;新屋开工 135.5 万套,比 2006 年下跌 24.8%。④ 受次贷危机影响,美国 2009 年 GDP 增长率跌至-2.5%,10 月份失业率攀升至 10%。⑤ 次贷危机迅速蔓

---

① Bureau of Economic Analysis(美国经济分析局),https://www.bea.gov,访问时间:2019 年 3 月 30 日。
② 同上。
③ Wind 金融终端。
④ 同上。
⑤ Bureau of Economic Analysis,https://www.bea.gov,访问时间:2019 年 3 月 30 日。

延,造成了全球股市的震荡和经济的衰退。

从以上案例可以看出,美国次贷危机的爆发原因在于投资风险的上升,投资风险的上升应归因于刺激投资的低利率政策,而低利率政策的深层次原因是产品创新缓慢导致的经济衰退,这表明产品创新的放缓是导致美国次贷危机爆发的根本原因。因此,2000年可以被看作美国经济的一个分水岭。此前美国经济的增长是靠优质消费和优质投资的增长拉动的,因此经济增长的质量较高,经济的健康状况就较好;而此后美国经济的增长是靠凯恩斯主义需求管理政策拉动的,需求质量较低,因此经济增长的质量较低,经不住利率上升的冲击,最终导致了这次全球金融危机。

第五节 各种政策的组合方式

在本书中,我们把宏观调控分成了三大类:需求管理、供给管理和市场环境管理。三者作用于经济的不同方面和不同环节,对经济的影响存在较大差异。三者之间的不同组合就会对经济产生不同的影响,因此可以同时实现多个政策目标,进行多目标调控。需求管理政策会导致总产出和价格水平的同向变动,供给管理政策会导致总产出和价格水平的反向变动,而市场环境管理则是为了恢复市场机制的正常、顺畅运行。那么,这三类政策该怎么组合呢?

首先,应该优先选择市场环境管理。通过各种改革措施,消除市场失灵或者减小市场失灵的程度,尽量让市场发挥应有的自我调节功能,从而让经济自动消除产能过剩和失业以及商品短缺等失衡现象。如果市场机制能够充分发挥作用,经济就不会过度失衡,对其他宏观调控方式的需求就不大。极端情形下,在古典学派所假定的完美市场经济下,就不需要政府干预。

其次,在现实经济中,市场失灵往往无法被完全消除,还是需要宏观调控的。此时,需求管理和供给管理之间的组合就是一个需要被认真对待的问题。刘伟和苏剑(2007)指出,此时应该弄清楚经济失衡出现的原因,看看这种失衡是来自需求侧还是供给侧;一般而言,应该尽量用需求管理政策应对需求冲击,用供给管理政策应对供给冲击。

在实际应用中,需求管理和供给管理的组合可以分为四种:需求、供给双扩张,需求扩张、供给紧缩,需求紧缩、供给扩张,需求、供给双紧缩。在多数情况下,供给方面的政策倾向应该是扩张性的,但也需要供给紧缩的情形,在现实经济中不乏供给紧缩的实际案例。比如美国对农业采取的休耕措施,为了保护粮食安全,美国采取休耕措施限制农产品的产量。再比如,中国20世纪90年代在纺织行业采取过的"限产压锭",以及2016年以来供给侧结构性改革所采取的各种"去产能"手段。实际上,在出现产能过剩的情况下,要使得供求均衡,从理论上说,一个可行的办法就是压缩产能,但这会导致失业上升,因此大多数政府不愿采取这项政策,如果能够解决失业问题或消除高失业的负面影响,压缩产能就是可行的。

最后,在现实经济中,宏观调控往往会有多个目标。这种情况下,在一个失衡出现时,往往不能单纯应用某一种政策,可能需要供给管理、需求管理,甚至还有市场环境管理三者的适当组合。这就需要根据当时的经济状况和宏观调控目标设计合适的政策组合。

第六节　中国的宏观调控实践:以2019年为例

在世界宏观调控的舞台上,中国具有独特的地位。中国的宏观调控体系也是独树一帜的,这与中国独特的国家治理体制紧密相关。本节首先对中国的宏观调控政策体系做一个概括和总结,然后根据近年来中国关于宏观调控的文件尤其是2019年的《政府工作报告》来介绍这一宏观调控政策体系的实际应用,并据此讨论市场经济中宏观调控政策体系的理想构成和未来的发展方向。

中国的宏观调控体系就是本章介绍的宏观调控体系,包括需求管理、供给管理和市场环境管理三个部分。其中,市场环境管理是宏观调控体系的核心。宏观调控的目的主要是处理市场无法自发解决的问题,如果市场失灵的问题得到解决,就可以减轻供给管理和需求管理的压力,甚至理论上说可以不再需要需求管理和供给管理。健康的市场环境是提高宏观经济运行效率的基础。相比于西方仅包括需求管理政策的宏观调控政策体系,中国宏观调控的理论体系更为完整,政策工具箱更为丰富。在全球经济复苏缓慢、世界各国央行纷纷调低对未来的经济预期之时,中国名义GDP增速保持着相对稳定的增长,中国特色的宏观调控体系功不可没。

中国特色的宏观经济政策体系恰恰就是上述体系。接下来,本节主要以2019年《政府工作报告》(以下简称《报告》)中的宏观调控政策组合为例说明这一点,个别情况下也会引用其他相关官方文件。接下来的三个部分,我们就分别讨论这三大类政策及其在中国宏观调控中的应用。[1]

一、需求管理政策工具

(一)凯恩斯主义需求管理政策

凯恩斯主义需求管理政策在中国的宏观调控中得到了普遍应用。就财政政策而言,《报告》中提出要继续加强基础设施建设,"紧扣国家发展战略,加快实施一批重点项目。完成铁路投资8 000亿元、公路水运投资1.8万亿元,再开工一批重大水利工程,加快川藏铁路规划建设,加大城际交通、物流、市政、灾害防治、民用和通用航空等基础设施投资力度,加强新一代信息基础设施建设"。在刺激消费方面,报告指出要"落实好新修订的个人所得税法,使符合减税政策的约8 000万纳税人应享尽享",体现了政府通过增加个

---

[1] 以下部分如未特别注明,引用内容均来自2019年《政府工作报告》。

人可支配收入来刺激消费的需求管理方式。

在货币政策方面,《报告》指出要"着力缓解企业融资难融资贵问题。改革完善货币信贷投放机制,适时运用存款准备金率、利率等数量和价格手段,引导金融机构扩大信贷投放、降低贷款成本,精准有效支持实体经济,不能让资金空转或脱实向虚"。

(二)需求侧创新

需求侧创新在《报告》中也有论述。比如,《报告》提出要"加强新一代信息基础设施建设",为以5G为代表和核心的新一代新产品的发明提供便利,信息产品基础设施建设以及与5G相关的企业固定资产投资将成为未来投资的热点。如果5G是有前途的,且与其相关的信息产品确实给消费者带来边际效用更高的消费,那么这些消费需求就是优质需求,相应的企业固定资产投资和政府的基础设施投资也都将成为高收益的投资,即优质投资需求。

另外,扩大对外开放也是需求侧创新,通过扩大本国企业面对的市场,能够有效提高企业面临的需求。《报告》指出,在贸易方面,要"推动服务贸易创新发展,引导加工贸易转型升级""促进外贸稳中提质。推动出口市场多元化。扩大出口信用保险覆盖面。改革完善跨境电商等新业态扶持政策",在关注拓展国外市场的同时更加重视出口产品质量的提升。

(三)需求侧改革

需求侧改革在中国宏观调控中被经常用到。在社保体系的完善方面,《报告》指出"推进多层次养老保障体系建设。继续提高退休人员基本养老金。落实退役军人待遇保障,完善退役士兵基本养老、基本医疗保险接续政策。适当提高城乡低保、专项救助等标准,加强困境儿童保障。加大城镇困难职工脱困力度。提升残疾预防和康复服务水平",既强调了社保体系的覆盖范围,也提高了部分群体的社保标准,通过提高收入水平来改善人民生活、扩大总需求。同时,这些政策有助于提高低收入者的收入水平,可以提高国家作为一个整体的边际消费倾向,从而通过另一条途径扩大消费。

综上看来,在需求管理方面,中国政府在传统的货币政策和财政政策的基础上,越发注重发挥创新支持政策和需求侧改革在刺激优质需求中的作用。

二、供给管理政策工具

供给管理主要通过影响企业的成本、生产率及其他负担进行宏观调控。

(一)要素价格政策

要素价格政策主要包括货币政策、工资政策和原材料价格政策。在融资成本方面,《报告》提出要"着力缓解企业融资难融资贵问题""改革完善货币信贷投放机制,适时运用存款准备金率、利率等数量和价格手段,引导金融机构扩大信贷投放、降低贷款成本,精准有效支持实体经济""加大对中小银行定向降准力度,释放的资金全部用于民营和小微企业贷款""清理规范银行及中介服务收费",这就是通过降低企业融资成本、拓宽企业融资渠道来促进实体经济发展的货币政策。一方面,致力于降低贷款成本,减少中间费用;另一方面,鼓励银行定向投放贷款,增强对中小企业的金融服务,既在总量政策上支持实体经济发展,又在结构上有所侧重。

在工资政策方面,《报告》指出要"明显降低企业社保缴费负担""下调城镇职工基本养老保险单位缴费比例,各地可降至16%""继续执行阶段性降低失业和工伤保险费率政策"。通过社保改革,减轻企业社保支出的负担,也就降低了工资成本,有利于提高企业的生产积极性,从而扩大总供给。

在降低用电成本方面,《报告》提出要"深化电力市场化改革,清理电价附加收费,降低制造业用电成本,一般工商业平均电价再降低10%"。

(二) 财政政策

《报告》提出"实施更大规模的减税。普惠性减税与结构性减税并举,重点降低制造业和小微企业税收负担。深化增值税改革,将制造业等行业现行16%的税率降至13%,将交通运输业、建筑业等行业现行10%的税率降至9%。确保主要行业税负明显降低;保持6%一档的税率不变,但通过采取对生产、生活性服务业增加税收抵扣等配套措施,确保所有行业税负只减不增,继续向推进税率三档并两档、税制简化方向迈进"。

(三) 供给侧创新

供给侧创新指通过工艺创新、原料创新等措施提高企业生产率,扩大总供给。例如通过改造传统产业,引进新技术,提高传统产业的生产效率,鼓励新兴产业和高科技产业的发展等。

《报告》在提升农业、制造业生产率方面都提出了相应的措施,并且强调了对基础研究和新兴产业发展的支持,体现了对于供给侧创新的高度重视。在提高农业生产率方面,要"加快农业科技改革创新,大力发展现代种业""实施地理标志农产品保护工程,推进农业全程机械化""支持返乡入乡创业创新,推动一二三产业融合发展"。

在制造业升级方面,要"围绕推动制造业高质量发展,强化工业基础和技术创新能力,促进先进制造业和现代服务业融合发展,加快建设制造强国。打造工业互联网平台,拓展'智能+',为制造业转型升级赋能。支持企业加快技术改造和设备更新,将固定资产加速折旧优惠政策扩大至全部制造业领域"。

在新兴产业方面,要"深化大数据、人工智能等研发应用,培育新一代信息技术、高端装备、生物医药、新能源汽车、新材料等新兴产业集群,壮大数字经济"。

《报告》也针对新需求提出了供给侧创新的对策,提出要"顺应消费需求的新变化,多渠道增加优质产品和服务供给,加快破除民间资本进入的堵点",同时大力支持各种新型消费形式,"发展消费新业态新模式,促进线上线下消费融合发展。健全农村流通网络,支持电商和快递发展"。针对人口老龄化和全面二孩政策带来的新情况,提出要"大力发展养老特别是社区养老服务业,对在社区提供日间照料、康复护理、助餐助行等服务的机构给予税费减免、资金支持、水电气热价格优惠等扶持,新建居住区应配套建设社区养老服务设施""加快发展多种形式的婴幼儿照护服务,支持社会力量兴办托育服务机构,加强儿童安全保障"。

（四）供给侧改革

供给侧改革，即通过制度变迁来调整生产方面临的各种约束和激励，达到调节供给的目的，包括行政体制、企业体制、创新体制、财税金融体制等方面的改革。例如，通过国有企业改革，建立更加完善的现代企业制度，调高国有企业生产运营效率，增强国有企业的国际竞争力。再如，通过扩大金融业的对外开放，引入各类金融机构、业务、产品，可以增加金融的有效供给①，提高企业投资的便利化程度。

《报告》就供给侧改革有多处论述。

在降低行政制度成本方面，《报告》提出要"继续清理规范行政事业性收费。加快收费清单'一张网'建设，让收费公开透明，让乱收费无处藏身"。

在创新制度建设方面，《报告》提出要"健全以企业为主体的产学研一体化创新机制""扩大国际创新合作。全面加强知识产权保护，健全知识产权侵权惩罚性赔偿制度，促进发明创造和转化运用"。

在深化财税金融体制改革方面，《报告》提出要"加大预算公开改革力度，推进中央与地方财政事权和支出责任划分改革""健全地方税体系，稳步推进房地产税立法。规范地方政府举债融资机制""改革完善资本市场基础制度，促进多层次资本市场健康稳定发展，提高直接融资特别是股权融资比重"。

在国有企业改革方面，《报告》提出要"加快国资国企改革。加强和完善国有资产监管，推进国有资本投资、运营公司改革试点，促进国有资产保值增值。积极稳妥推进混合所有制改革。完善公司治理结构，健全市场化经营机制，建立职业经理人等制度。依法处置'僵尸企业'"。

在对外开放方面，《报告》提出要"进一步拓展开放领域、优化开放布局，继续推动商品和要素流动型开放，更加注重规则等制度型开放""加大吸引外资力度。进一步放宽市场准入，缩减外资准入负面清单，允许更多领域实行外资独资经营。落实金融等行业改革开放举措，完善债券市场开放政策"。这有利于实现生产要素的最优配置，吸引更多的外商投资，借鉴先进的技术和管理方式，从而促进中国企业的发展壮大。

三、市场环境管理政策工具

就2018年中国在市场环境改革方面的工作，《报告》指出："推进法治政府建设和治理创新，保持社会和谐稳定。提请全国人大常委会审议法律议案18件，制定修订行政法规37部。改革调整政府机构设置和职能配置。深入开展国务院大督查，推动改革发展政策和部署落实。发挥审计监督作用。改革完善城乡基层治理。创新信访工作方式。改革和加强应急管理，及时有效应对重大自然灾害，生产安全事故总量和重特大事故数量继续下降。加强食品药品安全监管，严厉查处长春长生公司等问题疫苗案件。健全国家安全体系。强化社会治安综合治理，开展扫黑除恶专项斗争，依法打击各类违法犯罪，

---

① 易纲：《11项金融开放措施基本落地，完善风险防范体系还有4项重点工作》，https://baijiahao.baidu.com/s?id=1628891248952664887&wfr=spider&for=pc，访问时间：2019年3月24日。

平安中国建设取得新进展"。

《报告》在市场环境管理上有诸多新的举措,体现出政府对于新形势下市场与政府角色的定位,以及维护市场经济健康、有序运行的决心,"要处理好政府与市场的关系,依靠改革开放激发市场主体活力""要大力推进改革开放,加快建立统一开放、竞争有序的现代市场体系,放宽市场准入,加强公正监督,打造法治化、国际化、便利化的营商环境,让各类市场主体更加活跃"。

在打破价格刚性方面,《报告》提出要"健全粮食价格市场化形成机制"。针对一些行业的垄断现象,提出"深化电力、油气、铁路等领域改革,自然垄断行业要根据不同行业特点实行网运分开,将竞争性业务全面推向市场"。

在完善市场竞争秩序上,《报告》提出"以公正监管促进公平竞争""改革完善公平竞争审查和公正监管制度,加快清理妨碍统一市场和公平竞争的各种规定和做法""按照竞争中性原则,在要素获取、准入许可、经营运行、政府采购和招投标等方面,对各类所有制企业平等对待"。

在减少审批环节上,《报告》提出"进一步缩减市场准入负面清单,推动'非禁即入'普遍落实""推行网上审批和服务""加快实现一网通办、异地可办"。

在改善交通、通信环境方面,《报告》提出"深化收费公路制度改革,推动降低过路过桥费用,治理对客货运车辆不合理审批和乱收费、乱罚款""2019年中小企业宽带平均资费再降低15%,移动网络流量平均资费再降低20%以上"。

在道德法治环境的建设上,《报告》提出"健全社会信用体系。保障妇女、儿童、老人、残疾人合法权益""深化普法宣传教育。加强国家安全能力建设。完善立体化社会治安防控体系"。

可见,按照《报告》的论述,2019年政府在市场环境管理方面有诸多举措,目标在于规范市场竞争秩序、健全法律制度、优化营商环境等。从《报告》对于市场环境管理的高度重视可以看出,市场环境管理是目前中国宏观调控体系的核心。

四、总结

从《报告》可以看出,中国的宏观调控体系主要包括需求管理、供给管理和市场环境管理三个部分,总体来说,是以市场环境管理为主,供给管理次之,需求管理为辅。

比较中西方宏观调控并结合总供求模型,我们认为未来的宏观调控理论体系的发展可能会有以下几个趋势:

第一,以总供求模型为理论基础,更加重视市场环境管理和供给管理在宏观调控中的作用。宏观经济学早已从IS-LM模型发展到总供求模型,宏观调控理论却还停留在前者,显然与宏观经济理论的最新进展不相匹配。鉴于需求管理的局限性,一些国家已经尝试运用市场环境管理和供给管理进行宏观调控。例如,美国通过大规模减税吸引海外企业回流,德国通过双轨制职业教育体系培养高级技术人才,等等。宏观调控的重要目的之一应该是完善市场功能,健康成熟的市场会降低宏观调控的难度,提高政策传导的效率,而市场功能的充分发挥需要完善的基础设施和制度环境的配合,例如交换场所、通信体系、交通体系、法制环境、政策环境、文化环境、信用体系、金融环境等。《报告》提出了简化审批、维护公平竞争、健全社会信用体系等多种市场环境管理的措施。特朗普也提出了放松金融管制、进行政府机构改革等措施。随着世界各国经济规模的增长,以及全球经济一体化程度的加深,市场环境管理将成为未来宏观调控体系的一个重要支柱。

第二,更加注重经济增长的质量。目前正统的西方宏观调控理论只重视需求的数量,而不重视质量,刺激出来的是低质量的需求,容易导致经济的"虚胖",增加系统的脆弱性。

第三,更加重视创新在宏观调控中的作用。世界各国很早就意识到创新的重要性,但并没有系统地将创新系统纳入现在的短期宏观经济理论体系。2008年美国次贷危机的发生以及当前世界经济增速的下滑,本质上都是由于技术进步的放缓导致经济中缺乏产品创新造成的。德国在次贷危机中的迅速恢复也得益于其拥有坚实的制造业基础和科技创新体系。次贷危机以来,越来越多的国家把创新提升到国家战略的高度,中国2012年提出了创新驱动发展战略,特朗普签署了美国人工智能发展倡议,日本也出台了《科学技术创新综合战略》。既然创新如此重要,各国就不得不考虑将其纳入宏观调控的框架中。

第七节　全球金融危机爆发后美国的宏观调控政策

本章介绍了一个新的宏观调控政策体系,并说明中国最近几十年使用的就是这个宏观调控政策体系。那么,其他国家有没有采用这一宏观调控政策体系?本节介绍2008年全球金融危机以来美国的宏观调控政策,发现美国实际上采用的也是这一宏观调控政策体系,只不过由于目前正统的西方宏观经济学不包含供给管理政策和市场环境管理政策,二者被严重忽视。

一、需求管理政策

以下为美国自2008年金融危机以来采取的需求管理政策,主要有财政政策、货币政策和简政放权政策三个部分。

(一)财政政策:减税、增加政府支出和转移支付

美国政府在使用财政政策调节经济时,主要采用的方式有减税,增加政府支出和转移支付。

1. 减税

减税既可以属于需求管理政策,也可以属于供给管理政策。通过影响消费行为,增加需求,从而影响经济的减税政策,为需求管理政策;通过影响生产行为,增加供给,从而影响经济的减税政策,为供给管理政策。就具体措施来说,需求管理减税的典型形式是增加抵扣额,而供给管理减税的主要形式是降低边际税率。下面具体说明美国2008年金融危机后采取的需求管理减税政策。

2008年2月布什签订了《2008年经济刺激法案》(Economic Stimulus Act of 2008),

规定向美国中低收入者退税,提高企业固定资产投资的优惠扣除标准至50%,提高企业购置符合条件的固定资产的折旧扣除额提高合格贷款和联邦住房管理局贷款限额以刺激消费和商业投资。向中低收入者退税约1130亿美元,减税规模共计1680亿美元。经济刺激措施对购买行为产生了显著影响,且在低收入者中更为明显。

2008年10月,奥巴马签署了《2008年能源促进(与优惠)延长法案》(Energy Improvement and Extension Act of 2008)和《2008年延长税收(优惠)和最低选择税减免法案》(Tax Extenders and Alternative Minimum Tax Relief Act of 2008),通过能源生产激励、延长个人信贷的替代性最低税收减免、延长个人和企业营业税优惠等措施,延长到期条款以提供税收减免,增加了1120亿美元的减税。

2009年2月奥巴马政府通过了《美国复兴与再投资法案》(American Recovery and Reinvestment Act),通过新增工资税抵免额度、扩大对儿童的税收抵免、扩大大学信贷的税收抵免、增加对企业的退税、降低失业保证金的税收、延长有可再生能源生产的税收抵免等政策,为小型企业和95%的工作家庭减税,以缓解经济衰退对家庭和个人造成的破坏性影响,减税规模约2810亿美元。

2010年12月,奥巴马签署了《税负减免、失业保险再授权和就业创造法案》(Tax Relief, Unemployment Insurance Reauthorization, and Job Creation Act),延长、扩展了之前的减税政策,将所有美国人的减税期限延长了两年,并引入了2%的工资税减税,规模共约1120亿美元。

需求侧减税政策一方面通过减税法案鼓励小型企业增加投资并雇用更多员工,通过增加投资来提振宏观经济;另一方面制定个人退税和税收优惠政策以增加个人可支配收入,从而刺激消费,增加社会有效需求,拉动经济增长(苏京春和王琰,2019)。

2. 增加政府支出和转移支付

2008年2月布什签订的《2008年经济刺激法案》,旨在将钱交到最有可能花钱的个人和家庭手中。根据这项法案,财政部将邮寄300—600美元不等的支票给个人纳税者。

2008年10月奥巴马签署了《2008年紧急经济稳定法案》(Emergency Economic Stabilization Act of 2008),授权美国联邦政府购买并确保不良资产的安全,提供7000亿美元资金用于购买不良资产及向金融机构注入资金,协助金融机构处理资产负债表上的大量减值资产,维护经济和金融体系稳定并防止其受到破坏,为信贷市场的复苏奠定了基础。政府通过收购不良资产、为不良贷款提供保险等手段救市。

2009年2月奥巴马政府通过了《美国复兴与再投资法案》,在提供减税措施的同时增加政府支出。法案规定向每位老年人、退伍军人和残疾人一次性支付250美元,共约140亿美元,其效果类似于减税;延长和增加失业保险福利,向直接受经济衰退影响的个人提供约900亿美元的支持;将超过900亿美元的公共投资和税收优惠政策定向于可再生能源(如风能和太阳能),并促进新的研发工作。该法案为失业和没有医疗保险的民众提供紧急救济,为经济的长期增长奠定了新的基础。通过对医疗、教育、基础设施和清洁能源的投资,该法案至2010年已挽救和创造了约200万个就业机会。同月,政府还发布了《政府财政稳定计划》(Administration's Financial Stability Plan),财政部将承诺的"资产支持证券贷款工具"的额度增加至1000亿美元,为企业和家庭提供至多1万亿美元的贷款,以解决不稳定因素之间的相互关联增加信贷流动。

2010年12月,奥巴马签署了《税负减免、失业保险再授权和就业创造法案》,规定延续、扩大失业保险至2011年,将失业救济金从2008年的80亿美元增加至2009年的430亿美元、2010年的650亿美元。

2011年8月,美国政府和国会同意在《2011年预算控制法案》(Budget Control Act of 2011)中削减1万亿美元的赤字方案,并计划在接下来的削减中再增加1.2万亿—1.5万亿美元。同年9月,总统向减赤委员会提交了一份《平衡计划》(Balance Plan),计划在10年内通过削减支出和增加税收的方式将赤字减少4万亿美元,重塑财政预算平衡,使美国走上可持续的财政道路。

2013年1月,奥巴马政府发布了《美国纳税人救济法案》(American Taxpayer Relief Act),确保98%的美国人和97%的小型企业的永久所得税减免,同时要求较富有的美国人为减少赤字做出更多贡献,从而减轻政府对教育、研究和基础设施等关键投资的压力。该法案在未来10年中预计将至少减少赤字7000亿美元。

2017年特朗普执政后,为刺激美国GDP和就业率的增长,实施了扩张性财政政策,政府总支出规模稳步上升,从2016年年底的约6.5万亿美元扩大到2018年年底的约6.9万亿美元,财政赤字占GDP比重大幅攀升,2018年10月和11月两个月联邦政府预算赤字额已达3050亿美元,远高于上年同期的2020亿美元。他保持了七档的个人所得税,降低了除最低收入者外的所有应纳税所得额的所得税税率,降低了最高收入者的收入范围。提高了夫妻标准抵扣额度及未成年成员税收抵扣额度,将联合申报人的标准抵扣额提高至24 000美元,单身申报人的标准抵扣额为12 000美元。

2020年3月27日,为帮助美国民众和企业应对新冠肺炎疫情带来的负面经济影响,特朗普签署了美国历史上规模最大的一揽子紧急援助计划。该计划内容包括对个人直接支付最多1200美元;将失业保险每周增加600美元,持续4个月;建立5000亿美元的纳税人资金池,用于向受危机影响的企业、州等提供贷款担保或投资,以及其他一系列拨款、保障政策。该紧急援助计划额度共计2.2万亿美元。

(二) 货币政策:传统、非传统政策工具

美联储在对货币政策进行调整时,主要以稳定价格和促进就业最大化为目标,运用传统及非传统货币政策工具,对经济发展进行逆周期调节,在金融危机爆发后,主要采用非传统货币政策工具。

2007年9—12月,美联储三次降息,美国联邦基金目标利率累计降低100个基点;同时在2007年12月推出短期标售工具(TAF),与欧洲央行签订外汇互换协议,为金融市场注入流动性。

2008年美联储启动了第一轮量化宽松的货币政策,连续七次降息,美国联邦基金目标利率累计降低400个基点,实行"零利率政策";同时推出了一系列政策工具及大规模资产购置计划,使银行间市场流动性压力降低,从而稳定金融市场、增加信贷供给。

2009年,美联储明确实施了购买1.25万亿美元的抵押支持证券(MBS)及1750亿美元的机构债计划;2010年11月,美联储启动了第二轮量化货币政策,宣布每月购买

705亿美元的长期国债共计6 000亿美元,以降低美国国债收益率和失业率,促进实体经济恢复发展。

2011年后美国通货膨胀率逐步下降,但失业率仍处在较高水平。2012年9月,美联储宣布启动第三轮量化宽松,每月支出400亿美元购买MBS,持续量化宽松,以促进就业。2012年12月,美联储推出第四轮量化宽松政策,每月共计购买资产850亿美元,美国经济状况逐步改善。

2009—2014年,美联储还对公众进行了前瞻指导。在经济低迷时,加强公众对货币宽松政策即将实施的预期,引导市场经济活动方向,从而促进经济恢复。

2014年10月,美国失业率持续下降到6.5%以下,美联储宣布停止资产购置计划,退出量化宽松货币政策。

2015—2018年,美国经济发展良好,失业情况逐步改善,美联储开始谨慎加息、缩小资产负债表规模,逐步推进货币政策正常化,其政策关注点更侧重于价格的稳定。

2018年2月,鲍威尔就任美联储主席后,继续实行紧缩的货币政策,推进货币政策正常化,通过四次加息,使美国联邦基金目标利率上调至2.25%—2.5%。

2019年,面对全球经济疲软等重大挑战,美国连续三次降息,将利率回调至1.5%—1.75%;同时,资产负债表规模扩张,自2019年10月起,美联储每月购买600亿美元短期国债。

2020年3月3日,考虑到新冠肺炎疫情对经济活动构成的风险,美联储将美国联邦基金目标利率下调50个基点至1%—1.25%,3月15日再次紧急降息100个基点至零利率附近,同时公告将增加7 000亿美元的债券持有规模。

2020年3月23日,美联储宣布将继续购买美国国债和MBS,不设额度上限,开启了无限量量化宽松,并将继续使用全部工具来支持面向家庭和企业的信贷流动,从而促进最大就业和价格稳定的目标。

(三)简政放权政策:需求侧改革

简政放权行动种类广泛,包括取消指导性文件,降低文书工作负担及废除被国会否决的规章等。特朗普认为,为实现经济的高质量增长,联邦监管机构必须进行精简和改进,相互冲突的、过于复杂的和不协调的规则及条例会对有利的投资造成阻碍并拖延交付过程,影响经济发展利益。如前所述,特朗普上任后采取的部分简政放权政策起到了需求管理的效果。

2018年,特朗普签署了《经济增长、监管放松和消费者保护法案》(Economic Growth, Regulatory Relief, and Consumer Protection Act),改善了消费者获得抵押贷款的机会,在规章上为消费信贷提供救济和保护,为退伍军人、消费者、房主和学生借款人提供额外保护,每年为美国消费者额外节省60亿美元。

同时,特朗普放宽了医疗保健部门的监管,为美国家庭提供了更多它们负担得起的健康保险,降低了处方药的成本,使美国人在处方药上节省开支近10%;并取消了奥巴马医改中的个人任务型罚款,每年为美国人节约数十亿美元。

简政放权通过消除不必要的法规,为消费者提供了更好的消费环境,从而拉动了总需求的增长。根据美国白宫发布的报告，仅特朗普的20项放松管制行动，每年可以为美国消费者和企业节省约2 200亿美元。

二、供给管理政策

以下为美国自2008年金融危机以来采取的供给管理政策，主要有减税、能源自给、促进技术进步、供给侧改革四个部分。

（一）减税

下面具体说明美国2008年金融危机后采取的供给管理减税政策。

2017年12月，特朗普政府通过了《减税与就业法案》（Tax Cut and Job Act），法案改革重点为所得税，包括企业所得税、个人所得税、跨境税制等。主要目标为：对中等收入家庭减税，简化个人税制，通过减免营业税实现经济增长，调回海外收入。其理论依据以供给学派为主，改革旨在解决产能过剩等结构性问题，提高供给质量和生产效率（马宇等，2019）。此次减税法案主要有以下条款：

企业所得税税率由35%下调至21%，并取消了分级企业税率表，废除了企业替代最低税，大大降低了企业运营成本，从而增加了供给。

国际税收方面，由"全球征税制"改变为"属地征税制"，并取消了"递延制度"，吸引跨国企业资金回流美国，重振了美国制造业，促进了经济增长。对全球无形低税收收入（GILTI）征收10.5%的最低税，将外国衍生的无形收入（FDII）的公司税率降到13.125%，并增加了新的税基侵蚀和反滥用税（BEAT）。

法案通过几周内，超过300家公司宣布提高薪水共约24亿美元，影响了420万名员工。截至2018年1月，已获得1 900亿美元的新公司投资。通过使美国成为更具竞争力的经商地来鼓励投资，将在海外存放的近3万亿美元资产带回美国。长远看将使美国GDP增长2%—4%，并使家庭平均年收入增加4 000美元。

（二）能源自给

自20世纪70年代石油危机发生后，美国政府开始重视能源安全的重要性，以实现"能源统治"为目标。

2007年12月，布什签署了《能源独立和安全法案》（Energy Independence and Security Act），主要内容包括提高车辆燃油安全性、加速清洁和可再生能源的研究和开发，以促进美国能源独立，并保证能源安全。

2009年，美国政府同意取消限制，允许在外大陆架上进行负责任的石油和天然气勘探，并扩大使用油页岩的途径，以帮助满足美国的能源需求。

2009年6月，奥巴马政府发布了《美国清洁能源与安全法案》（American Clean Energy and Security Act），制定了有关清洁能源、能源效率、减少全球变暖、向清洁能源经济过渡的标准和目标，以及与农业和林业有关的补偿规定，要求在2012年之前使美国整体能源生产率每年至少提高2.5%，并在2030年前保持该增长率。

2011年年初，奥巴马总统指出："美利坚合众国无法将我们的长期繁荣和安全押注在终将耗尽的资源上。"美国政府制定了《确保能源安全的未来蓝图》（Blueprint for a Secure

Energy Future),这是一项综合战略,着眼于三个关键领域:开发和确保美国能源(包括石油和天然气)的供应;为消费者提供降低成本和节省能源的选择;创新通往清洁能源未来的方式。同时,政府制定了先进的常识性新标准,以确保安全、负责任地开发资源。

2015年8月,奥巴马政府发布了《清洁能源计划》(Clean Power Plan),致力于解决二氧化碳排放造成的环境外部性,提出在2030年之前使碳排放量与2005年相比下降32%,增加30%可再生能源生产,使可再生能源占比达28%,将重心转向发展可再生能源的目标。

2016年11月,《巴黎协定》(The Paris Agreement)生效,该协议确定了一个长期、持久的全球框架,所有参与国首次承诺将提供国家自主贡献,以减少全球温室气体排放。

2017年1月,特朗普提出优先处理六大"头号问题",其中第一条就是"美国优先能源计划"。该计划旨在为辛勤工作的美国人降低能源价格,尽量开发本土能源,减少国外石油进口,争取能源自给。

2017年3月,美国政府发布了《总统的促进能源独立和经济增长的行政命令》(Presidential Executive Order on Promoting Energy Independence and Economic Growth),其主要内容为:审查所有可能给安全、有效开发国内能源资源带来负担的行政行为;废除一系列有碍于能源独立的前政府气候变化行政行动及可能压制美国能源工业的措施;审查环境保护局的"清洁能源计划"以及相关规则和行政行为;审查与美国石油和天然气发展有关的法规,重新评估《清洁能源计划》。该行政命令的目的在于促进美国能源资源的清洁和安全发展,维护国家利益,避免不必要的妨碍能源生产、限制经济增长和碍于创造就业机会的管理负担。

2017年6月,特朗普政府提出退出旨在加强全球应对气候变化威胁的《巴黎协定》。

2017年10月,特朗普政府宣布废除奥巴马鼓励、促进清洁能源生产的《清洁电力计划》。

从成效上看,2009年,美国已是世界上最大的天然气生产国。2017年,美国成为天然气净出口国,主要形式为液化天然气出口。2019年5月,美国已成为世界第三大液化天然气出口国。

石油方面,2013年10月,美国国内石油产量首次超过进口石油量,并在不断增加。2018年,美国成为世界上最大的原油生产国。2019年9月,美国成为原油和石油产品净出口国。

能源生产为美国缺乏工作机会的地区创造了就业机会。通过降低能源价格,为全美各地的家庭带来了利益,同时维护了地缘政治的安全。在《2020年总统经济报告》(Economic Report of the President 2020)中,美国政府表示将废除不必要的法规以释放美国庞大的自然资源和人力资源,继续支持能源行业的发展。

(三)促进技术进步

2008年金融危机后,美国制造业加速衰退。为挽救经济,2010年美国政府签署了《制造业促进法案》(Manufacturing Promotion Act),提出"制造业回流"和"再工业化"战略,以新能源、新材料和先进制造业领域作为战略重点领域。此后,美国形成了复兴制造业的三条路径：一是发展先进制造业，二是通过非常规油气资源投资带动下游产业和能源密集型制造业投资，三是引导制造业企业回归和再投资。

2011年10月，奥巴马总统通过更新强化联邦政府的《贸易调整援助计划》(Trade Adjustment Assistance)，确保美国工人面对日益激烈的全球竞争的信心。该计划帮助美国服务业和制造业的失业工人接受再就业培训，使这些工人更容易发展新技能，然后进入更具活力的经济领域。

为促进经济复苏，奥巴马政府在2013年宣布把振兴制造业和促进贸易出口作为主要增长目标，并宣布"先进制造业伙伴计划"，以"去空心化"的方式为经济增长夯实基础，促进美国就业水平提高。政府相继出台《重振美国制造业框架》(A Framework for Revitalizing American Manufacturing)、《国家机器人计划》(National Robotics Initiative)、《先进制造伙伴计划》(Advanced Manufacturing Partnership)、《电动汽车普及计划》(EV Everywhere Grand Challenge)、《材料基因组计划》(Materials Genome Initiative)等一系列计划，明确指出新兴产业和先进制造业以及能源革命的发展方向，通过占领制造业新技术高地重振美国制造业。

2015年10月，美国政府发布《美国创新战略》(Strategy for American Innovation)，详细介绍了政府可以采取的三个关键投资领域。其中，第一部分是继续投资于联邦研发部门，以及未来私营部门科技突破的基础；第二部分是在精密医学和先进制造等国家优先领域推进联邦努力；第三部分是为提高联邦政府的创新能力。通过在这三个关键领域的投资，确保美国在未来几十年内保持创新优势。

2017年特朗普执政后，改变了奥巴马政府扶持新兴产业发展的思想，以"让美国重返工作"为中心开展更加务实的制造业回流计划，政策重心转向能直接带来就业岗位增加的汽车、钢铁、纺织等传统行业，大幅削减科研经费，鼓励美国企业回归。

2018年7月，特朗普签订了《加强职业与技术教育21世纪法案》(Strengthening Career and Technical Education for the 21st Century Act)，旨在为学生和工人提供必要的职业培训，向制造业输入优质的人力资源。

（四）供给侧改革

供给管理方面，2017年2月，特朗普签署行政命令，提出增强美国公司的国际竞争力，让每个人独立做出金融选择和决策，在国际金融监管中维护美国利益以及提高金融监管效率等七个核心原则。2017年6月和10月，美国财政部建议减少监管重叠，放松对中小银行包括社区银行的监管以及对证券化的限制，增强证券市场投融资便利性，给予CFTC和SEC自由的豁免权授权，等等。政府通过取消烦琐的规定，使企业得到更多的投资和扩展机会，降低了企业成本，改善了营商环境，减少了企业在合规成本上的时间和资金损失，从而调节了总供给，维护了经济的良好运行。

三、市场环境管理政策

以下为美国自2008年金融危机以来采取的市场环境管理政策，主要有简政放权、加强基础设施建设和保护对外贸易三个部分。

（一）简政放权

2017年1月,特朗普签署了行政命令,要求政府部门在每颁布一项新的监管规定的同时废除两项旧规定。此外,政府部门还应以废除旧规定所节省的成本支持新规定的正常运转。根据《2019年总统经济报告》(Economic Report of the President—2019),2017年和2018年,联邦机构发布的废除措施比新增措施多出许多倍。其中2017财年废除15项管制条例,新增3项,节省监管成本81亿美元(净值);2018财年废除57项监管条例,新增14项,简政放权措施共计节省230亿美元(净值)。

基础设施建设方面,2017年8月,特朗普发布行政命令,以减少不必要的延误和基础设施投资障碍。2018年1月,特朗普签署行政命令,简化将宽带扩展到农村地区的流程,以确保良好的宽带接入,提高农村生活质量,支持农村劳动力水平的提升。

市场准入方面,2017年9月,美国交通部发布联邦自动化汽车政策更新,为开发人员提供指导,并在2018年10月进一步更新,提供地面交通系统的安全框架和多通道方法。

通过简政放权,大幅精简行政审批事项、向市场和社会放权,降低了政府监管成本,优化了政府服务,降低了市场准入门槛,营造了宽松公平的营商环境;同时促进了监管公平的实现,提高了联邦机构的透明度和公平性。放松管制和提升监管公平有助于恢复市场机制的功能、消除市场失灵,从而促进经济稳定发展。

（二）加强基础设施建设

市场环境管理除了依靠制度的不断改善,还需要各类基础设施建设的辅助。其中长期为社会生产提供服务的如交通、能源、电信、环保等基础设施为硬性基础设施;为城市化和现代化提供支持的如文化教育、职业培训、科学研究等基础设施为软性基础设施。实现经济的高质量发展,需要兼顾硬性和软性基础设施建设。

2009年2月奥巴马发布的《美国复兴与再投资法案》(以下简称《法案》),在提供税收优惠的同时,增加了政府在基础设施建设上的投资。

能源方面,奥巴马政府为风能和太阳能等可再生能源行业提供了900亿美元的公共投资和税收优惠,以促进可再生能源的生产和研发。

电信方面,2009—2012年,政府每年对美国无线网络的投资从210亿美元增长至300亿美元,增幅超过40%,使得美国在4G无线宽带互联网服务方面处于世界领先地位。先进电信技术的发展,也有助于商业、医疗、教育、公共安全、娱乐等领域的技术发展,从而促进美国的经济复苏。

交通方面,《法案》拨款480亿美元用于美国交通部所管理的项目,其中近60%用于高速公路建设,37%用于公共交通和城际客运铁路建设,规模巨大。现代化、有效率的交通基础设施网络是经济运行的必要条件,也将提高经济的潜在产出(Altman,2015)。

环保方面,《法案》为美国环境保护署(EPA)提供资金,清理受污染的土地使其恢复经济用途,减少柴油发动机造成的空气污染,减少地表水和饮用水中的污染物等。共计清理出可供利用的土地1 566英亩,减少二氧化碳排放量840 300吨,减少颗粒物排放3 900吨,维护、改善了全美7 800多万人的污水处理基础设施,使693个饮用水系统重新符合安全饮用水法案的标准。

软性基础设施方面,奥巴马政府在人力资本、科学研究领域也进行了大量投资。为美国国家科学基金会、美国国立卫生研究院、美国国家航空航天局、美国能源部等机构的科学项目投资共计超过 150 亿美元的科学设施、仪器和研究经费。另外,《法案》还提供了 180 亿美元用于鼓励医院实现医疗记录计算机化,20 亿美元用于社区卫生中心建设,10 亿美元用于研究可预防慢性疾病,10 亿美元用于研究各种医学治疗的有效性,明确地以创新为目标,促进经济复苏与高质量发展。

另外,奥巴马在 2014 年的国情咨文中倡议为教育、研究、基础设施等领域提供额外可自由支配的投资计划,共计 560 亿美元。基础设施投资的增加在扩大需求的同时,使企业能够以更低的成本和更有效的方式管理、运输货物,为企业提供了更好的市场环境,使制造商在美国生产更具成本效益。

特朗普上任后,同样重视美国的基础设施建设。他认为,项目延误、投资不足、交通拥堵等带来的损耗正在拖累美国经济发展,为此提出 1.5 万亿美元的新基础设施投资计划,主要用于交通、电信、给排水、能源等基础设施建设,并要求缩短审批程序以减小基础设施建设阻碍、提高效率。创新和科学研究方面,政府继续优先为人工智能研究和计算基础设施、机器学习和自主系统提供研发资金,以保持美国在人工智能领域的领导地位。

加强基础设施建设一方面有助于改善市场交换平台,为市场提供更高的公共服务水平、促进创新研发、提高生产率和产能;另一方面可以提升人力资本质量、增加就业机会,从而降低失业率、促进更强劲的长期经济增长。

(三) 保护对外贸易

金融危机发生后,奥巴马政府将发展对外贸易作为第一要务,致力于制定明智、负责任的贸易政策,以恢复国家的经济,稳定并为更多美国人提供就业支持。

2009 年 11 月,奥巴马启动了跨太平洋伙伴关系协定(TPP)的谈判,期望与亚太地区主要贸易伙伴缔结自由贸易协定。该协定旨在为区域自由贸易协定树立新的更高标准,不仅解决了此类协定中的传统核心问题,而且扩大了范围,包括监管一致性和中小型企业的优先事项。除美国外,参加谈判的其他国家包括澳大利亚、文莱、智利、马来西亚、新西兰、秘鲁、新加坡和越南。

2011 年秋季,美国政府审议通过了与哥伦比亚、巴拿马和韩国的自由贸易协定,标志着美国贸易自由化迈出了近二十年来最大的一步。在这三个协定中,最具经济意义的是《美韩自由贸易协定》,该协定有望使美国对韩国的年度货物出口增加 110 亿美元。该协定还包括韩国提出的有望导致美国服务出口大幅增长的承诺。

2013 年 6 月,美国启动了跨大西洋贸易与投资伙伴协定(TTIP)的谈判,美国和欧盟将通过削减关税、消除贸易壁垒等方式发展经济。

2013 年 12 月,美国与世界贸易组织(WTO)的 159 个国家和地区一起签署了《贸易便利化协定》(Trade Facilitation Agreement)。协定旨在加速货物和服务的越境转移,改善 WTO 成员之间的合作,降低贸易壁垒。该协定的主要内容有减少贸易文件规定、确保海关法规和程序透明、鼓励各国接受关税和收费的电子付款、快速释放易腐货物等,通过简化程序和增强透明度来降低出口企业成本。

2017年特朗普就任总统后,认为美国的贸易赤字源于贸易伙伴国对美国的不公平贸易。为给国内企业提供良好环境、保护本土制造业发展、降低失业率,美国的贸易政策开始表现出贸易保护主义特征。

2017年1月,特朗普签署了行政命令,宣布美国退出TPP。并在2017年年初开展了五轮北美自由贸易协定(NAFTA)三方谈判,在电信、竞争政策、数字贸易、良好的监管措施和海关、贸易便利化等方面取得了进展(刘瑶和张明,2018)。

2017年4月,美国商务部部长威尔伯·罗斯(Wilbur Ross)声称要对WTO贸易协议进行整体重新评估。同时,美国政府发布了以维护美国对外贸易权益为目的的行政命令。主要内容有:美国签署的每项贸易和投资协定,以及所有贸易关系和贸易优惠计划,都应促进美国的经济增长,有利于美国贸易平衡,增强美国的制造业基础。根据政策,美国将谈判新的贸易协定、投资协定,建立有利于美国工人及国内制造商、农民和牧场主的贸易关系;鼓励国内研发创新。此外,美国将重新谈判或终止任何现有的损害美国经济、知识产权、创新、企业利益或人民利益的贸易和投资协定。

2017年8月,特朗普政府针对中国进行了"301反倾销调查",调查中国政府在技术转让、知识产权和创新方面的政策行为是否会损害美国的商业活动,同时展开了一些针对贸易伙伴进出口产品的反倾销、反垄断调查。

2018年年初,特朗普政府宣布对中国、日本等经济体出口的钢铁和铝产品加征关税。年中,又以贸易不平衡为由,通过大规模加征关税或相关威胁要求中国加大对美国产品的进口并附加其他经贸甚至政治条件,要求欧盟和日本对美国汽车降低关税并扩大进口。同时,美国还通过双边谈判向墨西哥、加拿大施压,重新签订自由贸易协定。

2018年和2019年,美国政府采取了补充行动,以应对中国征收的报复性关税以及未能消除相关不公平行为、政策和做法的情况。2020年1月,政府就中美贸易协议第一阶段敲定了历史性且可执行的协议。该贸易协议要求在知识产权、技术转让、农业、金融服务以及货币和外汇等领域对中国的经贸政策进行结构性改革和其他变革。最终目标为随着中国市场壁垒的降低和市场定位的进一步发展,全球贸易体系将在一个更加平衡、互惠的环境中运作。

特朗普政府的目标是利用美国市场的吸引力,从贸易对手那里获得更多的让步,这一战略为实现减少美国结构性贸易逆差而服务。

四、特朗普经济政策的效果

(一)美国的经济增长

根据美国商务部发布的数据,如图7-6所示,美国的真实GDP增长率在金融危机爆发前已经在缓慢下降,2008年下半年金融危机爆发后,GDP增长率极速下滑,在2009年达到-2.5%。在奥巴马政府发布的一系列经济复苏政策的努力下,2010年真实GDP同比增长率恢复到2.6%,经济刺激政策效果明显。但之后,由于失业率持续居高、金融市场低迷、信贷规模收缩、居民收入增速低等,经济增速下降,恢复周期性波动。

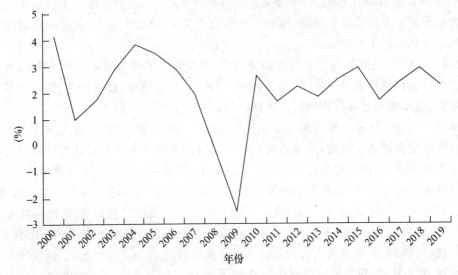

图 7-6 美国真实 GDP 增长率

资料来源：美国商务部，2020 年 5 月。

特朗普上任后的 2017 年，真实 GDP 同比增长 2.3%，反映了美国商业投资、出口、住房投资和消费者支出的增长。时任美国商务部部长罗斯表示，总统的税收计划、简政放权政策、贸易谈判新政以及能源独立政策等，给企业和消费者提供了强大的信心。

随后的 2018 年，美国全年真实 GDP 增长率为 2.9%，较 2017 年又有提升。2018 年的经济增长率超出了美国专家的预估，以专家认为不可能的速度释放了美国的经济增长潜力。在特朗普的减税计划所提供的激励措施的刺激下，美国企业在设备、软件和知识产权研究与开发上的支出增加，企业投资得到强劲提升。较低的税负以及企业增加的奖金和薪水也使得员工可支配收入增加，进而促进了消费，拉动了美国经济增长。

2019 年，美国全年真实 GDP 增长率为 2.3%，GDP 达到了 21.43 万亿美元，创历史新高。国内货物生产、消费者支出、个人收入、个人储蓄率等都持续增长，长期的大规模商品进口激增趋势放缓，全年商品进口增长 0.2%，为 2009 年以来的最低值。

（二）美国的失业率

如图 7-7 所示，根据美国劳工部发布的数据，美国的失业率在金融危机爆发前呈稳定下降趋势，2007 年已降至 4.62%，就业市场表现良好。2008 年金融危机爆发，大量企业倒闭、员工失业，失业率在 2009 年飙升至 9.3%，并在 2010 年进一步上升到 9.6%，大量劳动力失去工作，严重影响了经济的复苏和发展。2010 年之后，在奥巴马政府的努力下，美国经济开始复苏，就业机会增多，失业率也恢复稳定下降趋势，至 2016 年已降至 4.9%。

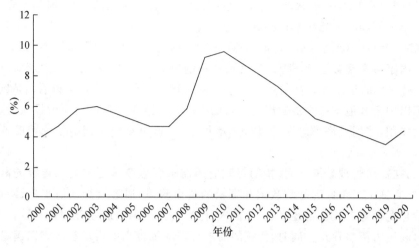

图 7-7 美国失业率

资料来源:美国劳工部,2020 年 5 月。

特朗普上任后,2017 年美国劳动力市场表现平稳,失业率稳步下降,12 月失业率保持在 4.1%,为 17 年来最低值,非农部门总计新增就业岗位 210 万个,特朗普政府的经济政策在就业市场初见成效。之后两年,失业率继续保持下降趋势,2020 年 2 月已下降到 3.5%,为 50 年来的最低水平。根据《2020 年总统经济报告》,自特朗普上任以后,美国劳动参与率上升,历史上一直处于弱势的工人工资增长最快,就业机会增加,已创造 50 多万个制造业工作岗位,并首次出现职位空缺数超过求职者数量的情况。可以看出,特朗普上任后制定的经济政策的确起到了稳增长、保就业的效果。

2020 年 3 月,受新冠肺炎疫情影响,美国失业率上升到 4.4%,非农部门减少就业岗位 70 多万个,就业市场形势恶化,后续还要看疫情的发展情况。

(三)市场活力加强

特朗普上任前,由于经济增速缓慢、新企业创立速度降低、中小企业成长潜力小、人口老龄化加剧等问题的影响,美国市场活力下降,影响了经济复苏的进展。特朗普政府通过一系列刺激及去监管措施,大力支持创新和技术研发,为中小企业提供更优质的营商环境,保持创新优势,促进技术进步,提升美国市场活力。同时,将制造业带回美国的制造业回流计划,带回了海外投资和就业岗位,进一步使市场活力加强。随着美国经济增速的增长,失业率的稳定下降,特朗普经济政策对市场活力的加强作用继续显现。

五、特朗普经济政策的缺陷

特朗普经济政策在取得一系列成果的同时,也存在一些缺陷:

第一,特朗普政府在新产品研发方面的投入较少,经济增长的可持续性问题没有得到解决。特朗普上任后,与奥巴马高度重视科技创新和新产品研发的战略部署不同,特朗普没有将科技创新看作决策的重点,反而计划大幅削减科学研发支出。在 2017 年和 2018 年的年度预算提案中,特朗普均提出削减非国防部门的研发预算,但受国会制约未能通过。2020年2月,特朗普向国会提交的共计4.8万亿美元的2021财年预算提案中,再次提出要大幅削减主要科学机构的研发支出,其中美国国立卫生研究院(NIH)的年度预算被削减7%(29.42亿美元),能源部(DOE)科学办公室的年度预算被削减17%(11.64亿美元),国家科学基金会(NSF)的年度预算被削减6%(4.24亿)美元,国家航空航天局(NASA)科学部的年度预算被削减11%(7.58亿美元),等等。由此可以看出特朗普削减科研预算以用于其他支持经济发展的项目的决心。但减少新产品研发的投入后,缺少创新的推动作用,美国经济难以保持可持续增长,也许这也是美国国会拒绝特朗普提案的原因。

第二,在需求管理政策方面,特朗普政府的需求管理政策还主要以传统的需求管理政策为主,实施了扩张性的财政政策和宽松的货币政策,通过增加政府支出、降低利率、无限量量化宽松等方式稳定经济、扩大需求,但也使得美国政府债务规模继续扩大,政府面临的财政压力依然存在。同时,传统的需求管理政策带来的需求扩张难以满足高质量增长的要求,经济难以实现健康、持续、平稳的高质量发展。

第三,在供给管理政策方面,特朗普政府的供给管理政策以减税为重心,通过降低所得税来提高企业的生产积极性,促进经济增长。但在经济增长的同时,经济的结构性问题没有得到改善,仍然存在产能过剩等情况。同时,减税政策虽然见效迅速,但也是有限度的,受到政府财政状况的制约。政府的财政收入主要来源于税收,并将其用于维护国家财政的正常运行,在已经面临高额国债的情况下,美国政府不可能一而再再而三地减税,因此减税政策虽在短期可取得效果,但政策本身不具有可持续性。在考虑供给管理政策时,应以促进技术进步、改善企业管理等方式为主,提高供给质量和生产效率,这些手段与减税政策相反,其效果是无止境、可持续的,一方面可以从根源上解决经济的结构性问题,另一方面可以持续促进经济的高质量发展。

第四,在市场环境管理政策方面,特朗普政府的简政放权、加强基础设施建设、保护对外贸易等政策措施以"美国优先"理念为指导,去除了繁重的监管政策和他认为的"不公平"的贸易协议,营造了宽松公平的营商环境,取得了不错的效果。但总体来看,市场环境管理政策缺乏系统性考虑。市场环境管理政策的核心应当是设法消除市场失灵、完善和恢复市场机制,解决如凯恩斯主义强调的价格刚性等问题,让市场机制充分发挥其应有的作用。特朗普政府的市场环境管理政策在这方面还有所欠缺,仍需进一步完善。

此外,美国的三类宏观调控政策之间缺乏协调整合,其原因主要有两点:一是正统的西方宏观经济学理论以需求管理为主,没有供给管理和市场环境管理,制定政策时在这两方面缺乏理论基础;二是美国实行三权分立制度,行政权属于总统、立法权属于国会、司法权属于最高法院,而中央银行又独立于总统和国会,使得制定不同经济政策的部门之间相互制约又相对独立,缺乏整体协调性。

基本概念

宏观调控体系　　　　　　需求管理　　　　　　供给管理
市场环境管理

本章小结

1. 市场环境管理是宏观调控体系的核心。宏观调控的目的主要是处理市场无法自发解决的问题,如果市场失灵的问题得到解决,就可以减轻供给管理和需求管理的压力,甚至理论上说可以不再需要需求管理和供给管理。

2. 未来的宏观调控理论体系的发展可能会有以下几个趋势:第一,以总供求模型为理论基础,更加重视市场环境管理和供给管理在宏观调控中的作用;第二,更加注重经济增长的质量;第三,更加重视创新在宏观调控中的作用。

练习与思考

1. 请简述传统凯恩斯主义需求管理政策的局限性。

2. 请简述市场环境管理政策涵盖的内容及调控目的,并举例说明目前世界各国在市场环境管理政策方面的实践。

3. 请讨论凯恩斯主义需求管理政策在什么情况下是必要且有效的,在什么情况是下不需要的?

4. 请简述基于 AS-AD 模型的宏观经济政策体系下,宏观经济调控的目标及政策工具。

5. 请基于本章内容,谈一谈你对"高质量发展"的理解。

第八章 经济增长

在宏观经济分析中,我们最关注的是 GDP 的变动。在现实经济中,随着时间的变化,GDP 总是在波动的,如图 8-1 所示。GDP 有时可能增加,有时可能下降,但总体来说一般都有一个上升的趋势,并围绕这个趋势上下波动。因此,一般可以把 GDP 的波动分解为两个部分:一个是它的趋势;另一个是它对这个趋势的偏离,或者说围绕这个趋势的波动。于是,宏观经济学就被相应地分解为两个部分:一个部分解释 GDP 的趋势变动,这就是经济增长理论;另一个部分解释 GDP 对这个趋势的偏离,这就是短期经济波动理论。我们前面几章介绍的就是短期经济波动理论。

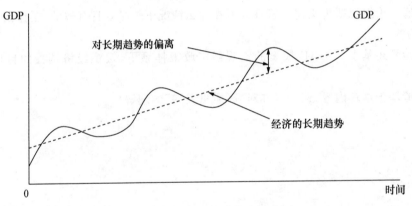

图 8-1　GDP 波动的分解

在我们前面介绍过的短期经济波动理论中,研究的其实是三条曲线:长期总供给(LAS)曲线、短期总供给(SAS)曲线和总需求（AD）曲线。图 8-2 给出了经济中均衡的决定。从图 8-2 可知,随着总需求或短期总供给的变动,GDP 总是围绕 LAS 曲线波动。因此,LAS 曲线的位置反映的实际上就是 GDP 的趋势值。这个趋势值反映的就是经济在那一时刻的生产能力。从图 8-1 可以看出,不管经济偏离趋势值的程度有多大,在任一时刻经济的总产出主要还是由其生产能力所决定。

在第六章中,我们分别推导了总需求曲线和短期总供给曲线,分析了决定这两条曲线的位置和斜率的各种因素。我们也推导出了一个长期总供给曲线,但如前所述,这里的"长期"根据价格是否灵活来确定,如果价格灵活,就是"长期";如果价格不灵活,就是"短期"。因此,这里的"长期总供给曲线"说明的是价格灵活条件下、只有劳动力一种要素可变时的总供给量与价格水平之间的关系。如前所述,对于市场经济来说,在这样的情况下,总供给量与价格没有关系。同时,由于在这种情况下经济实现了充分就业,如果

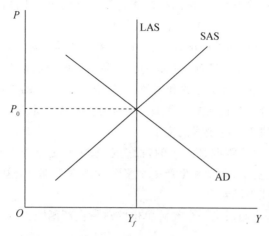

图 8-2 宏观经济学的分析框架

其他因素不变,它的位置就是固定的。所以,在第六章我们没有考虑长期总供给曲线位置的变化。

本章我们考虑长期总供给曲线位置的变化,解释其发生变化的原因。对于任何一个经济单位来说,投入要素有许多种,比如劳动力、资本、自然资源、技术水平等,每种投入要素的变化都会影响潜在产出,因而都会导致长期总供给曲线位置的变化。

我们在第六章介绍过,经济学中"长期"和"短期"的划分是相对的。在宏观经济学的短期波动理论中,我们考虑的是劳动力一种要素可变情况下经济的运行,此时"长期"和"短期"的划分依据是价格灵活性;而在微观经济学中,划分"长期"和"短期"的依据是几种要素可变。如果只有劳动力一种要素可变,就是短期;如果多种要素可变,就是长期。因此,在宏观经济学的短期波动理论中,其实是把微观经济学中的"短期"又划分为"长期"和"短期"。本章所说的"长期"是多种要素可变的那种时间期限,跟微观经济学所说的"长期"一致,是比第六章中的"长期"更长的"长期"。

在本章,我们首先介绍经济增长是怎么实现的,即哪些因素推动了一国经济的增长。其次,我们介绍关于经济增长的一个基准模型,即索洛增长模型,又称新古典经济增长模型。在此模型中,我们将考虑储蓄、人口增长、技术进步等因素对经济增长的影响。最后,我们将介绍新增长模型以及促进增长的政府政策。

第一节 经济增长核算

经济增长理论研究的是一国生产能力的增长。一国的生产能力取决于该国的可用资源和技术水平以及经济的组织方式。在经济学中,我们把一国的可用资源分为四大类或四种生产要素,即劳动、资本、土地(自然资源)和企业家才能。经济的组织方式之所以重要,就在于它是把其他资源结合起来进行生产的,最突出的例子就是计划经济和市场经济的区别。二者都是把经济的各种资源组织起来的方式,但经济绩效却相差甚远。

如果考虑到所有这些因素，一国的生产能力就可以用如下生产函数来表示：
$$Y = F(K, L, R, E, A)$$
其中，Y 表示一个经济单位的总产出，K 表示该经济单位的总资本存量，L 表示该经济单位的劳动力总数，R 表示该经济单位拥有的自然资源，E 表示该经济单位的企业家才能的总量，A 表示该经济单位对资源的利用效率（即该经济单位的生产率水平），函数 F 表示把所有这些因素组合起来的方式。因此，一国的生产能力取决于这些因素，而一国生产能力的增长也就取决于这些因素的变动。

一般而言，一国的自然资源是固定的，而企业家才能是难以度量的量。因此在大多数研究中，一般只考虑资本、劳动和生产率水平三种因素。那么，这三种因素是如何影响一个经济单位的生产能力的？

为理解这一问题，我们假定一个经济单位的总量生产函数为：
$$Y = A \times F(K, L) \tag{8-1}$$
按照这个生产函数，A 代表的就是"全要素生产率"。对式(8-1)进行全微分，可得：
$$dY = dA \times F(K, L) + A \frac{\partial F(K, L)}{\partial K} dK + A \frac{\partial F(K, L)}{\partial L} dL \tag{8-2}$$
两边同除以 Y，有：
$$\begin{aligned}\frac{dY}{Y} &= \frac{dA \times F(K, L)}{A \times F(K, L)} + \frac{A \frac{\partial F(K, L)}{\partial K}}{A \times F(K, L)} dK + \frac{A \frac{\partial F(K, L)}{\partial L}}{A \times F(K, L)} dL \\ &= \frac{dA}{A} + \frac{\partial F(K, L)}{\partial K} \frac{K}{F(K, L)} \frac{dK}{K} + \frac{\partial F(K, L)}{\partial L} \frac{L}{F(K, L)} \frac{dL}{L}\end{aligned}$$
因此有：
$$\frac{dY}{Y} = \frac{dA}{A} + e_{KY} \frac{dK}{K} + e_{LY} \frac{dL}{L} \tag{8-3}$$
其中，e_{KY} 为产出的资本弹性，e_{LY} 为产出的劳动力弹性。这就是著名的经济增长核算公式。如果经济是规模报酬不变的，那么 $e_{KY} + e_{LY} = 1$。式(8-3)表明，经济增长率由三个方面的因素决定：生产率、资本和劳动力。产出的资本弹性和劳动力弹性可以根据实际经济数据估算。① 因此，只要知道了生产率、资本和劳动力的增长率，就可以事先估算一国经济的增长率。资本和劳动力的增长率可根据投资数据和人口数据估算。生产率的增长率该如何估算呢？生产率在很大程度上是由经济的技术水平决定的，实际上至今没有一个公认的估算生产率的增长率的好方法，原因是技术水平无法量化，而技术进步就更无法量化了。因此，在经济研究中，式(8-3)往往不是用来对经济增长率进行事先估计，而是在事后测算生产率的变动。

由于在式(8-3)等号右端的所有变量都是已知的，可以测算出某一年生产率的增长率。比如，在 2020 年，2019 年的经济增长率、资本增长率、劳动力增长率等数据都可以在各种官方公布的统计资料中查到，而产出的资本弹性和劳动力弹性也可以根据生产函数估计出来，只要把这些数据代入公式(8-3)，就可测算出 2019 年生产率的增长率。

---

① 对于美国来说，$e_{KY} \approx 0.3$，$e_{LY} \approx 0.7$。

这样得到的生产率的增长率实际上反映的不仅是技术进步对经济增长的贡献,而且是资本和劳动力以外的所有因素的贡献,也就是在总量生产函数中被忽略的所有因素的贡献。由于这样得到的生产率的增长率是经济增长率中剔除了资本和劳动力的贡献以后剩下的部分,因此它又被称为索洛剩余。

这种方法被称为经济增长核算,它是由阿布拉莫维茨(Abramovitz)和索洛(Solow)分别于1956年和1957年提出的。该方法常被用来进行三个方面的估计:(1)把业已实现的经济增长率在引起增长的各种因素之间进行分配,从而确定引起增长的各个因素对经济增长的贡献;(2)当不同国家的产出水平不同时,确定是什么因素导致产出水平的这种不同;(3)确定引起增长的某一个因素的给定变化对产出水平或产出增长率的影响的大小。

经济增长因素分析在经济学研究中得到了广泛应用,并得出了很有意义的结果。比如,Young(1994)运用这一方法分析了过去三十多年亚洲"四小虎"的增长情况,得出了"亚洲无奇迹"的结论,并由此引发了关于东亚奇迹的争论。Denison(1985)等运用这一方法分析了美国和其他工业化国家20世纪70年代以来增长率下降的现象。这一方法还被用来研究制度变迁对生产率的影响。例如,Tang(1984)和Wen(1989)等运用这一方法分析了家庭联产承包责任制对中国农业生产率的贡献,Li(1997)运用这一方法分析了此前20年中国所推行的各项改革措施对国有企业生产率的影响。

第二节 资本积累

经济增长取决于资本、劳动力和生产率的变化。本章以下四节我们就逐一讨论这三种因素的变动对经济增长的影响。这里介绍的理论叫作"新古典增长理论",又称"索洛增长模型"。在假定人口和生产率水平都不变的情况下,本节和下一节探讨资本积累的作用。第四节放松人口不变的假定,但仍假定生产率水平不变,仅考虑人口增长对经济增长的影响。第五节,我们引入生产率的变动。在大多数经济单位中,生产率的增长是由技术进步驱动的,因此本节以技术进步为例说明生产率的变动对经济增长的影响。在介绍完索洛增长模型之后,我们探讨促进增长的政策以及新增长理论。

一、投资与储蓄

我们现在要考虑的是长期内一个经济单位资本存量的变动。在任一时期,整个经济单位资本存量的变动只能有两个来源:一个是投资;另一个是现有资本的损耗,即折旧。我们先来看长期内投资是怎么决定的。这就要从经济的长期均衡说起。首先,在我们所考虑的这个"长期"内,价格水平是完全灵活的。因此,经济总是处于均衡状态,也就是充分就业状态。我们现在要弄明白的是,长期均衡下投资是怎么决定的。这就要弄清商品的供给和需求。商品的供给指的是在任一时期一个经济单位生产了多少商品,而商品的需求指的是在同一时期这些商品的用途。

(一) 商品的供给

经济单位在任一时期的总供给可由生产函数决定。假定经济的总量生产函数为：

$$Y = F(K, L) \tag{8-4}$$

其中，Y 表示总产出，K 表示资本存量，L 表示劳动力数量。由于我们在本节不考虑技术进步(在本章此后各节，用"技术水平"代替"生产率水平"，相应地用"技术进步率"代替"生产率的增长率")，因此在总量生产函数(8-4)中没有引入技术水平。再假定该经济单位的规模收益不变，即当各生产要素以同一比例增长时，总产出也以相同比例增长，用函数式表示，即为：

$$zY = F(zK, zL) \tag{8-5}$$

其中 $z>0$。规模收益不变的假定表明，我们在分析时可以把经济无限细分，而不影响分析的结果。为简化分析，我们令 $z = \frac{1}{L}$，则式(8-5)就变为：

$$\frac{Y}{L} = F\left(\frac{K}{L}, 1\right)$$

这是按劳动力数量计算的平均产量(以下简称"人均产出")与平均资本(以下简称"人均资本")的关系。令 $y = \frac{Y}{L}$，$k = \frac{K}{L}$，上述公式即可写为：

$$y = f(k) \tag{8-6}$$

其中，$f(k) = F(k, 1)$。这个公式又被称为"生产函数的密集形式"。为了便于分析，我们假定资本边际报酬递减，且在 k 趋于 0 时资本边际产出趋于无穷大，k 趋于无穷大时资本边际产出趋于 0。满足这些假定的生产函数如图 8-3 所示。该曲线的斜率表示边际产品，"边际收益递减"意味着曲线向上凸起；"k 趋于 0 时资本边际产出趋于无穷大"意味着在原点，该曲线的切线即为竖轴；"k 趋于无穷大时资本边际产出趋于 0"意味着随着资本存量的增加，该曲线越来越接近于水平线。

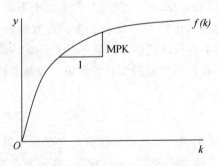

图 8-3 生产函数的密集形式

(二) 商品的需求

我们考虑一个没有政府和国外的两部门经济单位。在这个经济单位中，总需求就等于消费加投资，即

$$ad = c + i \tag{8-7}$$

其中,ad 为人均总需求,c 为人均消费,i 为人均投资。这里所说的"人均"是将总量除以劳动力数量得到,而非除以总人口数。作这样处理的目的是与生产函数对应。假定消费函数为:

$$c = (1-s)y \tag{8-8}$$

其中 s 是储蓄率。这个消费函数表明,消费与收入成正比。将式(8-8)代入式(8-7),可得:

$$ad = (1-s)y + i$$

在长期,经济总是处于均衡状态,而供给为 y,因此均衡条件为 ad=y。将上述需求函数代入均衡条件并整理,即得:

$$i = sy \tag{8-9}$$

式(8-9)说明,在长期,投资与收入成正比。这就是投资函数。因为投资等于储蓄,所以储蓄率 s 也是产出中用于投资的部分。由于 y=f(k),因此投资函数可写为:

$$i = sf(k) \tag{8-10}$$

式(8-10)表明,投资是资本存量的增函数,随着资本存量的增加,产出也随之增加,由于投资与产出成正比,因而投资也增加。但是,随着资本存量的增加,边际产出下降,因而投资虽然在增加,但给定的资本增加所导致的投资增加幅度在下降。如图 8-4 所示,$k_3 - k_2 = k_2 - k_1$,但 $i_3 - i_2 < i_2 - i_1$。

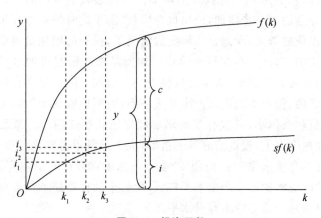

图 8-4 投资函数

二、资本的稳态水平

我们现在考虑资本存量是如何随时间变化的。资本存量变化的原因有两个:首先,投资使资本存量增加。如前所述,投资与现有资本存量之间存在正相关关系。资本存量越大,产出就越多,但资本的边际产出是递减的,因此随着资本存量的增加,资本存量的单位增加所带来的产出增加量是递减的。而投资与产出成正比,因此随着资本存量的增加,资本存量的单位增加所带来的投资增加量也是递减的。其次,折旧使资本存量降低。

折旧即生产过程中的资本损耗,我们假定折旧率 δ 是固定的。因此,如果现有的资本存量为 k,折旧即为 δk。图 8-5 给出了资本折旧曲线,折旧曲线又称"持平投资线",表示在每一资本存量上要维持资本存量不变所需要的投资。

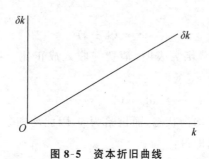

图 8-5　资本折旧曲线

因此,资本存量的变化可以表示为:

$$\Delta k = i - \delta k \tag{8-11}$$
$$= sf(k) - \delta k \tag{8-12}$$

现在我们在同时考虑投资和折旧的情况下分析资本存量的变动。首先,在任一资本存量下,都会有投资和折旧。假定在开始时,一个经济单位的资本存量水平趋近于 0。在这样的资本存量水平下,产出是正的,因而投资也是正的,而且资本的边际产出趋近无穷大,由此资本增加一点点导致的产出增加量就很大,相应的投资增加量也就很大;而由于资本存量很小,折旧几乎为 0,因此投资的增加量将远远大于折旧的增加量,资本存量将增加。随着资本存量的进一步增加,产出也会增加,由于此时的资本存量水平还很小,因此资本的边际产出依然较大,在储蓄率给定的情况下,投资的增加量也就较大;而折旧是与资本存量成正比的,因此资本存量的单位增加所带来的折旧增加量是固定的,是一个有限的数,此时的投资大于折旧,资本存量将进一步增加。随着资本存量的进一步增加,折旧的增加是固定的,但资本的边际产出是递减的,因而投资的增加幅度也递减,投资与折旧之间的缺口就越来越小,资本存量的增加幅度也就越来越小。最后,资本存量会达到这样一个点:在这个点上,投资恰好等于折旧,资本存量不再变化。这个资本存量水平就被称为"稳态资本存量水平",我们用 k^* 表示。如果在开始时资本存量水平大于这一水平,那么由于此时资本的边际产出水平较低,所带来的投资还不足以弥补折旧,因此资本存量会下降,直到达到稳态资本存量水平。

图 8-6 显示了资本存量的这一调整过程。图中,$f(k)$ 是生产函数,$sf(k)$ 是投资函数,δk 是折旧函数。投资函数与折旧函数相交的那一点 k^* 即代表稳态资本存量水平。假定开始时的实际资本存量水平 k_1 小于 k^*,此时投资大于折旧(图 8-6 中,$i_1 > \delta k_1$),资本存量将增加。假定资本存量的增加量为 Δk,由此导致的折旧增加量为 $\delta \Delta k$;产出的增加量为 $\Delta y = f'(k_1) \Delta k$,其中 $f'(k_1)$ 为此时资本的边际产出,而相应的投资的增加量为 $\Delta i = s f'(k_1) \Delta k$。资本的边际收益是递减的,即 $f''(k) < 0$,因此随着资本存量的增加,Δi 是递减的;而折旧与资本存量成正比,结果资本增加幅度 $\Delta k = i - \delta k$ 就越来越小。这种情况继续下去,直到达到稳态。如果开始时的实际资本存量水平 k_2 大于 k^*,此时投资小于折旧,资本存量将减少,最终也将达到稳态。

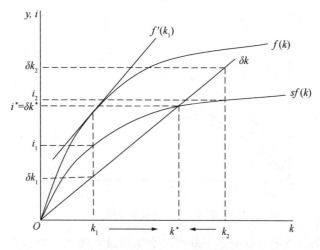

图 8-6　投资、折旧与资本积累

当经济达到稳态后,人均资本存量就不再发生变化,因此,人均资本存量的增长率就为0。由于人均产出水平与人均资本存量之间是通过生产函数联系起来的,因此人均产出水平的增长率也就为0。在储蓄率给定的情况下,人均储蓄与人均产出成正比,因此人均储蓄的增长率也为0。相应地,人均消费的增长率也为0。由于我们假定在经济中没有人口增长,因此总产出、总资本存量、总消费、总储蓄的增长率也都为0。在本节的假定下,当经济达到稳态后,所有经济变量的增长率均为0。

不过,在经济往稳态趋近的过程中,所有变量的增长率都不为0。在图8-6中,如果经济开始时的实际人均资本存量为 k_1,这一资本存量水平小于稳态资本存量水平 k^*。因此,人均资本存量水平开始增加,此时人均资本存量的增长率大于0;相应地,人均产出水平、人均消费、人均储蓄、总资本存量、总产出、总消费、总储蓄等的增长率都大于0。随着经济越来越接近稳态,人均资本存量以及其他所有变量的增长率越来越小,直到达到稳态时所有变量的增长率降到0。

三、储蓄率的变化

如果储蓄率 s 发生变化,对经济的长期增长有何影响? 如图8-7所示,假定开始时经济处于一个稳态水平,此时储蓄率为 s_1,相应的稳态资本存量水平为 k_1^*。如果储蓄率从 s_1 上升到 s_2,投资曲线 $sf(k)$ 就会上移。这样,在储蓄率刚刚上升的时候,经济中的实际人均资本存量依然是 k_1^*,但储蓄率上升后,产出中更多的资源被用于投资,从而投资大于折旧,资本存量开始上升,直到达到新的稳态。

上述分析表明,储蓄率是稳态资本存量水平的一个关键决定因素。储蓄率越高,稳态人均资本存量水平越大,稳态人均产出水平也就越大。

储蓄率与经济增长之间的关系如何呢? 我们前面得出的结论是,当经济达到稳态时,所有变量的增长率均为0。因此,不管储蓄率有多高,只要经济达到稳态,所有变量的增长率均为0。也就是说,储蓄率的变化不影响稳态时的经济增长率。但储蓄率的变化

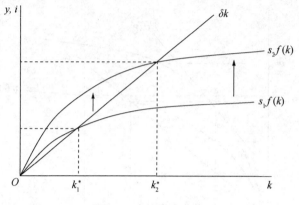

图 8-7 人均资本曲线

的确影响稳态时的人均资本存量水平和产出水平以及其他变量的水平。因此,在本模型中,储蓄率被认为对于宏观经济有"水平效应",而没有"增长效应"。也就是说,储蓄率影响经济运行的水平,但不影响经济的增长率。

第三节 资本存量的黄金律水平

上节的分析表明,储蓄率与稳态资本存量水平存在一一对应的关系,有什么样的储蓄率,就有什么样的稳态资本存量水平。因此,按照这一增长模型,只要能够自由地选择储蓄率,经济就可以在任意资本存量水平上达到稳态。接下来的问题是,假定经济已经达到稳态,这个稳态是不是我们想要的?我们想要的稳态应该具有什么样的特征?这就牵扯到稳态之间的福利比较。为了回答这些问题,我们需要假定一个经济单位的政策制定者能够自由地选择储蓄率,从而自由地选择稳态资本存量水平。

一、稳态之间的福利比较

假定政策制定者的目标是最大化所有社会成员的经济福利。社会成员真正关心的并不是经济中的资本存量,甚至也不是产量,他们只关心自身能够消费的商品和服务量。因此,对经济福利感兴趣的政策制定者就应该选择使得消费水平最大的稳态。此时的稳态叫作"黄金律稳态",相应的资本存量被称为"资本存量的黄金律水平",我们用 k^{**} 表示。

根据我们前面的假定,人均消费就等于人均产出减去人均投资,即:

$$c = y - i \tag{8-13}$$

我们想找出的是最优的稳态,因此考虑的是稳态消费、稳态收入和稳态投资之间的关系。当经济达到稳态时,资本存量不变,因而投资就等于折旧 δk^*。再把生产函数代入式(8-13),可得:

$$c^* = f(k^*) - \delta k^* \tag{8-14}$$

式(8-14)说明,稳态消费水平是稳态产出水平与稳态折旧水平之差。它表明,随着稳态资本存量的增加,稳态产出水平增加,稳态产出水平的增加量为 $f'(k^*)\Delta k^*$;同样,随着稳态资本存量的增加,折旧也增加,折旧的增加量为 $\delta\Delta k^*$。随着稳态资本存量的增加,资本的边际产出 $f'(k^*)$ 是递减的,但折旧却以同一比例 δ 增加。假定开始时资本存量很低,从而资本的边际产出 $f'(k^*)$ 远远大于折旧率 δ。此时,如果增加资本存量,由于资本的边际产出很大,产出的增加量 $f'(k^*)\Delta k^*$ 就远远大于折旧的增加量 $\delta\Delta k^*$,因此稳态消费水平 $f'(k^*)\Delta k^* - \delta\Delta k^*$ 在上升。随着资本存量的进一步增加,资本的边际产出 $f'(k^*)$ 逐步下降,给定的资本存量的增加所带来的产出的增加量 $f'(k^*)\Delta k^*$ 下降,但同样的资本存量的增加所带来的折旧的增加量 $\delta\Delta k^*$ 却不变,此时稳态的消费水平 $f'(k^*)\Delta k^* - \delta\Delta k^*$ 虽然仍上升,但上升幅度下降。最后资本存量中将达到这样一个水平:在此水平下,给定的资本存量的增加所带来的产出的增加量 $f'(k^*)\Delta k^*$ 恰好等于资本存量的这一增加所带来的折旧的增加量 $\delta\Delta k^*$,从而消费不再增加。此时如果继续增加资本存量,随着资本的边际产出的进一步下降,给定的资本存量的增加所带来的产出的增加量 $f'(k^*)\Delta k^*$ 就会小于资本存量的这一增加所带来的折旧的增加量 $\delta\Delta k^*$,从而稳态消费将下降(见图 8-8)。因此,使得消费最大的稳态资本存量水平应该满足如下条件:

$$f'(k^*)\Delta k^* - \delta\Delta k^* = 0$$

即

$$f'(k^*) = \delta \tag{8-15}$$

根据这一条件,如果我们知道生产函数的形式,就可以算出使得消费最大化的稳态资本存量水平。然后,再根据稳态资本存量的条件就可以算出相应的储蓄率,只要政府选择这样的储蓄率水平,经济最终就会达到黄金律稳态。

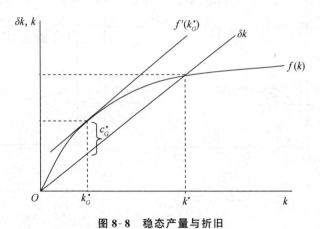

图 8-8 稳态产量与折旧

例 1 黄金律稳态的求解

假定一个经济单位的总量生产函数为 $Y=K^{0.5}L^{0.5}$,生产函数的密集形式就是 $y=k^{0.5}$,资本的边际产出即为 $f'(k^*)=0.5k^{-0.5}$。在黄金律稳态下,$f'(k^*)=\delta$,因此有 $0.5k^{-0.5}=\delta$,求解可得 $k_G^*=\left(\dfrac{0.5}{\delta}\right)^2$。假定折旧率 $\delta=0.1$,那么 $k_G^*=25$。

然后,我们就可以求出与这一资本存量黄金律水平相应的储蓄率。在稳态下,有:

$$sf(k^*)=\delta k^*$$

把生产函数的密集形式 $y=k^{0.5}$ 代入上式,整理可得:
$$s_G = \delta k^{*0.5} = 0.1 \times (25)^{0.5} = 0.5$$

二、向黄金律稳态的过渡

我们现在依然假定政策制定者可以自由调整储蓄率,从而可以在不同的稳态之间进行切换。我们现在要考虑的问题是,假定经济开始时达到的稳态不是黄金律稳态,如果政策制定者成功地调整了储蓄率从而当经济向黄金律稳态过渡时,消费、投资和资本将如何变化?我们考虑两种情况:开始时经济的稳态资本水平大于黄金律水平和小于黄金律水平的情况。先考虑第一种情况。

(一)资本存量高于黄金律水平

此时,政策制定者应降低储蓄率以降低稳态资本存量。假定这些政策成功了,储蓄率从某一时刻起降至黄金律稳态所需要的水平。

如图 8-9 所示,开始时,稳态资本存量水平为 k_1^*,此时的稳态投资水平为 $s_1 f(k_1^*) = \delta k_1^*$,稳态消费水平为 $f(k_1^*) - \delta k_1^*$。在储蓄率降低的那一瞬间,人均资本存量没有变化,只不过此时的人均资本存量不再是稳态的了。此时,人均产出随着人均资本存量的下降而逐步下降。投资猛然下降,下降幅度为 BC,消费则以相同的幅度上升。随后,投资和消费都逐步下降,直到最终达到黄金律稳态。在达到黄金律稳态后,人均消费大于原稳

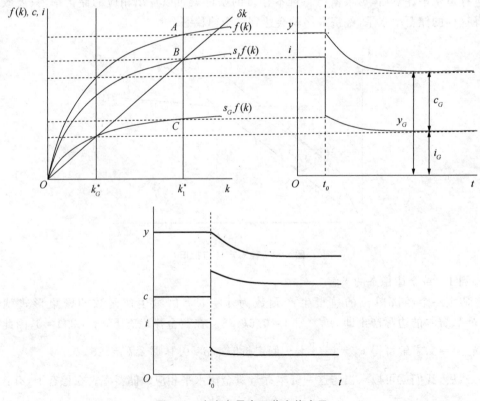

图 8-9 资本存量高于黄金律水平

态下的消费,但小于原资本存量下储蓄率刚刚降低时的消费。与原来的稳态相比,产出和投资均下降了,但投资下降的幅度更大,因而消费上升了。在这一调整过程中,政策实施时的那一代人的消费大幅上升,因而这一代人的福利大幅上升。所以,这一政策对这一代人最有利,他们就有足够的积极性支持这一政策。收入、投资、消费的走势如图 8-9 下图所示。

(二) 资本存量低于黄金律水平

假定开始时资本存量低于黄金律水平。这时,如果提高资本存量水平并达到黄金律稳态,人们的消费水平就会增加。而要提高资本存量,就得提高储蓄率。

如图 8-10 所示,开始时,稳态资本存量水平为 k_1^*,此时的稳态投资水平为 $s_1 f(k_1^*) = \delta k_1^*$,稳态消费水平为 $f(k_1^*) - \delta k_1^*$。在储蓄率提高的那一瞬间,人均资本存量没有变化,只不过此时的人均资本存量不再是稳态的了。此时,人均产出随着人均资本存量的增加而逐步增加。投资猛然上升,上升幅度为 BC,消费则以相同幅度下降。随后,投资和消费都逐步增加,直到最终达到黄金律稳态。在达到黄金律稳态后,人均消费大于原稳态下的消费。与原来的稳态相比,产出和投资均上升了,但产出上升的幅度更大,因而消费上升了。在这一调整过程中,政策实施时的那一代人的消费大幅下降,因而这一代人的福利大幅下降。所以,这一政策不利于这一代人。收入、投资、消费的走势如图 8-10 下图所示。

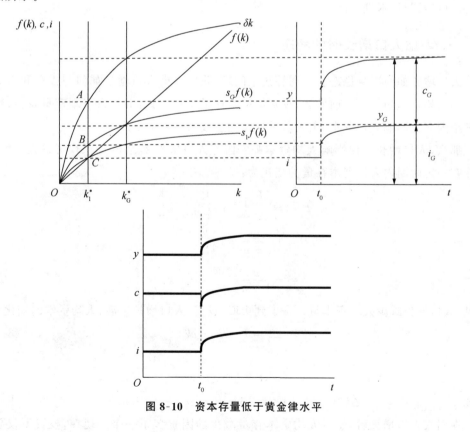

图 8-10　资本存量低于黄金律水平

在这种情况下,储蓄率 s 的上升能否提高经济福利?最终会的。因为 c_G 更高。但在向黄金律稳态调整的过程中,需要消费在开始时降低。如果经济开始时的资本存量高于黄金律水平,向黄金律水平趋近的任何时期消费都较高。如果经济开始时的资本存量低于黄金律水平,向黄金律稳态的趋近需要现在的这一代人降低消费,以便子孙后代在未来能够有更大的消费。因此,这就涉及代际的利益分配。如果一个经济单位很重视子孙后代的利益,就很可能会降低本代人的消费而为子孙后代谋福利;反之,如果一个经济单位只考虑本代人的利益,就很可能不会降低本代人的消费,从而经济永远达不到黄金律稳态,子孙后代也就不会有更高的福利。

第四节 人 口 增 长

经济史表明,长期内经济是增长的。因此,任何关于经济增长的模型都应能解释这一现象。而索洛模型表明,资本积累本身并不能解释长期经济增长。高储蓄率导致暂时的高经济增长,但经济最终将到达一个稳态,在这一稳态上资本和产量不变,因此经济就不会有增长。因此,要解释长期经济增长,就必须扩展索洛模型,这就需要引入两个因素:人口增长与技术进步。

一、考虑人口增长时的稳态

人口增长如何影响稳态?为回答这个问题,我们考虑人口增长如何与投资和折旧一起影响人均资本积累。如前所述,投资使资本存量增加,而折旧使得资本存量减少;现在第三个因素也影响人均资本:工人数量的增加造成人均资本下降。

那么,人口增长如何影响人均资本呢?假定人口增长率为 n,如果仅考虑人口增长,那么在一定时期内人均资本存量的变化为:

$$\Delta k = \Delta\left(\frac{K}{L}\right) = \frac{K}{L+nL} - \frac{K}{L}$$
$$= \left(\frac{1}{1+n} - 1\right)\frac{K}{L} \tag{8-16}$$
$$= -\frac{n}{1+n} \times \frac{K}{L} \approx -nk$$

可见,人口增长减少人均资本量。考虑到折旧、投资、人口增长之后,人均资本的变化为:

$$\Delta k = i - \delta k - nk \tag{8-17}$$

而

$$i = sf(k) \tag{8-18}$$

因此

$$\Delta k = sf(k) - \delta k - nk = sf(k) - (\delta + n)k \tag{8-19}$$

在引入人口增长后,使得人均资本存量减少的因素多了一个。现在,投资不仅要弥补折旧造成的资本损耗,还要弥补人口增长所导致的人均资本存量的减少。在上述资本存量的变化公式中也仅多了$(-nk)$一项,公式形式本身没有根本变化。稳态的决定跟前面一模一样,只不过持平投资线的斜率$n+\delta$比以前更大了。向稳态的调整过程也跟前面完全相同,这里不再赘述。在稳态时,投资的正效应抵消了折旧和人口增长的负效应。一旦达到稳态,投资就有两个用途:一部分用于补偿折旧,另一部分用于为新增工人提供资本,如图 8-11 所示。

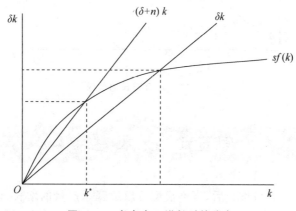

图 8-11 考虑人口增长时的稳态

二、人口增长的效果

人口增长的引入,对于索洛模型有三个影响:

第一,有助于解释经济的长期持续增长。如前所述,在没有考虑人口增长的稳态下,所有变量的增长率都为 0,包括总资本和总产出。而在考虑人口增长的情况下,人均资本 k 和人均产出 y 不变,但因为工人数的增长率为 n,而 $Y=yL$,$K=kL$,因此总产出和总资本也将以 n 的增长率增长。这就解释了总产出的增长。但是,人口增长不能解释生活水平也就是人均产出的持续增长,因为在稳态时人均产出不变。

第二,人口增长有助于解释为什么有的国家富,有的国家穷。考虑两个国家,这两个国家的唯一区别就是人口增长率不同,其他方面完全相同。假定两个国家的人口增长率分别为 n_1 和 n_2,且 $n_2 > n_1$。从图 8-12 可以看出,在稳态时,索洛模型预计,人口增长快的国家人均 GDP 水平低。

第三,人口增长影响资本积累的黄金律水平。由于 $c=y-i$,因此稳态时的消费就等于:

$$c^* = f(k^*) - (\delta+n)k^* \tag{8-20}$$

所以,当经济达到黄金律稳态时,应有 MPK=$\delta+n$。也就是说,在黄金律稳态水平下,资本的边际产品等于折旧率与人口增长率之和。

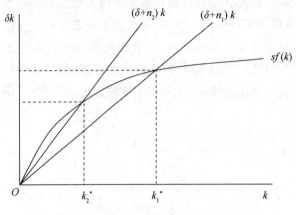

图 8-12 人口增长的效果

第五节 技术进步

如前所述,在引入人口增长后,索洛模型可以解释总产量的增长,但解释不了人均产出的增长。为了解释人均产出的增长,我们在本节引入技术进步,需要对生产函数做一个小小的修改。

一、引入技术进步的生产函数

前面几节我们用到的生产函数的形式为:
$$Y = F(K,L) \tag{8-21}$$
显然,这其中没有考虑技术进步。我们现在考虑技术进步。假定技术是劳动增进型(labor-augmenting)的,即技术水平提高劳动效率,但不影响资本的效率。这种技术被称为哈罗德中性的(Harod-neutral)。① 那么,生产函数可以改写为:
$$Y = F(K, L \times E) \tag{8-22}$$
其中,E 表示劳动效率,它取决于劳动者的健康、教育、技术水平、知识水平,及劳动积极性,$L \times E$ 表示的是用效率单位衡量的劳动力,它考虑到劳动力数量与每个工人的劳动效率。这一新的生产函数表明产量取决于资本和以效率单位衡量的劳动。

假定技术进步率为 g,它导致劳动效率 E 以这一速度提高。比如,$g=0.02$,则意味着每个工人的生产率在单位时间内提高 2%。因为整个经济单位的劳动力以 n 增加,每个工人的效率 E 以 g 增加,所以以效率单位衡量的劳动力就以 $n+g$ 的速度增加。

二、技术进步与稳态

将技术进步表述为劳动增进型的,可使分析类似于人口增长的情形。在此,我们不

---

① 如果技术是资本增进型(capital-augmenting)的,则称为希克斯中性的(Hicks-neutral)。

再用人均数量分析经济行为,而用每劳动效率单位的平均数量分析经济行为。令 $k = \dfrac{K}{L \times E}$,表示每单位有效劳动的平均资本,$y = \dfrac{Y}{L \times E}$,表示每单位有效劳动的平均产量。再假定生产函数对资本和有效劳动是规模保持不变的,即

$$zY = F(zK, z(E \times L)) \tag{8-23}$$

令 $z = 1/(E \times L)$,则式(8-23)可写为:

$$Y/(E \times L) = F(K/(E \times L), 1) \tag{8-24}$$

即

$$y = f(k) \tag{8-25}$$

这与前边用过的生产函数的密集形式完全一样。

现在我们考虑引入技术进步后每单位有效劳动的平均资本的变化为:

$$\Delta k = \dfrac{K}{(1+n)(1+g)LE} - \dfrac{K}{LE} \tag{8-26}$$

整理可得:

$$\Delta k = sf(k) - (\delta + n + g)k \tag{8-27}$$

具体的分析过程与考虑人口增长一样。该经济单位存在一个稳态,在稳态处每单位有效劳动的平均资本和每单位有效劳动的平均产量不变,如图 8-13 所示。图 8-13 与图 8-12 的唯一区别就是持平投资线的斜率进一步提高。

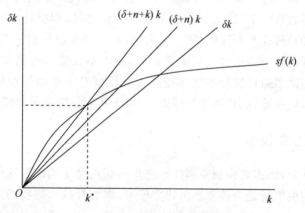

图 8-13 引入技术进步后稳态的决定

三、技术进步的作用

在考虑技术进步之后,这个模型终于可以解释生活水平的上升了。与前几节的模型类似的是,稳态下每单位有效劳动的平均资本不变。由于 $y = f(k)$,因此每单位有效劳动的平均产量也不变。每工人平均产量的增长率等于技术进步率 g,而总产量的增长率等于技术进步率 g 与人口增长率 n 之和。因此,技术进步可以导致人均产量的上升。

储蓄率的作用与前几节一样,即高的储蓄率只在达到稳态之前才能导致高的增长率。一旦经济到达稳态,人均产量的增长率只取决于技术进步率。索洛模型表明,只有技术进步才能解释不断上升的生活水平。

技术进步的引入同时也改变了黄金律的条件。由于在稳态下每单位有效劳动的平均消费为：

$$c^* = f(k^*) - (\delta + n + g)k^* \tag{8-28}$$

使得每单位有效劳动的平均消费最大化的稳态应满足：

$$\text{MPK} = \delta + n + g \tag{8-29}$$

这表明在黄金律稳态下，资本的边际生产率等于折旧率、人口增长率、技术进步率之和。

第六节 新增长理论

所谓"新增长理论"，指的是自1986年发展起来的增长理论。与此理论对应的旧理论就是20世纪50—60年代形成的"新古典经济增长理论"。新增长理论实际上是对新古典经济增长理论的继承和发展。新古典经济增长理论虽然明确指出技术进步在经济增长中的作用，但并没有具体说明技术进步是由哪些因素决定的，也就没有明确指出如何促进技术进步。新古典经济增长理论把技术进步看作一个外生变量，是由体系以外的因素决定的。到了80年代，新一代宏观经济学家从新古典模型出发，在强调技术进步在经济增长中的作用的基础上，试图具体确定技术进步之源，即把技术进步看作一个内生变量，这就是所谓的"研究与开发模型"。随后，另有一些人也从新古典模型出发，试图为新古典模型中的资本赋予新的含义。他们认为，资本不仅应当包括实物资本，还应当包括人力资本。他们试图通过这种办法改变新古典模型对资本增长在经济增长中的作用的看法。这两个理论被统称为"新增长理论"。以下我们分别简单介绍这两个理论。

一、研究与开发模型

新增长理论认为，新古典模型强调技术进步的观点是正确的。这些模型对新古典模型的一个很自然的引申就是为技术进步建立模型，即解释技术进步的发生机制和决定因素。为此，研究新古典模型的经济学家引入了一个独立的研究与开发(R&D)部门，这个部门是专门生产新技术的，这种新技术可以被看作各种各样的知识。他们研究R&D部门的生产活动，认为R&D部门与普通消费品和投资品的生产部门一样，产出取决于要素投入量的多少，投入越大产出就越大。然后，这些模型就进一步研究如何鼓励企业和个人把人力、财力更多地投入研发活动，以及资源如何在知识的生产和普通产品的生产之间实现最优分配。

二、人力资本模型

新增长理论另一部分的关键特征是引入了人力资本。在把人力资本引入增长理论后，新古典模型对经济增长的解释力就提高了很多。

这一理论认为，资本是增长的核心，新古典模型对资本的界定太狭窄了，资本中不仅应包括实物资本,还应包括人力资本。人力资本和抽象的知识是不一样的。人力资本由体力、技能和特定工人的知识构成。人力资本是通过正规教育、非正规教育以及工作经验生产出来的,它的积累是有成本的,而资源是稀缺的,对于发展中国家来说,不管是实物资本还是人力资本,在低收入水平上是极其难以积累生产要素的。对于低收入家庭来说,是让孩子一直接受教育还是很小就开始工作,这是一个极其艰难的选择。

同时,对于政府来说,如何使用手中的有限资源也是一个关键的选择。政府的支出项目很多,许多都是很紧急的,而人力资本的形成周期长、见效慢、风险也大,因此政府可能会把人力的优先序推后。而且即使可以得到资金来源,也需要很长时间才能建立一支像样的教师队伍。因此一个国家的人力资本提高起来十分缓慢。

第七节 促进增长的政策

经济增长是使一国国民生活水平提高的最根本的前提。因此,要提高一国国民的生活水平,就得设法促进经济增长。我们可以从三个方面着手促进经济增长:

一、调整储蓄率

虽然新古典增长模型预言储蓄率的提高对长期增长率没有影响,但是提高储蓄率依然被许多人认为是促进经济增长的重要措施之一。原因有两个:第一,新古典模型关于储蓄率对长期经济增长的影响的预言未必完全正确。至少人们观察到的事实是,高储蓄国家的资本积累较快,因而生产能力的增长也较快。第二,即使新古典模型的这一预言是正确的,它还有另外一个预言,那就是储蓄率的提高虽然没有"增长效应",但有"水平效应"。而对于许多国家(尤其是贫穷国家)来说,人均产出水平决定了其生活水平,经济增长的目的就是提高生活水平,因此储蓄率的提高对于实现这一目标还是有用的。新古典模型还预言,当经济从一个稳态向另一个更高的稳态过渡时,其增长率要高于稳态时的增长率,从这个意义上说储蓄率的提高即使无法提高稳态时的经济增长率,也有助于提高短期增长率。

提高储蓄率有两种方法:一是提高政府储蓄,这就要设法削减财政赤字;二是刺激私人投资,这就要设法提高储蓄的收益率。

二、鼓励技术进步

索洛模型解释了技术进步的性质,而研究与开发模型解释了技术进步的决定因素,因而为设计促进增长的政策提供了理论基础。研究与开发模型认为,技术进步取决于研发投入,而研发投入包括财力投入和人力投入两类,因此促进增长的政策就应该从这两个方向着手。

(一)财力投入

首先,政府应该通过提高研发收益率或降低研发成本的手段鼓励企业的创新活动。

对企业研发活动给予税收优惠甚至补贴,建立、健全知识产权保护方面的法律,加大对知识产权的保护和对盗版等侵犯知识产权行为的打击力度,加强执法力度,降低维权成本。

其次,政府应该对无法营利的科学研究领域予以财政支持。比如基础科学研究,这些领域一般投入大、见效慢,甚至没有经济效益,只能由政府提供资金及其他资源。

最后,鼓励慈善机构和社会团体向一些无法营利的科学研究领域进行捐助。比如环境保护方面的研究,就有许多来自私人慈善机构和环保团体的捐赠,政府可以通过税收抵扣等手段鼓励这种捐赠。

(二) 人力投入

这里说的人力投入指的是具有研发能力的人力的投入。有研究发现,那些重要的研究成果往往是由具备特定才能和禀赋的人员完成的,比如智商很高的人。但对于这些高智商人才来说,他们可以选择的就业去向很多,从事科学研究只是其中的一个。比如,Baumol(1990)依据其对历史的分析指出,在不同的时间和地点,对高智商人才有过很大吸引力的活动有军事上对别人或别国的征服,成为政治领袖或宗教领袖,犯罪活动,哲学思考,金融交易,操纵法律体系等。他也指出,这些活动的社会收益很小甚至是负的。也就是说,这些活动通常就是各种形式的寻租活动——他们试图攫取现有财富而不是创造新的财富。他指出,社会如何引导高智商人才的活动与社会是否有长期繁荣之间有着很强的联系。

要把高智商人才吸引到科研活动中,政府就应当努力营造一个能让他们追求科学技术创新的社会环境,应当给他们提供良好的科研条件和学术环境,提高科研人员待遇,为他们从事科研提供应有的激励,降低从事科研活动的机会成本,尽量减少对他们追求科研工作的限制和障碍,否则他们的活动可能会被导向寻租甚至犯罪活动。

三、加速人力资本的积累

提高教育水平是积累人力资本的主要途径。无论如何,一个人的人力资本主要是通过学校教育形成的,因此普及基础教育、加强职业教育、实现高等教育平民化,有助于实现高经济增长。

在职培训是积累人力资本的一条有效途径。在职培训往往针对性很强,而且见效快。政府应该采取各种财政或税收手段来鼓励企业进行在职培训。

人才引进是积累人力资本的另一条有效途径。对于发展中国家而言,高技术人才往往是十分缺乏的,国家自己培养可能需要投入大量的人力物力,甚至由于实验条件等的限制而无法培养,此时人才引进在发展高科技方面就成为唯一的出路。

基本概念

经济增长	经济增长核算	索洛模型
索洛剩余	资本存量的黄金律水平	

本章小结

1. 经济增长核算常被用来进行三个方面的估计：把业已实现的经济增长率在引起增长的各种因素之间进行分配，从而确定引起增长的各个因素对经济增长的贡献；当不同国家的产出水平不同时，确定是什么因素导致产出水平的这种不同；确定引起增长的某一个因素的给定变化对产出水平或产出增长率的影响。

2. 索洛剩余是经济增长率中剔除资本和劳动力的贡献以后剩下的部分。

3. 经济增长理论研究的是一国生产能力的增长。一国的生产能力取决于该国的可用资源和技术水平以及经济的组织方式。

4. 索洛模型中，储蓄率对于宏观经济有"水平效应"，没有"增长效应"，即储蓄率影响经济运行的水平，但不影响经济的增长。

5. 资本存量的黄金律水平是关注经济福利的政策制定者选择的使得消费水平最大的稳态，相应的资本存量被称为资本存量的黄金律水平。

6. 索洛模型表明，资本积累本身并不能解释长期经济增长。高储蓄率导致暂时的高经济增长，但经济最终将到达一个稳态，在这一稳态上资本和产量不变，因此经济就不会有增长。这一模型也表明了只有技术进步才能解释不断上升的生活水平。

7. 经济增长是决定一国国民生活水平提高的最根本的因素。因此，要提高一国国民的生活水平，就得设法促进经济增长。我们可以从调整储蓄率、鼓励技术进步、加速人力资本积累三个方面着手促进经济增长。

练习与思考

1. 评价储蓄率。

假定一个经济单位中只有资本和劳动两种要素，且该经济单位的分配方式是按要素的边际报酬分配，即资本的总收入等于资本的边际产出乘以总资本存量。现在假定该经济单位处于稳态，且折旧率为5%，真实GDP的增长率为3%，资本存量是当年GDP的2.5倍，资本收入在总收入中所占的比例约为30%。按照索洛模型，该经济单位的储蓄率是太低、太高，还是正好？

2. 考虑索洛模型。

(1) 储蓄率的变动如何影响短期和长期的人均产出增长率？作图说明。

(2) 人口增长率的变动如何影响短期和长期的人均产出与总产出增长率？作图说明。

3. 考虑索洛模型的一个数值例子：生产函数为 $Y=F(K,L)=K^{\frac{1}{2}}L^{\frac{1}{2}}$，储蓄率 $s=0.3$，折旧率为0.1，初始人均资本存量为4.0。

(1) 试写出此生产函数的密集形式。

(2) 求出第一期的人均产量、人均消费、人均投资以及新增人均资本。

(3) 根据上述条件，解出稳态下的人均资本、人均产量与人均消费。

4. 对于生产函数 $Y=AF(K,L)$ 考虑增长的核算。
(1) 试推导一般情形下的增长核算公式。
(2) 试推导柯布-道格拉斯生产函数下的增长核算公式。
(3) 当生产函数中加入人力资本 N 时，生产函数变为 $Y=AF(K,L,N)$，推导此时的增长核算公式。

5. 基于索洛模型，自己查找相关数据，讨论中国劳动力形势的变化对中国经济增长的影响。

6. 考虑税收情形下的索洛模型，假定不考虑技术进步和人口增长，政府从某一期起征收所得税且税率为 t，并将全部收入花在公共消费上（即这种支出不形成生产能力）。
(1) 试写出此时人均储蓄的表达式。
(2) 讨论税率上升对稳态产量水平与人均资本的影响。
(3) 作图表示人均资本、人均产量和总产量增长率的时间路径。
(4) 对比有无税收两种情形下的经济增长。

7. 在引入技术进步的增长模型中，假定一个经济单位的总量生产函数为 $Y=F(K, AL)=K^{0.5}(AL)^{0.5}$：
(1) 若储蓄率为 32%，人口增长率为 1%，技术进步率为 5%，折旧率为 2%，求出该经济单位稳态下的每单位有效劳动的平均产量。
(2) 若之后储蓄率下降到 22%，人口增长率上升到 4%，其他参数不变，求出该经济单位新稳态下每单位有效劳动的平均产量。

8. 请思考，在新古典增长模型中，人口增长对经济有哪些影响？

9. 政府促进经济增长的政策主要有哪些？

第四部分
国际经济联系

本部分引入国际部门,介绍开放系统的宏观经济学的基本知识。对于已学过或以后将要学到"国际金融"或"国际宏观经济学"的学生,本部分可以略去不讲。

第九章 国际经济联系

随着科学技术的进步以及交通、通信条件的改善,人们之间的交往越来越频繁,全球化成为近几十年来世界经济和社会发展的一个趋势。国与国之间的经济往来规模也越来越大。这些国际交往对世界各国的经济产生越来越大的影响。那么,国际经济联系对一个经济单位都有哪些影响呢?我们依然用总供求模型分析这一问题。

第一节 国际收支

国际收支指的是国际经济交往中涉及的收入和支出,国际收支账户指的是对一国国际收支的记录。国际收支账户主要包括两个子账户:经常账户和资本账户。

经常账户记录的是一国的商品和服务贸易以及转移支付。国际贸易中的服务包括运输、技术转让、咨询以及金融服务等。比如,一个中国人乘坐了外国航空公司的飞机,一家中国公司租用了一家外国海运公司的船,一个中国消费者使用了一家外国公司提供的快递服务,这就是中国人对外国运输服务的进口;一家中国企业购买了外国公司的专利,雇用外国研究机构进行科研活动,这些属于技术转让,也属于服务贸易;一个中国的投资者想到外国投资,于是雇用该国的一家公司事先进行市场调查,或者向该国的一家律师事务所咨询相关法律等,这些属于咨询服务。另外,这里的金融服务包括金融中介给外国人提供的中介服务,也包括持有外国资产取得的各种收入,如股息、利息、利润、房租等。转移支付指的是收入的转移,不涉及商品和服务的交换,主要包括汇款、礼品和捐赠三种形式。

经常账户中本国对外国商品和服务的购买以及对外国居民的转移支付都是本国支出,而外国人对本国商品和服务的购买以及外国人对本国居民的转移支付都是本国收入,收入减去支出就是本国经常账户余额。经常账户余额为正表明在这些经济活动中本国有盈余,为0表明在这些经济活动中本国收支恰好平衡,为负表明在这些经济活动中本国有赤字。在经常账户中,贸易部分最重要,占比也最大,贸易余额也是经常账户中世界各国最关注的部分。

资本账户记录了本国居民、企业和政府持有的外国资产价值的变化以及外国居民、机构和政府持有的本国资产价值的变化。这里的资产包括股票、债券(国债和企业债)、土地、银行存款等。如果一个中国人购买了美国的股票,那么美国人取得了收入,中国人获得股票;反之,如果一个美国人购买了中国的股票,那么中国人取得了收入,美国人获得股票。对于一国来说,出售本国资产给外国居民、企业和政府所取得收入减去本国居民、机构和政府购买外国资产的支出,就是本国的"净资本流入"。如果"净资本流入"为正,表明本国资本项目有盈余;如果"净资本流入"为0,表明本国资本项目恰好平衡;如果"净资本流入"为负,表明本国资本项目有赤字。

表9-1是2018年中国国际收支平衡表。其中,"贷方"指的是资金流入的一方,"借方"指的是资金流出的一方,比如在"货物和服务"中,"贷方"指的是中国的出口收入,"借方"指的是中国的进口支出。该表反映了中国国际收支方面的全貌。

第一,总体来说,表9-1分为三大部分,即经常账户,资本和金融账户,净误差与遗漏。表中的各项都是各个相关账户的加总情况。

第二,经常账户包括货物和服务、初次收入、二次收入三个部分。服务又被分为加工服务,维护和维修服务,运输,旅行,建设,保险和养老金服务,金融服务,知识产权使用费,电信、计算机和信息服务,其他商业服务,个人、文化和娱乐服务,别处未提及的政府服务共12大类。初次收入被分为雇员报酬、投资收益和其他初次收入。雇员报酬为中国的劳务输出产生的收入,投资收益为中国居民、机构或政府持有外国资产(如股票、国债等)所取得的收入。

第三,资本和金融账户被细分为资本账户和金融账户两个部分,金融账户又被分为非储备性质的金融账户和储备资产两类。在非储备性质的金融账户中,包含直接投资、证券投资、金融衍生工具和其他投资四类。直接投资指的是外国人在中国直接办企业或中国人在外国直接办企业,证券投资指的是外国人购买中国股票、债券等或中国人购买外国股票、债券等活动。

第四,表9-1给出了国际收支账户的另外一个子账户,即储备资产。储备资产指的是可以作为国际贸易支付手段的资产(也就是所谓的"世界货币")的价值的变化情况,包括货币黄金、特别提款权、在IMF的储备余额、外汇储备和其他储备资产。我们经常说的"外汇储备"的变化反映在这个账户中。因此,在理解宏观经济形势时,这个子账户非常重要。

第五,表9-1还有最后一项——净误差与遗漏,这一项反映统计误差,即由于统计口径、来源、计算方法、统计过程本身可能会出现的误差所导致的统计数字跟真实数字的差别。这在统计工作中是不可避免的,当然,误差的大小反映了统计工作的质量。

表9-1 2018年中国国际收支平衡表

(单位:万美元)

项目	金额
1. 经常账户	4 909 159
贷方	291 357 353
借方	−286 448 195
1.A 货物和服务	10 292 146
贷方	265 100 960
借方	−254 808 814
1.A.a 货物	39 517 052
贷方	241 744 281
借方	−202 227 229
1.A.b 服务	−29 224 905

(单位:万美元)(续表)

项目	金额
贷方	23 356 680
借方	−52 581 585
1.A.b.1　加工服务	1 716 076
贷方	1 742 431
借方	−26 355
1.A.b.2　维护和维修服务	464 693
贷方	718 471
借方	−253 778
1.A.b.3　运输	−6 690 270
贷方	4 230 379
借方	−10 920 650
1.A.b.4　旅行	−23 695 970
贷方	4 038 550
借方	−27 734 520
1.A.b.5　建设	493 366
贷方	1 355 114
借方	−861 748
1.A.b.6　保险和养老金服务	−662 465
贷方	492 701
借方	−1 155 166
1.A.b.7　金融服务	124 403
贷方	333 502
借方	−209 099
1.A.b.8　知识产权使用费	−3 022 167
贷方	556 129
借方	−3 578 295
1.A.b.9　电信、计算机和信息服务	649 016
贷方	3 002 321
借方	−2 353 305
1.A.b.10　其他商业服务	1 912 545
贷方	6 615 805
借方	−4 703 260
1.A.b.11　个人、文化和娱乐服务	−242 650
贷方	95 546
借方	−338 196
1.A.b.12　别处未提及的政府服务	−271 482
贷方	175 729
借方	−447 211

(单位:万美元)(续表)

项目	金额
1.B　初次收入	−5 142 019
贷方	23 480 711
借方	−28 622 730
1.B.1　雇员报酬	816 277
贷方	1 810 919
借方	−994 642
1.B.2　投资收益	−6 137 576
贷方	21 460 626
借方	−27 598 202
1.B.3　其他初次收入	179 280
贷方	209 166
借方	−29 886
1.C　二次收入	−240 969
贷方	2 775 682
借方	−3 016 651
2.资本和金融账户	11 111 118
2.1　资本账户	−56 861
贷方	29 680
借方	−86 541
2.2　金融账户	11 167 979
资产	−37 210 612
负债	48 378 592
2.2.1　非储备性质的金融账户	13 056 690
资产	−35 321 901
负债	48 378 592
2.2.1.1　直接投资	10 701 976
2.2.1.1.1　资产	−9 647 226
2.2.1.1.1.1　股权	−7 900 463
2.2.1.1.1.2　关联企业债务	−1 746 762
2.2.1.1.2　负债	20 349 201
2.2.1.1.2.1　股权	15 439 630
2.2.1.1.2.2　关联企业债务	4 909 572
2.2.1.2　证券投资	10 669 772
2.2.1.2.1　资产	−5 350 747
2.2.1.2.1.1　股权	−1 771 226
2.2.1.2.1.2　债券	−3 579 521
2.2.1.2.2　负债	16 020 519
2.2.1.2.2.1　股权	6 066 793

(单位:万美元)(续表)

项目	金额
2.2.1.2.2.2　债券	9 953 726
2.2.1.3　金融衍生工具	－615 344
2.2.1.3.1　资产	－481 552
2.2.1.3.2　负债	－133 792
2.2.1.4　其他投资	－7 699 713
2.2.1.4.1　资产	－19 842 376
2.2.1.4.1.1　其他股权	－244
2.2.1.4.1.2　货币和存款	－7 311 097
2.2.1.4.1.3　贷款	－8 183 005
2.2.1.4.1.4　保险和养老金	－57 270
2.2.1.4.1.5　贸易信贷	－6 530 000
2.2.1.4.1.6　其他	2 239 240
2.2.1.4.2　负债	12 142 663
2.2.1.4.2.1　其他股权	
2.2.1.4.2.2　货币和存款	5 143 649
2.2.1.4.2.3　贷款	3 211 516
2.2.1.4.2.4　保险和养老金	20 972
2.2.1.4.2.5　贸易信贷	4 080 000
2.2.1.4.2.6　其他	－313 474
2.2.1.4.2.7　特别提款权	
2.2.2　储备资产	－1 888 711
2.2.2.1　货币黄金	
2.2.2.2　特别提款权	3 276
2.2.2.3　在IMF的储备头寸	－73 282
2.2.2.4　外汇储备	－1 818 705
2.2.2.5　其他储备资产	
3. 净误差与遗漏	－16 020 277

资料来源:《2019年中国统计年鉴》,表3-16。

注:(1)根据《国际收支和国际投资头寸手册》(第六版)编制,资本和金融账户包含储备资产。

(2)"贷方"按正值列示,"借方"按负值列示,差额等于"贷方"加上"借方"。本表除标注"贷方"和"借方"的项目外,其他项目均指差额。

(3)本表计数采用四舍五入原则。

第二节　汇率与汇率制度

一、名义汇率和真实汇率

要进行国际贸易，就需要比较不同国家用于贸易的物品的相对价格，比如一辆汽车换 10 万包方便面就是汽车和方便面的相对价格。两国物品之间的这种相对价格被称为"真实汇率"，也被称为"贸易条件"。

现代经济是货币经济，也就是说，所有物品都是先用货币单位标价，又用货币作为交换媒介的。而不同国家往往有着不同的货币，因此不同国家产品的计价单位和交换媒介都不一样。比如说，如果 1 辆汽车值 2 万美元，一包方便面值 4 元人民币，那么 1 辆汽车换 3.5 万包方便面就意味着 1 美元值 7 元人民币，这就是两国货币（人民币与美元）之间的相对价格，这种价格被称为"名义汇率"。

汇率可以用 1 单位本国产品（或货币）值多少外国产品（或货币）来表示，也可以用 1 单位外国产品（或货币）值多少本国产品（或货币）来表示。比如，人民币与美元之间的汇率可以表示为"1 美元＝7 元人民币"，也可以表示为"1 元人民币＝0.14 美元"。为了避免混乱，在本书中，我们说到汇率时，都用 1 单位外国产品（或货币）值多少本国产品（或货币）来表示，在上述例子中，人民币对美元的名义汇率是"1 美元＝7 元人民币"，而中国商品对美国商品的真实汇率是"1 辆汽车＝3.5 万包方便面"。

从上述例子可以看出，名义汇率与真实汇率之间存在如下关系：

$$\text{名义汇率} = \text{真实汇率} \times \text{本国价格水平} \div \text{外国价格水平} \quad (9\text{-}1)$$

在现实中，我们能够直接观察到的是名义汇率，而真实汇率一般不能被直接观察到。因此，式(9-1)往往被改写成式(9-2)以确定真实汇率：

$$\text{真实汇率} = \text{名义汇率} \times \text{外国价格水平} \div \text{本国价格水平} \quad (9\text{-}2)$$

在现实经济中，世界各国国内都生产和消费无数种商品，而被用于国际贸易的物品也种类繁多。因此，在宏观经济分析中，"本国价格水平"和"外国价格水平"一般用价格指数来表示。这样，真实汇率实际上也是用货币单位表示，而不是用商品单位表示。比如，人民币对美元的名义汇率是"1 美元＝7 元人民币"，假定中美两国的物价指数是可比的，且中国的物价指数为 110，美国的物价指数为 100，那么人民币对美元的真实汇率就是"1 美元＝6.36 元人民币"。

然而，在现实经济中，两个国家的物价指数往往是不可比的，但两国物价指数的变动率（也就是通货膨胀率）却是可以观察到的而且是可比的。因此在宏观经济分析中，常常把上述公式改写为增长率形式：

$$\begin{aligned}\text{真实汇率的变动率} &= \text{名义汇率的变动率} + \text{外国价格水平的变动率} - \\ &\quad \text{本国价格水平的变动率} \\ &= \text{名义汇率的变动率} + \text{外国通货膨胀率} - \text{本国通货膨胀率}\end{aligned}$$

$$(9\text{-}3)$$

或者

名义汇率的变动率 = 真实汇率的变动率 + 本国通货膨胀率 − 外国通货膨胀率

(9-4)

式(9-4)表明,名义汇率取决于真实汇率和两国的物价水平。在其他条件不变的情况下,如果一个国家的通货膨胀率高于另一个国家,那么这个国家的货币相对于后者就会贬值。

二、汇率制度

目前,世界各国采取的汇率制度可以分为两类,即固定汇率制和浮动汇率制。"固定汇率"意味着一国维持本国货币相对于某一基准货币的汇率不变。这一基准货币可以是一种主要货币,比如美元,也可以是综合若干种主要货币构造出来的一个指数,即所谓的"一篮子货币"。一个国家要想维持固定汇率,就必须随时准备出手干预外汇市场,通行的做法是在该汇率水平下购买市场上愿意出售的所有外汇,或者在该汇率水平下出售市场上愿意购买的任意数量的外汇。一般情况下,小国经济多采用固定汇率制,比如新加坡,中国以前也采取过。

浮动汇率又称可变汇率,指的是一国中央银行允许汇率自由调整以保持外汇市场的均衡,利用市场力量均衡外汇供需。在外汇市场上,汇率就是外汇的相对价格,在其他因素不变的情况下,如果对外汇的需求增加,外汇就会升值,本币就会贬值;如果对外汇的供给增加,外汇就会贬值,本币就会升值;同样,如果对本币的需求增加,外汇就会贬值,本币就会升值;如果对本币的供给增加,外汇就会升值,本币就会贬值。

浮动汇率又可分为完全浮动汇率和不完全浮动汇率两种,"完全浮动"又称"清洁浮动",此时中央银行完全不管,任由市场决定汇率,在这种情况下,汇率的波动幅度可能很大;"不完全浮动"又称"肮脏浮动",此时中央银行对外汇市场实行有限干预,当汇率超出某一目标区间时,中央银行就介入,要么控制汇率的水平,要么控制汇率的变动率。

第三节　商品和要素的国际流动性

当今世界,商品的国际流动性比较大,实际上,目前全球国际贸易额已经非常大。就中国而言,2019 年中国的进出口总额占 GDP 的 31.8%,其中进口占 GDP 的比例为 14.4%,出口占到 GDP 的 17.4%。也就是说,2019 年中国生产出来的产品里,17.4% 被卖到了外国;中国人消费的产品里,近 14.4% 是外国生产的。但无论如何,商品的国际流动面临种种关税和非关税壁垒的限制,不像在一个宏观经济单位内部那样是完全自由流动的。

当今世界,资本的国际流动性最大。实际上多数国家对资本的国际流动几乎没有约束,甚至是鼓励的,比如一些发展中国家为了吸引外资,采取了许多优惠政策。

当今世界,人员的流动性较小。虽然国际旅游已经很普遍,但人员作为一种生产要素,要从一个宏观经济单位流动到另一个宏观经济单位,却要受到很多限制。比如,在美国工作需要得到工作许可,进入美国需要申请美国签证,一个年轻人去美国留学还需要证明自己没有移民倾向,等等。实际上,在全球化程度日益提高的情况下,劳动力能否自由流动成为两个经济单位一体化程度的最重要的标志。

如果一种要素能够在两个经济单位之间完全自由流动的话,那么这种要素在这两个经济单位中的价格应该趋同。如果没有运输和汇兑成本,完全自由流动就意味着这种要素在两个经济单位中的价格应该完全相同。在许多宏观经济学模型中,人们假定资本是能够完全自由流动的,其体现就是一个国家的利息率取决于世界利息率,用公式表示就是:

$$i = i_f \tag{9-5}$$

其中,i 表示所考虑的经济的利率水平,i_f 表示世界利率水平。式(9-5)是我们后面分析小国经济时的基本假设。

第四节 国际经济联系与总供求

国际经济联系的引入对宏观经济的影响表现在其对总供给和总需求的影响上。分析清楚国际经济联系对总供给和总需求的影响之后,把这些影响融合到我们前面介绍过的总供求模型中,就可以分析这些国际经济联系对宏观经济的影响了。因此,本节分别介绍国际经济联系对总需求、短期总供给和长期总供给的影响。

一、国际经济联系与总需求

国际经济联系之所以对总需求有影响,主要是因为它扩大了本国企业面临的市场规模。这种市场规模的扩大程度主要取决于如下几个因素:

(一) 外国总人口

任何产品的生产都是为了满足人的需要,因此在其他因素不变的情况下,外国总人口越多,对本国产品的需求就越大。

(二) 外国收入水平

外国人的收入水平越高,购买力和消费能力就越大,在其他因素不变的情况下对本国产品的需求也就越大。

(三) 外国的进口偏好

外国人的进口偏好越强,同等收入水平下对本国产品的需求就越大。比如,有的国家可能民族意识比较强,大家都更愿意购买国货,因此这些国家的进口偏好越弱,在其他因素不变的情况下对本国产品的需求就越小。

(四) 本国产品的相对价格

本国产品与外国产品的相对价格也决定了对本国产品的需求量。本国产品相对越便宜,外国人对本国产品的需求量就越大。本国产品的相对价格受到许多因素的影响。一是本国的要素价格。本国要素价格越低,生产成本就越低,相对价格也就越低。二是本国的生产率。本国企业的生产率越高,单位产品的平均成本就越低,相对价格也就越低。三是本国的出口政策。比如,出口退税、出口税以及其他非关税政策都会对本国产品的相对价格构成影响,进而影响对本国产品的需求量。四是汇率。本国货币越值钱,本国产品的国际价格就越高,因而对本国产品的需求量就越低。比如,假定一种产品的平均成本是7元,而人民币对美元的汇率是1美元=7元人民币,那么这种产品在国际市场上卖1美元就可以回收成本。如果人民币对美元的汇率变为1美元=3.5元人民币,那么在国际市场上卖2美元才能收回成本。因此,该产品的国际价格肯定上升,从而对本国产品的需求量下降。

(五)预期

对某种产品的价格预期,对国际经济、政治形势的预期,对气候和自然灾害等情况的预期及其变化都可能影响外国人对本国产品的需求。比如,如果某国预期本国未来可能出现干旱天气造成农产品歉收,该国对他国农产品的需求可能会增加。

(六)其他因素

突发事件(比如外国发生地震、战争、海啸等)会对相关产品的需求产生影响,这就可能传导到本国,对本国相关产品的需求产生影响。比如2020年出现的新冠肺炎疫情就对世界贸易造成了巨大的影响。

二、国际经济联系与短期总供给

在宏观经济学中,我们研究的是某一个国家的经济,考虑的自然是对该国产品的总需求和对该国的总供给。对该国产品的总需求由内需和外需构成,该国面临的总供给自然也会来自国内和国外,来自国外的供给就是本国对外国产品的进口。影响本国进口的因素与影响本国出口的因素一样,因为本国的进口就是外国的出口,只不过各国的身份发生转换而已。因此,本国的人口规模、平均收入水平、本国人的进口偏好、本国产品与外国产品的相对价格、预期的变化及其他因素都会对本国的进口产生影响。

三、国际经济联系与长期总供给

所谓"长期总供给",指的是本国的生产能力。国际经济联系对长期总供给的影响可以分为三个方面:一是对战略资源的保障,二是对本国资本积累的影响,三是对生产率的影响。

(一)对战略资源的保障

当今世界有许多战略资源,比如粮食、关键原材料、能源等。国际经济联系有助于缓解这些战略资源对一国经济的约束,从而能够使一个国家的经济潜力得到充分发挥,这就相当于提高了该国的生产能力。

(二)对本国资本积累的影响

资本的自由流动是国际经济联系的重要组成部分。以中国为例,最近三十多年来,中国每年都会吸收大量的外国直接投资,这些投资就增加了中国的资本存量,形成了中国的生产能力。

(三) 对生产率的影响

国家经济联系的加强也有助于提高相关国家的生产率。第一,通过技术转让、学习、模仿等形式进行的技术转移显然有助于提高技术接受国的生产率。第二,以互派留学生、文化交流等形式进行的知识传播也有助于提高派出国的生产率。第三,竞争压力会迫使相关企业改进生产技术和管理,从而提高生产率。第四,出口企业可以在"出口中学习",从而提高自己的生产率。比如,出口企业可能会得到贸易伙伴提供的技术培训、贸易伙伴提供的某些好的做法,等等。

第五节 国际经济联系与需求管理政策:蒙代尔-弗莱明模型

我们现在考虑国际经济联系对需求管理政策的效果的影响。我们知道,总需求由四个部分构成:消费、投资、政府购买和净出口。在本书前面的各章节中,没有考虑净出口的变化对总需求的影响。实际上,净出口对许多国家的影响非常大。就中国而言,2015年净出口占总需求的 3.4%,2018 净出口占总需求的 0.8%[①],波动幅度很大。因此,对于理解经济波动而言,净出口是一个不可忽视的重要组成部分。

净出口取决于真实汇率。真实汇率是两国物品的相对价格,如果真实汇率上升,就意味着本国产品相对于外国产品变得更贵,于是本国净出口就下降;而如果真实汇率下降,就意味着本国产品相对于外国产品变得便宜,于是本国净出口就上升。因此,净出口是真实汇率的函数。这样,结合本书前几章的知识,我们可以把总需求函数写为:

$$AD = C(YD) + I(r) + G + NX(xr) \tag{9-6}$$

其中,xr 表示真实汇率,r 表示真实利率,YD 表示居民可支配收入。

本节以下部分讨论资本完全流动下的宏观经济政策及其效果,分固定汇率制和浮动汇率制两种情形。本节研究的是一个小国的情形,也就是说,这个国家的利率水平取决于世界利率水平,该国自己不能影响世界利率。[②] 在资本完全流动的情况下,一旦小国的利率水平稍微偏离国际水平,就会导致巨额的资本流动。如果该国利率低于世界水平,资本就会从本国流出,导致本国货币供给下降,最后使得本国利率维持在世界水平上;相反,如果该国利率高于世界水平,资本就会流入该国,导致本国货币供给增加,最后使得本国利率维持在世界水平上。本节我们用 IS-LM 模型来分析。

一、固定汇率

(一) 货币政策

假定一个采取固定汇率制的小国经济,开始时商品市场和货币市场都处于均衡状态

[①] 根据《2019 年中国统计年鉴》表 3-10 中的数据计算得到。
[②] 大国的情形接近于封闭经济,因为大国有能力影响利率。

且均衡利率为世界利率。如果该国采取扩张性货币政策,对宏观经济有什么影响？如果货币扩张,就意味着本国利率会下降；随着利率下降,资本就会从本国流向外国；而资本从本国流向外国意味着有人会把本国货币换成外汇,然后汇出国外；把本国货币换成外汇意味着本国货币基础的下降,从而抵消刚开始时的扩张性货币政策的效果,直到利率恢复到世界利率水平。因此,扩张性货币政策的结果是本国外汇储备下降,但对实体经济没有任何影响。

同理,紧缩性货币政策对实体经济也不会有什么影响,但会导致本国外汇储备的增加。我们可以用图形说明这一问题,如图9-1所示。假定开始时经济在 A 点达到均衡,此时利率水平为世界利率水平 r_f,产出为 Y_1。如果中央银行采取扩张性货币政策,那么LM曲线就会右移,假定右移到 LM_2。此时利率水平为 r_2,产出水平为 Y_2。由于此时的利率水平低于世界利率水平,有人就会企图把本国货币资产换成外汇并存到外国,以获取更高的利息。这就导致对外汇的需求量增加,于是外汇就面临升值压力。中央银行为了维持固定汇率,不得不在所规定的固定汇率下卖出外汇,于是外汇流出中央银行,流入购买者手中,购买者把它转移到外国,存起来就可以按照世界利率获得收益；而在此交易过程中,本国货币从外汇购买者手中流入中央银行,这相当于回笼货币基础,于是货币基础下降,LM曲线相应左移。只要本国利率低于世界利率,这一过程就会持续进行,直到本国利率恢复到世界利率水平,此时LM曲线回到原来的位置 LM_1。在这一过程中,先是中央银行通过某种手段增加了货币基础,然后被迫出售外汇,减少了货币基础,政策执行前后货币基础没有发生变化,但产生了一个中央银行出售外汇以维持固定汇率的过程,其结果是本国的外汇储备下降。紧缩性货币政策的作用过程正好相反。因此,如果资本是完全自由流动的,那么在固定汇率制下,货币政策对实体经济不会起作用。

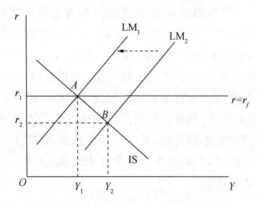

图 9-1　固定汇率下的货币政策

（二）财政政策

假定一个采取固定汇率制的小国经济,开始时商品市场和货币市场都处于均衡状态且均衡利率为世界利率。如果政府采取扩张性财政政策,利率就会上升,如果本国利率高于世界利率,那么把钱存在本国就有利可图,于是有人会用外汇购买本国货币,其结果是对本国货币的需求增加,对外汇的需求下降、供给增加,于是本国货币面临升值的压力;为了维持固定汇率,中央银行就不得不购买外汇,卖出本国货币(注意:在这里购买外汇和卖出本国货币是同一件事),于是本国的外汇储备增加,货币基础也随着购买外汇而增加,从而导致本国货币供给量增加。因此,财政扩张最终导致货币扩张,二者的共同作用使得财政政策的效果达到最大,如图9-2所示。

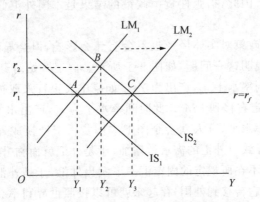

图 9-2　固定汇率下的财政政策

在图 9-2 中,假定开始时经济在 A 点达到均衡,此时利率水平为世界利率水平 r_f,产出为 Y_1。如果政府采取扩张性财政政策,IS 曲线就会右移,假定右移到 IS_2,此时利率水平为 r_2,产出水平为 Y_2。由于此时的利率水平高于世界利率水平,于是本国货币面临升值压力。中央银行为了维持固定汇率,不得不在所规定的固定汇率下卖出本国货币,于是本国货币流出中央银行,流入购买者手中,这就导致本国货币基础的增加,购买者把它存起来就可以得到比世界利率更高的收益;而在此交易过程中,外汇就从本国货币的购买者手中流入中央银行,导致本国外汇储备增加。本国货币基础的增加反映在图形上,就是 LM 曲线右移。只要本国利率高于世界利率,这一过程就会持续进行,直到本国利率恢复到世界利率水平,此时 LM 曲线移至 LM_2。经济在 C 点达到均衡,此时利率水平为世界利率水平 r_f,产出水平为 Y_3。在这一过程中,先是政府通过财政政策增加对商品的需求,导致利率上升,在资本完全自由流动的情况下,中央银行为了维持固定汇率被迫购买外汇,这就增加了货币基础,政策执行前后利率水平没有发生变化,但产生了一个中央银行购买外汇以维持固定汇率的过程,其结果是本国的外汇储备增加。紧缩性财政政策的作用过程正好相反。因此,如果资本是完全自由流动的,那么在固定汇率制下,财政政策对实体经济的影响达到最大。

专栏9.1　内生货币

在宏观经济学中,我们谈到货币政策时,强调的是货币的外生变动对宏观经济的影响。所谓"货币的外生变动",通常指的就是政策当局采取的货币政策对货币存量的影响。从本节的内容来看,货币存量的变动不仅由政策当局控制,经济活动本身对货币供给量也有很大影响。在固定汇率制下,本国利率的变动会导致资本的流动,这种资本的流动又会导致货币基础的变化,后者通过乘数过程导致货币供给量的巨大变化。此时货币供给量的变化是由利率的变化引起的,是经济对其他因素变化做出的反应,因此是内生的。这就是所谓的"内生货币"。

在中国,货币供给量受到国际经济状况的严重影响,由经常账户顺差和资本账户顺差导致的巨额外汇流入成为中国基础货币投放的主要渠道。到 2020 年 5 月,中国的外汇占款已经达到中国货币基础的 69%,也就是说,中国一边通过买入外汇的方式向经济中注入基础货币,一边通过其他途径投放基础货币;2020 年 5 月中国的基础货币减少了 2 993.46 亿元,外汇占款减少了 112.2 亿元,这说明中国人民银行通过卖出外汇从经济中回收了基础货币 112.2 亿元,通过其他途径回收了 2 881.26 亿元。外汇的流入和流出是由中国的国际收支状况决定的,中国人民银行买入和卖出外汇是对经济形势的被动反应,由此形成的货币供给显然是内生货币。[①]

当然,按照我们在第一章中的介绍,一个变量是内生的还是外生的取决于研究者对模型规模的界定,这里所说的"内生货币"显然也表明了研究者对模型规模的界定。一般而言,在宏观经济学中,把由于货币政策当局的政策所导致的货币变动看作外生货币变动,把一些很容易就能看出其来源的其他货币变动看作内生货币变动;当然,如何划分最终还是取决于研究者本人对模型的设定。

二、浮动汇率

(一) 货币政策

假定一个小国采取浮动汇率制,开始时商品市场和货币市场都处于均衡状态且均衡利率为世界利率。如果该国采取扩张性货币政策,那就意味着本国利率会下降;随着利率的下降,把钱以本国货币资产的形式存在本国的收益就小于把钱以外国货币资产的形式存在外国的收益,于是人们对外汇的需求增加、对本国货币的需求下降,从而导致外国货币升值、本国货币相对贬值,这就会导致本国净出口增加;随着本国净出口的增加,本国收入也增加。因此,这种扩张性货币政策不仅有助于增加投资,还有利于扩大净出口,对产出和收入的影响却很大。当然,随着收入的增加,交易性货币需求也会增加,利率就随之上升,最后利率上升到世界利率水平,在此过程中本国货币又会有一定程度的升值,但这是次生过程,其效果比此前的贬值过程要小,总体来说本国货币会贬值。

我们可以用图形说明这一问题,如图 9-3 所示。假定开始时经济在 A 点达到均衡,此时利率水平为世界利率水平 r_f,产出为 Y_1。如果中央银行采取扩张性货币政策,LM 曲线就会右移,假定右移到 LM_2,此时利率水平为 r_2,产出水平为 Y_2。此时的利率水平低于世界利率水平,本国货币就面临贬值压力。由于中央银行采取浮动汇率制,不必维持汇率不变,因此本国货币就会贬值,于是本国的净出口增加。随着净出口的增加,IS 曲线向右移动。只要利率低于世界利率,这一过程就会继续进行下去,直到达到世界利率,经济最终在 C 点

[①] 作者计算得出。原始数据来源:中国人民银行,《货币当局资产负债表(2020)》,中国人民银行网站,http://www.pbc.gov.cn/diaochatongjisi/resource/cms/2020/06/2020061516004212975.htm,访问时间:2020 年 6 月 27 日。

达到均衡。从图中可以看出,此时货币政策的效果达到最大。在浮动汇率制下,中央银行不必买入或卖出外汇以稳定汇率,所以货币政策对本国的外汇储备没有影响。

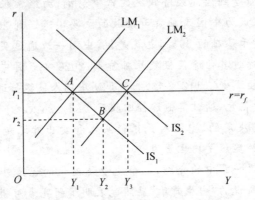

图 9-3　浮动汇率下的货币政策

(二) 财政政策

假定一个小国采取浮动汇率制,开始时商品市场和货币市场都处于均衡状态且均衡利率为世界利率。如果该国采取扩张性财政政策,那就意味着本国利率会上升;随着利率的上升,本国货币升值,这就会导致本国净出口的下降;随着本国净出口的下降,本国收入也下降,这就会导致交易性货币需求的下降,利率也随之下降,最后利率下降到世界利率水平。

我们也可以用图形说明这一问题,如图 9-4 所示。假定开始时经济在 A 点达到均衡,此时利率水平为世界利率水平 r_f,产出为 Y_1。如果政府采取扩张性财政政策,IS 曲线就会右移,假定右移到 IS_2,此时利率水平为 r_2,产出水平为 Y_2。由于此时的利率水平高于世界利率水平,于是本国货币升值,本国的净出口减少,IS 曲线向左移动。只要利率高于世界利率,这一过程就会继续进行下去,直到达到世界利率,经济最终在 A 点达到均衡。从图中可以看出,此时财政政策对实体经济没有影响。同样,在浮动汇率制下,中央银行不必买入或卖出外汇以稳定汇率,所以财政政策对本国的外汇储备没有影响。

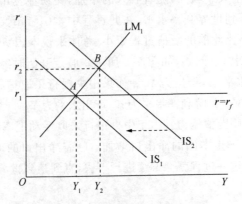

图 9-4　浮动汇率下的财政政策

第六节　国际经济联系与供给管理政策

一、开放经济下需求管理与供给管理的差别

我们首先考虑同一宏观经济单位内部不同地区的情形。由于这些地区是互相完全开放的,因此可以看作开放经济的极端情形。作为宏观单位经济的一部分,一个地区的政府没有中央政府那样的经济政策手段。比如,一个地区不可能执行货币政策。而如果通过财政政策增加总需求,那么增加的也只是本地区居民的总需求,而本地区居民的总需求中很可能只有一小部分是对本地产品的需求,因而对本地经济的刺激作用有限。其结果是,一个地方政府花了钱,很可能是促进了其他地区经济的发展。因此,需求管理政策对于这样的地区来说是不适合的,供给管理政策也就成为唯一选择。

如前所述,经济全球化使得一个个国家和地区越来越像主权国家管辖的地区了。各国的经济政策不再独立。商品市场、资本市场的逐步开放都使得需求管理政策对本国经济的作用效果越来越差,一国政府需求管理政策刺激起来的总需求很可能不是对本国产品的总需求。但供给管理政策就不一样。供给管理政策的直接受益人就是位于本国主权范围内的相关企业,受益最大的是本国企业。企业生产成本的降低会导致市场份额的扩大,这样就会增加本国的产出和就业。其他国家的居民可能也会享受到本国供给管理政策的好处,但毕竟是第二位的。一般而言,国际经济联系越紧密,供给管理政策的效果就越好,需求管理就越不适合。

二、短期总供给的调节

在开放经济条件下,短期总供给调节包括两个方面的内容:首先,可以用调节进口的方法来调节对本国的总供给。在本国经济失衡的情况下,可以通过调节进口来调节本国的短期总供给,从而使本国经济恢复均衡。比如,如果本国经济过热,那就意味着本国的总需求过大,这时增加进口就可以增加本国的总供给,从而使本国经济恢复均衡。如果本国经济衰退,那就意味着本国的总需求不足,可以通过抑制进口的办法使本国经济恢复均衡。

其次,可以用刺激本国对外国的供给的方法来消化本国的过剩生产能力。比如,如果本国出现产能过剩,那么如何消化这些过剩生产能力就成为问题,刺激本国企业增加对国外的供给就成为一个可行的办法。实际上,许多鼓励出口的措施就是这个目的。比如,中国最近四十多年来广为采用的出口退税政策实际上就是供给管理政策,它降低了中国企业出口产品的成本,增加的是中国企业对外国的供给。许多人认为出口退税是需求管理政策,其实不然。出口退税增加了出口,这没错,但它首先作用于本国企业,出口成本的降低使得本国企业更愿意出口自己的产品,这就增加了本国企业对国外的供给,因而本国企业的产品在国际市场上的价格降低,导致外国人对本国企业的产品的需求量增加。因此,出口退税政策导致本国企业供给的增加,同时导致外国人对本国产品的需

求量的增加,如图 9-5 所示。假定外国人对本国产品的需求曲线为 D,开始时本国企业对国外的供给曲线为 S_1,出口退税使得本国企业对国外的供给曲线右移到 S_2,随着整条供给曲线的移动,均衡价格也相应降低,于是外国人对本国产品的需求量就沿着需求曲线从 A 点移动到 B 点。

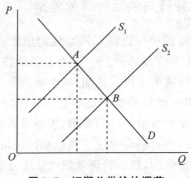

图 9-5 短期总供给的调节

三、长期总供给

合理利用国际经济联系可以迅速提高本国的生产能力。一个国家的生产能力取决于该国拥有的要素规模和该国的生产率水平。可以说,最近四十多年来的对外开放政策是中国经济迅速发展的重要动力之一。首先,对外开放使中国得到了大量稀缺资源。吸引外资缓和了改革开放之初中国资金严重短缺的问题,加速了中国的资本积累;对国外石油等原材料市场的开辟增加了中国可用自然资源的规模;而资本市场的逐步开放也有助于解决中国改革开放之初外汇严重短缺的问题;等等。其次,对外开放也迅速提高了中国企业的生产率。引进人才、大量派出留学生和访问学者、加强中国与国外的学术交流、吸引留学生回国创业等增加了中国高端人才的供给,提高了生产率;对国外成功的管理经验的学习有助于提高中国企业的管理水平;对国外成熟的市场经济的学习和借鉴提高了中国宏观调控的能力;对国外现代企业制度的引进大大加快了中国国有企业改革的进度,提高了国有企业的竞争力;国内市场的对外开放增强了国内市场的竞争性,迫使中国企业不断改革、不断创新;等等。这些都有助于提高中国企业的生产率。因此,合理利用国际经济联系对于提高经济的长期总供给有着十分重要的意义。

基本概念

真实汇率　　　　　名义汇率　　　　　固定汇率
浮动汇率　　　　　完全浮动　　　　　不完全浮动
一篮子货币

本章小结

1. 两国物品之间的相对价格被称为"真实汇率",也被称为"贸易条件"。名义汇率＝真实汇率×本国价格水平÷外国价格水平。

2. 名义汇率取决于真实汇率和两国的物价水平。在其他条件不变的情况下,如果一个国家的通货膨胀率高于另一个国家,那么这个国家的货币相对于后者就会贬值,名义汇率就将下降。

3. 世界各国采取的汇率制度可以分为两类,即固定汇率制和浮动汇率制。"固定汇率"意味着一国维持本国货币相对于某一基准货币的汇率不变,这一基准货币可以是某一种主要货币,也可以是综合若干种主要货币构造出来的一个指数,即所谓的"一篮子货币"。

4. 浮动汇率又称可变汇率,指的是一国中央银行允许汇率自由调整以保持外汇市场的均衡,利用市场力量均衡外汇供需。

5. 浮动汇率又可分为完全浮动汇率和不完全浮动汇率两种,"完全浮动"又称"清洁浮动",此时中央银行完全不管,任由市场决定汇率;"不完全浮动"又称"肮脏浮动",此时中央银行对外汇市场实行有限干预,控制汇率水平或者汇率的变动。

6. 在固定汇率和资本完全流动的情况下,货币政策无效,而财政政策是高度有效的。财政扩张引起利率上升,从而导致中央银行增加货币存量以维持汇率不变,从而强化了财政扩张的效果。在浮动汇率的情况下,货币政策非常有效。货币扩张引起贬值,增加了出口,于是增加了产出;但是,财政扩张会引起升值,从而完全挤出净出口。

练习与思考

1. 试在 IS-LM 模型的基础上分析以下问题:

假定净出口的表达式为 $NX = X - mY + vR$,其中 R 为真实汇率。X 为一个外生变量,反映本国收入水平和真实汇率以外的所有其他因素的影响。

(1) 试分析 m 和 v 的大小对于一国对外贸易有何影响。

(2) 在 IS-LM 模型的基础上,推导开放条件下 IS 曲线的表达形式。

(3) 计算简单开放经济乘数(外贸乘数),即国内自发支出变动 1 单位对本国收入的影响。与封闭经济的情形对比,解释其差别。

2. 假设在固定汇率和资本不流动的情况下,一国现在处于充分就业和贸易平衡状态。以下的扰动中,哪些可以使用需求管理政策应对以及如何应对?分析这些扰动对外部和内部平衡的影响。

(1) 政府支出减少。

(2) 需求从进口品向本国商品转移。

(3) 进口减少,储蓄增加。

3. 作图解释。

(1) 在资本完全流动和固定汇率的情况下,财政政策是怎样发生作用的?

(2) 在资本完全流动时,货币政策如何保持有效性?

4. 解释为什么浮动汇率条件下的货币扩张政策是"以邻为壑"的。

5. 试解释国际经济联系对短期总供给和长期总供给的影响。

6. 企业领导人往往关注制造业的"竞争力"(即一国产业在世界市场上在有正常盈利的情况下出售自己产品的能力)。

(1) 解释汇率的变动如何影响竞争力。

(2) 为了提高国内产业的竞争力,但不改变总收入,根据蒙代尔-弗莱明模型,应该采取货币政策与财政政策的哪一种组合?

7. 名义汇率和真实汇率分别是什么?它们之间是如何关联的?

8. 假定本国决定对外国电脑的进口征收关税,尝试从净出口、汇率等方面分析该举措带来的影响。

9. 假定一个小国经济在国防支出上有所增加,请分析储蓄、投资、进出口、利率及汇率的变化。

第五部分
宏观经济学的微观基础

本部分研究宏观经济学的微观基础。在此前各章的介绍中,我们虽然引入了消费函数、投资函数等,但都是从总量上分析,直接写出了这些函数,并没有讨论这些函数与人们的微观经济行为有什么关系。几乎所有的宏观经济学家都认为这些函数背后的微观基础是非常重要的,因此必须对宏观经济学的微观基础予以重视。本部分包括三章:第九章介绍总需求的微观基础,主要讨论消费函数、投资函数、货币需求函数的微观基础。第十章和第十一章讨论总供给的微观基础。其中,第十章介绍灵活价格下的宏观经济学,也就是目前宏观经济学的一个重要流派——新古典宏观经济学;第十一章介绍刚性价格下的宏观经济学,也就是目前宏观经济学的另一个重要流派——新凯恩斯主义经济学。

第五部分

高效益水产品成果篇

第十章 消费、投资与货币需求

本章介绍总需求主要组成部分的决定因素。我们知道,总需求由消费、投资、政府购买和净出口四个部分构成。净出口涉及的因素很多,在本书中一般按外生变量处理,要把它内生化的话,也只是引入汇率。政府购买可以分为三个部分:第一个部分是刚性政府购买,包括维持政府正常运行的费用,比如公务员工资等,这些支出是刚性的,变化很小,对理解经济波动没有多大意义;第二个部分是意外支出,比如自然灾害、战争或其他因素引起的支出,这些支出对于理解经济波动很重要,但其决定因素却是非常难以理解的,也非常难以预测,在经济学中一般也只能作为外生变量处理;第三部分是政策性支出,目的是进行宏观调控,一般是逆周期的,取决于宏观经济形势,这正是本书前面各章研究的内容,这些支出的决定因素我们已经介绍过了。因此,我们在本章只介绍消费理论和投资理论。由于投资取决于利率,而利率又取决于货币供求,我们理应也介绍货币供给理论和货币需求理论。货币供给理论我们在第五章已经介绍过了,本章不再介绍,对此有兴趣的读者可以阅读货币经济学方面的书籍;本章简要介绍货币需求理论。这样,本章就分三个部分:消费理论、投资理论和货币需求理论。

附表 10-1 和附表 10-2 分别给出了中国 1978—2018 年总需求的构成和美国 1978—2019 年 GDP 及其构成。从中可以看出,消费与投资之和占 GDP 的比重一般在 80% 以上。比如,在中国,2018 年消费和投资占总需求的 84.2%;而在美国,2019 年则占到 85.4%。因此,理解了消费和投资,就理解了总需求的绝大部分。

第一节 消费理论

目前关于消费的主要理论有三个:一是凯恩斯的消费理论,二是生命周期理论,三是持久收入理论。我们首先分别介绍这三个理论,然后介绍宏观经济学中关于消费的两个问题。

一、凯恩斯的消费理论

我们在第三章引入的消费函数就是凯恩斯在《通论》中提出的消费理论:

$$C = C_0 + cYD, \quad C_0 > 0, \quad 0 < c < 1 \tag{10-1}$$

从式(10-1)可以看出,凯恩斯特别强调现期收入对现期消费的影响。自《通论》出版以来,许多学者根据历史数据检验了上述理论,发现经济现实大致上支持上述关系。由于这一理论简单而且易于进行数学处理,在宏观经济研究中被广为采用。

二、生命周期理论

生命周期理论的主要思想如下:一个人的一生根据其经济活动的性质可以分为两个阶段,即工作阶段和不工作阶段。一个人不工作的原因可以有很多种,比如退休、失业、生病等。在工作阶段,个人有收入;而在不工作阶段,个人没有收入。因此,每个人都必须把工作阶段赚的钱在整个一生中用来消费,而不是在工作阶段就把自己赚的钱全部花掉。因此,一个人在人生不同阶段的消费行为就不一样,在工作阶段消费自己的一部分收入,在不工作阶段则用自己以往的储蓄支持消费。那么,在工作阶段,这个人对现期收入的边际消费倾向是多少呢?

假定一个人在考虑自己以后的生活,他现有财富为 A;假定他此后的寿命为 N 年,距离退休还有 M 年($N \geqslant M$)。再假定他现在有一份工作,且不失业、不换工作,一直工作到退休,在此期间他的工资不变,每年为 Y。那么,他从现在往后的可用总财富为:

$$W = A + MY \tag{10-2}$$

假定这个人希望保持每年的生活水平不变,经济中没有通货膨胀,也没有任何其他不确定性。那么,他此后每年的消费为:

$$C = \frac{1}{N}A + \frac{M}{N}Y \tag{10-3}$$

因此,这个人对期初财富 A 的边际消费倾向为 $\frac{1}{N}$,对现期收入 Y 的边际消费倾向为 $\frac{M}{N}$。

假定 $M=30, N=50$,那么这个人的消费函数即为:

$$C = \frac{1}{50}A + \frac{30}{50}Y = 0.02A + 0.6Y \tag{10-4}$$

如果 $A=100\,000, Y=20\,000$,这个人每年的消费支出即为 14 000 元,其中 2 000 元是对期初财富的消费,12 000 元是对现期收入的消费。在工作阶段,这个人每年的储蓄为 8 000 元;在不工作阶段,这个人没有收入,因此是负储蓄,负储蓄数额就等于每年的消费,即为每年 14 000 元。

三、持久收入理论

持久收入理论是由弗里德曼提出的。与生命周期理论类似,持久收入理论认为决定消费的不是当期收入,而是对收入的长期估计。持久收入理论的主要思想是,居民户希望平稳地消费,而不是在取得收入的当期就把所有收入花光。因此,居民户的消费支出就取决于本期及未来各期的"平均"预期收入,也就是弗里德曼所说的"持久收入"。这个理论的一个最简单的形式是,消费与持久收入成正比:

$$C = cY_P \tag{10-5}$$

其中,Y_P 表示持久收入。

如果一个人的收入增加了,那么他的消费会增加多少?这取决于收入的这一增加是持久性的还是暂时性的。如果是持久性增加,其消费就会以较大幅度增加;如果只是暂时性增加,其消费的增加幅度可能就比较小。比如,一个人的职务得到晋升,其工资随之上涨,收入的这种增加就是持久性增加;如果一个人买彩票中了奖,得到了一笔收入,这就是暂时性收入。

四、消费对现期收入的过度敏感性

凯恩斯的消费理论与生命周期理论和持久收入理论最大的区别是对现期收入的态度。在凯恩斯看来,现期收入是决定消费的最主要因素;但在生命周期理论和持久收入理论看来,现期收入对消费的影响很小,如果一个人的收入在某期增加了,由于这一收入的增加要分配到这个人的整个一生去消费,因此对现期消费的影响只是该收入增加量的很小一部分。也就是说,凯恩斯认为消费对现期收入很敏感,而生命周期理论和持久收入理论认为消费对现期收入不敏感。许多经济学家根据实际数据研究了消费与现期收入之间的关系,以判断现期收入在决定消费方面的这两种观点孰对孰错。研究结果发现,现期消费对现期收入的反应很敏感,远远大于生命周期理论和持久收入理论的预期。这就是宏观经济学中人们常说的消费对现期收入的"过度敏感性"。

五、流动性约束

消费对现期收入的敏感性为什么大于生命周期理论和持久收入理论的预期?人们对此提出了多种解释,其中最重要的就是"流动性约束"假说。所谓"流动性约束",意思是说人们虽然预计到自己以后会有较高收入,但现期要把消费提高到生命周期理论和持久收入理论预期的水平就需要借款,但人们往往借不到钱,这就是"流动性约束";一旦收入增加,人们会立即增加消费,把自己的消费水平迅速往生命周期理论和持久收入理论预期的水平提高,这就导致消费对现期收入的过度敏感性。比如大学生,虽然他们毕业后工资可能会比较高,但在求学期间没有收入;按照生命周期理论和持久收入理论的预期,他们的消费应该取决于他们的一生的收入,因此现在的消费水平应该很高,但实际上,由于借不到钱,他们的消费水平无法达到那个水平;一旦收入增加,他们就会立即把增加的收入大部分用于消费,因而其消费与现期收入的相关性就很大。

第二节 投 资 理 论

从宏观经济学产生以来,投资需求就是宏观经济学的中心话题之一,主要有三个原因:首先,投资需求在总需求中的占比很大。在中国,投资需求占到了总需求的40%左右,2018年达到了44.8%[①];在美国,总私人国内投资占到总需求的17%左右,2018年和

---

① 《2019年中国统计年鉴》,表3-10。

2019年分别为17.6%和17.5%(见附表10-2)。

其次,投资是总需求中波动性最大的部分。我们研究宏观经济,主要目的就在于解释经济波动发生的原因,既然如此,作为总需求中波动性最大的部分,投资就自然而然地被看作经济波动的主要来源之一。

最后,投资支出决定了一个经济单位增加实物资本存量的速率,从而决定了经济的长期增长,快速增长的国家(如日本等)在发展的早期一般将GDP的较大部分用于投资。中国经济最近四十多年的投资率一直很高,投资率最低值为1982年的31.9%。

一般来说,投资可以分为固定资产投资(fixed investment)和存货投资(inventory investment,又称"库存投资")两大类。固定资产投资是企业和家庭用于购买机器、设备、厂房、软件、知识产权、住宅等的投资,又可分为非住宅投资(non-residential investment)和住宅投资(residential investment)两类。固定资产投资占总投资的大部分。存货投资指的是企业持有存货的货币价值在一特定时期的变动。

一、企业的固定资产投资

企业的固定资产投资是总投资中最大的一部分。本节介绍关于企业固定资产投资的新古典理论。新古典投资理论认为,企业在进行投资决策的时候,要进行成本-收益分析,并根据这一分析确定自己希望拥有的固定资产规模,即所谓"合意资本存量"。合意资本存量与企业决策时拥有的实际资本存量之差,就是企业期望的投资规模。在本节的分析中,我们考虑一家自己投资、自己生产的企业,该企业在进行投资决策时,希望能够取得最大的利润,或者在实现目标产量的情况下付出的成本最小。

(一)资本的使用成本

在使用资本时,企业要付出的成本有三种形式:首先是利息成本。如果企业通过贷款来实现投资,那么这种利息成本就是投资的显性成本;如果企业通过自有资金实现投资,那么这种利息成本就是投资的机会成本或隐性成本。其次,资本在使用过程中会发生折旧,也就是机器的磨损、老化、自然损耗,或者由于新产品的替代而被淘汰,等等,这些都构成资本的使用成本。最后,在投资完成后,资本品的价格也会发生变化。这种资本品的市场价格可能会提高,也可能会降低,也就是这种资本品可能会升值,也可能会贬值。如果这种资本品贬值的话,那就是资本拥有者的损失,因此是一种成本;相反,如果这种资本品升值的话,那就是资本拥有者的收益,相当于资本使用成本的下降。

作为一个例子,我们考虑购置一台电脑的使用成本。假定电脑的购买价格为10 000元,再假定市场年利率为10%,因此占用该笔资金的年利息成本为1 000元;假定电脑的使用期限为5年,每年的折旧大概为2 000元(假定到使用期限后电脑的残值为0);假定电脑的价格每年下降15%,因此第一年该电脑贬值1 500元;三项相加,第一年使用该电脑的成本就是4 500元。

假定资本品的购买价格为P_K,市场利率为i,折旧率为δ,资本品价格的上涨率为π_K,那么:

$$\text{资本的边际使用成本} = \text{利息成本} + \text{折旧} - \text{资本品价格的变化}$$
$$= (i + \delta - \pi_K) \times P_K \tag{10-6}$$

(二) 企业的合意资本存量

假定企业的生产函数为 $Q = Q(K, L)$,其中 Q 为企业的产出,K 为企业的资本存量,L 为企业雇用的劳动力数量,企业用资本和劳动生产自己的产品。假定企业是完全竞争的,因此该企业增加产出不影响其产品的价格。我们把企业产品作为计价单位,即企业产品的价格为 1,然后用企业产品衡量所有其他商品(如资本、劳动)的价格,而 P_k 则是资本品相对于企业产品的价格,也就是 1 单位资本品值多少企业产品。

我们以柯布-道格拉斯生产函数为例说明企业合意资本存量的决定。假定生产函数为:

$$Q = AK^\alpha L^{1-\alpha} \tag{10-7}$$

其中,A 表示企业的技术水平或全要素生产率,α 表示产出的资本弹性。显然,这是一个规模报酬不变的生产函数。那么,企业资本的边际产出和边际收益为:

$$\text{MRK} = \text{MPK} = A\alpha(L/K)^{1-\alpha} = \alpha Q/K \tag{10-8}$$

显然,在其他因素不变的情况下,技术水平越高、劳动力使用量越大,资本的边际收益就越大;而资本存量越大,资本的边际收益就越小。

企业的目标是实现利润最大化或成本最小化。此处,我们以企业的利润最大化为例。假定企业的生产函数为式(10-7),企业只进行投资决策,也就是只考虑资本存量的变动,而不调整或无法调整技术水平和劳动力使用量。① 因此,企业的问题是:

$$\max_K AK^\alpha L^{1-\alpha} - (i + \delta - \pi_K) P_K K \tag{10-9}$$

上述问题是一个标准的一元最优化问题,最优化的一阶条件是

$$A\alpha(L/K)^{1-\alpha} = (i + \delta - \pi_K) \times P_K \tag{10-10}$$

显然,上述一阶条件的含义就是边际收益等于边际成本,根据这一条件,我们可以求出企业合意资本存量的表达式为:

$$K^* = \left[\frac{\alpha A}{(i + \delta - \pi_K) P_K} \right]^{\frac{1}{1-\alpha}} L \tag{10-11}$$

式(10-11)可以看出,企业的合意资本存量与技术水平正相关。这是因为技术水平的提高也提高了资本的边际产出,因而企业的资本需求上升。总体来说,企业的合意资本存量与资本的使用成本负相关,具体而言,利率 i 越高、折旧率 δ 越高或者资本品的购买价格 P_K 越高,企业的合意资本存量越低,而资本品价格的上涨率 π_K 越大,企业的合意资本存量越高;企业的劳动力使用量越大,企业的合意资本存量越高。

如果假定资本品价格的上涨率 π_K 等于通货膨胀率 π,那么上述公式中的 $i - \pi_K$ 就等于真实利率。因此,人们一般认为,投资需求取决于真实利率。②

(三) 企业的投资需求

企业的投资需求就等于企业的合意资本存量减去决策时企业实际拥有的资本存

---

① 显然,这一假定与经济现实不符。我们这里只想给出确定合意资本存量的方法,所以不太在意模型的现实性。
② 当然,大多数情况下,资本品价格的上涨率 π_K 不等于通货膨胀率 π,因此严格说来,这句话并不严密。

量,即:

$$I = K^* - K_0 \tag{10-12}$$

其中,K_0 表示决策时企业实际拥有的资本存量。这样,企业的投资需求就被确定。

当然,通过上述方法确定的是企业为实现战略目标需要进行的全部投资,但鉴于市场条件、生产安排、资金安排、资本品生产和安装工艺的要求或者其他原因,这一投资可能在好几年内完成,也可能在一年内完成,而宏观经济学一般研究的是一定时期内(一般为1年)的经济问题,因此在投资总量确定的情况下,投资的时间安排对研究短期经济波动就非常重要。对于这个问题,目前还没有一个确定的结论,主要原因是决定投资时间安排的因素太多,每家企业面临的实际情况也不尽相同,也就难以得出一个统一的、明确的结论。在宏观经济分析中,人们一般认为,现有资本存量与期望资本存量之间的缺口越大,厂商的投资速度也越快。

(四)影响固定资产投资的宏观经济政策

政府可以通过货币政策和财政政策影响企业的固定资产投资。货币政策影响的是名义利率,也就是企业的投资成本。

影响投资的财政政策工具种类比较多,性质和效果也不一样。企业所得税的征收降低了企业实际得到的收益,相当于降低了企业产品的价格水平,因而从收益侧影响投资。中国最近几十年来对外资和其他企业实施了税收优惠政策,目的就在于吸引外资。投资补贴、利息补贴等则是通过降低投资成本的方式来鼓励投资。

二、住宅投资

住宅投资是由居民户做出的。住宅区别于其他资产的特点是长寿。住宅投资理论的出发点是考虑对现有住房存量的需求。

(一)存量市场、流量市场与住宅投资

所谓"存量市场",指的是某个时点上就现有商品进行交换的市场。比如,在每一时点上,每个人都得有房子住,这就构成了人们对住宅的存量需求;同样,在每一时点上,经济中都存在一定量的住宅,这些住宅有的是以前各期生产出来的,有的是本期刚生产出来的,这就构成了对住宅的存量供给。一般而言,人们对住宅的存量需求与住宅价格负相关,住宅价格越高,人们对住宅的需求就越少;但住宅的存量供给却与价格没关系,这是因为在每一时点上,现有的住宅都是以前各期生产出来的,价格高了,住宅一时半会也生产不出来,供给上不去,而价格低了,住宅也一时半会不可能退出市场。因此,反映在图形上,住宅的存量需求就是一条负斜率的曲线,而住宅的存量供给则是一条竖直的线,如图10-1所示。在图10-1的左图中,P_H 表示房价,H 表示住房数量,SS 表示住房的存量供给,而 DD 表示住房的存量需求。

而"流量市场",指的是就某个时期内新生产出来的商品进行交换的市场。在流量市场上,需求曲线是一条水平线,意思是说每一期生产出来的住房数量相对于整个住房存量需求都是一个很小的量,不足以影响价格水平,因此在这一价格水平下,不管本期内新生产出来多少住房,消费者都能把它们全部买走。而流量供给(也就是在每一期新生产出来的新住房的数量)与房价正相关,房价越高,生产者越愿意多生产住房,反映在图形

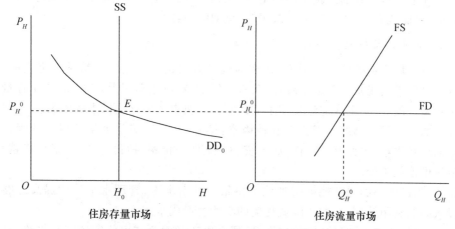

图 10-1　住房存量市场与住房流量市场(1)

上,流量供给曲线就是一条正斜率的曲线,如图10-1的右图所示,FS表示住房的流量供给,FD表示住房的流量需求。

因此,住房投资的决策过程如下:首先是存量市场决定住房价格,其次是在流量市场上由价格决定住房的流量供给,也就是住房投资。

(二)存量需求与存量供给的决定因素

住房的存量供给是由历史决定的,在本期是不可改变的,反映在图形上,它的位置就不会发生变化。

住房的存量需求则取决于许多因素:一是总财富。居民户的总财富越多,对住房的需求就越大;而且由于住房属奢侈品,住房需求的财富弹性应该是大于1的。

二是现期收入。由于住房价格很高,多数情况下居民户买房子都需要贷款,而贷款的数额则取决于购房者的现期收入。购房者的现期收入越高,他能贷到的款就越多,购房的能力就越强,购房需求也就越大。因此,随着经济的增长,人们的收入水平越高,对住房的需求也就越多。

三是利率。购房需要贷款,贷款利率就决定了购房者贷款的成本。利率越高,贷款成本就越高,购房者对住房的需求就越少。

四是房贷政策。国家对购买住房的政策也影响住宅需求,比如说购房的交易税、持有住房的所得税、国家对购房首付比例的限制、居民户购买第二套房的相关政策以及物业税等,都影响住宅的需求。

五是预期。这主要包括两个因素:首先是价格预期。如果人们预期住宅价格会上涨,住宅需求就会增加;反之亦然。其次是预期的通货膨胀率。通货膨胀率是持有实物资产的收益率,预期通货膨胀率越高,人们对住宅的需求就越多。

六是其他资产的价格及其预期价格走势。住宅也是一种资产,对于其他资产存在一定的替代性,而个人在考虑是否持有住宅时,也会比较住宅和其他资产的预期收益率。在其他因素不变的情况下,如果其他资产的预期收益率上升,个人对住宅的需求就下降。

以上因素都会对住宅需求产生影响,当然,影响住宅需求的因素还有很多。以上种种因素对住宅需求的影响反映在图形上,就是住宅存量需求曲线位置的移动。当住宅需求增加时,该曲线右移;当住宅需求减少时,该曲线左移。

(三) 流量需求与流量供给的决定因素

在存量市场决定的价格水平下,住宅的流量需求相对于流量供给是无穷大的,因此住宅的流量需求曲线是一条水平线,这条水平线的位置(也就是其高度)取决于存量市场的供求状况。因此,决定住宅流量需求的因素就是决定住宅存量供求的因素。

住宅的流量供给则取决于许多其他因素:第一,凡是影响住宅生产成本的因素都影响住宅的流量供给,比如要素价格(如工资、利率、能源价格、地价等)。要素价格越高,住宅的流量供给就越少。

第二,生产效率的提高能够增加住宅供给。技术水平、管理水平等的提高能够提高各种投入品的利用效率,有助于降低住宅的平均生产成本。

第三,预期价格。如果预期价格上升,那么生产者就会减少住宅的流量供给,这就是我国近年来著名的"开发商捂盘"现象的由来;相反,如果预期价格下降,那么生产者就会增加住宅的流量供给。

第四,政府政策,比如土地政策、政府对楼盘开盘时间的限制等,都会影响住宅的流量供给。

以上种种因素都会对住宅的流量供给产生影响,当然,影响住宅的流量供给的因素还有很多。反映在图形上,以上因素对住宅的流量供给的影响就是住宅流量供给曲线位置的移动。当某种因素使得住宅的流量供给增加时,该曲线右移;当某种因素使得住宅的流量供给减少时,该曲线左移。

(四) 投资的变动

用上述方法可以分析住宅投资的变动。比如,如果某种因素的变化(比如预期通货膨胀率上升)使得住宅的存量需求增加,那么住宅价格就会上升,在其他因素不变的情况下,在流量市场上,住宅的流量需求曲线就向上平移,导致住宅供给量增加,也就是住宅投资的增加,如图 10-2 所示。

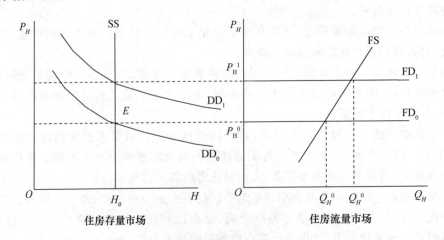

图 10-2 住房存量市场与住房流量市场(2)

如果其他因素不变,但某种因素(比如地价提高)发生了变化,使得住宅的流量供给下降,住宅的流量供给曲线就向左平移,由于住宅价格由存量市场决定,因而此时只能是住宅的流量均衡数量下降,也就是投资下降,如图10-3所示。

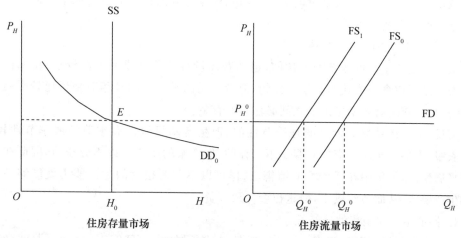

图 10-3　住房存量市场与住房流量市场(3)

三、存货投资

在宏观经济中,存货投资占GDP的比例一般很小。1978—2019年,美国的这个比例在 -1.04% 和 1.66% 之间波动。[①] 但在宏观经济分析中,存货投资却很重要,甚至是宏观经济分析的核心。我们知道,存货投资分为自愿存货投资和非自愿存货投资两类,而总需求与总供给之间的缺口恰恰就是非自愿存货投资。因此,理解供求态势实际上就是理解非自愿存货投资。

企业存货包括原材料存货、在制品存货和成品存货。原材料存货包括能源、原材料(如矿石)等的存货;在制品指的是正在加工过程中的半成品存货,比如在一个零件的加工过程中,该零件从毛坯到成品的生产过程中,必然占用企业的资金,因此它就是一种投资;成品存货很好理解,就是已加工完成的产品从离开生产线到被卖出去之间的状态。

(一) 自愿存货投资

在任何时刻,企业都需要持有一定数量的存货,这就是企业的自愿存货投资。企业持有自愿存货投资的原因有以下几点:

1. 生产的自然属性

生产过程中必然需要在制品存货,如果连这种存货都没有,那么企业生产过程加工的是什么?同样,在生产过程中也需要其他各种原材料,如煤、矿石、汽油、钢材等,没有这些原料,生产过程依然无法进行。因此,生产过程本身不可能没有存货。

---

① 根据附表10-2计算得到。

2. 经济因素

原材料、能源等在购进时是有成本的，大批量、少次数购买比小批量、多次数购买可能更经济。比如大批量购买时，购买者的谈判地位就高一些，就更可能获得更多的价格优惠或质量保证。另外，大批量购买时，采购、运输等方面也可能节约成本。但大批量购买的结果就是存货投资较大。

3. 生产和销售的时间差异

某些产品的生产可能是季节性的，但消费却没有季节性或季节性较小，比如粮食和其他农产品。粮食的收获是有季节性的，但消费是四季都有的且相对来说比较平稳。因此，在粮食收获之后到销售出去之间必然会有存货。

相反，某些产品的消费可能是季节性的，但生产却可以没有季节性或季节性较小。比如衣服，人们一年四季穿的衣服是不一样的，但衣服的生产可以不分季节，因此在一年四季平稳生产，但集中在某个季节销售，这样可以不需要很大的生产能力就能够满足全年的生产要求，从而节约成本，但这也会导致存货。

4. 保证生产和销售的连续性

对于企业来说，厂房、设备、人员一般是早就备好的，一旦停工，这些资源就会被闲置，造成浪费，需要保证生产过程的连续性。因此，原材料、能源、毛坯件等就必须有足够的库存。

同样，企业面临许多同行企业的竞争，如果出现产品断供的情况，消费者就会转向别的企业生产的产品，从而挤占本企业的市场份额。为了保证本企业的市场份额，企业就得保证销售的连续性，这也得靠存货来实现。而且，仅就销售而言，有现货比没有现货更容易吸引顾客，因此存货的存在有助于提高销售效率。

5. 保险

经济中不可避免会出现风险，为了应付这些风险，国家、企业和个人就得持有一定的存货。比如，粮食存货就对国家的粮食安全和社会稳定至关重要，"手中有粮，心中不慌"，作为一种关系国计民生的战略物资，所有国家和个人都得持有一定数量的粮食存货。石油、煤炭、钢铁、军火等莫不如此。

（二）自愿存货的决定因素

决定自愿存货的因素很多，以下是几种比较重要的因素：

1. 存储成本

存储成本越大，存货就越少。存储成本包括很多方面，比如租用库房的费用，运输、装卸货的费用，存储过程中可能出现的各种损耗，等等。

2. 利率

存货投资占用资金，因此利息就是存货投资的机会成本。利率越高，企业的自愿存货投资就越少。

3. 物资调配的便捷性

产品的订购成本越小、产品到货速度越快，自愿存货投资就越小。物资调配的便捷性主要取决于三个方面的因素：一是交通运输和通信条件，这些因素是保证物资调配的便捷性的技术条件；二是制度安排，这决定了物资调配的制度性交易成本，比如信用制度好的话，赊账的可能性就大一些，从而交易更加便捷；三是金融体系，在存在经济风险的情况下，良好的金融体系有助于降低交易风险，从而促进交易效率。

4. 风险

经济中的不确定性越大，即风险越大，经济单位中人需要持有的存货就越多。

5. 预期的通货膨胀率

存货本身也是一种资产，比如石油、住宅、粮食、矿石、金属材料等，通货膨胀率越高，意味着持有实物资产的收益率越高，因此存货投资的规模与预期的通货膨胀率正相关。

6. 预期价格

如果产品的预期价格上升，自愿存货投资就会上升。

（三）加速数模型

基于持有存货的不同动机，人们建立了许多关于自愿存货投资的模型。在这里，我们介绍一种不明确考虑企业持有存货的动机，但对实际数据模拟得很好的模型，这就是所谓的"加速数"模型。加速数模型的基本假设是企业希望持有的存货与其产出成正比。这与我们的直觉是一致的。当产出水平高时，企业自然就需要更多的原材料、能源和在制品库存，其成品库存自然也会多一些。

用 M 表示企业希望持有的存货数量，Y 表示企业的产出水平。因此，"企业希望持有的存货与其产出成正比"这一假定用数学公式表示，就是：

$$M = a \times Y \tag{10-13}$$

其中，a 是一个参数，就是所谓的"加速数"。

由于"企业希望持有的存货"是一个存量，它的变动是一个流量，这才是一定时期内企业愿意进行的存货投资。根据式(10-13)，我们有：

$$I_v = \Delta M = a \times \Delta Y \tag{10-14}$$

其中，I_v 表示企业在一定时期内的存货投资，这就是所谓的"加速数模型"。加速数模型预言，企业的自愿存货投资与产出水平的变化成正比。当产出增加时，企业就想持有更多的存货，因而存货投资就大。

（四）非自愿存货投资

非自愿存货投资等于实际存货投资与自愿存货投资之差。非自愿存货投资主要是由于实际经济形势与预测不符造成的。企业在做出存货投资决策时，对未来的经济形势有一个预测，其生产安排就取决于这个预测，但如果事后实际出现的经济形势与预测不符，非自愿存货投资就出现了。比如说，企业在年初时预测本年度的销售量是 10 000 件某产品，因此生产出了这么多，但到年底发现实际上只卖出去了 9 000 件，那么剩下的 1 000 件就是非自愿存货投资；相反，如果企业年底发现实际上卖出去了 11 000 件，那就意味着年初拥有的一部分存货也被卖出去了，假定年初的存货数量是企业为了销售的连续性以及其他原因而愿意持有的存货规模,也就是企业的自愿存货投资,那就意味着此时企业的非自愿存货投资为—1 000件。

(五)存货投资与经济形势

非自愿存货投资反映了经济形势。非自愿存货投资的增加意味着供大于求的缺口加大,经济可能会出现失业率上升、经济增长率下滑、通货膨胀率下降的局面;而非自愿存货投资的减少意味着供大于求的缺口缩小,经济可能会出现失业率下降、经济增长率上升、通货膨胀率上升的局面。如果非自愿存货投资是负的,则意味着经济可能会出现过热。

在经济现实中,我们只能观察到实际存货投资的数额,却无法区分其中多少属于自愿存货投资,多少属于非自愿存货投资。实际存货投资的数额及其变化无法反映经济形势及经济形势的变化。比如,如果企业的实际存货投资规模上升了,是否表明经济可能要陷入衰退?未必,因为这完全有可能是由自愿存货投资的增加造成的。因此,虽然非自愿存货投资在理论上很重要,在宏观经济分析中却没有多大用处。

当然,我们可以根据历史数据对自愿存货投资进行估计,然后从实际存货投资中减去它就可分离出非自愿存货投资。但这种估计往往是十分粗略的,可靠性也不大。主要原因就在于自愿存货投资与非自愿存货投资之间的转换可以很快,几乎就在人们的一念之间。比如,2007年年初到2009年6月,中国的房地产市场上自愿存货投资与非自愿存货投资之间就发生了两次大的转换,而且这种转换非常快,也非常剧烈。2007年10月之前,中国的房价一直在高速上涨,那时开发商捂盘惜售,他们手中保留的住房就是自愿存货投资。2007年10月,中国的房价开始下跌,人们对房价的预期就从看涨变成了看跌,开发商就希望赶紧把自己手中的住房卖出去,于是当初的自愿存货投资就迅速转换为非自愿存货投资。到了2009年年初,中国房市出现了一个"小阳春",房价开始小幅上涨,人们对房价的预期就从看跌变成了看涨,于是开发商就又不急于卖房子了,他们手中还没有出手的房子,也就是当初的非自愿存货投资,就又迅速转换为自愿存货投资。

第三节 货币需求

金融市场是宏观经济的核心之一,也是宏观经济政策发生作用的基础。因此,理解货币需求和货币供给的决定因素与决定过程就成为宏观经济学研究的重要领域。关于货币供给,我们在第五章介绍货币政策时就已经介绍过了,此处不再重复。本节介绍目前宏观经济学领域比较重要的几个货币需求理论。从这些理论可以看出,在这个领域还存在比较大的分歧。至于哪个理论正确、哪个理论错误,或者哪个理论重要、哪个理论不重要,这完全是个实证问题。

本节按历史顺序,首先介绍古典货币理论,然后介绍凯恩斯的货币需求理论,最后介绍米尔顿·弗里德曼(Milton Friedman)的现代货币数量论。

一、古典货币数量论

古典经济学家在19世纪末20世纪初开创的货币数量论,是说明名义收入如何决定的理论。这种理论还告诉我们,在给定的名义收入下,经济中需要有多少货币,因而它也就被改造为一种货币需求理论。古典货币数量论的最重要特征,就是认为利率对货币需求没有影响。

(一) 名义收入决定的货币数量理论

一个经济单位中的名义收入是由什么决定的?美国经济学家欧文·费雪(Irving Fisher)在1911年出版的《货币购买力》(*Purchasing Power of Money*)一书中,对此做了清晰的表述。费雪的出发点是货币速度的概念。所谓"货币速度",又称"货币流通速度",指的是货币周转率,即在被用来购买最终产品和劳务时,一元钱每年被使用的平均次数,用公式表示就是:

$$V = \frac{PY}{M} \tag{10-15}$$

其中,V(velocity)表示货币流通速度,P 表示价格总指数,Y 表示真实产量,M 表示货币数量。

【例】 假定一个经济单位某一年的名义 GDP 为 20 000 亿元,货币数量 $M=5\,000$ 亿元,则

$$V = \frac{PY}{M} = \frac{20\,000}{5\,000} = 4 \tag{10-16}$$

即每1元人民币被平均用了4次来购买经济单位中的最终产品和劳务。

用 M 乘以式(10-16)两端,就可得到所谓的"交易恒等式":

$$MV \equiv PY \tag{10-17}$$

式(10-17)将名义收入与货币数量和货币速度联系起来了。交易恒等式说明:在每一年中,货币数量乘以货币的平均使用次数就等于名义收入。之所以是个恒等式,就在于该式是对实际交易过程的一个描述:买东西总是要花钱的,一个人买东西的支出就是卖方的收入,因此所有卖方的总收入就必然应该等于经济中的货币数量乘以货币被使用的平均次数。

交易恒等式(10-17)仅仅是一个恒等式,它告诉我们,一个经济单位的名义收入(PY)就等于货币数量乘以货币流通速度,如果用 Y_N 表示名义收入,那么可以把式(10-17)改写为:

$$Y_N = MV \tag{10-18}$$

式(10-18)表明,一个经济单位的名义收入取决于货币速度和货币数量,因此这是一个关于名义收入如何决定的理论。而"名义收入的货币数量理论"指的是,一个经济单位的名义收入(PY)取决于货币数量。而式(10-18)并没有告诉我们当货币数量 M 变动时,名义收入 PY 也同向变动,因为 M 的增加可能会被 V 的下降抵消,从而保持 MV(即名义

收入)不变。因此,要把上述名义收入理论转换为"名义收入的货币数量理论",还需要了解货币速度是如何决定的。

费雪认为,货币速度是由经济制度决定的,而经济制度则是一个慢变量,在短期内,货币速度是一个稳定的量。这样,既然货币速度短期内不变,那么名义收入就完全由货币数量决定。这就是所谓的名义收入的"货币数量论"。

(二) 古典货币需求理论

在假定货币速度不变的情况下,交易恒等式就转化为名义收入的货币数量论;同样,如果假定名义收入给定,也就是交易额给定,交易恒等式就转化为货币需求理论:要实现这样的交易额,经济中需要多少货币?对交易恒定式两端除以 V,可得:

$$M = \frac{1}{V} \times PY \tag{10-19}$$

这就是古典货币需求理论。它认为,一个经济单位所需要的货币数量就等于交易额(名义收入)除以货币流通速度。用 K 表示货币流通速度的倒数,M^d 表示货币需求,式(10-19)可写为:

$$M^d = K \times PY \tag{10-20}$$

其中,$K = \frac{1}{V}$。在费雪看来,货币速度是稳定的,因此 K 就是一个常数,式(10-20)就告诉我们,名义收入决定了人们的货币需求量 M^d。因此,费雪认为,货币需求纯粹是名义收入的函数,其他变量(如利率)对货币需求没有影响。

二、凯恩斯的流动性偏好理论

凯恩斯在其名著《通论》中,提出了自己的货币需求理论,他称之为流动性偏好理论。这个理论我们在第五章已经有所介绍。凯恩斯认为,人们对货币的需求是出于三个动机:交易动机、谨慎动机和投机动机。其中,前两个动机主要取决于现期收入,第三个动机主要取决于利率。总体来说,货币需求和现期收入正相关,与利率负相关。货币需求和现期收入之间的关系与凯恩斯的消费函数理论是一致的:随着收入的增加,人们的消费也增加,但要消费就得交换,交换就需要货币,因此货币需求也会增加。而且,凯恩斯关注的是对真实货币数量,而非名义货币数量的需求,这与古典货币需求理论有差别。

凯恩斯的货币需求函数可以写为:

$$\frac{M^d}{P} = f(i, Y) \tag{10-21}$$

式(10-21)可以改写为:

$$\frac{P}{M^d} = \frac{1}{f(i, Y)} \tag{10-22}$$

当货币市场均衡时,货币需求就等于货币供给($M = M^d$),因此式(10-22)可写为:

$$\frac{P}{M} = \frac{1}{f(i, Y)} \tag{10-23}$$

对式(10-23)两端同乘以 Y,可得货币速度为:

$$V = \frac{PY}{M} = \frac{Y}{f(i,Y)} \qquad (10-24)$$

式(10-24)表明,货币流通速度与利率正相关:随着利率的上升,货币需求 $\frac{M^d}{P} = f(i, Y)$ 下降,因而货币速度增加。由于利率有很大波动,货币速度也会有很大波动,因此凯恩斯的货币需求理论意味着货币速度不是常数,而且随利率变动而波动。这是凯恩斯的货币需求模型的重要含义。

对经济史的实证研究表明,货币速度是顺周期的,即繁荣时 V 往往上升,萧条时 V 往往下降,这与凯恩斯的理论恰好相符:利率是顺周期的,因而货币速度也是顺周期的。

实际上,式(10-24)还表明,货币流通速度与收入有关系,但究竟是正相关还是负相关,就取决于货币需求与收入的关系。简单地说,当收入增加时,式(10-24)右端的分子项和分母项都会增加,如果分子项的增加率大于分母项的增加率,货币流通速度上升;如果分母项的增加率大于分子项的增加率,货币流通速度就下降。

三、凯恩斯理论观点的新发展

第二次世界大战后,凯恩斯的货币需求理论得到了进一步发展。由于利率被看作凯恩斯货币需求理论中的一个关键因素,这些理论研究的焦点就集中在利率对货币需求的作用上,其中最著名的是威廉·鲍莫尔(William Boumol)和詹姆斯·托宾(James Tobin)提出的货币需求模型。该模型是关于交易性货币需求和预防性货币需求的,同时适用于二者。以下以交易性货币需求为例来说明。

鲍莫尔-托宾模型表明,即使是用于交易的货币余额,对利率水平也是敏感的。考虑一个人,假定他每年需要 12 000 元用于消费。那么,他怎么安排自己的货币持有量呢?

他可以在年初从银行取出 12 000 元现金,然后一直花到年末。这样,他每时每刻的平均货币持有量就是 6 000 元。在这种情况下,他不会因为没有钱而影响自己的消费,但也没有任何利息收入。

假定他考虑第二种方案,在年初取 6 000 元,花到 6 月底,然后再把当初没取的 6 000 元取出来花到年底。这样也能满足他的消费需求,但最后取出的 6 000 元在银行存了半年,能够赚到一定利息。假定年利率是 5%,那么他的利息收入就是 150 元。这样做的收益是 150 元的利息,成本是去银行取钱的时间和其他成本,以及由于货币持有量减少在消费方面可能出现的不便。在这种方案下,他每时每刻的平均货币持有量就是 3 000 元。

假定他每季度取一次钱,每次取 3 000 元,那么他每时每刻的平均货币持有量就是 1 500 元。这样,如果利率依然是 5%,他每年的总利息收入就是 225 元,比第二种方案的利息收入高 75 元,但得多去银行两次,成本相应增加。

如果他进一步减少每次取款的数额,增加取款次数,他的利息收入会更高,但相应地去银行的次数也会更多,从而成本也会增加。那么,他的最优取款次数和平均货币持有量是多少呢？这取决于利率和去银行的成本。利率越高,这个人愿意去银行的次数就越多,平均货币持有量就越少;去银行的成本越高,他愿意去银行的次数就越少,平均货币持有量就越多。我们可以用一个简单的数学模型推导一下。

假定一个人年初收入为 Y_N,当年用完;假定利率为 i,每次去银行的交易成本为 C_j,用 n 表示他每年去银行的次数。这个人的目标是最小化总成本。这种成本由两个部分构成:一个是持有现金放弃的利息,是机会成本;另一个是去银行取款的交易成本。

$$总成本 = 交易成本 + 持有货币损失的利息$$
$$TC = nC_j + iM \tag{10-25}$$

其中,M 为当年的平均货币持有量,M 取决于 n,即交易次数。设这个人每次取 Z 元,则:
$$nZ = Y_N \tag{10-26}$$

每次取 Z 元,那么这个人每个时刻的平均货币持有量 M 就是 $Z/2$,即:
$$M = \frac{Y_N}{2n} \tag{10-27}$$

所以
$$TC = n \times C_j + i \times \frac{Y_N}{2n} \tag{10-28}$$

这个人的目标是选择一年中去银行的次数,以最小化上述成本。这一最小化问题的一阶条件是:
$$\frac{dTC}{dn} = C_j - \frac{iY_N}{2n^2} = 0 \tag{10-29}$$

因此,最优取款次数就是:
$$n^* = \sqrt{\frac{iY_N}{2C_j}} \tag{10-30}$$

将式(10-30)代入式(10-27),可得最优货币持有量,也就是最优货币需求为:
$$M^* = \sqrt{\frac{C_j \times Y_N}{2i}} \tag{10-31}$$

式(10-30)和式(10-31)表明,货币的交易性需求与交易成本正相关,与名义收入正相关,与利率负相关。这就是鲍莫尔-托宾模型的基本思想。这一模型表明,交易性货币需求和预防性货币需求均与利率负相关。

四、弗里德曼的货币需求理论

(一)理论介绍

1956 年,在其著名的论文《货币数量论:重新表述》(The quantity theory of money: A restatement)一文中,弗里德曼提出了一种货币需求理论。和以前的经济学家一样,弗里德曼试图解决人们为什么持有货币的问题。弗里德曼与凯恩斯不同,他把资产需求理论引入货币分析,强调货币作为财富贮藏手段的功能。他认为,货币也是一种资产,因此,对任何其他资产的需求的影响因素同样也会影响对货币的需求。

除货币之外，人们还可用其他多种形式持有财富，弗里德曼把其他资产归入三大类：债券、股票和实物资产。这些资产与货币之间存在一种替代关系，在总资源给定的情况下，一个人持有的这些资产多了，持有的货币就会减少。

在弗里德曼看来，人们对货币的需求应当是人们手中的资源（财富）以及各种资产的相对收益率的函数。与凯恩斯一样，弗里德曼认为人们希望持有一定数量的真实货币余额。所以，弗里德曼的货币需求函数为：

$$\frac{M_d}{p} = f(Y_p, r_b - r_m, r_e - r_m, \pi^e - r_m) \tag{10-32}$$

其中，$\frac{M_d}{p}$表示人们对真实货币余额的需求，Y_p表示持久收入，r_b表示债券的预期收益率，r_m表示货币的预期收益率，r_e表示普通股股票的预期收益率，π^e表示预期通货膨胀率，即持有实物资产的预期收益率。真实货币需求与个人的可用资源Y_p正相关，持久收入越大，对货币的需求就越大；真实货币需求与其他资产的相对收益率负相关。真实货币需求与其他资产的相对收益率（$r_b - r_m$、$r_e - r_m$和$\pi^e - r_m$）负相关的原因在于：作为资产，货币与其他资产之间存在替代关系，其他资产的收益率高了，对货币的需求自然就会下降。

货币的预期收益率r_m受两个因素的影响：(1) 银行对支票存款账户或其他可支付账户所提供的服务，当这些服务增加时，持有货币的预期收益率上升；(2) 货币余额的利息支付。我们知道，活期存款一般是付利息的，虽然利率较低，但这些存款也是货币，因此，货币也不是全然没有利息收入的。随着这些利息收入的增加，货币的预期收益率r_m也会增加。货币的预期收益率越高，对货币的真实需求就越大。

在弗里德曼看来，货币需求与持久收入正相关，而持久收入与我们通常所说的收入概念不同，持久收入的短期波动要小得多，因为我们通常所说的收入的许多变动是暂时性的；因此，随经济周期的变动，货币需求变动不会太大。

（二）弗里德曼的货币需求理论与凯恩斯主义货币需求理论之间的区别

在这两种理论之间，有以下几个区别：

第一，在凯恩斯的货币需求函数中，只包括了一种其他资产的收益率，那就是债券；而在弗里德曼的货币需求函数中，则包括了债券、股票和实物资产三者对货币的相对收益率。凯恩斯认为，货币之外的所有其他资产的收益率的变化充分一致，可以归为一类。而弗里德曼显然不赞同这一观点。

第二，弗里德曼把货币与商品看成是替代品，也就是说，他把商品也看成了一种资产。人们在决定持有多少货币时要在货币与商品之间进行选择。货币与商品是替代品的假设意味着，货币数量的变化对总支出可能有直接的影响，货币持有量的增加意味着商品需求的减少。

第三，凯恩斯认为货币的预期收益率是常数；弗里德曼不认为如此，但弗里德曼认为各种资产相对于货币的收益率是稳定的。以债券为例，在弗里德曼看来，当经济中的其他资产比如贷款①的收益率上升时,银行从贷款中取得了更多的利润,因而它们希望获得更多的存款。如果对存款利率没有限制,那么银行间的竞争就会导致存款利率的上升。银行业这种竞争的结果是,在债券利率上升时,$r_b - r_m$ 保持相对稳定。

如果对银行的存款利率有限制,$r_b - r_m$ 还会保持相对稳定吗？弗里德曼认为会。他认为,尽管此时货币的利率不会上升,但存款者可以获得其他收益,比如工作人员的增加、服务质量的改进、取款机的增加等以提供更多更好的服务,从而使得持有存款的预期收益率上升,其结果是使得债券的相对收益率 $r_b - r_m$ 保持稳定。因此弗里德曼认为,持久收入是货币需求的主要决定因素,其货币需求函数可以近似地写为：

$$\frac{M_d}{P} = f(Y_p) \tag{10-33}$$

---

① 注意：在第四章对资产的分类中,贷款也被归入债券。

附表 10-1　1978—2018 年中国总需求的构成

年份	支出法GDP	居民消费支出（亿元）	政府消费支出（亿元）	资本形成总额（亿元）	货物和服务净出口（亿元）	资本形成率（%）	居民消费率（%）	政府消费率（%）	净出口率（%）
1978	3 606	1 759	480	1 378	−11	38.2	48.8	13.3	−0.3
1979	4 093	2 012	622	1 479	−20	36.1	49.1	15.2	−0.5
1980	4 593	2 331	677	1 600	−15	34.8	50.8	14.7	−0.3
1981	5 009	2 628	734	1 630	17	32.5	52.5	14.6	0.3
1982	5 590	2 903	812	1 784	91	31.9	51.9	14.5	1.6
1983	6 216	3 231	895	2 039	51	32.8	52.0	14.4	0.8
1984	7 363	3 742	1 104	2 515	1	34.2	50.8	15.0	0.0
1985	9 077	4 687	1 299	3 458	−367	38.1	51.6	14.3	−4.0
1986	10 509	5 302	1 520	3 942	−255	37.5	50.5	14.5	−2.4
1987	12 277	6 126	1 679	4 462	11	36.3	49.9	13.7	0.1
1988	15 389	7 868	1 971	5 700	−151	37.0	51.1	12.8	−1.0
1989	17 311	8 813	2 352	6 333	−186	36.6	50.9	13.6	−1.1
1990	19 348	9 451	2 640	6 747	510	34.9	48.8	13.6	2.6
1991	22 577	10 731	3 361	7 868	618	34.8	47.5	14.9	2.7
1992	27 565	13 000	4 203	10 086	276	36.6	47.2	15.2	1.0
1993	36 938	16 412	5 488	15 718	−680	42.6	44.4	14.9	−1.8
1994	50 217	21 844	7 398	20 341	634	40.5	43.5	14.7	1.3
1995	63 217	28 370	8 379	25 470	999	40.3	44.9	13.3	1.6
1996	74 164	33 956	9 964	28 785	1 459	38.8	45.8	13.4	2.0
1997	81 659	36 922	11 219	29 968	3 550	36.7	45.2	13.7	4.3
1998	86 532	39 229	12 359	31 314	3 629	36.2	45.3	14.3	4.2
1999	91 125	41 920	13 717	32 952	2 537	36.2	46.0	15.1	2.8
2000	98 749	45 855	15 661	34 843	2 390	35.3	46.4	15.9	2.4
2001	108 972	49 213	17 665	39 769	2 325	36.5	45.2	16.2	2.1
2002	120 350	52 571	19 120	45 565	3 094	37.9	43.7	15.9	2.6
2003	136 399	56 834	20 615	55 963	2 986	41.0	41.7	15.1	2.2
2004	160 280	63 834	23 199	69 168	4 079	43.2	39.8	14.5	2.5
2005	188 692	71 218	26 605	80 646	10 223	42.7	37.7	14.1	5.4
2006	221 171	80 121	30 293	94 103	16 654	42.5	36.2	13.7	7.5
2007	222 713	96 333	35 900	92 954	16 655	41.7	43.3	16.1	7.5
2008	266 599	111 670	41 752	110 943	23 423	41.6	41.9	15.7	8.8
2009	315 975	123 585	45 690	138 325	24 227	43.8	39.1	14.5	7.7
2010	348 775	140 759	53 356	164 463	15 037	47.2	40.4	15.3	4.3

(续表)

年份	支出法GDP	居民消费支出（亿元）	政府消费支出（亿元）	资本形成总额（亿元）	货物和服务净出口（亿元）	资本形成率（%）	居民消费率（%）	政府消费率（%）	净出口率（%）
2011	472 619	168 957	63 155	228 344	12 163	48.3	35.7	13.4	2.6
2012	529 399	190 585	71 409	252 773	14 632	47.7	36.0	13.5	2.8
2013	586 673	212 188	79 978	280 356	14 151	47.8	36.2	13.6	2.4
2014	647 182	242 540	85 773	302 717	16 152	46.8	37.5	13.3	2.5
2015	699 109	265 980	96 286	312 836	24 007	44.7	38.0	13.8	3.4
2016	745 632	293 443	106 467	329 138	16 585	44.1	39.4	14.3	2.2
2017	815 260	317 964	119 188	363 955	14 154	44.6	39.0	14.6	1.7
2018	884 426	348 210	132 131	396 645	7 440	44.8	39.4	14.9	0.8

资料来源：《2018年中国统计年鉴》表3-10及表3-11；资本形成率、居民消费率、政府消费率和净出口率为作者根据原始数据计算所得。

附表 10-2　1978—2019 年美国 GDP 及其构成

（单位：10 亿美元）

年份	国内生产总值	私人消费支出	总私人国内投资	总私人国内投资构成				净出口	政府消费与投资
				固定资产投资	固定资产投资构成		私人存货变动		
					非住宅投资	住宅投资			
1978	2 294.7	1 428.5	438.0	412.2	280.6	131.6	25.8	−25.4	453.6
1979	2 563.3	1 592.2	492.9	474.9	333.9	141.0	18.0	−22.5	500.8
1980	2 789.5	1 757.1	479.3	485.6	362.4	123.2	−6.3	−13.1	566.2
1981	3 128.4	1 941.1	572.4	542.6	420.0	122.6	29.8	−12.5	627.5
1982	3 255.0	2 077.3	517.2	532.1	426.5	105.7	−14.9	−20.0	680.5
1983	3 536.7	2 290.6	564.3	570.1	417.2	152.9	−5.8	−51.7	733.5
1984	3 933.2	2 503.3	735.6	670.2	489.6	180.6	65.4	−102.7	797.0
1985	4 220.3	2 720.3	736.2	714.4	526.2	188.2	21.8	−115.2	879.0
1986	4 462.8	2 899.7	746.5	739.9	519.8	220.1	6.6	−132.7	949.3
1987	4 739.5	3 100.2	785.0	757.8	524.1	233.7	27.1	−145.2	999.5
1988	5 103.8	3 353.6	821.6	803.1	563.8	239.3	18.5	−110.4	1 039.0
1989	5 484.4	3 598.5	874.9	847.3	607.7	239.5	27.7	−88.2	1 099.1
1990	5 803.1	3 839.9	861.0	846.4	622.4	224.0	14.5	−78.0	1 180.2
1991	5 995.9	3 986.1	802.9	803.3	598.2	205.1	−0.4	−27.5	1 234.4
1992	6 337.7	4 235.3	864.8	848.5	612.1	236.3	16.3	−33.2	1 271.0
1993	6 657.4	4 477.9	953.4	932.5	666.6	266.0	20.8	−65.0	1 291.2
1994	7 072.2	4 743.3	1 097.1	1 033.3	731.4	301.9	63.8	−93.6	1 325.5
1995	7 397.7	4 975.8	1 144.0	1 112.9	810.0	302.8	31.1	−91.4	1 369.2
1996	7 816.9	5 256.8	1 240.3	1 209.5	875.4	334.1	30.8	−96.2	1 416.0
1997	8 304.3	5 547.4	1 389.8	1 317.8	968.7	349.1	72.0	−101.6	1 468.7
1998	8 747.0	5 879.5	1 509.1	1 438.4	1 052.6	385.8	70.8	−159.9	1 518.3
1999	9 268.4	6 282.5	1 625.7	1 558.8	1 133.9	424.9	66.9	−260.5	1 620.8
2000	9 817.0	6 739.4	1 735.5	1 679.0	1 232.2	446.9	56.5	−379.5	1 721.6
2001	10 128.0	7 055.0	1 614.3	1 646.1	1 176.8	469.3	−31.7	−367.0	1 825.6
2002	10 469.6	7 350.7	1 582.1	1 570.2	1 066.2	503.9	11.9	−424.4	1 961.1
2003	10 960.8	7 703.6	1 664.1	1 649.8	1 077.4	572.4	14.3	−499.4	2 092.5
2004	11 685.9	8 195.9	1 888.6	1 830.0	1 154.5	675.5	58.6	−615.4	2 216.8
2005	12 421.9	8 694.1	2 086.1	2 042.8	1 273.1	769.6	43.3	−713.6	2 355.3
2006	13 178.4	9 207.2	2 220.4	2 171.1	1 414.1	757.0	49.3	−757.3	2 508.1
2007	13 807.5	9 710.2	2 130.4	2 134.0	1 503.8	630.2	−3.6	−707.8	2 674.8
2008	14 264.6	10 057.9	1 993.5	2 040.5	1 552.8	487.7	−47.0	−669.2	2 882.4
2009	14 448.9	9 842.2	1 929.7	2 080.5	1 690.4	390.0	−150.8	−396.5	3 073.5
2010	14 992.1	10 185.8	2 165.5	2 111.6	1 735.0	376.6	53.9	−513.9	3 154.6
2011	15 542.6	10 641.1	2 332.6	2 286.3	1 907.5	378.8	46.3	−579.5	3 148.4

第十章　消费、投资与货币需求　279

(单位：10亿美元)(续表)

年份	国内生产总值	私人消费支出	总私人国内投资	总私人国内投资构成				净出口	政府消费与投资
				固定资产投资	固定资产投资构成		私人存货变动		
					非住宅投资	住宅投资			
2012	16 197.0	11 006.8	2 621.8	2 550.5	2 118.5	432.0	71.2	−568.6	3 137.0
2013	16 784.9	11 317.2	2 826.0	2 721.5	2 211.5	510.0	104.5	−490.8	3 132.4
2014	17 527.3	11 822.8	3 044.2	2 960.2	2 400.1	560.2	84.0	−507.7	3 168.0
2015	18 224.8	12 284.3	3 223.1	3 091.2	2 457.4	633.8	131.9	−519.8	3 237.3
2016	18 715.0	12 748.5	3 178.7	3 151.6	2 453.1	698.5	27.1	−518.8	3 306.7
2017	19 519.4	13 312.1	3 370.7	3 340.5	2 584.7	755.7	30.2	−575.3	3 412.0
2018	20 580.2	13 998.7	3 628.3	3 573.6	2 786.9	786.7	54.7	−638.2	3 591.5
2019	21 427.7	14 562.7	3 743.9	3 675.6	2 878.1	797.5	68.3	−631.9	3 753.0

资料来源：Bureau of Economic Analysis，National Economic Accounts，Table 1.1.5(https://apps.bea.gov/iTable/iTable.cfm?reqid=19&step=2#reqid=19&step=2&isuri=1&1921=survey，访问时间：2020年7月1日)。

基本概念

生命周期理论　　　持久收入理论　　　流动性约束
存量市场　　　　　流量市场　　　　　企业存货
自愿存货　　　　　非自愿存货　　　　加速数模型
货币数量论

本章小结

1. 生命周期理论指的是，一个人的一生根据其经济活动的性质可以分为两个阶段，即工作阶段和不工作阶段。个人在工作阶段消费自己的一部分收入，在不工作阶段则用自己以往的储蓄支持消费。

2. 弗里德曼的"持久收入"指的是居民户本期及未来各期的"平均"预期收入。持久收入理论认为，人们希望平稳地消费，而不是在取得收入的当期就把所有收入花光。因此，居民户的消费支出就取决于其持久收入。

3. 存量市场，指的是某个时点上就现有商品进行交换的市场；流量市场，指的是就某个时期内新生产出来的商品进行交换的市场。

4. 企业存货包括原材料、在制品以及成品。在任何时刻，企业都需要持有一定数量的存货，这就是企业的自愿存货投资。非自愿存货投资等于实际存货投资与自愿存货投资之差。非自愿存货投资主要是由于实际经济形势与预期不符造成的。

5. 名义收入的"货币数量论"指的是，假定货币速度在短期内不变的情况下，名义收入就完全由货币数量决定。古典货币需求理论认为，一个经济单位所需要的货币数量就等于交易额(名义收入)除以货币流通速度。

6. 凯恩斯认为,人们对货币的需求是出于三个动机:交易动机、谨慎动机和投机动机。货币需求与现期收入正相关,与利率负相关。随着收入的增加,消费和货币需求也增加。凯恩斯关注的是对真实货币数量而非名义货币数量的需求,这与古典货币需求理论有差别。

7. 弗里德曼认为,由于对货币的需求与持久收入正相关,而持久收入与我们通常所说的收入概念不同,持久收入的短期波动要小得多,因为收入的许多变动是暂时性的;因此,随经济周期的变动,货币需求变动不会太大。

练习与思考

1. 假定根据合意资本存量模型得到的合意资本存量为 $K^* = g(r_c, Y) = \theta Y/r_c$。假定参数 $\theta=0.3$,产出水平 $Y=5$ 万亿美元,资本租用成本 $r_c=0.12$。

(1) 计算合意资本存量 K^*。

(2) 现在设想预期产出水平 Y 将上涨到 6 万亿美元,相应的合意资本存量是多少?

(3) 在问题(2)中,假定预期收入变动之前,资本存量处于合意水平。企业的投资需求是多少?

(4) 你对问题(3)的回答涉及的是总投资还是净投资呢?

2. 关于生命周期理论。

假定一个人现有财富为 A,其寿命为 N 年,距离退休还有 M 年($N \geqslant M$)。现有一份工作一直到退休,其间他第一年的年收入为 Y,此后每年收入按 5% 的比率增长,直到退休。

(1) 从现在往后,他的可用总财富为多少?

(2) 假定此人每年的生活水平不变,经济中没有通货膨胀等任何其他不确定性,试写出他此后每年的消费函数。

3. 在第二节式(10-9)的问题中,假定资本和劳动力都可变,求此时的合意资本存量。如果还需要其他条件,可以自己假定。

4. 理解费雪的货币数量论。

在费雪的名义收入决定的货币数量理论中,我们假定一个经济单位某一年的名义 GDP 为 4 万亿元,货币数量 $M=8\,000$ 亿元,价格指数为 1。

(1) 试求出货币流通速度 V。

(2) 解释 V 的含义。

(3) 当经济中的货币数量增加到 10 000 亿元时,假定真实 GDP 未变,试求出此时的价格指数。

5. 在传统的 IS-LM 模型中,假设投资只取决于利率。但从投资理论中可以看出,投资还取决于国民收入:更高的收入水平使企业更多地进行投资。

(1) 为什么投资会取决于国民收入?

(2) 假设投资由下式决定:

$$I = I_0 + aY$$

其中，a 为正，且与边际消费倾向 c 之和小于1，它衡量国民收入对投资的影响。假定只考虑消费者、企业和政府三个部门，不考虑进出口，且不考虑税收和转移支付。此时的财政政策乘数是多少？请解释。

(3) 假设投资既取决于收入又取决于利率。这就是说，投资函数是：

$$I = I_0 + aY - br$$

其中，a 的定义同问题(2)，b 是投资对利率的敏感程度。假定只考虑消费者、企业和政府三个部门，不考虑进出口，且不考虑税收和转移支付。用 IS-LM 模型分析政府购买增加对国民收入 Y、利率 r、消费 C 和投资 I 的短期影响。这种投资函数会如何改变基本 IS-LM 模型的结论？

6. 考虑存量市场、流量市场与住宅投资。
(1) 作图分析，在其他因素不变的情况下，当地价降低时，住宅的流量供给有何变化？
(2) 问题(1)中的地价降低对住宅投资有何影响？

7. 非自愿存货投资是如何反映经济形势的？运用总供求模型分析非自愿存货投资变动的影响。

8. 关于货币理论。
(1) 古典货币需求理论与名义收入决定的货币数量理论有什么区别和联系？
(2) 弗里德曼的货币需求理论与凯恩斯主义货币需求理论之间有什么区别和联系？

9. 关于消费理论。
(1) 凯恩斯的消费理论、生命周期理论和持久收入理论三者之间有什么区别和联系？
(2) 说明预期收入变化和当期收入变化对消费的影响是否相同，并解释。

10. 假定消费函数为 $C = aW_r + bY_p$，其中持久收入 $Y_p = \theta Y_d + (1-\theta)Y_{d-1}$。若现在消费 $C = 0.03W_r + 0.6Y_d + 0.2Y_{d-1}$，则参数 θ 为多少？

11. 解释"流动性约束"假说，并举例说明其对人们消费水平的影响。

第十一章 新古典宏观经济学

第一节 共识的崩溃

"大萧条"1929年爆发,1933年到达谷底。在此期间,经济形势最差的时候,美国的工业生产比1929年最高下降了46.8%,GDP最高下降了28%,失业率最高时达25.2%。此后,美国经济开始迅速增长,但直到1941年12月美国参加第二次世界大战时,失业率仍然接近10%。[①]

第二次世界大战爆发后,巨额的军品需求和各国的大规模扩军为各国迅速解决了失业问题。第二次世界大战经济史强烈地支持了凯恩斯的经济思想,证实了凯恩斯经济政策的有效性。战后,凯恩斯主义经济学也就自然而然地为学术界和政界所接受,成为宏观经济政策设计的理论基础。随后,凯恩斯经济学的基本思想也通过IS-LM模型简单清晰地表述出来,随后出现的菲利普斯曲线又为解释和应对通货膨胀提供了理论基础。这样就形成了以IS-LM模型和菲利普斯曲线为核心内容的凯恩斯主义经济学。

从1945年到20世纪70年代初,西方经济经历了长达1/4个世纪的高增长、低失业和相对较低的通货膨胀,这一伟大成就被归功于凯恩斯主义经济学。实践上的成功使得经济学界沾沾自喜,人们逐步达成了一个共识,那就是经济学已经成为一门真正的科学,而且已经相当成熟,1968年诺贝尔经济学奖的设立把凯恩斯主义经济学推向了巅峰。

然而,好景不长。直到70年代早期还兴盛于宏观经济学的共识不久之后就被动摇了,原因来自宏观经济学的两个缺陷:一个是经验上的缺陷,另一个是理论上的缺陷。经验上的缺陷是,该共识不能解释70年代的通货膨胀率和失业率的同时上升,也就是"滞涨"现象;理论上的缺陷是,该共识在微观经济学原理和宏观经济学实践方面存在一个裂缝,宏观经济学缺乏微观基础。

这两个缺陷引导着宏观经济学沿着三个方向发展:

第一,人们试图对预期做出令人满意的处理。凯恩斯在《通论》中十分强调预期的作用,但此后由于预期在数学上很难处理,在理论研究中就逐渐被忽视了。但在现实中,预期的重要性仍是不可忽视的。于是,如何把预期引入宏观经济模型就成为宏观经济学研究的一项重要内容。这就导致了后来的理性预期学派的出现。

第二,人们试图用古典模型解释宏观经济现象。这就导致了新古典宏观经济学和真

[①] 〔英〕布莱恩·斯诺登、霍华德·R.文著,佘江涛等译:《现代宏观经济学:起源、发展和现状》。南京:江苏人民出版社2009年版,第10页。

实经济周期理论的出现。这类模型的思路是强调古典经济学的基本原理,在此基础上建立宏观经济学理论,让宏观经济学理论植根于微观经济学,与微观经济学保持一致,从而确保宏观经济学具有坚实的微观经济学基础。

第三,人们试图重建凯恩斯主义经济学。这就导致了新凯恩斯主义经济学的出现。这类模型的思路是承认和肯定原凯恩斯主义经济学在宏观经济政策实践方面的有效性和现实性,然后加固凯恩斯主义经济学的微观经济基础,消除原凯恩斯主义经济学的理论缺陷。因此,这类模型是让宏观经济学的微观经济学基础适应宏观经济理论的需要,而新古典宏观经济学和真实经济周期理论则恰恰相反,是让宏观经济学适应微观经济学基础。

本章和下一章介绍宏观经济学在这些方向的发展,这也是对目前宏观经济学领域的几个主要流派的介绍。我们先从预期入手,因为这几个流派都以理性预期为前提假设和核心要素之一。

第二节 预 期

一、卢卡斯批评

原凯恩斯主义经济学[①]在进行政策设计和分析时,经常用到大规模经济计量模型。这种大规模经济计量模型的基础是 IS-LM 模型,包括消费函数、投资函数、税收函数、进出口函数等许多个方程。这种大规模经济计量模型的应用过程如下:第一步,确定模型的内生变量和外生变量,建立模型需要的方程组,并求解所关心的内生变量的表达式;第二步,根据实际统计数据估计各个方程的参数;第三步,调整某个或某些政策变量,观察这些政策变量的调整(即相应的宏观经济政策)对各个内生变量的影响;第四步,根据这些模型,确定为了达到一定的目标,该采取什么样的宏观经济政策组合以及每种政策的力度大小。这一应用过程被称作"宏观经济政策实验"。

下面我们用一个简单的具体例子说明这种以大规模经济计量模型为基础的宏观经济政策实验。假定政策设计者认为,经济可以用如下几个方程描述:

$$\text{总需求函数:} AD = C + I \tag{11-1}$$

$$\text{消费函数:} C = C_0 + cY \tag{11-2}$$

$$\text{投资函数:} I = I_0 - br \tag{11-3}$$

$$\text{真实货币需求函数:} M^d = kY - hr \tag{11-4}$$

$$\text{真实货币供给函数:} M^s = M_0^s \tag{11-5}$$

$$\text{商品市场均衡条件:} AD = Y \tag{11-6}$$

$$\text{货币市场均衡条件:} M^d = M^s \tag{11-7}$$

显然,这是一个典型的 IS-LM 模型,它包括 7 个方程,其中角标为 0 的变量和各个参

---

① 原凯恩斯主义经济学就是所谓的"新古典综合派"。

数(如边际消费倾向 c、投资对利率的敏感程度 b、货币需求对收入的敏感程度 k 和货币需求对利率的敏感程度 h)均为外生变量,其他变量均为内生变量。第一步,求解上述方程组,可得均衡收入为:

$$Y^* = \frac{h}{(1-c)h+bk} \times \left[C_0 + I_0 + \frac{b}{h}M_0^s \right] \quad (11\text{-}8)$$

第二步,使用经济计量方法,根据实际统计数据估计消费函数(11-2)、投资函数(11-3)、真实货币需求函数(11-4)和真实货币供给函数(11-5),得到 c、b、k、h 的估计值。假定估计出来的结果是 $c=0.8$,$b=10$,$k=0.5$,$h=10$。如果假定 $C_0=100$,$I_0=100$,$M_0^s=150$,那么均衡收入即为 $Y^*=500$。

第三步,在估得这些数值之后,就可以进行政策模拟实验了。比如说,假定政府采取货币政策,把货币供给量从 150 增加到 220,那么均衡收入就会从 500 增加到 600。

第四步,可以根据这些结果,估计要达到一定的政策目的,需要采取的政策组合和力度。比如说,假定政府理想的均衡收入为 560,那就意味着如果仅采取货币政策的话,就得把货币供给量增加到 192。当然,也可以选择别的任何政策组合。

这就是宏观经济政策实验。这个方法曾经在宏观经济政策分析中很流行。第一个美国宏观经济计量模型由宾夕法尼亚大学的劳伦斯·克莱因(Lawrence Klein)于 20 世纪 50 年代初提出。该模型是一个扩展的 IS 曲线和 16 个方程。随着国民收入和生产账户(数据更好、更全面)以及经济计量学和计算机的发展,这些模型的规模也越来越大。最重要的努力是 60 年代由弗兰科·莫迪利安尼(Franco Modigliami)领导的 MPS(MIT-Penn-SSRC,SSRC 指的是 Social Science Research Council)社会科学研究委员会模型的建立,其结构是 IS-LM 模型的扩展形式加上菲利普斯曲线,但其主要构成部分(如消费、投资和货币需求)都反映了凯恩斯以来的理论和实证研究成果。

1978 年,罗伯特·卢卡斯(Robert Lucas)对宏观经济政策实验方法提出了批评。他认为,这种方法是错误的,其最大的问题就在于:一旦估计出那些参数值,就假定它们是固定不变的,既不随时间变化,也不随政府宏观经济政策的调整而发生任何变化,也就是公众对宏观经济政策没有反应。卢卡斯指出,政府的任何政策行为实际上都是在与公众进行博弈。政府与公众之间的博弈是人与人之间的博弈,不是人与自然之间的博弈。在人与自然之间的博弈中,自然对人的行为没有反应。比如我们发射一颗卫星到月亮上去,我们可以确信,卫星发射之后,月亮不会跑,它仍然按照自身的运行轨迹运行。但人与人之间的博弈不一样,人会有自己的预期,也会根据对方的行为确定自己的对策,调整自己的状态,做出自己的反应,上边有政策,下边就会有对策。比如说,政府采取货币政策,增加货币供给量。公众一旦得知这一信息,就会对此做出反应。比如,公众可能会认为货币供给量的增加会导致利率下降,于是货币需求对利率的敏感程度(h)的值就可能发生变化,从而使得对货币政策的效果的原有估计不再正确。同样,公众的反应也可能使其他参数值发生变化,从而导致对宏观经济政策效果的估计出错。

这就是宏观经济学史上有名的"卢卡斯批评"。这样就把"预期"的重要性直接放到了宏观经济学家的面前,如何处理"预期"就成为宏观经济学面临的一个重要问题。而要考虑预期,首先就得弄清楚它的形成方式。

二、预期的形成方式

预期就是一种预测行为。实际上,所有的科学最终都是为了帮助人们对自然界或人的行为进行预测。当然,在现实中,人们的预期方式种类繁多,但要被用到经济学或其他科学中,这种预期方式必须能够用数学公式或数学模型表达出来。在这里,我们简要介绍到目前为止经济学模型建模过程中用过的几种预期方式。在下面的介绍中,我们都以预期价格为例来说明。我们假定一个人在 $t-1$ 期期末预测 t 期的价格水平。

(一) 简单预期

所谓"简单预期",就是预期一个经济变量在 t 期的值 P_t^e 就等于该变量在 $t-1$ 期的实际值 P_{t-1}:

$$P_t^e = P_{t-1} \tag{11-9}$$

经济学中有名的"蛛网模型"采用的预期方式就是简单预期。假定某商品市场的供求关系可以用图 11-1 所示的供给曲线和需求曲线表示,此时均衡产出为 Q^*,均衡价格为 P^*。假定开始时的价格水平为 P_0。此时的供给量为 Q_0,供大于求,企业要想把所有产品卖掉,就得把价格降到 P_1,因为只有在这个价格下消费者才愿意购买 Q_0 这么多产品。

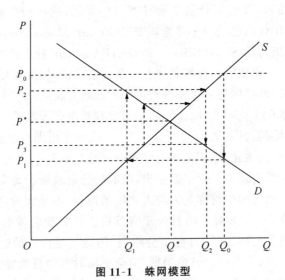

图 11-1 蛛网模型

在下一期,生产者该生产多少产品呢?这取决于生产者对产品下期价格的预期。生产者采取简单预期方式,即预期下期价格水平依然是 P_1,于是他就把产量定为 Q_1。但真的到了下一期,在价格水平为 P_1 时,却出现了供不应求的现象:供给量为 Q_1,但需求量却为 Q_0。企业为了利润最大化,就把价格提到 P_2,在这个价格下把自己的所有产品销售了出去。

那么再下一期,生产者又该生产多少产品呢?这依然取决于生产者对产品下期价格的预期。生产者采取简单预期方式,即预期下期价格水平就是本期价格 P_2,于是他就把

产量定为 Q_2。但真的到了下一期,在价格水平为 P_2 时,却出现了供大于求的现象:供给量为 Q_2,但需求量却为 Q_1。企业为了利润最大化,就把价格降到 P_3,在这个价格下把自己的所有产品销售了出去。

每一期生产者都采取同样的预期方式,于是同样的故事就周而复始地进行下去。把这些情况在图形上反映出来,就像个蜘蛛网一样,这就是"蛛网模型"的由来。

简单预期在经济学中得到了比较广泛的应用,尤其在对预期难以建立数学模型的早期。简单预期最大的优点就是好用,数学上很容易处理,但缺点是过于简单,误差太大,而且对人的假定太极端:人太傻,对市场形势判断误差太大,不会吸取经验教训,以前的经历对以后的决策没有影响,明知道在那个价格水平下卖出过多少东西,依然做出别的判断,比如在价格水平 P_1 下他明明卖出过 Q_0 这么多产品,他还是决定产量为 Q_1,导致供不应求的市场态势。

(二) 外推式预期

所谓"外推式预期",指的是对一个变量未来值的预期,不仅应依据经济变量的过去水平,还应依据该变量的变化方向。具体含义是,对某一变量任何时期的外推式预期都等于前期价格水平加上(或减去)前两期价格水平变化量的某一比例,公式为:

$$P_t^e = P_{t-1} + \varepsilon(P_{t-1} - P_{t-2}) \tag{11-10}$$

其中,P_t^e 表示在 $t-1$ 期期末做出的对 t 期价格的预期;P_{t-1} 代表 $t-1$ 期的价格水平;P_{t-2} 代表 $t-2$ 期的价格水平;ε 为预期系数,取值可正可负、可大可小,正负表示预期者预计未来价格是延续过去的变动方向还是改变方向,大小则表示未来价格变化对前期价格变化的反应敏感程度。$\varepsilon>0$,表示预期者认为价格的以往变动趋势将会在下期继续;$\varepsilon<0$,则表示预期者认为价格的以往变动趋势将会在下期逆转;$\varepsilon=0$,表示预期者认为价格对前两期价格变动没有反应,也就是简单预期,因此简单预期是外推式预期的一个特例。

外推式预期比简单预期稍微复杂一点,也更接近现实,但做预期时需要的信息更多。

(三) 适应性预期

所谓"适应性预期",意思是说预期者会根据自己前期对某变量做预期时所犯错误的程度修正他们对下期的预期,公式为:

$$P_t^e = P_{t-1}^e + \eta(P_{t-1} - P_{t-1}^e) \tag{11-11}$$

其中,P_t^e 表示 $t-1$ 期期末对 t 期价格的预期;P_{t-1}^e 表示 $t-2$ 期期末对 $t-1$ 期价格的预期;P_{t-1} 表示 $t-1$ 期的实际价格;$(P_{t-1}-P_{t-1}^e)$ 表示对 $t-1$ 期价格的预期误差;η 被称为"适应系数",反映根据过去的误差调整预期的速度,$0<\eta<1$。这样,对于适应性预期来说,下期的预期值等于上期预期值加上(或减去)上期预期误差的一个比例。如果 $\eta=1$,则式(11-1)变为:

$$P_t^* = P_{t-1} \tag{11-12}$$

这就是简单预期,因此简单预期也是适应性预期的一个特例。

适应性预期与外推式预期的区别就在于:前者对前期预期根据预期误差进行调整,后者是对前期值根据前期实际走势进行调整;前者强调前期预期值,后者强调前期实际值。从实际应用来说,后者要简单一些,前者因为涉及预期值,往往比较难以处理。但如果把式(11-11)加以变换,就可以清楚地看出外推式预期和适应性预期之间的关系。首先合并同类项,得

$$P_t^e = P_{t-1}^e + \eta(P_{t-1} - P_{t-1}^e)$$
$$= \eta P_{t-1} + (1-\eta) P_{t-1}^e \tag{11-13}$$

因此,对下期价格水平的预期值就是本期实际价格(注意这里的本期指 $t-1$ 期,因为是在 $t-1$ 期期末进行预期)与上期对本期的预期价格的加权平均值。而

$$P_{t-1}^e = \eta P_{t-2} + (1-\eta) P_{t-2}^e$$

代入式(11-13)可得:

$$P_t^e = \eta P_{t-1} + (1-\eta) P_{t-1}^e$$
$$= \eta P_{t-1} + (1-\eta)(\eta P_{t-2} + (1-\eta) P_{t-2}^e)$$
$$= \eta P_{t-1} + (1-\eta)\eta P_{t-2} + (1-\eta)^2 (\eta P_{t-2} + (1-\eta) P_{t-3}^e)$$

这样一直按照式(11-13)把 P_{t-3}^e、P_{t-4}^e、P_{t-5}^e、P_{t-6}^e…代进去,最后可得:

$$P_t^e = \eta \sum_{k=1}^{\infty} (1-\eta)^{k-1} P_{t-k} \tag{11-14}$$

这是经济学中非常普通的一种数学结构。这就把适应性预期和外推式预期联系起来了,即适应性预期就是外推式预期的无限期形式。它表明,根据适应性预期,对下期价格的预期值就是此前所有各期的实际价格的加权平均值,其鲜明特征是"厚今薄古",距离现在越近的价格的权重越大,距离现在越远的价格的权重越小。显然适应性预期比外推式预期更复杂,也更接近现实,但预期时所需要的信息量也更大。

适应性预期在概念上不算复杂,且很容易在经济学中加以应用,预期系数 η 的数值也很容易通过经济计量方法估计得到。不仅如此,在不确定环境中的适应性行为,从直觉上看也似乎是有道理的。适应性预期在变化缓慢的经济中(这是 20 世纪 50—60 年代的一个特点)的效果似乎很好。但是利用适应性预期预测也存在明显的问题,那就是对历史价格以外的因素考虑不足。比如,假定一个人在每天晚上 10 点预期第二天的股票价格,此时此前各期的历史价格(包括当天的价格)都已经可以得到,根据适应性预期就可以估计第二天的股票价格。但假定这天晚上 9 点发生了一个突发事件,比如地震,这个因素显然可能会影响第二天的股票价格,但适应性预期却不考虑这一因素,只考虑股票的历史价格。这显然是不对的。但在经济学中,要对这些价格以外的因素进行数学处理往往很难,在理性预期被引入之前,适应性预期是经济学中最复杂的预期方式,也经常被用到。

(四)理性预期

适应性预期能够用数学方法加以处理,这是它的优点;它最大的缺点在于太僵化,不能利用最新的信息,也没有考虑到信息的获取成本和收益,以及预期者的理性选择。因此,人们就提出了"理性预期"的概念。在经济学中,"理性预期"这个术语虽然很常用,但没有一个统一的定义,"理性预期"在不同的模型中以多种形式出现。总体来说,在经济学文献中,"理性预期"大致可以分为"弱理性预期"和"强理性预期"两种。

1. 弱理性预期

预期是人的一种经济行为,按照西方经济学的假定,人是理性的,人们在进行预期时,也要通过成本-收益分析进行最优化。预期有收益也有成本。预期的收益是对事件的预测结果的准确性,当然最终的收益是得到这种预测结果对其他相关经济活动的收益的增进。预期的成本包括信息获取成本、信息处理成本和预期结果解读成本等。信息获取成本就是获取信息所付出的成本,比如调查、购买、实验等成本;信息处理成本指的是获取信息后进行整理、加工的成本,比如复制、录入以及编排成计算机可处理形式的成本等;预期结果解读成本指的是在预期结果出来之后,用于分析该结果的具体含义的成本,就跟普通的摇签算命一样,签摇出来后会出来一首打油诗,这首打油诗往往比较晦涩难懂,需要专家解读,与这种解读相关的成本就是预期结果解读成本。

既然预期有收益也有成本,要想使预期的净收益最大,就要使得预期的边际收益等于边际成本。这跟其他经济活动的效用最大化或利润最大化行为完全一样。因此,这种预期就是所谓的"理性预期",这就是理性预期的一般含义。

理性预期并不意味着要利用所有可以获得的信息。获取信息是有成本的,而且使用的信息量越大,信息处理难度也就越大,所以在理性预期下,信息的使用是有限的,这个限度由"边际成本等于边际收益"这个原则来确定。

理性预期的上述定义虽然比较清楚、明白,但在经济学中往往不好用,原因就在于我们往往不知道这种理性预期的收益函数和成本函数,也就无法进行最优化。所以,要想在经济学中应用理性预期的概念,就得对它施加一些限制,以便用数学形式表述理性预期,这就得到了所谓的"强理性预期",而未加限制的理性预期就是"弱理性预期"。

2. 强理性预期

对弱理性预期施加一些限制,才能用现有的数学工具予以处理。在不同模型中,施加的限制往往不一样。这些限制条件通常包括:不考虑预期行为的成本和收益,因为不知道其成本函数和收益函数,也无法估计;不考虑预期成本,预期者利用可以得到的所有信息进行预测;假定预期者对经济的真实运行规律完全了解。显然,强理性预期是弱理性预期的一种特例。这样,就可以得到强理性预期的定义式:

$$P_t^e = E_{t-1}(P_t \mid I_{t-1}) \tag{11-15}$$

其中,P_t^e 表示在 $t-1$ 期期末对 t 期价格水平的预期;E 表示数学期望,角标 $t-1$ 表示是在 $t-1$ 期期末做出的预期;P_t 表示 t 期价格水平;I 表示信息集,角标 $t-1$ 表示是 $t-1$ 期的信息集。这个定义式的意思是说,预期者是根据 $t-1$ 期的信息集对 t 期的价格水平求数学期望。换句话说,对价格水平的理性预期就等于价格水平在给定信息集下的条件数学期望。这样得到的预期就被看作理性预期。

既然假定预期者对经济的真实运行规律完全了解,那就意味着通过这种方式得到的预期值平均来说是正确的。也就是说,因为经济可能面临随机冲击,所以并非每次预期都是正确的,但如果做好多次预期的话,平均值应该是正确的。理性预期并不意味着每次预期都没有误差。

在宏观经济学模型中,到目前为止凡是用到理性预期的,基本上是强理性预期,因为弱理性预期很难用数学方法加以处理。

第三节　新古典宏观经济学

一、考虑预期的菲利普斯曲线

我们前面介绍过的菲利普斯曲线的方程为：
$$\pi = -\varepsilon(u - u^*) \tag{11-16}$$
其中，π 表示物价上涨率，u 表示失业率，u^* 表示自然失业率，ε 表示物价上涨率对失业率的敏感程度。弗里德曼和埃德蒙德·菲尔普斯（Edmund Phelps）认为，在菲利普斯曲线中，应该考虑预期物价上涨率的影响，因此菲利普斯曲线应该被改写为：
$$\pi = \pi^e - \varepsilon(u - u^*) \tag{11-17}$$
其中，π^e 表示预期的物价上涨率。这样，实际的物价上涨率就被分解为两个部分：一个部分是预期的物价上涨率，另一个部分是由失业状况决定的物价上涨率。这就把预期引入菲利普斯曲线，这种菲利普斯曲线被称作"考虑预期的（expectation-augmented）菲利普斯曲线"。

把预期引入菲利普斯曲线有着重要的政策含义。在不考虑预期的情况下，失业率与物价上涨率之间存在一个交替，这样政府就可以在低失业、高物价上涨与高失业、低物价上涨之间进行选择。而在引入预期之后，这种交替关系可能就不复存在。如果政府企图增加货币供给，总需求就会增加，这会降低失业；但公众不是傻子，公众会预期到货币供给的增加，于是就会要求增加工资，工资的增加会导致生产成本上升，于是企业的生产积极性下降，劳动力需求也就下降，这会提高失业。两种效应一正一负，最终可能没有降低失业，但物价上涨了。因此，在引入预期的情况下，政府就无法通过忍受高物价上涨来降低失业了。

这种情形可以用图11-2来说明。在图11-2中，横轴为失业率，纵轴为通货膨胀率。考虑预期后，菲利普斯曲线的位置就由预期的通货膨胀率决定。假定开始时预期的通货膨胀率为0，这时的菲利普斯曲线为 L_1，该曲线在 $u = u^*$ 处与横轴相交。当公众预期的通货膨胀率为 π^e 时，公众就会要求涨工资，于是在同样的失业率下，工资上涨率就必须等于物价上涨率，这样在任一失业率水平下，菲利普斯曲线就向上平移 π^e 这么多。在菲利普斯曲线位置不动的情况下，政府可以通过忍受 π_1 的通货膨胀率把失业率降到 u_1。但一旦公众预期到这一点，就会认为在政府政策的作用下，预期的通货膨胀率就等于 π_1，即 $\pi^e = \pi_1$。于是菲利普斯曲线就向上平移，在新的菲利普斯曲线下，经济在通货膨胀率为 π_1 时回到自然失业率。因此，政府就无法通过提高通货膨胀率来降低失业，在失业与通货膨胀之间就不存在交替关系。

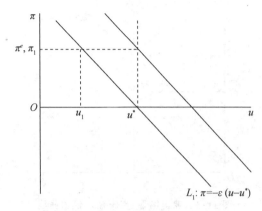

图 11-2 考虑预期的菲利普斯曲线

二、弗里德曼-卢卡斯总供给曲线

在考虑预期后,总供给曲线就发生了变化。根据式(11-17)以及通货膨胀和失业率的定义,我们有:

$$\pi = \pi^e - \varepsilon(u - u^*)$$

$$\frac{P - P_{-1}}{P_{-1}} = \frac{P^e - P_{-1}}{P_{-1}} - \varepsilon\left(\frac{N^* - N}{N^*} - u^*\right) \tag{11-18}$$

跟前面推导总供给曲线一样,我们假定 $u^* = 0$,再假定生产函数为 $Y = aN$。把这些代入式(11-18),可得:

$$\frac{P - P_{-1}}{P_{-1}} = \frac{P^e - P_{-1}}{P_{-1}} + \lambda(Y - Y^*) \tag{11-19}$$

其中,$\lambda = \frac{\varepsilon}{N^*}$。整理可得:

$$P = P^e + \lambda P_{-1}(Y - Y^*) \tag{11-20}$$

这就是考虑预期后的总供给曲线的方程,又被称作"弗里德曼-卢卡斯总供给曲线"。显然,这个总供给曲线与第六章推导出来的总供给曲线在形式上完全一样,只不过第六章推导出来的总供给曲线的位置由 P_{-1} 决定,而这里的总供给曲线的位置由预期价格 P^e 决定。可以说,第六章推导出来的总供给曲线是式(11-20)的特殊形式,其背后隐含的预期方式是简单预期,即 $P^e = P_{-1}$。

这种情况可以在图 11-3 中得到反映。在图 11-3 中,假定开始时公众的预期价格为 P_1^e,此时的总供给曲线是 SAS_1,在此价格水平下可以达到充分就业,也就是总供给曲线 SAS_1 通过 (P_1^e, Y^*) 这一点。假定某一时刻公众将预期价格提高到 P_2^e,于是就会要求涨工资,结果在每一产出水平下,平均生产成本就会上升,于是总供给曲线就上移至 SAS_2。同样,总供给曲线 SAS_2 通过 (P_2^e, Y^*) 这一点。

三、政策无效性和货币幻觉

如果公众能够做出预期,就会对政府采取的任何宏观经济政策做出反应,而不是被

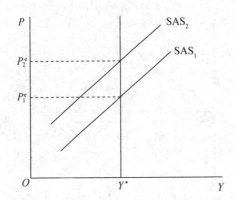

图 11-3 弗里德曼-卢卡斯总供给曲线

动接受。在这种情况下,宏观经济政策的效果如何呢?我们用图 11-4 来说明。在图 11-4 中,LAS 为长期总供给曲线,SAS 表示短期总供给曲线,AD 表示总需求曲线。假定开始时经济在 A 点达到长期、短期均衡,此时经济处于充分就业状态。假定政府的目标失业率低于自然失业率,希望把产出提高到 Y_1,因而采取了扩张性货币政策,这就把总需求曲线从 AD_1 移至 AD_2。这时,如果公众没有预期到这一点,产出就将达到 Y_1,失业率也将低于自然失业率。

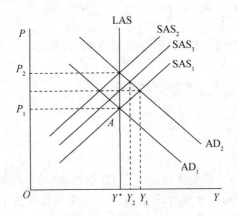

图 11-4 政策无效性

但是如果公众预期到政府采取了扩张性货币政策,因而预期经济将出现通货膨胀,就会要求涨工资。那么涨多少呢?这就取决于公众对这种政策的预期了。如果公众能够完美地预期到这一政策及其效果,比如公众采取的预期方式是理性预期,而且拥有充足的信息和知识,公众就会要求工资有一个完全的调整,从而将短期总供给曲线立即上移至 SAS_2,于是产出水平回复到 Y^*,失业率恢复到自然失业率,但物价上升到 P_2。在这种情况下,政府的扩张性货币政策对产出和就业就没有影响。这就是新古典学派的"政策无效性"主张。也就是说,如果公众能够进行理性预期,那么任何被预期到的政策都是无效的,只有未被预期到的政策才可能对产出和就业产生影响。

如果公众有预期,但采取的不是理性预期,那么政府的政策还是可能会有作用。比如,虽然公众预期到经济会出现通货膨胀,但预期出现偏差,预期的通货膨胀率小于实际应该出现的通货膨胀率,于是公众虽然也要求涨工资,但涨幅不大,从而仅仅使短期总供给曲线上移至 SAS_3,那么产出就会增加到 Y_2,失业率虽然达不到政府的目标,但与自然失业率相比也有所下降。此时,这种扩张性货币政策对产出和就业是有效的,而这种效果的出现是由于公众的预期偏差造成的,这种现象被称为"货币幻觉"。也就是说,在货币扩张导致总需求增加的情况下,开始时工资会有一定程度的增加(注意:产出从 Y^* 增加到 Y_1 的时候当期工资会有一个增加过程),但公众只注意到自己名义收入的这种增加,没有注意到通货膨胀率也有相同幅度的增加或对通货膨胀的程度预期不足,从而误认为自己名义收入的这种增加同时意味着自己的真实收入也有所增加,从而增加消费,这就会导致产出的增加。

这种"政策无效性"主张的另一个结论是:政府可以无痛苦地消除通货膨胀。比如说,开始时政府觉得通货膨胀率过高,于是宣布自己将采取紧缩性货币政策并坚持它(反映在图形上,表现为总需求曲线下移);这一政策会被公众预期到,从而公众会同意在保持自己真实收入不变的情况下降低名义工资,反映在图形上,表现为短期总供给曲线下移。这样,两条曲线同时同比例下移,结果就是产出和就业未变,但价格水平下降了,随着价格的下降,公众的预期通货膨胀率也下降,最终导致实际通货膨胀率下降。这就是说,这种反通货膨胀政策没有任何真实成本,是一种无痛苦的反通货膨胀。

四、宏观经济政策的动态不一致性

引入理性预期后的另一个重要结论是所谓的"宏观经济政策的动态不一致性",这个术语的意思是说,宏观经济政策的作用过程本质上是政府与公众的一个博弈过程:政府开始时宣布一个规则,公众根据这一规则形成自己的预期;一旦公众的预期已经形成,政府就可能会在这一预期下重新决策,从而违背自己开始时宣布的规则,食言而肥。我们以货币政策的作用过程为例,用图形说明这一问题(见图 11-5)。

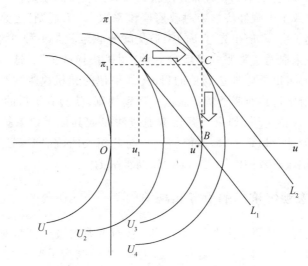

图 11-5 宏观经济政策的动态不一致性

在图 11-5 中,横轴为失业率,纵轴为通货膨胀率。假定政府只关心通货膨胀和失业,因此其效用函数只有通货膨胀率和失业率两个变量,政府通过选择这两个变量的值来最大化自己的效用。政府的效用函数用无差异曲线 U_1、U_2、U_3、U_4 表示。在每一条无差异曲线上,由于通货膨胀和失业对政府都只有负效用,因此要想让两个不同的通货膨胀-失业组合具有相同的效用,随着通货膨胀率的上升,失业率必须有一定幅度的下降,才能抵消通货膨胀率上升所带来的负效用。因此,每一条无差异曲线在第一象限都是负斜率的。图中的四条无差异曲线代表的效用大小排序是 $U_1>U_2>U_3>U_4$,因为在同一通货膨胀水平下,越往右,失业率越高,带给政府的效用就越小。

在图 11-5 中,菲利普斯曲线相当于预算线。政府的最优化选择就处于菲利普斯曲线和无差异曲线的切点处。假定开始时,政府宣布将坚持零通货膨胀政策,而且公众也相信了。这时的菲利普斯曲线就是 L_1,此时政府的选择就是 B 点,通货膨胀率为 0,失业率为自然失业率,效用水平为 U_3。注意:在 B 点,菲利普斯曲线和政府的无差异曲线是相交,而不是相切,因此在 B 点政府没有达到效用最大化。在公众的通货膨胀预期形成之后,菲利普斯曲线的位置就确定为 L_1,此时政府发现如果背弃原先宣布的零通货膨胀规则,选择通货膨胀率 π_1,相应的失业率为 u_1,效用水平就为 U_2,大于 B 点时的效用 U_3,这就是"宏观经济政策的动态不一致性"。也就是说,政府可能会说话不算数,背弃事先宣布的规则。

在理性预期学派看来,政府当然可以说话不算数,背弃事先宣布的规则,但公众也不是傻瓜,他们有理性预期。一旦政府这样做了,公众立即就会发现,于是立即调整自己的通货膨胀预期,这就使得菲利普斯曲线上移至 L_2。此时,菲利普斯曲线与 U_4 相切,在切点 C 处,通货膨胀率为 π_1,相应的失业率为 u^*,效用水平为 U_4,不仅小于 U_2,还小于 U_3。也就是说,在理性预期情况下,政府提高通货膨胀率的最终结果是不仅没有降低失业率,反而造成了高通货膨胀;不仅没有提高自己的效用,反而使得效用甚至低于不采取任何行动的情形。所以,政府还不如就宣布并坚持自己事先宣布的规则。

这个结论就导致了宏观经济学中对政府应该采取"政策规则"还是"相机抉择政策"的讨论。在这个例子中,政府事先宣布的零通货膨胀政策就是一种"政策规则",而政府在公众预期形成后采取通货膨胀政策就是一种"相机抉择政策"。这一分析的一个惊人含义是,决策者有时可以更好地达到他的目的,如果他的相机决策权被拿掉的话。在上述例子中,如果政府坚持执行零通货膨胀这一政策规则,就会有更低的通货膨胀率,且没有高失业率发生。这就是说,如果一开始就通过法律或其他手段拿掉政府的相机决策权,那么公众的预期就会稳定下来,就能够避免与此相关的政府宏观经济政策的动态不一致性,同时还能把政府效用维持在一定的较高水平上。

五、新古典宏观经济学的贡献和缺陷

新古典宏观经济学的贡献主要有两个:第一,新古典宏观经济学对宏观经济学的微观基础的强调引起了人们对这一问题的普遍重视,从而改变了宏观经济学的研究方向。原凯恩斯主义学派注重总量分析,比如消费函数、投资函数的采用等,不太在意这种关系背后的微观基础。这种做法有好处也有坏处。好处在于能够简化问题,坏处在于可能抓

不住相关问题背后的根本原因。新古典宏观经济学对微观基础的重视凸显了原凯恩斯主义的这一缺点。第二,新古典宏观经济学把理性预期引入宏观经济学。预期对于理解宏观经济波动非常重要,这一点许多经济学家包括凯恩斯在内都非常清楚。但是,如何把预期用严谨的数学形式表示出来,就是一个很困难的问题了。在新古典宏观经济学出现之前,经济学对预期已经有了一定的数学处理,比如简单预期、外推式预期和适应性预期,但这些预期方式都有着严重的缺陷,不但过于简单,而且不能很好地模拟人们的理性行为。理性预期的引入被认为成功地解决了这一问题,为宏观经济学的发展开辟了道路。当然,理性预期的假定也不是完美无缺的。

新古典宏观经济学的主要缺点也有两个:第一,用信息缺口解释经济波动和货币变动对实体经济的影响不太现实。经验证据表明,货币变动对实体经济的确有一定的影响,新古典宏观经济学认为这种影响的来源是人们的"货币幻觉"所导致的信息缺口。在现代经济中,关于经济状态的各种信息到处都是,获取成本也不高,还有各种专门的研究机构不断发布自己的研究报告,很难说公众会因缺乏足够的信息而产生货币幻觉。第二,新古典宏观经济学的预言也与事实不符。根据新古典宏观经济学,只要政府公开宣布反通货膨胀而且坚持它并设法取信于民,就可以实现无痛苦的反通货膨胀。20世纪80年代美国和英国政府分别采用了这一政策建议,但无一例外都导致了经济衰退。

第四节 真实经济周期学派

一、风向的转变

古典宏观经济学和新古典宏观经济学都假定价格是充分灵活的。但如果价格是充分灵活的,那就意味着需求变动对实体经济不会有任何影响,货币也是中性的,如图11-6所示。从图11-6中可以明显看出,在价格完全灵活的情况下,总供给曲线就是一条垂直线,这时,总需求的任何波动影响的只是价格水平,对实际产出没有任何影响。

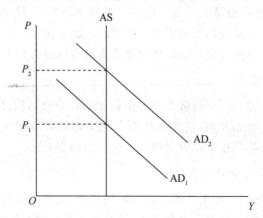

图11-6 价格灵活下的总供给曲线

然而,经济波动却是一个谁都无法否认的客观事实,因此任何一个宏观经济学理论要想被人们接受,就得能够对经济波动做出合理的解释。在总需求的变动不能用于解释经济波动的情况下,就必须从供给侧来解释。如图11-7所示,给定需求状况,总供给的任何变动都会导致产出的波动。因此,只要能够解释总供给的变动,就能够解释产出的波动。真实经济周期理论就是根据这条思路产生的。

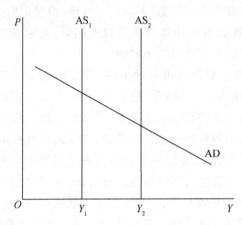

图11-7 真实经济周期理论对经济波动的解释

真实经济周期理论的思想主要体现在两个方面:一是刺激机制,也就是经济受到了哪些外来影响;二是传播机制,也就是在面临外来冲击的情况下,经济是如何做出反应的,经济的各个内生变量最终是怎么被决定的。真实经济周期理论强调的刺激机制是供给冲击,它强调的传播机制是劳动的跨时替代。

二、供给冲击

所谓"供给冲击",指的是对总供给产生影响的外生因素。原凯恩斯主义经济学、新古典宏观经济学都强调需求冲击,比如货币的变动、投资、消费以及出口等的变化对经济的影响,把需求冲击看作经济波动最原始的刺激机制;而真实经济周期理论则主要强调供给冲击,把供给冲击看作经济波动最原始的刺激机制。当然,这些冲击可能是正的,也可能是负的。正向供给冲击提高经济的生产能力,增加总供给;而负向供给冲击的作用则恰好相反。一个经济单位可能面临的供给冲击大致可以分为如下几类:

(一)物质环境的变化

物质环境的变化会影响一个经济单位可用资源的总量和结构,因而会影响该经济单位的生产能力。比如在农业方面,气象条件的变化会影响农业的生产能力,尤其是自然灾害(如地震、旱、涝等)都会在短期内对经济产生强烈的影响。

(二)能源、原材料价格的变化

现代经济中,几乎任何一种生产活动都要消耗能源,也需要原材料。因此能源、原材料价格的变化就会直接影响企业的生产成本,对企业就是一种明显的供给冲击。20世纪70年代和80年代的几次"石油危机"就是明显的例子。

(三) 社会、政治环境的变化

任何一个经济单位的正常运行都需要一个稳定的社会和政治环境,不稳定的社会和政治环境必然会影响生产者的积极性,增加交易成本。一个社会从"乱"入"治",或从"治"入"乱"都会影响经济活动,分别是正向和负向的供给冲击。战争、政治大动荡或其他形式的不稳定都属于此类供给冲击。

(四) 政府调控

政府的各类调控政策都会影响企业的生产成本。比如,企业所得税的调整会影响企业的税后收入,因而会影响企业投资、生产的积极性;个人所得税的调整当然会影响个人的劳动积极性,因而会影响其劳动参与率和劳动生产率;能源政策会影响能源价格;环保标准、产品质量标准、产品安全标准、生产安全标准等的提高需要相关企业采取各种措施来达到这些标准,因而会增加企业的生产成本。这些都构成供给冲击。

(五) 制度变迁

制度尤其是经济体制的变化会直接影响企业和工人的生产积极性,因而也是供给冲击。作为一个转轨国家,中国对这一点体会很深刻。实际上,中华人民共和国从成立以来一直处于剧烈的制度变迁过程中,刚成立时主要是社会主义基本经济制度的建立和巩固,是大规模的"公有化"和计划经济制度的确立和推广,改革开放以来则主要是市场导向的改革,包括农村改革、国有企业改革、对私有企业的接纳、外资的引进、财税体制改革、金融体制改革等。制度变迁的影响之大,绝对不可忽视。

在制度经济学中,许多人认为制度是一个慢变量,对于短期波动不重要。但中国和其他转轨国家的经济史表明,制度完全可以在短期内发生迅速变化,因此对于理解短期经济波动一样非常重要。

(六) 技术进步

技术水平的变化会提高一个经济单位对各种生产资源的利用效率,因而会增加总供给。一般而言,技术水平随着时间推移而逐步提高,但也可能出于种种原因而出现不利的技术冲击。真实经济周期理论强调的供给冲击就是技术冲击。

三、技术冲击与总供给

技术冲击通过两条途径影响总供给:第一,技术水平的变化影响对各种要素的利用效率;第二,随着技术水平的变化,各种要素的边际生产力也会发生变化,这就导致对各种要素需求的变化,正常情况下会导致各种要素投入量的变化,因而也会影响总供给。下面我们以技术进步为例,用图形予以说明。

在图 11-8 中,上图横轴是劳动力数量,纵轴是产出,图中的两条曲线是生产函数;下图是劳动力市场的供求关系图,其中 D_L 表示劳动力需求曲线,S_L 表示劳动力供给曲线。假定开始时技术水平为 A_1,相应的生产函数曲线为 $Y_1 = A_1 \times F(K, L)$,此时由劳动力供求关系决定的均衡就业量为 L_0。因此,在这一技术水平和就业量下的总供给为 Y_0。假

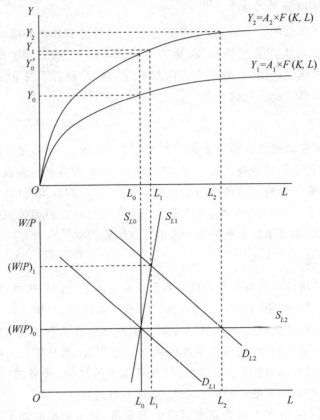

图 11-8 技术冲击与总供给

定在某一时刻出现了技术进步,技术水平由 A_1 提高到了 A_2。一方面,由于技术进步,生产函数曲线向上移动至 $Y_2 = A_2 \times F(K,L)$;另一方面,随着技术进步,劳动力的边际产出增加,这就意味着在同一真实工资水平下企业对劳动力的需求增加,反映在图形上即为劳动力需求曲线由 D_{L1} 右移至 D_{L2}。此时,如果就业水平不变,那么总供给为 Y_0';如果劳动力供给曲线为 S_{L1},那么新的均衡就业量为 L_1。从上图可知,新的总供给为 Y_1,在产出的增加量 $Y_1 - Y_0$ 中,$Y_0' - Y_0$ 是由于技术进步,$Y_1 - Y_0'$ 是由于就业量的增加。如果劳动力供给曲线为 S_{L2},那么新的均衡就业量为 L_2。从上图可知,新的总供给为 Y_2,在产出的增加量 $Y_2 - Y_0$ 中,$Y_0' - Y_0$ 是由于技术进步,$Y_2 - Y_0'$ 是由于就业量的增加。反映在总供求关系图(见图 11-7)中,即为总供给曲线的右移,在上述第一种情况下移动幅度最小,第二种情况下移动幅度较大,第三种情况下移动幅度最大。

四、劳动的跨时替代

作为一种经济理论,必须能够解释关键的经济现象。一个经济单位的总产出、就业量和失业率总是处于不断波动之中。真实经济周期理论通过引入技术冲击,能够解释产出的波动。从图 11-8 的上图可以明确看出,只要有技术进步,总产出就会增加。但能否用技术进步解释就业量和失业率的变化呢?

从图11-8的下图可以看出,当出现技术进步后,劳动力需求会增加;但劳动力需求增加后,就业量是否会随之增加或增加多少,却取决于劳动力供给曲线的斜率。如果劳动力供给曲线是垂直的,如 S_{L0} 所示,此时劳动力供给的工资弹性为0,那么劳动力需求的增加只会导致真实工资的上升,就业量不会变化,在总劳动力资源给定的情况下,失业率自然也不会变化。如果劳动力供给曲线是水平的,如 S_{L2} 所示,此时劳动力供给的工资弹性无穷大,那么劳动力需求的增加只会导致就业量的上升,真实工资不会发生变化,在总劳动力资源给定的情况下,失业率自然就会下降。如果劳动力供给曲线既非水平也非垂直,如 S_{L1} 所示,此时劳动力供给的工资弹性既不是无穷大也不是0,那么劳动力需求的增加就会同时导致就业量和真实工资的上升,失业率自然会有一定程度的下降。

因此,要想用技术进步解释就业量和失业率的变化,劳动力供给曲线就不能是垂直的,即劳动力供给对真实工资的弹性不能为0。那么,劳动力供给对真实工资的弹性取决于什么因素呢?这取决于人们对真实工资的变化所做出的反应。

真实工资对人们的就业的影响有两种:首先,真实工资的增加意味着劳动力价格的上升,人们的劳动积极性就会上升,更愿意参加工作或者延长劳动时间而牺牲一定的闲暇时间。真实工资对劳动力供给的这种影响被称为"替代效应",意思是用工作替代闲暇。替代效应会导致劳动力供给与真实工资同向变动。

其次,真实工资的增加意味着工人工资的提高,而对于每一个人来说,"闲暇"都是正常品,甚至是奢侈品,也就是说,随着收入水平的提高,人们对它的需求也会增加。人们的总时间资源有限,闲暇消费的增加就意味着工作时间的减少,因此就业会减少,失业率就上升。真实工资对劳动力供给的这种影响被称为"收入效应",指的就是收入增加对就业的影响。收入效应会导致劳动力供给与真实工资反向变动。

劳动力供给对真实工资的弹性就取决于替代效应和收入效应的相对大小。如果替代效应很大但收入效应很小,那么劳动力供给对真实工资的弹性就很大,真实工资稍有变化,劳动力供给量就会发生很大的变化,劳动力供给曲线的斜率就较小,反映在图形上,劳动力供给曲线就比较平坦;相反,如果收入效应很大但替代效应很小,那么劳动力供给对真实工资的弹性就很小,真实工资即使变化很大,劳动力供给量的变化也很小,因此劳动力供给曲线的斜率就较小,反映在图形上,劳动力供给曲线就越陡峭。

在真实经济周期学派看来,人们总是要维持一定的生活水平,因此总得工作。问题的关键是现在多工作还是未来多工作。如果现在多工作,那就会有更多的收入,以后就可以享受更多的闲暇;如果现在少工作、多享受闲暇,那就意味着以后得多工作、少享受闲暇。这就是在现在多工作和未来多工作之间进行选择,现在的工作与未来的工作之间存在一定的替代关系。这种关系被称为"劳动的跨时替代"。

真实经济周期学派认为,真实工资变化对就业的影响取决于劳动的跨时替代弹性,劳动的跨时替代弹性又取决于真实工资变化的替代效应和收入效应的相对大小,而后者反过来又取决于技术进步是永久性的还是暂时性的。如果技术进步是永久性的,那就意味着工人认为现在工作和未来工作一个样,在技术进步的情况下,工人可能不愿意现在多工作,此时收入效应占主导地位,因而劳动的跨时替代弹性较小,反映在图形上,劳动力供给曲线就是一条接近垂直的线。而如果技术进步是暂时性的,过了一段时间后技水平可能会恢复原状,这就意味着机会难得,如果错过了这个机会就无法挽回,因此工人现在就会愿意加班加点,尽可能地利用这个机会,此时替代效应占主导地位,因而劳动的跨时替代弹性较大,反映在图形上,劳动力供给曲线就是一条接近水平的线。因此,要用技术进步解释就业和失业率的波动,劳动供给必须具有一定的跨时替代弹性。真实经济周期学派预言,真实工资的暂时变化会有一个大的供给反应,而永久性技术冲击通过提高现在和未来的真实工资,导致当期劳动供给的收入(或财富)效应减弱弱化。

五、长期增长理论与短期波动理论的整合

在目前的宏观经济学尤其是凯恩斯主义经济学中,针对一个经济变量的时间序列数据,一个典型的做法是对该时间序列数据进行分解。以 GDP 为例,图 11-9 给出的是一个假想经济单位的 GDP 在一定时期内的走势。图中,粗实线表示的是这一时期内的每一年份 GDP 的实际数值。从此线我们可以看出,GDP 随时间是不断波动的,有时高有时低,但长期来说有一个上升的趋势。因此,人们就根据统计学方法把这一长期趋势估计出来,这样每一时期的 GDP 就被分解为两个部分:一部分是 GDP 的长期趋势值,另一部分是对这一趋势值的偏离。比如在时期 t_1,GDP 为 AC,趋势值为 AB,对趋势值的偏离为 BC,此时实际 GDP 大于趋势值,经济处于繁荣阶段,失业率小于自然失业率;而在时期 t_2,GDP 为 FG,趋势值为 EG,对趋势值的偏离为 EF,此时实际 GDP 小于趋势值,经济处于衰退阶段,失业率大于自然失业率。

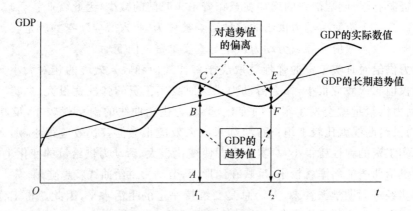

图 11-9　GDP 实际数值与长期趋势

在做了这样的分解之后,GDP 的实际变动就被分解为长期趋势和对趋势的偏离两个部分。经济理论也由此被分解为"长期增长理论"和"短期波动理论"。长期增长理论研究 GDP 的长期趋势的变动,以及如何促进长期趋势值的迅速增加,这就是我们学过的促进经济增长的政策;短期波动理论研究对趋势的偏离,凯恩斯主义、新古典宏观经济学等流派研究的主要就是短期波动理论,宏观经济政策基本上指的就是针对短期经济波动的政策。

宏观经济学就这样被区分为长期增长理论和短期波动理论,而短期波动理论中所谓的"短期"又被进一步划分为"长期"和"短期","短期"和"长期"的区分依据为价格是否灵

活可变。如果在一定时期内价格是灵活可变的,那就被看作长期,否则就被看作短期。凯恩斯主义认为价格不能够瞬时灵活调整,要想让价格对需求的变化做出充分反应,就需要一段时间,这段时间就被看作长期。因此,在凯恩斯主义看来,价格在长期是灵活的,在短期是刚性或黏性的。新古典宏观经济学虽然也相信市场机制的作用,但认为由于信息缺口的存在,人们存在货币幻觉,在货币幻觉消除之前,价格不会充分调整,因此这一段时间就被看作长期。因此,不管是凯恩斯主义还是新古典宏观经济学,都有长期和短期之分。

真实经济周期学派假定价格是完全灵活的,而且不存在信息缺口或货币幻觉,因此在任何时候价格都可以瞬时进行灵活、充分的调整。这样,长期和短期的区分就没有意义。在真实经济周期学派看来,由于价格是完全灵活可变的,经济时时刻刻都处于出清状态,不存在生产过剩,也没有失业,因此经济每一时刻实际出现的数值就是趋势值,GDP 的波动就是 GDP 的趋势值本身的波动。这就导致了长期增长理论和短期波动理论的整合。

六、真实经济周期模型的特点

与宏观经济学中的其他学派相比,真实经济周期模型具有如下特点:

第一,完全是真实模型,因为货币数量和总价格水平不影响总产出或就业。由于真实经济周期学派假定价格是完全灵活的,而且公众具有理性预期,因此政府的任何政策都会被公众预期到,没有货币幻觉,于是货币的变动只影响名义变量,对真实变量(如真实产出、就业量等)没有影响。当然,真实经济周期学派虽然主要强调真实供给冲击,但也认同真实需求冲击的作用,比如消费者偏好的变动、政府真实购买支出的变动等。

第二,短期和长期的区分被放弃了。由于假定价格是完全灵活的,长期和短期的区分就没有必要,于是经济波动本身就是趋势的波动。

第三,价格灵活性假设使得商品市场和劳动力市场时刻处于出清状态。由于价格是完全灵活的,而且不存在信息缺口,因此价格机制就能完美运行,这就能保证商品市场和劳动力市场时刻处于出清状态,经济中就不会出现生产过剩和失业现象。

第四,自然失业率不是一个常数,而是随时间不断变化的。既然劳动力市场时刻处于出清状态,那就意味着每时每刻的实际失业率就是自然失业率;而实际失业率是随时变化的,因此必然意味着自然失业率不是一个常数,而是随时间不断变化的。

第五,在解释产量波动时,真实经济周期学派强调技术冲击的作用。

七、真实经济周期理论的政策含义

1980 年之前,人们关于宏观经济政策问题达成了如下共识:

第一,总产量的波动是对长期趋势的暂时性偏离。1980 年之前,人们把经济的变动分解为长期趋势和短期波动两个部分,总产量的波动被看作对长期趋势的暂时性偏离。这种偏离可能意味着失业率要么高于自然失业率,要么低于自然失业率。

第二,以经济周期的形式出现的总量不稳定被认为是社会不希望的,因为它们降低了经济福利,经济政策是有意义的。

1980年之前,人们认为如果出现总量波动(注意:波动的意思是经济偏离其长期趋势),那就意味着经济要么有通货膨胀,要么有失业,不管怎么样都会降低人们的经济福利,因此就有必要采取宏观经济政策去消除这种波动,宏观经济政策就有了存在的意义。

第三,在解释经济周期时,货币是一个重要因素。

1980年之前,人们认为货币的变动会引起经济的波动,货币的外生变动是经济周期性波动的重要原因,因此货币对于理解经济的变化很重要。

真实经济周期学派的政策立场与其他宏观经济学流派大不一样。真实经济周期学派的观点是:

第一,总产量的波动是趋势本身的变动。由于价格是完全灵活的,以至于经济时刻处于出清状态,此时的失业率就是自然失业率,此时的GDP数值就是其趋势值,因此总产量的波动就是趋势本身的变动,而不是对趋势值的偏离。

第二,总量波动是社会期望的,这正是福利最大化行为的结果,无须政府干预。既然经济时刻处于出清状态,那就意味着每个人都实现了最优化,即使出现了总量的波动,这种波动也是最优化的结果。既然实现了福利最大化,也就不需要政府干预,宏观经济政策就没有存在的意义。

第三,货币量的变动不是总产量波动的原因,而是总产量波动的结果;或者货币量和总产量的变动都是另一种因素的结果。

虽然真实经济周期学派忽视货币对经济波动的影响,但不否认货币本身也处于不断的波动之中。既然如此,真实经济周期学派就得对货币本身的波动予以解释。人们观察到的事实是,货币的波动与GDP的波动周期相似,但在时间上领先于GDP。也就是说,人们观察到的是货币首先发生变化,然后GDP也发生变化。20世纪80年代之前的共识是,这种现象表明货币变动是GDP变动的原因。

真实经济周期学派的解释与此完全不一样。真实经济周期学派认为,一旦出现技术冲击,经济的总产出就会增加,但要增加总产出,企业就得首先购买原材料和能源、雇用更多工人等,就需要更多的货币,这就导致货币需求的增加,最终会导致经济中货币量的增加。货币属于金融资产,通过货币供给过程可以很容易地生产出来;但商品和服务的生产则需要一个完整的生产过程,因此周期比较长。其结果是,技术进步导致总产量和货币的增加,而货币的增加又领先于总产量的增加。因此,虽然货币的变动领先于总产量的变动,但货币量的变动不是总产量波动的原因,而是服务于产品生产的,是总产量波动的结果。这就把货币与总产量之间的因果关系完全颠倒了。

八、对真实经济周期理论的评价

真实经济周期学派对宏观经济学的主要贡献有两个:首先,引入和强调了供给冲击。在此之前,宏观经济学中也有过强调供给的供给学派,凯恩斯主义也考虑过能源危机这样的供给冲击,但从未像真实经济周期学派这样用供给冲击解释几乎所有的宏观经济问题。

其次,真实经济周期学派实现了长期增长理论与短期波动理论的整合。虽然这种做法仍然未被经济学主流完全接受,但毕竟提出了这么一条思路,而且的确有一些经济学家开始这样做了。

真实经济周期学派也面临许多批评意见:

第一,真实经济周期学派在解释就业的波动时,强调劳动的跨时替代。但有经济学家发现,就业的变化幅度太大,难以完全用跨时替代来解释。

第二,真实经济周期学派在解释产出的波动时,强调技术冲击。但人们对经济波动的观察发现,经济波动幅度很大,也很频繁,技术冲击是否也表现出同样的特征就很令人怀疑。

第三,经济衰退是技术退步吗?真实经济周期学派认为经济波动可用生产技术的变化来解释,如果用于解释经济繁荣,好像没有问题;但如果用于解释经济衰退,好像理由并不充分。许多真实经济周期学派的理论家把衰退解释为技术退步——社会技术能力的下降。批评者们指出,技术的大变化,尤其技术退步是无法令人信服的。技术逐渐进步倒是一个常识。

第四,失业是人们自愿的吗?真实经济周期学派认为经济时时刻刻处于充分就业状态,失业的变化反映的是自然失业率的变化,因此不存在非自愿失业。这好像与人们对经济的观察结果不一致。

第五,货币是中性的吗?真实经济周期学派认为在价格完全灵活且没有信息缺口的情况下,不存在货币幻觉,因而货币是中性的。但人们对经济现实的观察发现,货币好像不是中性的。至少人们发现,当政府采取紧缩性货币政策时,经济的确会收缩,这说明在货币与产出之间的确存在因果关系,因此货币不是中性的。

第六,真实经济周期模型大多采用代表性的人的结构,就是找一个代表性的人,研究他的经济行为,然后把结果乘以总人口,就得到了对整个宏观经济的分析结果。这种方法带来了加总问题。也就是说,由于人与人之间存在相互作用、相互影响,而且可能存在规模经济,因此简单地把一个人的经济行为扩大到整个经济单位,可能会产生很大的误差。

基本概念

卢卡斯批评	简单预期	外推式预期
适应性预期	理性预期	考虑预期的菲利普斯曲线
政策无效性	宏观经济政策的动态不一致性	
真实经济周期理论		

本章小结

1. 卢卡斯批评指的是宏观经济政策是宏观调控当局与公众之间的博弈,"上有政策,下有对策",其结果是宏观经济政策的有效性会打折扣。

2. 到目前为止,在宏观经济学中被用到的预期方式有简单预期、外推式预期、适应性预期和理性预期四种。

3. "考虑预期的菲利普斯曲线"有着重要的政策含义。在不考虑预期的情况下,在失业率与物价上涨率之间存在一个交替,因此政府就可以在低失业、高物价上涨与高失业、低物价上涨之间进行选择。而在引入预期之后,这种交替关系就不复存在。

4. "政策无效性"指的是被公众预期到的货币政策对真实变量没有影响。

5. "宏观经济政策的动态不一致性"指宏观经济政策的作用过程本质上是政府与公众的一个博弈过程,政府开始时宣布一个规则,公众根据这一规则形成自己的预期;一旦公众的预期已经形成,政府就可能会在这一预期下重新决策,从而违背自己开始时宣布的规则。

6. 真实经济周期理论的思想包括刺激机制和传播机制。真实经济周期理论强调的刺激机制是供给冲击,强调的传播机制是劳动的跨时替代。

练习与思考

1. 考虑理性预期模型下的财政扩张。
   (1) 它对产量和价格有什么短期效应?请解释。
   (2) 它对产量和价格有什么长期效应?请解释。

2. 假定预期之外的货币变化有两种情况:一种是政府持久性地增加了货币供给;另一种是政府某时期增发货币,之后又突然持久性地降低。在每种情况下,产量在短期和长期分别有什么变化?请解释。

3. 分别用模型和文字解释适应性预期和理性预期下的菲利普斯曲线有何不同。

4. 假设经济中出现未预期到的通货膨胀,根据灵活工资理论,货币工资率、就业和真实GDP会发生什么变化?根据黏性工资理论,它们又会发生什么变化?

5. 理性预期学派和新凯恩斯主义对失业的解释有何区别?

6. 如何理解政策无效性?

7. 如何理解宏观经济政策的动态不一致性?

8. 技术冲击对真实经济周期学派的重要性体现在哪里?

9. 真实经济周期学派如何解释就业和失业率的波动?

第十二章 新凯恩斯主义经济学

第一节 新凯恩斯主义经济学的由来

凯恩斯主义经济学的出现是对20世纪30年代的经济危机的反应。"大萧条"打碎了自由市场的神话，使大多数经济学家不得不痛苦地接受这样一个事实：他们对不加约束的市场的倚重是错误的。在正常时期，"看不见的手"也许能够较好地引导经济的运行，但这只手太容易失灵了，一个小小的事件就能把经济迅速引入"大萧条"的苦难之中。"大萧条"这样的事件呼唤着一种新的理论，一种能够解释和矫正市场失灵的理论。

凯恩斯主义经济学在60年代上升到了顶峰。理论上的一致和实践中的成功使得宏观经济学家们踌躇满志。那时，许多宏观经济学家相信，他们对于经济的理解已近完整，只剩下一些具体的枝节问题需要填补进去。IS-LM模型提供了总需求理论；尽管总供给理论依然比较模糊，需要进一步的探索，但菲利普斯曲线被普遍认为提供了一个有用的关于价格与就业之间相互关系的实证总结。这些都使得凯恩斯主义经济学受到广泛的肯定和赞扬。

然而，好景不长。70年代和80年代西方经济出现的"滞涨"现象对凯恩斯主义提出了挑战。在那时的凯恩斯主义经济学家看来，菲利普斯曲线是成立的，在失业率和通货膨胀率之间存在稳定的交替关系，其中一个较低的时候，另一个必然较高，二者不可能同时都高，也不可能同时都低。然而，经济现实却恰恰给出了"滞涨"这种二者同时都高的难题，这与当时的凯恩斯主义经济学相背离，而当时的凯恩斯主义经济学无论如何也解释不了这个问题，面对"滞涨"现象，当时的凯恩斯主义经济学家束手无策。

凯恩斯主义经济学在实践上遇到了很大的问题，但对于学术界来说，问题的关键不仅在于凯恩斯主义经济学与经验证据相抵触，还在于该理论自身的弱点。凯恩斯主义宏观经济学与微观经济学之间缺乏一种合理的过渡和联系，宏观经济学没有合理的微观经济基础。有的凯恩斯主义经济学家用"树木"和"森林"来说明微观经济学与宏观经济学之间的区别和联系，但他们没有说明，许多单个的"树木"合在一起为何以及如何产生"森林"的那些特征和性质。

70年代，随着新古典宏观经济学的出现和发展，动摇了凯恩斯主义在宏观经济学方面的一致。新古典宏观经济学很有说服力地指出，凯恩斯主义宏观经济学在理论上是不完备的，宏观经济学应建立在稳固的微观经济基础上。他们进而认为，应该用一种新的宏观经济理论代替凯恩斯主义宏观经济学，这种新的宏观经济理论应以市场永远出清和经济中的人永远最优化的假设为基础。这就是以后的真实经济周期理论。该理论是瓦尔拉斯一般均衡模型,它意味着"看不见的手"总会导致资源的有效配置。

新古典宏观经济学在理论上的完美性和凯恩斯主义宏观经济学自身的弱点,从两个方面将凯恩斯主义宏观经济学推入了危机之中。而尤为不幸的是,凯恩斯主义者未能及时地解释和解决当时西方经济中存在的"滞胀"问题。于是,在20世纪70年代末80年代初,凯恩斯主义经济学面临严峻的考验。

新凯恩斯主义经济学在80年代的出现,就是对70年代这种理论危机的反应。为了应付新古典学派的挑战,许多凯恩斯主义经济学家做了大量的研究,试图从经济中的人的理性行为出发,解释凯恩斯主义经济学的中心要素——名义价格和工资刚性,从而为凯恩斯主义宏观经济学提供严密而稳固的微观经济基础,消除自身的弱点。新凯恩斯主义经济学就是这样产生的。

第二节 价格刚性的重要性

我们前面说过,价格刚性是凯恩斯主义经济学的重要前提之一,可以说,没有价格刚性,就没有凯恩斯主义经济学。价格刚性的重要性表现在理论和实践两个方面:第一,它是凯恩斯主义经济学的中心要素;第二,它是现实宏观经济的主要特征之一。

一、价格刚性是凯恩斯主义经济学的中心要素

在任何时刻,经济中的生产能力都是一定的,这一生产能力取决于整个经济的可用资源数量、制度效率以及技术水平等因素。

按照凯恩斯主义理论,如果价格和工资充分灵活,能够很快调整,那么劳动力和资本等生产要素都将永远处于充分就业状态,经济也将永远处于其生产能力水平上。如图12-1所示,P为价格,Y为产量,Y^*表示潜在生产能力,AD、AD′分别表示不同的总需求水平。总需求发生变化,将只能引起价格的变化,而不影响产量。若总需求下降,则价格立即下降,而产量不变。在此情况下,需求的变化不能解释萧条和繁荣的交替,只能解释价格水平和通货膨胀率的变化。为了解释经济中实际存在的产量和就业的波动,凯恩斯

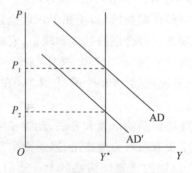

图12-1 价格和工资充分灵活

主义理论就必须假定潜在生产能力是变化的。

凯恩斯引入名义价格-工资刚性的假设,对经济的周期性波动做出了较好的解释。凯恩斯并不看重潜在生产能力的作用,如图12-2所示,由于价格是刚性的,因此总需求的变化只能导致产量的变化。总需求的变化可以很快,比如政府财政政策的改变、投资需求的波动、消费者偏好的改变等都可以迅速改变总需求水平。这样,就比较圆满地解释了经济波动。

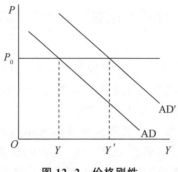

图12-2 价格刚性

劳动力市场的情况也类似。如果名义工资是灵活的,那么劳动力需求的变化对就业就没有什么影响,因为劳动力总是处于充分就业状态;如果名义工资是刚性的,那么劳动力需求的变化对就业就有影响。而劳动力需求取决于总产量,按照凯恩斯主义理论,总产量又取决于总需求。因而总需求的变化就能够解释总就业的变化。

另外,对于货币数量方程的分析也可以得出同样的结果。在货币数量方程 $MV=PQ$ 中,左边相当于总需求,此处记为 D,右边相当于总供给,对方程两边取对数,可得:

$$\ln D = \ln P + \ln Q \tag{12-1}$$

对式(12-1)求全微分,可得:

$$\frac{dD}{D} = \frac{dP}{P} + \frac{dQ}{Q} \tag{12-2}$$

从式(12-2)可以看出,总需求的变化率必须由价格的变化率和产量的变化率两部分来分担。如果价格是充分灵活的,即 dP/P 完全抵消了总需求的变化,那么产量将不会有任何变动,这就是上文灵活价格下的情形。如果价格是刚性的,即 $dP/P=0$,那么需求的变化将完全由产量的变化来承担,这就是凯恩斯研究的情形。如果价格有所调整但调整不完全,即 $0<dP/P<dD/D$ 时,那么产量也将调整,其变化率就等于总需求的变化率与名义价格的变化率之差,这就是凯恩斯主义经济学的一般情形。因此,价格刚性是凯恩斯主义经济学的核心要素,离了它,凯恩斯主义经济学就建立不起来。

二、价格刚性是现实宏观经济的主要特征之一

价格刚性的实际存在也表明了它的重要性。许多实证研究都对价格刚性的存在给予了肯定的回答。比如,丹尼斯·卡尔顿(Dennis Carlton)考察了一些产品的价格行为,得出了如下结论:在许多产业中,价格刚性的程度是显著的;价格几年不变的情形在有些

产业中并不少见。① 布鲁斯·格林瓦尔得(Bruce Greenwald)和约瑟夫·斯蒂格里茨(Joseph Stiglitz)的实证研究也表明,名义价格刚性是商品市场的主要特征之一。② 因此,是否承认价格刚性,能否与价格刚性相容并解释它,就被认为是检验宏观经济理论的科学性的标准之一。

第三节　原凯恩斯主义经济学的内在矛盾与不完全竞争的引入

原凯恩斯主义经济学实际上就是古典模型加上名义价格刚性。而古典模型是以完全竞争为默认前提的,因此原凯恩斯主义经济学实际上也就接受了完全竞争的假定。然而,完全竞争与凯恩斯主义经济学是不相容的。

按照完全竞争的假定,价格充分灵活从而永远使市场出清,经济中的人只是价格接受者而无任何能力影响价格。如果总需求下降,企业的销路就会萎缩,企业就会面临是否降价促销的问题。在完全竞争条件下,如果此时企业降价,那么在新的均衡价格下,它就可以把自己的产品完全卖出去;如果此时企业不降价,那么它一件产品都卖不出去。相较而言,在后一种情况下企业的损失会很大。相反,如果总需求上升从而市场均衡价格上升,企业也面临是否提价的问题。在完全竞争条件下,企业的生产能力相对于整个市场而言很小,生产能力没有过剩,而且在总需求上升的情况下企业增加产出的幅度很小。如果此时企业保持价格水平不变,那么它可以把自己的产品完全卖出去;如果此时企业提价,那么它一样可以把自己的产品完全卖出去,但利润要大得多。

图 12-3 以需求上升为例说明这一问题。在图 12-3 中,左图为行业供求关系,右图为该行业中任意一家企业面临的形势。开始时,行业需求曲线为 D_1,供给曲线为 S,相应的价格水平为 P_1,行业总产出为 Q_1。此时,对于一家单个的企业来说,由于市场是完全竞争的,该企业面临的需求曲线就是水平线 d_1,均衡产出就由边际成本等于边际收益来决定,相应的均衡产出就是 q_1,如右图所示。假定在某一时刻,行业总需求增加至 D_2,但行业总供给曲线未变,行业均衡点移至 B 点,价格水平提高到 P_2。此时企业可以选择提高价格,也可以不提高。如果企业不提高价格,那么该企业的均衡产出水平依然为 q_1,利润为正常利润,没有超额利润。如果企业提高价格,那么该企业的均衡产出水平就提高为 q_2,利润为正常利润加一定的超额利润,超额利润可以用由纵轴、需求曲线 d_1、需求曲线 d_2、边际成本曲线 MC 围成的近似四边形的区域 $abfg$ 表示。显然,该超额利润比较大,企业没有理由不提高价格,因而此时价格水平应该是灵活的。

---

① Carlton, D. W., "The Rigidity of Prices", *The American Economic Review*, 1986, February, 76(4):673-658.

② Greanwald, B. C., and Stiglitz, J. E., "Financial Markets, Imperfections and Business Cycles", *Quarterly Journal of Economics*, 1993, Vol. 108, No. 1, 77-114.

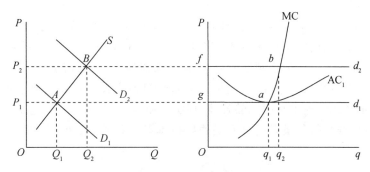

图 12-3　灵活价格与完全竞争

因此,完全竞争与价格刚性是不相容的。有完全竞争,就不会出现价格刚性。完全竞争与凯恩斯主义经济学之间的直接抵触导致了不完全竞争的引入。不完全竞争的引入使得价格刚性在理论上成为可能。其原因是,在不完全竞争条件下,名义价格刚性的私人成本或者说名义价格调整的私人收益是二阶的量。① 在完全竞争条件下,名义价格调整的私人收益则是个一阶的量。比如,如果名义需求增加而价格没有调整,就有过度需求存在,这时由于完全竞争的存在,产品价格将大幅上涨,但对于企业来说,尽管作为一个价格接受者无力影响市场价格,但它仍有两种选择:一种是保持价格不变,另一种是追随市场价格。按照完全竞争的均衡条件,在这两种情况下单个企业均可完全销售其产品,有多少可以销售多少。很显然,追随市场价格将大幅增加利润,对于一个利润最大化的企业来说毫无疑问会这样做。而在不完全竞争条件下,高价格总是意味着低销量,在需求变动后,从先前的利润最大化的价格-产量组合出发,调整至另一利润最大化组合时,由于价格和销量之间此消彼长,最终的总收益的变化是二阶的量。可以证明如下:

设一个企业最初的利润最大化的价格水平为 P,需求增加后的利润最大化的水平为 P^*,两种情况下的利润之差为 $\pi(P^*)-\pi(P)$。然而,如果把 $\pi(P^*)$ 在原来的价格水平下按泰勒级数展开,可得:

$$\pi(P^*) \approx \pi(P) + \pi'(P^*)(P^*-P) - \pi''(P^*)(P^*-P)^2 \tag{12-3}$$

式(12-3)中,由于 P^* 是利润最大化的价格水平,可知 $\pi'(P^*)=0$,可以看出,在不完全竞争条件下,在需求变化后,调整价格与不调整价格之间的利润差是:

$$\pi(P^*)-\pi(P) \approx -\pi''(P^*)(P^*-P)^2 \tag{12-4}$$

这是一个二阶的量,由于 $\pi''(P^*)<0$,所以这个数值是大于 0 的。这意味着,此时企业不调整价格的损失很小,因此厂商调整价格的动机就不强,从而使价格刚性的存在成为可能。

然而,不完全竞争只是价格刚性出现的必要条件,而不是充分条件。无论如何,由于 P^* 是新的利润最大化的价格水平,可知 $\pi(P^*)-\pi(P)>0$,对于一个利润最大化的企业来说,它还是有激励调整价格的。因此,要保证价格刚性的出现,就必须还有其他因素起作用,使得企业调整价格不可行或不值得。这就是新凯恩斯主义经济学家考虑到的所谓

---

① 所谓"二阶的量",指的是在泰勒级数展开中有二阶导数的那一项;所谓"一阶的量",指的是在泰勒级数展开中有一阶导数的那一项。显然,与一阶的量相比,二阶的量是可以忽略的,在近似计算中经常这样做。

"真实不完全性"。

新凯恩斯主义引入了许多种"真实不完全性",包括价格调整的成本、长期劳动合同、效率工资、不完全信息、资本市场的不完全性、近似理性行为等。这些不完全性的引入,的确有助于从理论上论证价格刚性的存在,但新凯恩斯主义引入的"真实不完全性"种类繁多,往往让人无所适从。不过,我们可以把新凯恩斯主义论证价格刚性的思路大体分为三条,然后把新凯恩斯主义引入的各种"真实不完全性"归入这三条思路。新凯恩斯主义论证名义价格刚性的三条思路分别是边际成本黏性理论、菜单成本理论、菜单成本加真实刚性。

第四节　边际成本黏性理论

在推导短期总供给曲线时,我们曾用到"加成定价法"。所谓加成定价法,就是说在一般情况下企业对自己的生产成本,尤其是自己面临的需求状况缺乏完全的信息,由此它的定价规则就是在成本的基础上加上一定的期望利润,形成自己产品的价格。加成定价法在现实世界中被广泛采用。如果企业真的采用加成定价法确定自己产品的价格,那么价格与边际成本之间就存在一定的关系。因此,如果边际成本是黏性的,那么价格也就是黏性的。这样,如果能够解释边际成本为什么是黏性的,就能够解释价格黏性。

在企业的生产成本尤其是边际成本中,工资成本占了大部分。在美国,工资大概占到 GDP 的 75%。因此,如果能够解释名义工资刚性,也就能够解释名义价格刚性。实际上,凯恩斯在《通论》中就是依据名义工资刚性来说明价格刚性的。在凯恩斯看来,由于工会的存在,使得降低工资难度很大,因而在"大萧条"这样的形势下,根本不可能通过降低价格来增加总需求量、实现充分就业。

新凯恩斯主义用边际成本黏性来解释价格黏性时,也着眼于工资刚性,同样也强调工会的作用,只不过他们强调的是工会在制定长期劳动合同方面的作用,这就是所谓的"长期劳动合同理论"。

一、什么是长期劳动合同?

西方国家的许多行业都存在工会,工会代表其会员在就业方面与企业进行集体谈判,确定一定时期内工会会员的工资水平及其调整原则。这种工资安排一般会用劳动合同的形式确定下来,这就是所谓的"长期劳动合同"。这样,在合同期内,工会会员的工资水平就具有了一定程度的黏性。在美国,工会会员大约占总劳动力的 20%,但其影响远远超过这个数字,因为工会确定的工资水平和其他劳动条件实际上是为所有工人确定了一个参照系或者标准,非工会工人会以此为参照点要求同工同酬。这样,工人中非工会会员的工资只比工会会员的工资稍微灵活一点儿,也表现出很大程度的黏性。

当然,劳动合同中规定的工资可能不是完全固定的或刚性的,合同中可能会规定工资调整的条件,比如每年的增长率等。但由于这些条件往往不与企业面临的需求状况挂钩,其调整一般反映不了需求状况的变化,因此相对于需求状况来说还是具有黏性。

一旦劳动合同被签订,在合同期内工资水平基本上就被确定了,不管在合同期内经济形势如何变化,工资水平都只按合同规定执行。当劳动合同结束,签订新的合同时重新确定工资水平及其调整规则。

二、长期劳动合同与工资黏性

合同确立之后,在合同期内工资本就已经是刚性的了,然而,长期劳动合同的存在可能还会使得即使在合同到期之后,工资的调整也依然缓慢。这就取决于长期劳动合同的期限是和时间特征。这里牵扯到的关键问题是,合同的期限是多长?从这一问题牵扯出的另外一个问题是,所有合同是同时到期还是交错调整?我们以日本和美国的劳动合同为例来说明这一问题。

每年夏天,都有新的劳动者从各类学校毕业进入劳动力市场。在日本,劳动者跟企业签订的合同期限一般是一年,到期后再重新签订合同。于是每年夏天,几乎所有劳动合同会同时到期,也会同时重新签订。这样,工资水平每年就可以重新确定一次,重新确定时可以充分考虑到经济形势尤其是总需求状况的变化,因而工资在两次合同交接的时候就可以做出比较充分、灵活的调整。

但在美国,劳动者跟企业签订的合同期限一般是三年,到期后再重新签订合同。于是每年夏天,只有 1/3 的劳动合同到期,需要重新签订,而另外 2/3 的合同没到期。这样,在调整这 1/3 到期的合同时,就改变了这些人与其他 2/3 工人的相对工资。比如说,需求增加很大,市场工资上涨幅度相应较大,如果这 1/3 工人的工资充分调整的话,就比其他工人的工资高出很多,这就会导致其他工人的不满。在这种情况下,即使合同到期,这 1/3 工人的工资也不能给予充分调整,这就导致工资黏性的出现。

三、工人和厂商为什么要签订长期劳动合同?

长期劳动合同的存在会导致工资黏性。如前所述,在新古典宏观经济学看来,凯恩斯主义经济学的重大缺陷之一就是价格刚性与经济中的人的利润/效用最大化行为不符。那么,长期劳动合同的存在符合各方的最大化原则吗?新凯恩斯主义经济学家认为,答案是肯定的。

首先,对于劳资双方来说,工资谈判成本很大,而且很费时。每次谈判,双方都得了解可比企业的工资率,预测企业的生产率和利润,以及未来的失业率和通货膨胀率。签订长期劳动合同可以减少谈判的次数,节约双方的成本。

其次,如果谈判双方分歧较大,就会出现罢工等事件。这对劳资双方都是不利的。对于厂商来说,罢工会造成减产,撇开生产率降低不说,市场份额也可能由于罢工期间的停产而被竞争对手挤占。对于个人来说,虽然因对工资条件不满意而罢工,但自身利益也与企业状况息息相关,罢工对企业的负面影响反过来也会影响工人自己的利益。

四、工资为什么不与通货膨胀率挂钩?

既然长期劳动合同会导致工资黏性,那么为什么不在合同中把工资与通货膨胀率挂钩呢？这就是所谓的"指数化"，通常是在劳动合同中增加所谓的"生活成本协议"，把工资水平与通货膨胀率或生活成本联系起来。如果实现了指数化，工资的灵活性不就可以得到保证吗？

指数化在20世纪曾经被一些国家采用过，但最终被放弃，原因就在于它不符合企业的利益。首先，企业的风险增加了。在一个经济单位中，即使面临相同的宏观经济条件，不同的行业受到的影响也是不同的。比如整个经济的总需求增加，但并非所有行业的需求都增加相同比例，一些朝阳行业需求增加的比例可能较大，而一些夕阳行业需求增加的比例可能较小。如果按照整个经济的通货膨胀率来指数化，夕阳行业受到的冲击就会过大，企业可能承受不了。

其次，通货膨胀率不仅受总需求状况的影响，也受总供给状况的影响。如果经济中出现了不利的供给冲击，比如原材料价格上升或者"能源危机"那样的情况，就会出现"滞胀"。此时如果工资与通货膨胀率挂钩，企业的生产成本就将进一步上升，一方面，企业的效益会进一步恶化；另一方面，在出现不利的供给冲击时，本来是需要降低工资来消化这些不利的供给冲击的，但指数化却使得工资上涨，这就恶化了经济形势，延长了衰退期持续时间。

五、边际成本黏性说的两个缺陷

从理论上说，边际成本黏性理论的确能够解释价格刚性的存在，但它有两个很大的缺陷：

首先，用边际成本黏性解释价格黏性有一个前提假设，就是企业是采取加成定价法确定价格的。但在加成定价法下，即使企业的边际成本不变，如果利润（加成）可变，那么价格完全有可能是灵活的。

其次，纵观人类社会的历史可以发现，经济波动早已有之，可以说自从有了人类社会，就有了经济波动，而长期劳动合同最近几十年才出现。如果长期劳动合同造成的价格刚性是经济波动的根源的话，那么如何解释此前几百万年的经济波动？

鉴于边际成本黏性理论在解释价格黏性方面存在上述两个缺陷，人们开始考虑别的思路，于是有些经济学家就转向商品市场，不再研究劳动力市场以解释价格刚性，而是直接研究商品市场，试图直接解释名义价格刚性。这就是所谓的"菜单成本理论"。

第五节 菜单成本理论

在不完全竞争条件下解释名义价格刚性的另一个研究方向是引入价格调整的障碍因素。也就是说，商品市场上可能存在一些阻碍价格灵活调整的因素。在这些因素中，最为新凯恩斯主义经济学家所看重的就是所谓的"菜单成本"(menu cost)。

所谓"菜单成本"，就是价格调整成本，它包括调整名义价格所引致的所有成本，即不仅包括更改菜单、价目表、标签等的印刷成本，还包括开会、打电话、为与客户谈判而出差的差旅费、通知客户所需费用等，甚至还包括厂商考虑调整价格所花费的精力、时间、经常调整价格的麻烦,以及对企业与客户关系的损害等。菜单成本理论的主要内容是,任何调整价格的行为都不是没有代价的,都要付出一定的成本,这个成本就叫菜单成本。而且,按照这个理论,一般而言,菜单成本很小,它是一个二阶的量。

在不完全竞争条件下,厂商的利润最大化行为以及需求的约束迫使他在高价格低销量和低价格、高销量之间进行取舍。如果需求增加,厂商可以提高价格而产量不增加或增加很少,也可以保持价格不变而较大幅地增加产量。在这两种选择之间,净收益的差别是很小的,如前所述,是一个二阶的变量。这个净收益的差额如果大于菜单成本,厂商就会调整价格,否则保持价格不变。菜单成本理论认为:在许多情况下,二阶的菜单成本足以抵消价格调整的净收益,从而使厂商保持价格不变,产生宏观价格刚性,而价格刚性对产量、就业、福利等却有一阶的影响。下面,我们就需求增加和需求下降两种情况用图形来阐释菜单成本理论。

一、需求增加

如图 12-4 所示,设一个代表性厂商开始时利润最大化的价格水平为 P_1,相应的产出水平为 Q_1。假定需求增加,该企业所面临的需求曲线右移至 D_2,设此时厂商利润最大化的价格水平为 P_2,产量为 Q_2。注意:在这里厂商的需求曲线是负斜率的,表明这个市场不是完全竞争的。

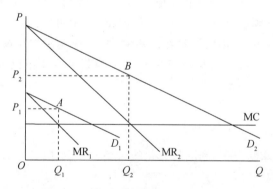

图 12-4 菜单成本理论:需求增加(1)

为了简化论述,我们把图 12-4 中的边际收益曲线和原需求曲线去掉,仅留下新的需求曲线和新、旧价格水平,这就简化为图 12-5。

在图 12-5 中,原价格水平为 P_1,需求增加后利润最大化的价格水平为 P_2。需求增加后,企业有两个选择:一个是保持原价格水平不变,另一个是选择新的价格水平。如果保持原价格水平,那么在新的需求状况下产出水平为 Q_3,企业利润为 $c+d$;如果选择新的价格水平,那么产出水平为 Q_2,企业利润为 $a+c$。对于企业来说,这两个选择的利润差为 $a-d$,这就是企业调整价格的净收益。企业在决定是否调整价格时,就用这个净收益与菜单成本(用 z 表示)进行比较,如果这个净收益大于菜单成本,企业就选择调整价格,否则就选择价格刚性。

那么,在需求增加时,对于整个社会而言,是该调价还是不该调价?这就得比较两种

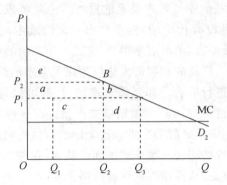

图 12-5 菜单成本理论:需求增加(2)

情况下的社会福利。如图 12-5 所示,如果企业不调价,那么企业利润为 $c+d$,消费者剩余为 $a+b+e$,社会总福利为 $a+b+c+d+e$;如果企业调价,那么企业利润为 $a+c$,消费者剩余为 e,社会总福利为 $a+c+e$;二者的社会福利之差为 $b+d$,不调价的社会福利更高。显然,对于社会来说,此时企业不论是从社会福利的角度还是从节约菜单成本的角度来看都不该调价,因为不调价不仅不会付出菜单成本,还会增加社会福利;但对于企业来说,只有 $a-d<z$,企业才不该调价。显然,此时企业如果选择调价,其利润最大化原则与社会福利最大化原则就不一致了。

此时,如果 $a-d<z$,就会出现价格刚性,产出的波动幅度就是 Q_3-Q_1;而如果价格是灵活的,产出的波动幅度就是 Q_2-Q_1。从图 12-5 中可以明显看出,$Q_3-Q_1>Q_2-Q_1$,这说明在价格刚性下,产出的波动幅度更大,社会福利的增加幅度也更大。因此,如果菜单成本导致价格刚性的话,那就意味着二阶的菜单成本不仅导致了产出的剧烈波动,还导致了社会福利的巨大增进。

二、需求下降

假定开始时的需求状况下,利润最大化的价格水平为 P_1,需求减少后利润最大化的价格水平为 P_2,如图 12-6 所示。

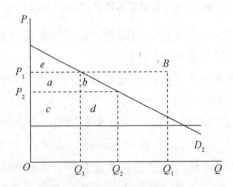

图 12-6 菜单成本理论:需求下降

在图 12-6 中,原价格水平为 P_1,需求减少后利润最大化的价格水平为 P_2。需求减少后，企业有两个选择：一个是保持原价格水平不变，另一个是选择新的价格水平。如果保持原价格水平，那么在新的需求状况下产出水平为 Q_3，企业利润为 $a+c$；如果选择新的价格水平，那么企业利润为 $c+d$。对于企业来说，这两个选择的利润差为 $d-a$，这就是企业调整价格的净收益。企业在决定是否调整价格时，就用这个净收益与菜单成本 z 进行比较，如果这个净收益大于菜单成本，企业就选择调整价格，否则就选择价格刚性。

那么，在需求减少时，对于整个社会而言，是该调价还是不该调价？这就得比较两种情况下的社会福利。如图 12-6 所示，如果企业不调价，那么企业利润为 $a+c$，消费者剩余为 e，社会总福利为 $a+c+e$；如果企业调价，那么企业利润为 $c+d$，消费者剩余为 $a+b+e$，社会总福利为 $a+b+c+d+e$；二者的社会福利之差为 $b+d$，调价的社会福利更高。显然，对于社会来说，此时只要 $b+d>z$，企业就该调价，由于 $b+d$ 是个"一阶的量"，这个不等式一定成立，对于社会而言，只要需求下降，企业就该调价；但对于企业来说，只有 $d-a>z$，企业才该调价。显然，此时企业的利润最大化原则与社会福利最大化原则可能不一致。

此时，如果 $d-a<z$，就会出现价格刚性，产出的波动幅度就是 Q_1-Q_3；而如果价格是灵活的，产出的波动幅度就是 Q_1-Q_2。从图 12-6 中可以明显看出，$Q_1-Q_3>Q_1-Q_2$，这说明在价格刚性下，产出的波动幅度也更大。因此，如果菜单成本导致价格刚性的话，那就意味着二阶的菜单成本不仅导致了产出的剧烈波动，还导致了社会福利的巨大损失。这表明小的菜单成本有着大的社会效果。曼昆计算了社会福利之差 $b+d$ 与厂商利润之差 $d-a$ 之间的比值。假定需求缩小 1%，若需求函数为弹性为 10 的等弹性函数，则此比值为 23；若弹性为 2，则此比值为 200 以上。

三、总结

从上述讨论可以看出，菜单成本的存在可能导致价格刚性，而不管是在需求增加还是在需求下降的情况下，价格刚性的存在都会导致产出和社会福利发生大波动。而菜单成本本身是一个二阶的很小的量，因此在新凯恩斯主义看来，小的菜单成本有可能导致大的经济波动。

奥利弗·布兰查德(Olivier Blanchard)和清泷信宏(Nobuhiro Kiyotaki)分析了总需求变动情况下企业不调整价格的损失，得出了恰好足以阻止企业调整其价格的菜单成本与企业收益之比。在他们的例子中，对需求变动 5% 和 10% 两种情况的分析表明，占企业收益 0.08% 的菜单成本就足以阻止企业调整价格。[①]

四、菜单成本理论的缺陷

从理论上说，如果存在足够大的价格调整成本，的确可以产生价格刚性。比如，在计划经济下，价格由国家完全控制，企业没有定价权，而国家又要搞综合平衡，任何产品价

[①] Blanchard, O. J., and Kiyotaki, N., "Monopolistic Competition and the Effects of Aggregate Demand", *American Economic Review*, 1987, 87(2): 244-246.

格的变动都会影响到其他产品,即使国家对价格有完全的控制权,在行使这种权力时,国家也会非常谨慎,从而导致价格刚性。在市场经济下,定价权归企业,情形就有所不同。这就使得在解释价格刚性方面,菜单成本理论存在一些缺陷。

第一,该理论的前提假设是,随着价格的调整,总收入的变动是个二阶的量,但并不意味着总利润的变动也是个二阶的量,如果边际成本随产量变动而大幅变动,那么总利润的变动就完全可能是个一阶的量,这样的话,菜单成本就不足以产生价格刚性。

第二,从直觉上说,菜单成本太小,用它来解释产出和社会总福利的波动难以令人接受,似乎难以承担解释经济产生波动的重负。

第六节 从真实刚性到名义刚性

菜单成本理论企图直接从商品市场出发论证价格刚性。但菜单成本理论有一个缺点,那就是不论是从理论上还是从实践上看,菜单成本似乎都太小,而在现实中,产出经常出现剧烈的波动,菜单成本似乎不足以导致名义价格刚性,从而解释产出的实际波动。不过,劳伦斯·鲍尔(Lourence Ball)和戴维·罗默(David Romer)证明,将菜单成本与真实刚性结合起来,就可得到大的名义刚性。[①] 也就是说,如果能够证明菜单成本和真实价格刚性的存在,就可以解释名义价格刚性;而如果能够证明菜单成本和真实工资刚性的存在,就可以解释名义工资刚性,而名义工资刚性就可能导致边际成本黏性,从而按照第四节介绍过的边际成本黏性理论,就可以解释名义价格刚性。这样就可以从真实刚性导出名义刚性,这就是新凯恩斯主义论述价格刚性的第三条思路。这条思路又分两条小的思路:第一,根据菜单成本和真实价格刚性直接解释名义价格刚性;第二,先根据菜单成本和真实工资刚性直接解释名义工资刚性,然后由名义工资刚性产生名义价格刚性。用于解释价格刚性的菜单成本理论和边际成本黏性理论我们前面已经介绍过了,在本节我们介绍一下新凯恩斯主义关于真实刚性的理论。新凯恩斯主义提出了许多关于真实刚性的理论,在此我们不再逐一介绍,在真实价格理论和真实工资理论中我们各挑出两种予以简单介绍。

一、真实价格刚性

(一)顾客市场模型

"顾客市场模型"考虑的是存在搜寻成本的情况下进行重复性购买的顾客的行为。一般而言,大多数产品是通过商店销售的,而顾客要弄清楚哪个商店的价格最低需要付出搜寻成本。假定对市场的搜寻成本不可忽略,那么购买者对市场中的最低价格信息总是不完全。由于存在搜寻成本,即使在市场上销售类似产品的企业数目很多,销售者也具有某种程度的垄断力。由于大量的顾客进行重复性购买,一家企业为了自己的利益,

---

[①] Ball, L. & Romer, D., "Real Rigidities and the Non-neutrality of Money", *Review of Economic Studies*, 1990, April, pp. 183-204.

就应当设法阻止其顾客搜寻市场以找到更好的价格,因此企业就不敢频繁地调整价格,否则就为顾客到别的地方看看提供了动力。价格的上升将立即被自己的顾客注意到,于是自己的顾客就开始搜寻市场,也许从此就成了别的商店的顾客;但价格的下降所导致的最初的反应很小,因为这个新信息到达其他企业的顾客尚需时间。于是,企业就只好尽量少调整价格,这就产生了相对价格黏性。

(二) 通过价格判断质量

Stiglitz(1987)强调了企业在需求降低时不愿降价的另一个原因。在市场上,如果顾客对他们希望购买的产品特点具有不完全信息,价格就可能会被看作质量的标志。"便宜没好货,好货不便宜",人们往往有这样一种观念。如果降低价格,一家企业就冒了这样的风险:它的顾客(或潜在顾客)可能会认为这标志着质量的下降。因此,如果其他企业不降价,这家企业也就不敢降价,这就导致了相对价格黏性。

二、真实工资刚性

(一) 隐含合同模型

为什么会有企业家和工人的区别?为什么在企业家和工人之间会出现雇佣关系?隐含合同模型考虑的就是这些问题。企业家和工人之间出现雇佣关系的前提就是企业家更愿意冒险,而工人更不愿意冒险。假定工人比雇主更具风险回避性,工人更希望能有一个稳定的生活水平。这样,雇佣关系的出现,实际上就是对工人的一种保险:工人得到稳定的生活,而企业家得到利润。稳定的生活是靠稳定的真实工资水平保证的。因此,企业的产生实际上就隐含着企业家与工人之间的一种合同:工人为企业家提供服务,得到稳定的真实工资;而企业为工人保证稳定的真实工资水平,得到企业的剩余并自负盈亏。这就导致了真实工资刚性的出现。这就是"隐含合同模型"的基本思想。

(二) 效率工资模型

效率工资模型考虑的主要因素是企业家对工人劳动努力程度的不完全信息。在现代经济中,一般而言,企业家对工人的劳动无法实施完美的监督,因此对工人的努力程度就具有不完全信息。如果工资较低,那么在不能对工人进行完美监督的情况下,工人的努力程度就降低,劳动生产率下降,对于企业来说,平均生产成本会上升;而如果企业支付给工人的工资水平高于市场出清水平,那就意味着这个工作机会比较难得,如果工人一旦被发现不努力工作,就会被开除,就会失去这个高薪岗位。因此,即使没有完美监督,工人也会努力工作,这样劳动生产率就会上升,虽然支付给工人的工资高了,但企业的平均生产成本甚至会低于支付市场出清工资的情形。这种工资被称为"效率工资",这种工资是基于不完全信息确定的,跟总需求状况无关,从而就呈现出一定的稳定性,这就导致了"真实工资刚性"。

第七节　对新凯恩斯主义经济学的评价

新凯恩斯主义较为成功地从理性经济人的假定出发解释了价格刚性,加固了凯恩斯主义经济学的微观基础。而且,在发展凯恩斯主义经济学的过程中,新凯恩斯主义还把理性预期引入了宏观经济学,使凯恩斯主义经济学理论更加完美。然而,尽管新凯恩斯主义取得了这么大的进展,但也面临许多批评:

第一,加总问题。这个问题可以说是宏观经济学的老大难问题了,只要企图从微观经济基础出发研究宏观经济,这个问题就无法避免。这也是新古典宏观经济学和真实经济周期理论面临的批评。

第二,关于理性预期。从理论上看,理性预期很有道理,而且可以用数学模型来模拟;但在现实中,很少有人进行理性预期。因此,这一概念的现实性受到人们的质疑。

第三,理论体系庞杂。新凯恩斯主义经济学在论证价格刚性的时候,提出了许多模型,从劳动合同、菜单成本,到各种各样的真实刚性理论,但谁也不知道哪一种或哪几种理论是正确的,或者在所有这些模型中,哪一种或哪几种理论是最重要的。而且,这些模型之间的相关性不大。每一个模型也都有自己的缺陷,也都面临不同的批评意见。

第四,缺乏经验证据。新凯恩斯主义建立了许多优美的模型,但难以用实际经济数据加以检验,因而缺乏相应的经验证据。这就给新凯恩斯主义的进一步发展构成了限制。

第八节　对现有的宏观经济学流派的总结和评价

宏观经济学是一门很有争议的经济学分支,这可以从宏观经济学中流派林立的事实中得到反映。因此,宏观经济学还很不完善。虽然看起来似乎有着比较完整的理论体系,在宏观经济政策的设计和实施方面似乎也有比较完整、严密的政策体系和政策理论体系,一些国家宏观调控的效果似乎也还不错,但世界各国的宏观经济总是会在人们不经意的时候带来一些意外。

自有经济学以来,在我们现在所说的宏观经济学领域内就存在各种各样的不同流派。自凯恩斯的《通论》发表以来,宏观经济学领域出现过的主要流派有新古典综合派（即原凯恩斯主义）、货币学派、供给学派、新凯恩斯主义学派、新古典宏观经济学和真实经济周期学派等。其中,货币学派和供给学派虽曾盛极一时,但最终还是在宏观经济学的舞台上消失了,它们要么没有能够经受住历史的考验,要么其合理的成分被吸收进其他流派从而无法作为一个独立的学派继续存在。目前宏观经济学领域的主要流派是新凯恩斯主义学派和真实经济周期学派。由于新凯恩斯主义和真实经济周期学派分别是由原凯恩斯主义和新古典宏观经济学发展而来的,为了便于纵向对照,我们把后两者也包括进来。

一、宏观经济学中的一致和分歧

此处从刺激机制、预期、价格调整、市场力量、均衡概念、主要时间跨度、规则与相机选择这几个方面对原凯恩斯主义、新古典宏观经济学、新凯恩斯主义和真实经济周期几个学派进行比较,如表12-1所示。就刺激机制来说,原凯恩斯主义学派强调自发性支出的波动,尤其是投资的波动;新古典宏观经济学派强调货币的变化;新凯恩斯主义学派则没有特别地强调冲击的来源,认为供给和需求两方面的冲击都有可能对经济产生影响;而真实经济周期学派强调供给冲击,尤其是技术冲击。就预期而言,原凯恩斯主义学派采用的预期方式是适应性预期,而其他三个学派都主要采用理性预期。就价格调整速度而言,原凯恩斯主义学派和新凯恩斯主义学派都认为价格调整是不灵活的,其中前者对此做出了直接假定,而后者则对此予以了解释;新古典宏观经济学派和真实经济周期学派都认为价格调整极其灵活。相应地,原凯恩斯主义学派和新凯恩斯主义学派都认为市场在调节经济方面的力量比较弱;其余两者则恰好相反,认为市场在调节经济方面的力量很强,不需要政府的干预。各个学派对均衡的理解也不一样,原凯恩斯主义学派和新凯恩斯主义学派都认为均衡是一种静止状态,而且在均衡状态下失业率很可能高于自然失业率,经济达到的均衡属于非瓦尔拉斯均衡;新古典宏观经济学派认为经济达到的均衡属于瓦尔拉斯均衡,市场是出清的,一旦经济达到均衡,就不存在非自愿失业;真实经济周期学派认同新古典宏观经济学派对均衡的认识,但进一步强调这种瓦尔拉斯均衡是随着经济状况的变化而不断变化的,因此经济在变动的自然失业率处出清。原凯恩斯主义学派和新凯恩斯主义学派主要研究短期经济行为;宏观经济学划分长期和短期的标准是价格能否灵活调整,对于新古典宏观经济学派和真实经济周期学派来说,长期和短期的划分没有意义,因为它们假定价格总是可以灵活调整的。就相机抉择和政策规则而言,原凯恩斯主义学派认为应该采取相机抉择的政策,新古典宏观经济学派和真实经济周期学派认为应该采取政策规则,新凯恩斯主义学派对此则没有明确的共识。

表12-1 宏观经济学中的一致和分歧

宏观经济学流派	刺激机制	预期	价格调整	市场力量	均衡概念	主要时间跨度	规则与相机选择
原凯恩斯主义学派	自发性支出的波动	适应性	不灵活	弱	静止状态,很可能低于充分就业	短期	相机选择
新古典宏观经济学派	货币扰动	理性	极其灵活	很强	市场在自然失业率处出清	长期=短期	规则
新凯恩斯主义学派	需求与供给冲击	理性	不灵活	弱	静止状态,很可能低于充分就业	短期	没有明确的共识

(续表)

宏观经济学流派	刺激机制	预期	价格调整	市场力量	均衡概念	主要时间跨度	规则与相机选择
真实经济周期学派	供给冲击（主要是技术冲击）	理性	极其灵活	很强	市场在变动的自然失业率处出清	长期=短期	规则

资料来源：〔英〕布赖恩·斯诺登等著，苏剑等译，《现代宏观经济学指南：各思想流派比较研究引论》。北京：商务印书馆1997年版。

二、对几个主要流派的评价

任何经济理论的目的都在于解释经济现实，因此，能否做到这一点或者在解释经济现实时的成功程度如何，就成为判断一个经济理论的优劣程度的标准。要做到这一点，首先得对经济运行的一些规律性的特征予以总结。宏观经济运行中存在的那些规律性的特征被称作宏观经济的"特征事实"(stylized facts)。宏观经济理论的目的其实就是给出这些"特征事实"出现的原因。因此，宏观经济研究可以分为两大类：一类是对"特征事实"的识别工作，也就是根据经济的表现来找出宏观经济运行中那些规律性的东西，在经济学说史上，识别特征事实所采取的方法主要是直接观察和判断，在现代经济学研究中，则主要根据统计数据用经济计量方法来识别；另一类则是建立各种模型对这些"特征事实"予以解释。因此，第一类研究被认为是宏观经济学中的"立法性"工作，是宏观经济研究的起点，也是它的终点。

表12-2是斯蒂格利茨和格林瓦尔德于1994年对真实经济周期学派、原凯恩斯主义学派和新凯恩斯主义学派在解释商品市场、资本市场和劳动力市场的特征事实方面的成功程度的比较。① 从表12-2可以看出，总体来说，在解释宏观经济的特征事实方面，真实经济周期学派做得最差，原凯恩斯主义学派好一点，而新凯恩斯主义学派做得最好。

表12-2 在解释经济周期基本特征方面的三种理论的成功程度比较

市场特征	商品市场：产量波动	商品市场：价格刚性	资本市场：投资波动	劳动力市场：工资、工时、就业的周期性波动	劳动力市场：失业和临时解雇
真实经济周期学派	部分成功	不成功	部分成功	不成功	不成功
原凯恩斯主义学派	部分成功	部分成功	部分成功	不成功	完全成功
新凯恩斯主义学派	完全成功	部分成功	完全成功	部分成功	完全成功

资料来源：Greenwald and Stiglitz(1988)。

---

① 自1994年以来，宏观经济学研究的重点转移到了经济增长理论上，因此在解释短期波动方面，各个学派的理论进展较小，这个总结目前应该是适用的。

基本概念

名义价格-工资刚性　　　长期劳动合同理论　　　菜单成本
真实价格刚性　　　　　效率工资　　　　　　　新凯恩斯主义学派

本章小结

1. 凯恩斯引入了名义价格-工资刚性的假设,对经济的周期性波动做出了较好的解释。由于价格是刚性的,因此总需求的变化就只能导致产量的变化。总需求的变化可以很快,比如政府财政政策的改变、投资需求的波动、消费者偏好的改变等都可以迅速改变总需求水平,从而比较圆满地解释了经济波动。

2. "长期劳动合同"指的是这种情况,西方国家的许多行业中工会代表会员在就业方面与企业进行集体谈判,确定一定时期内工会会员的工资水平及其调整原则。这种工资安排一般会以用劳动合同的形式确定下来。在合同期内,该工会会员的工资水平就具有了一定程度的黏性。新凯恩斯主义学派强调工会在制定长期劳动合同方面的作用,这就是所谓的"长期劳动合同理论"。

3. 所谓"菜单成本",就是价格调整成本,它包括调整名义价格所引致的所有成本,不仅包括更改菜单、价目表、标签等的印刷成本,还包括开会、打电话、为与客户谈判而出差的差旅费、通知客户所需费用等,甚至还包括厂商考虑调整价格所花费的精力、时间,经常调整价格的麻烦,以及对企业与客户关系的损害等。菜单成本理论的主要内容是,任何调整价格的行为都不是没有代价的,都要付出一定的成本,这个成本就叫"菜单成本"。如果调价的净收益大于菜单成本,企业就调价,否则就不调价,从而产生价格刚性。

4. 解释真实价格刚性的模型有顾客市场模型与通过价格判断质量模型等;解释真实工资刚性的模型有隐含合同模型与效率工资模型等。

5. 新凯恩斯主义学派较为成功地从理性经济人的假定出发解释了价格刚性,加固了凯恩斯主义经济学的微观基础;而且,在发展凯恩斯主义经济学的过程中,新凯恩斯主义学派还把理性预期引入了宏观经济学,使凯恩斯主义经济学理论更加完美。然而,尽管新凯恩斯主义学派取得了这么大的进展,但也面临许多批评。

练习与思考

1. 凯恩斯主义经济学的产生背景是什么？对解释当时的经济现象起到了什么作用？
2. 什么是价格刚性？分别解释在理论和实践层面上,价格刚性为什么是凯恩斯主义经济学的核心要素。
3. 新凯恩斯主义是如何用边际成本的黏性来解释价格黏性的？长期劳动合同论是如何解释工资黏性的？
4. 菜单成本是如何导致价格刚性的？作图说明,在需求分别增加和下降的两种情况下,价格刚性的存在是如何影响产出和社会福利的。

5. 顾客市场模型和通过价格判断质量模型是如何解释真实价格刚性的?

6. 隐含合同模型和效率工资模型是如何解释真实工资刚性的?

7. 根据表12-1和表12-2的比较,原凯恩斯主义、新古典宏观经济学、新凯恩斯主义和真实经济周期几个学派对我们理解宏观经济分别有什么贡献?从对现实经济现象的解释力而言,你认为哪一个学派做得比较好?为什么?

8. 新凯恩斯主义是采用哪几种方式来论证名义价格刚性的?

9. 边际成本黏性理论的主要缺陷是什么?

10. 请解释"菜单成本"理论,并说出其主要缺陷。

参 考 文 献

[1] 巴曙松,李胜利. 全球性经济金融结构失衡是问题之本[J]. 中国外汇,2008(11):23.

[2] 白金辉. 美国财政政策转型及其对货币政策的影响[J]. 清华金融评论,2017(3):36—39.

[3] 保罗·克鲁格曼. 萧条经济学的回归和2008年经济危机[M]. 刘波,译. 北京:中信出版社,2009.

[4] 曹远征. 美国住房抵押贷款次级债风波的分析与启示[J]. 国际金融研究,2007(11):4—11.

[5] 钞小静,任保平. 中国经济增长质量的时序变化与地区差异分析[J]. 经济研究,2011,46(4):26—40.

[6] 程虹,李丹丹. 一个关于宏观经济增长质量的一般理论——基于微观产品质量的解释[J]. 武汉大学学报(哲学社会科学版),2014,67(3):79—86.

[7] 大卫·科茨. 美国此次金融危机的根本原因是新自由主义的资本主义[J]. 红旗文稿,2008(13):32—34.

[8] 郭克莎,杨阔. 长期经济增长的需求因素制约——政治经济学视角的增长理论与实践分析[J]. 经济研究,2017(10):6—22.

[9] 郭克莎. 加快中国经济增长方式的转变[J]. 管理世界,1995(5):31—40.

[10] 韩学丽. 特朗普税制改革对中国经济的影响及对策[J]. 中国财政,2018(5):72—75.

[11] 纪洋,谭语嫣,黄益平. 金融双轨制与利率市场化[J]. 经济研究,2016(6):45—57.

[12] 蒋先玲. 美国次级债危机剖析及其对中国的启示[J]. 金融理论与实践,2007(11):80—82.

[13] 金碚. 关于"高质量发展"的经济学研究[J]. 中国工业经济,2018(4):5—18.

[14] 卡马耶夫. 经济增长的速度和质量[M]. 陈华山等,译. 武汉:湖北人民出版社,1983.

[15] 冷崇总. 构建经济发展质量评价指标体系[J]. 宏观经济管理,2008(4):43—45.

[16] 李德水. 关于美国次贷危机的若干判断[J]. 红旗文稿,2008(14):31—34.

[17] 李克强. 政府工作报告(文字实录)——2019年3月5日在第十三届全国人民代表大会第二次会议上[R]. (2019-03-05). http://www.gov.cn/premier/2019-03-05/content_5370734.htm.

[18] 李石凯. 低储蓄率是美国次贷危机的根源[J]. 中国金融,2007(21):38—39.

[19] 梁钢华. 10月份广东关闭中小企业多于前三季度总和[EB/OL]. (2009-07-01). http://news.xinhuanet.com/fortune/2008-12/20/content_10530788.htm.

[20] 林采宜. 特朗普新政将给这个世界带来什么[EB/OL]? (2017-12-15). http://www.sohu.com/a/210748498_465450.

[21] 刘树成. 论又好又快发展[J]. 经济研究,2007(6):4—13.

[22] 刘伟,苏剑. 供给管理与我国的市场化改革进程. 北京大学学报,2007(5):97—104.

[23] 刘伟,苏剑. 2020年经济形势展望与政策建议[J]. 开发性金融研究,2019(6):3—11.

[24] 刘伟,苏剑. 供给管理与中国现阶段的宏观调控[J]. 经济研究,2007(2):4—15.

[25] 刘伟,苏剑. 疫情冲击下的2020年中国经济形势与政策选择[J]. 社会科学研究,2020(3):

23—30.

[26] 刘伟,苏剑. 中国特色宏观调控体系与宏观调控政策——2018年中国宏观经济展望[J]. 经济学动态,2018(3):4—12.

[27] 刘伟. 中国供给侧结构性改革与西方"供给革命"的根本区别[J]. 中共中央党校学报,2017(6):18—27.

[28] 刘瑶,张明. 特朗普政府经济政策:政策梳理、效果评估与前景展望[J]. 财经智库,2018,3(3):25—41+142.

[29] 罗盘,曲昌荣. 一场特殊的攻坚战——河南省帮扶840万返乡农民工就业纪实[N]. 人民日报,2009,5(26),1.

[30] 马宇,石峻,许晓阳. 特朗普政府减税政策的影响及对策[J]. 山东工商学院学报,2019,33(5):31—38.

[31] 格里高利·曼昆. 经济学原理:第7版. 微观经济学分册[M]. 梁小民等,译. 北京:北京大学出版社,2015.

[32] 平狄克等. 微观经济学:第7版[M]. 高远等,译. 北京:中国人民大学出版社,2009.

[33] 祁苑玲. 市场经济·信用体系·征信行业[J]. 经济问题探索,2002(7):14—18.

[34] 任保平,文丰安. 新时代中国高质量发展的判断标准、决定因素与实现途径[J]. 改革,2018(4):5—16.

[35] 苏剑,陈阳. 中国特色的宏观调控政策体系及其应用[J]. 经济学家,2019(6):15—22.

[36] 苏剑,林卫斌. 发达经济"新常态"的根源和表现[J]. 学术研究,2015(7):74—78+93.

[37] 苏剑,刘斌. 美国金融危机的成因和我国的对策[J]. 经济前沿,2009(1):59—64.

[38] 苏剑. 供给管理政策及其在调节短期经济波动中的应用[J]. 经济学动态,2008(6):18—22.

[39] 苏剑. 全面改革是中国经济长期健康发展的前提[J]. 开放导报,2015(6):22—26.

[40] 苏剑. IS-LM模型中的政策效果分析:一个重新表述[J]. 经济科学,1998(6):105—110.

[41] 苏剑. 基于总供求模型和中国特色的宏观调控体系[J]. 经济学家,2017(7):27—37.

[42] 苏京春,王琰. 美国二战后六轮减税的逻辑及演进中的宏观调控——兼论对我国供给侧结构性改革与宏观调控抉择的启示[J]. 华中师范大学学报(人文社会科学版),2019,58(4):38—50.

[43] 托马斯等. 增长的质量[M]. 翻译组,译. 北京:中国财政经济出版社,2001.

[44] 王利铭. 中国市场经济法律体系的形成与发展[J]. 社会经济学家,2013(1):5—12.

[45] 王晓雷. 美国次级抵押贷款危机成因[J]. 农村金融研究,2007(10):64—68.

[46] 易纲. 11项金融开放措施基本落地,完善风险防范体系还有4项重点工作[EB/OL]. (2019-03-24). https://baijiahao.baidu.com/s?id=16288912489526648787&wfr=spider&for=pc.

[47] 尹伯成,华桂宏. 供给学派[M]. 武汉:武汉出版社,1996.

[48] 张寒,娄峰. 德国经济从金融危机中快速复苏原因及启示[J]. 现代经济探讨,2015(5):79—82.

[49] 张明,程实,张岸元等. 如何渡过中美贸易摩擦的不确定水域?[J]. 国际经济评论,2019(1):89—145+7.

[50] 中国人民银行金融稳定分析小组. 中国金融稳定报告2018[M]. (2018-11-). http://www.pbc.gov.cn/goutongjiaoliu/113456/113469/3656006/index.html. 北京:中国金融出版社,2018.

[51] 周其仁. 产权与制度变迁——中国改革的经验研究[M]. 北京:北京大学出版社,2004.

[52] 朱善利. 微观经济学:第三版[M]. 北京:北京大学出版社,2007.

[53] Altman Roger C, Aaron Klein, Alan B. Krueger. Financing U. S. Transportation Infrastructure in the 21st Century [D]. The Hamilton Project Discussion Paper 2015-04, The Hamilton

Project,2015.

[54] Young A, The Tyranny of Numbers: Confronting the Statistical Realities of the East Asian Growth Experience [D]. NBER Working Papers 4680, National Bureau of Economic Research, Inc. ,1994.

[55] Anzoategui D. , Chivakul M. Maliszewski W, Financial Distortions in China: A General Equilibrium Approach[D]. IMF Working Paper,2015, No. 15 /274.

[56] Robert B, Quantity and Quality of Economic Growth[D]. Working Papers Central Bank of Chile. Central Bank of Chile, 2002.

[57] Baumol, W J, Entrepreneurship: Productive, Unproductive and Destructive[J]. The Journal of Political Economy,1990, 98(5): 893—921.

[58] Bruce C Greenwald, Joseph E Stiglitz, Examining Alternative Macroeconomic Theories[J]. Brookings Papers on Economic Activity Vol. 1988 (1):207—270.

[59] Caballero R J, Krishnamurthy A. Global Imbalances and Financial Fragility [J]. American Economic Review, 2009, 99(2):584—588.

[60] Denison Edward F, Trends in American Economic Growth, 1929—1982 [M]. Washington DC: The Brookings Institution, 1985.

[61] Hardin G, The Tragedy of the Commons Science[J]. Journal of Natural Resources Policy Research, 1968, 162(13)(3):243—253.

[62] Wei L, The Impact of Economic Reforms on the Performance of Chinese State-owned Enterprises[J]. Journal of Political Economy, 1997,105(5):1080—1106.

[63] Lim M H, Old Wine in a New Bottle: Subprime Mortgage Crisis-causes and Consequences [J]. Economics Working Paper Archive, 2008, 3(wp_532).

[64] Reinhart Carmen M, Rogoff, Kenneth S, Is the 2007 U. S. Sub-prime Financial Crisis so Different? An International Historical Comparison [C]. NBER Working Paper,2008, No. w13761.

[65] Stiglitz J, The Causes and Consequences of the Dependence of Quality on Price[J]. Journal of Economic Literature,1987, 25 (1): 1—48.

[66] Tang Anthony M, An Analytical and Empirical Investigation of Agriculture in Mainland China, 1952—1980[M]. Taipei: Chung-Hua Inst. Econ. Res. , 1984; distributed in U. S. by Univ. Washington Press.

[67] Walker J F, Vatter H G, Demand: The Neglected Participant in the Long Run U. S. Productivity Record[J]. The American Economist, 1999, 43(2):73—80.

[68] Wen Guanzhong James, The Current Land Tenure System and Its Impact on Long Term Performance of Farming Sector: The Case of Modern China[D]. Ph. D. Dissertation, Univ. Chicago, 1989.